BAUHAUSSTIL
ZWISCHEN INTERNATIONAL STYLE UND LIFESTYLE

D1752010

von Regine Kayser
zur Promotion
Berlin, 05.06.2003
Anke Falivako

EDITION BAUHAUS BAND 11 HERAUSGEGEBEN VON DER STIFTUNG BAUHAUS DESSAU

Die Stiftung Bauhaus Dessau ist eine gemeinnützige Stiftung des öffentlichen Rechts. Sie wird gefördert durch das Land Sachsen-Anhalt, die Beauftragte der Bundesregierung für Kultur und Medien und die Stadt Dessau. ▬ Das Werk einschließlich aller Teile ist urheberrechtlich geschützt. Jede Verwertung ist ohne Zustimmung des Verlages unzulässig. Das gilt insbesondere für Vervielfältigungen, Übersetzungen, Mikroverfilmungen und die Einspeicherung und Verarbeitung in elektronischen Systemen. Copyright © 2003 jovis Verlag GmbH, Berlin **LEKTORAT** Sabine Grimm **BUCHGESTALTUNG** dor graphic berlin — Frank Döring, Dieter Feseke, Anja Kähler, Ralf Klöden **LITHO** Stiftung Bauhaus Dessau **DRUCK UND BINDUNG** Offizin Andersen Nexö, Leipzig. Gedruckt auf säurefreiem und chlorfrei gebleichtem Papier. Printed in Germany. ISBN 3-936314-90-X

Mit freundlicher Unterstützung der Lotto-Toto GmbH Sachsen-Anhalt

BAUHAUSSTIL
ZWISCHEN INTERNATIONAL STYLE UND LIFESTYLE

HERAUSGEGEBEN VON REGINA BITTNER

JOVIS VERLAG

AUSSTELLUNG
Dieses Lesebuch erscheint anlässlich der Ausstellung «Bauhausstil: Zwischen International Style und Lifestyle», Stiftung Bauhaus Dessau, 23. Mai bis 16. November 2003. Anhand von zehn ausgewählten Ereignissen aus Kultur, Architektur und Kunst im 20. Jahrhundert werden unterschiedliche Rezeptionsebenen des Bauhauses als Stil sichtbar gemacht. Kongresse, Bücher, Debatten und Ausstellungen, die als Meilensteine in der Bauhausrezeption gelten, werden in ihrer stilbildenden Wirkung vorgestellt.
KURATOREN Regina Bittner (Projektleitung), Hans–Joachim Dahms, Elke Mittmann, Lutz Schöbe, Wolfgang Thöner **MITARBEIT** Sandra Scheer **SZENOGRAPHIE** chezweitz Berlin Detlef Weitz, Rose Epple, Holger Jansen, Benjamin Meyer-Krahmer.

38   FALLSTUDIEN

130 REPORTAGEN

174 DEBATTE

246 DOKUMENTATION

KALEIDOSKOP	8
DER BAUHAUSSTIL ALS LEBENSSTIL? REGINA BITTNER	26
1907 — GRÜNDUNG DES DEUTSCHEN WERKBUNDES OBJEKTÄSTHETIK ODER GESELLSCHAFTSREFORM? ELKE MITTMANN	40
1927 — AUSSTELLUNG: DIE WOHNUNG DER KAMPF UM MODERNE LEBENSFORMEN LUTZ SCHÖBE	58
1929 — CIAM-KONGRESS: DIE WOHNUNG FÜR DAS EXISTENZMINIMUM VERWISSENSCHAFTLICHUNG UND FORMVERZICHT HANS-JOACHIM DAHMS	86
1932 — AUSSTELLUNG UND BUCH: INTERNATIONAL STYLE AUSTREIBUNG DES FUNKTIONALISMUS UND ANKUNFT IM STIL WOLFGANG THÖNER	108
EINE QUADRATISCHE AFFÄRE KERSTIN DECKER	132
LEBEN MIT WALTER – KLEINES GLÜCK IM GROSSEN PLAN KATJA HEINECKE, REINHARD KREHL, SILKE STEETS	142
FUNDSTÜCKE TOKYO·MONTREAL·WIEN·ROTTERDAM·FRANKFURT·DESSAU·BERLIN·OTTAWA·SALZBURG	158
BAUHAUSSTIL? GESTALTETER RAUM! ANDREAS HAUS	176
IN AMERIKA DENKT MAN ANDERS KARIN WILHELM	194
MAINSTREAM–INTERNATIONALISMUS WERNER OECHSLIN	206
VOM BAUHAUSKLASSIKER ZUR WARENIKONE GERDA BREUER	224
PLAYTIME WALTER PRIGGE	232
1941 — SIGFRIED GIEDION: SPACE TIME AND ARCHITECTURE	248
1953 — BAUHAUSDEBATTE	252
1957 — INTERBAU BERLIN	256
1968 — AUSSTELLUNG: 50 JAHRE BAUHAUS	264
1981 — TOM WOLFE: MIT DEM BAUHAUS LEBEN	270
2002 — URHEBERRECHTSSTREIT	276

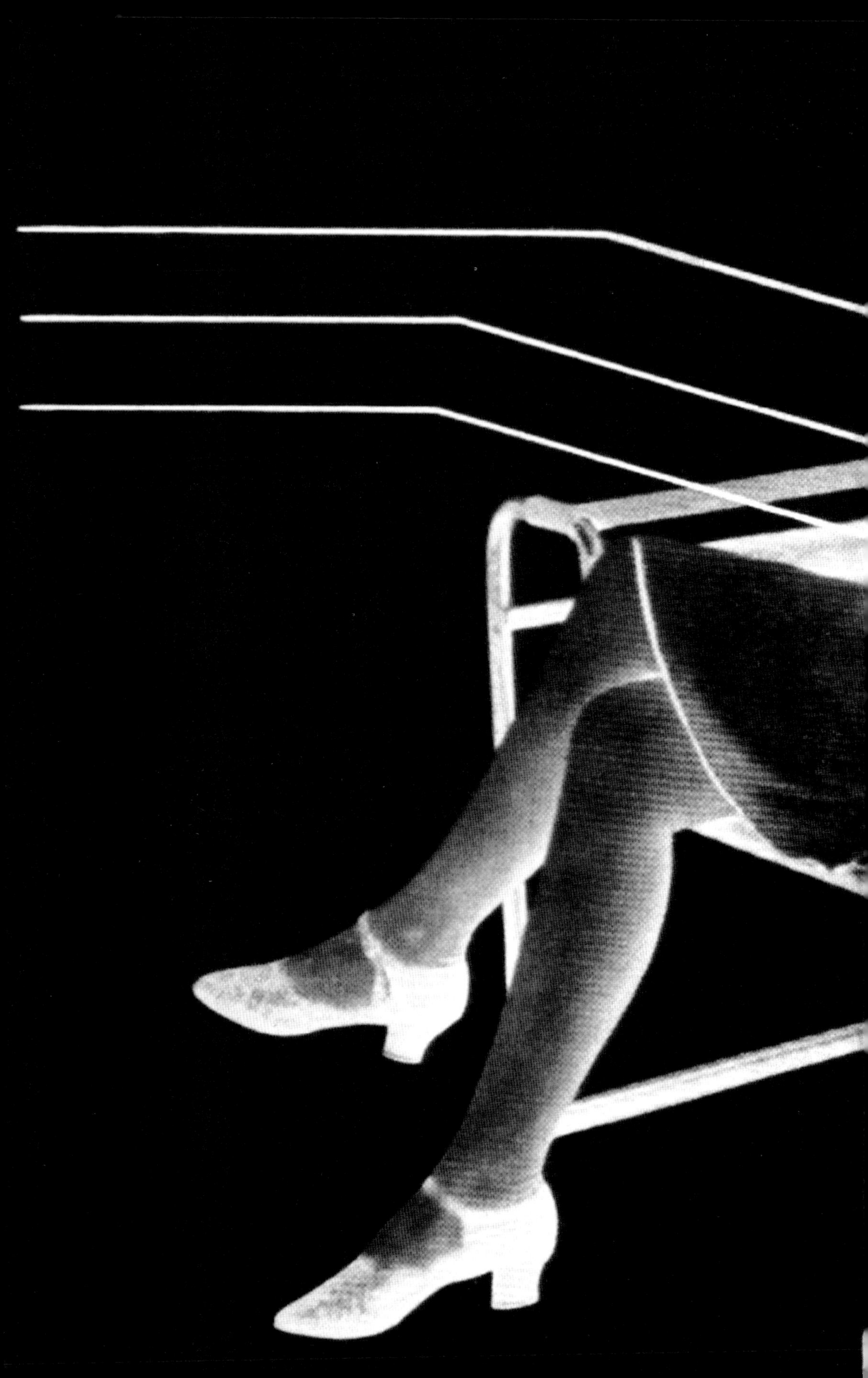

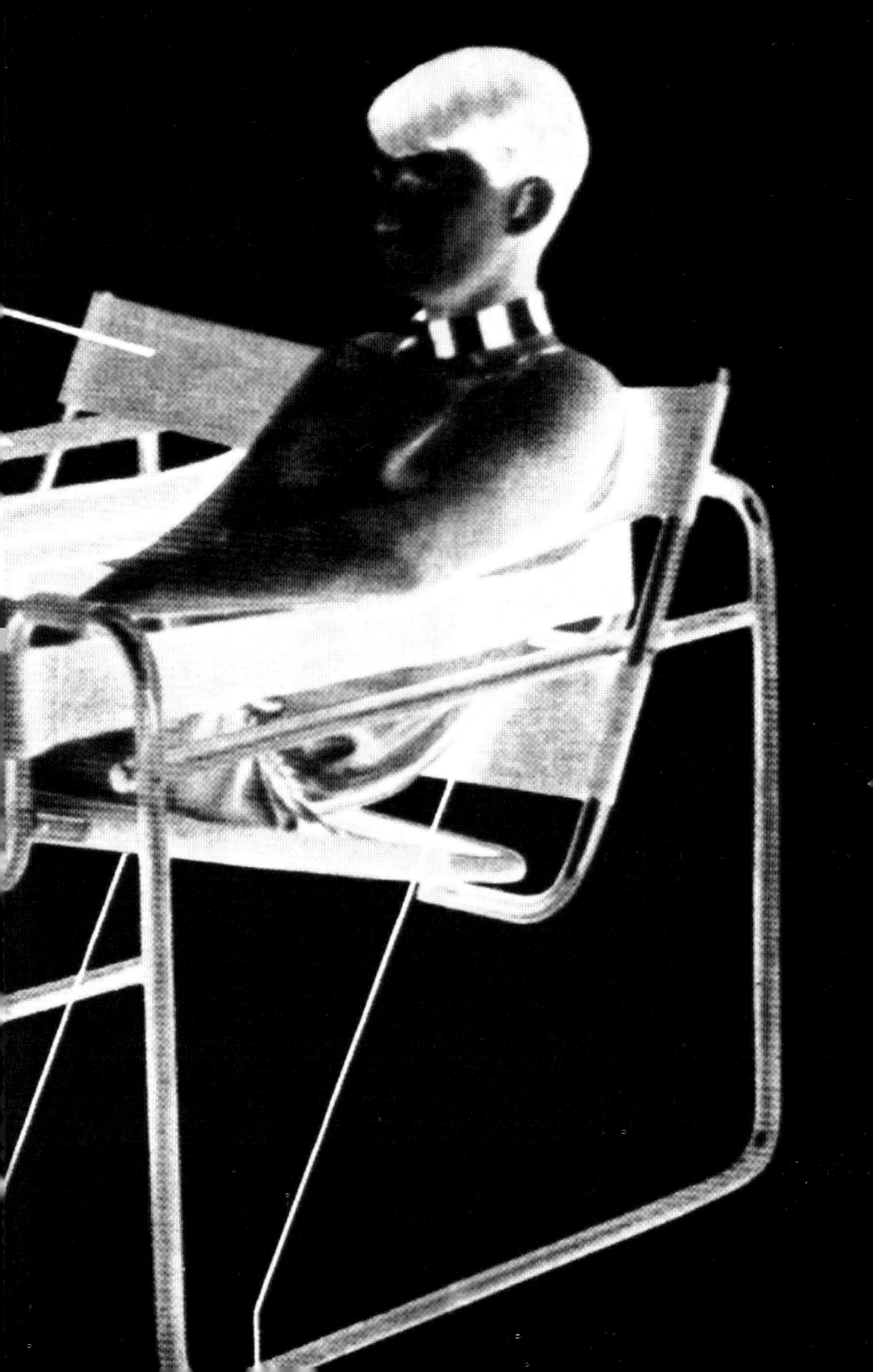

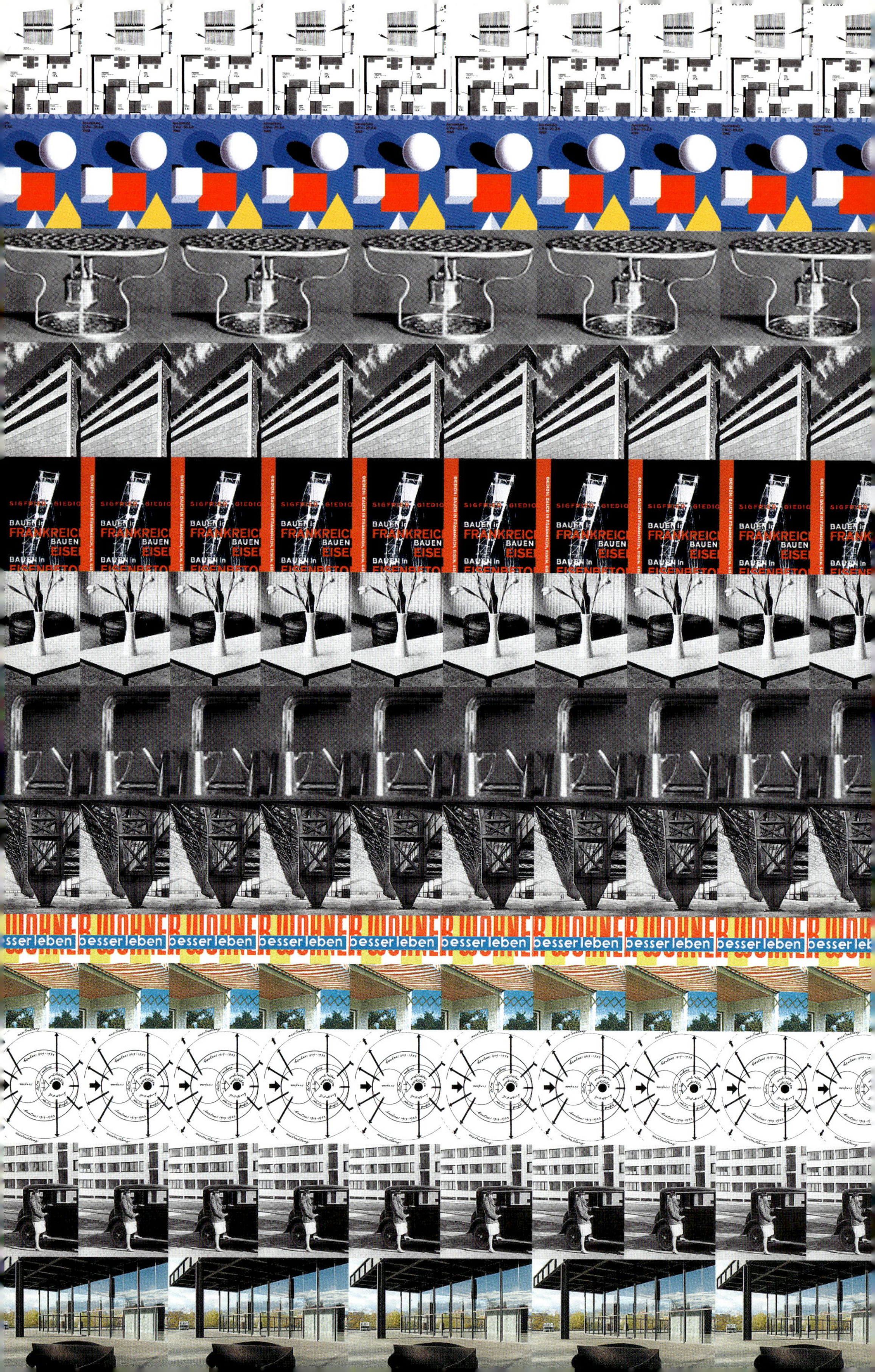

SIGFRIED GIEDION
BAUEN in
BAUEN in
besser leben

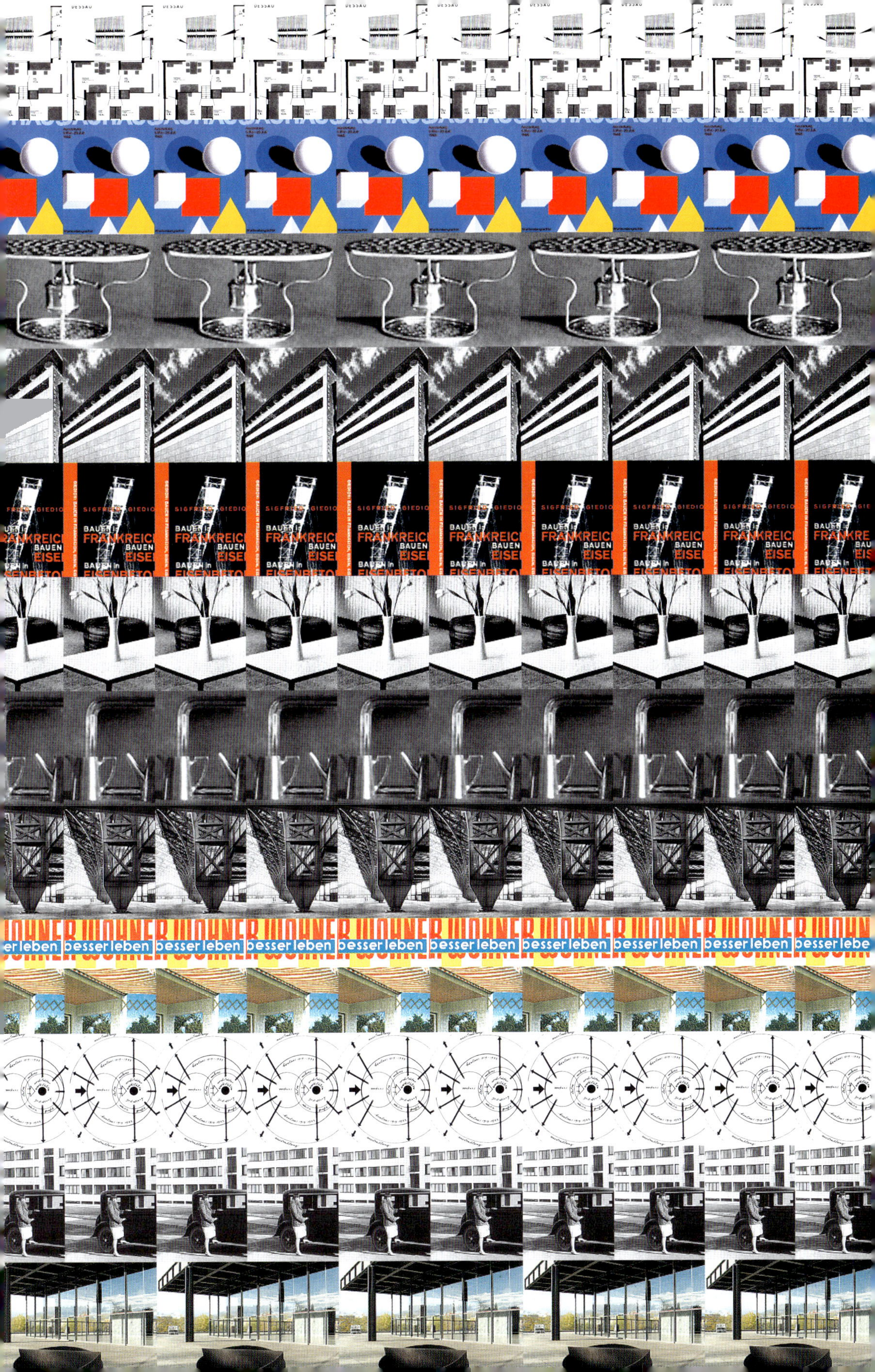
SIGFRIED GIEDION
besser leben

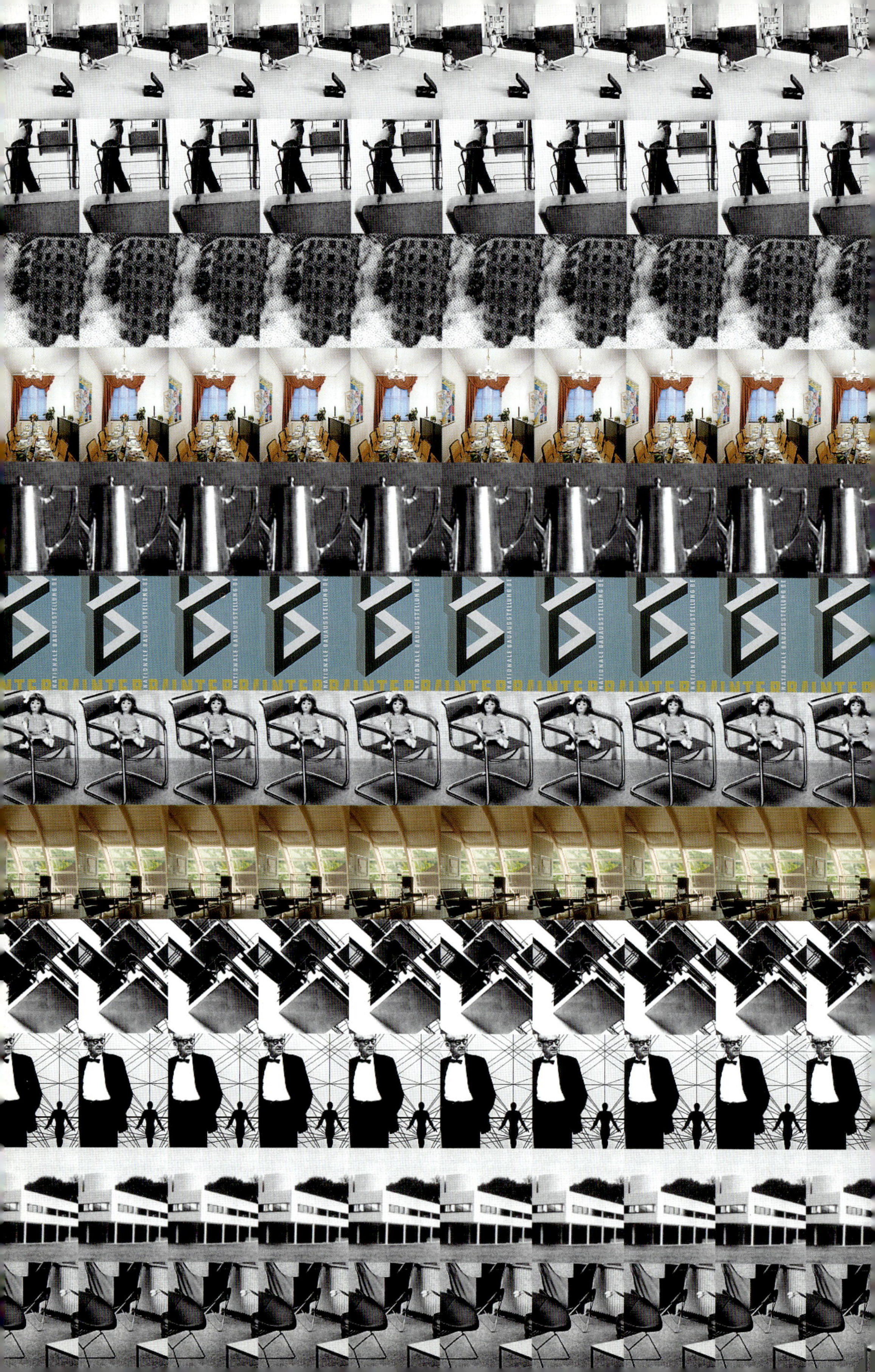

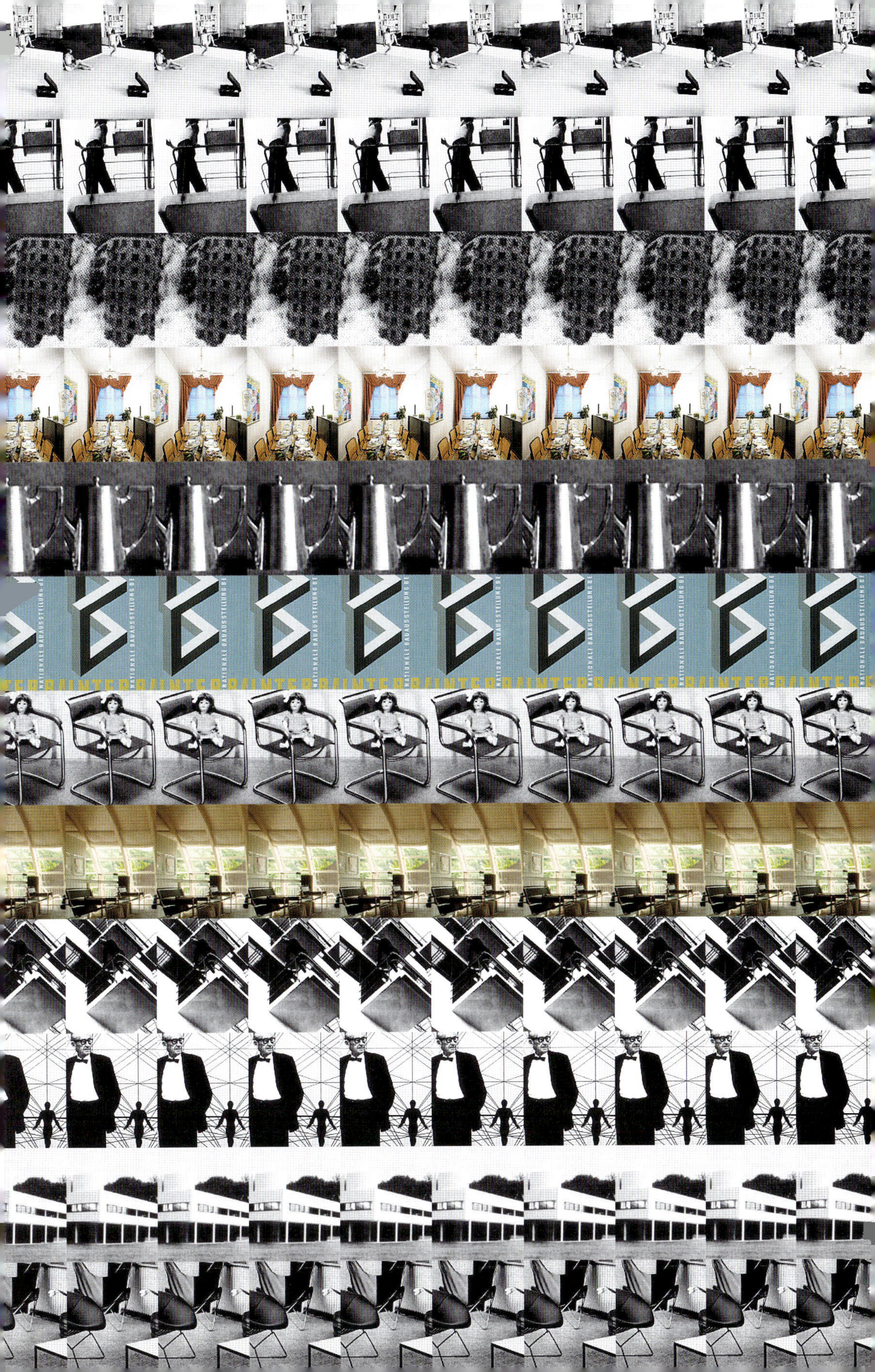

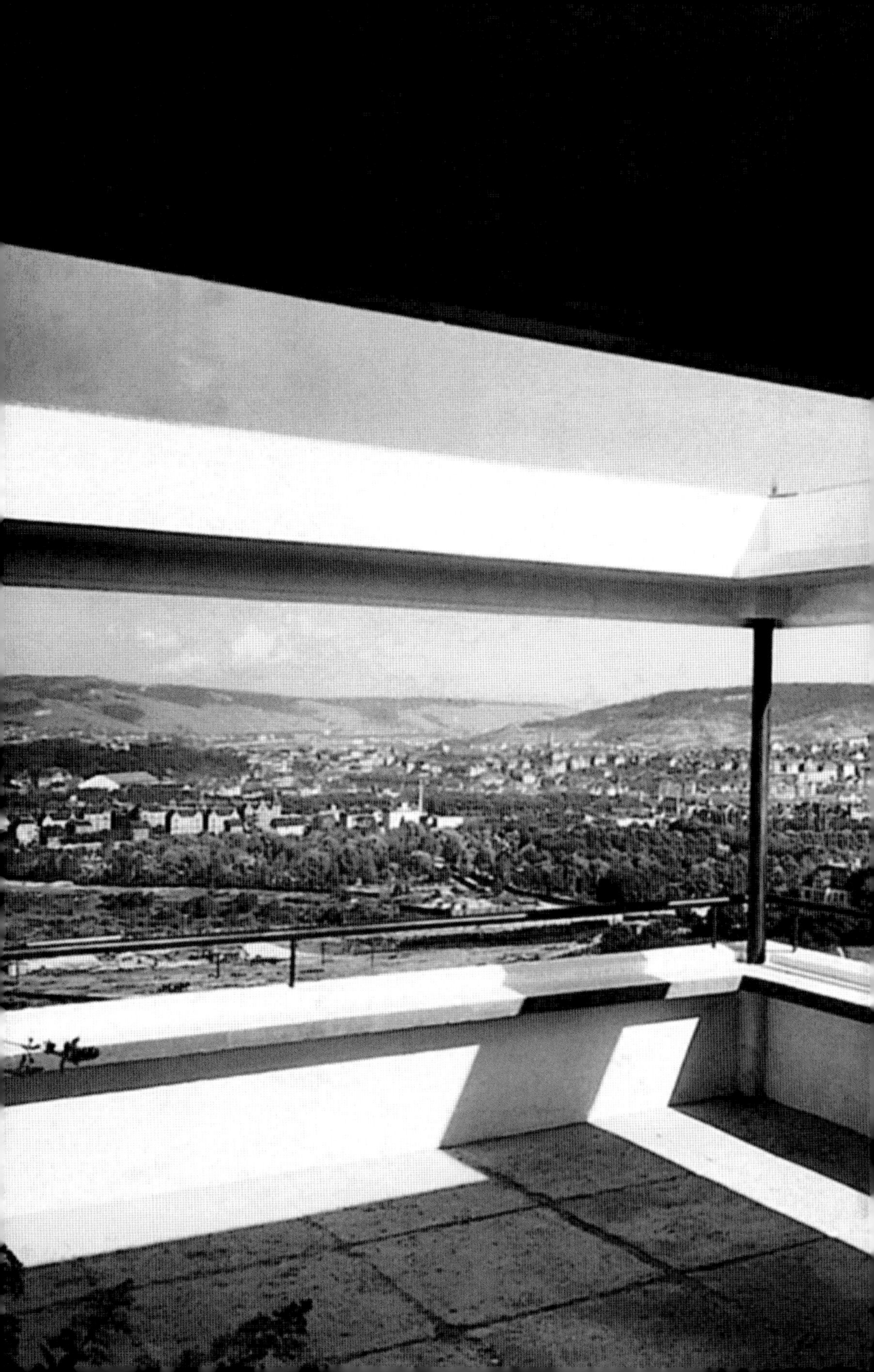

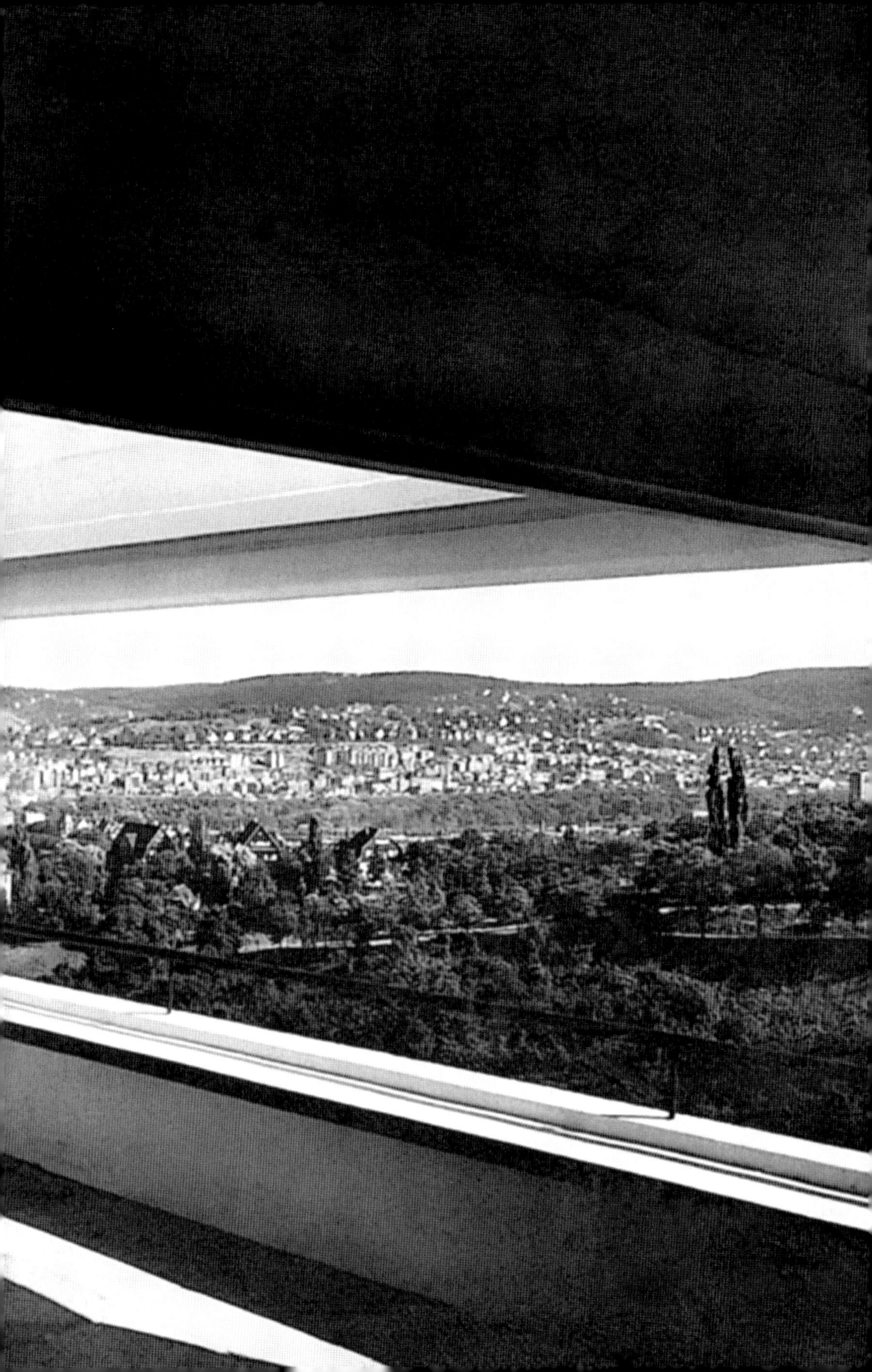

«DIE EINZIGE HOFFNUNG AUF ERLÖSUNG, DIE FÜR DIE INDUSTRIELLEN NOCH MÖGLICH IST, IST DIE, DASS WIR BALD EINEN STIL HAB
ER WIRD UNS VON DEM DRUCK DER UNAUFHÖRLICHEN, RASTLOSEN AUFEINANDERFOLGE DER MODEN BEFREIEN, DURCH DIE DAS PUBLIK

«GESTALTUNG IST EIN MODEWORT UND DEM BEWUSSTEN STIL VERWANDT. NICHTS LIEGT DER KONSTRUKTIV
GEMEINEN GEBRAUCHSGEGENSTÄNDE SIND NICHT DAZU DA, UM BEWUNDERT, SONDERN UM BENUTZT ZU WERD

«HEUTE WEISS JEDER BESCHEID. WOHNUNGEN MIT VIEL GLAS- UND METALLGLANZ: BAUHAUSSTIL. DESGLEICHEN
SCHIRM: BAUHAUSSTIL. GEWÜRFELTE TAPETEN: BAUHAUSSTIL … EINE WIENER MODEZEITSCHRIFT EMPFIEHLT, DAMENWÄSC
UND SEINE MITARBEITER SIND SELBST SCHULD DARAN, DASS DEM BAUHAUS EIN WAHRER RATTENSCHWANZ VON MEHR OD

«… DIE EINHEITLICHE ERSCHEINUNGSFORM SEINER ARBEITSERGEBNISSE – WIE ES SICH AUCH IN DIESEM BUCH MANIFESTIERT
GEISTESRICHTUNG DES BAUHAUSES, DIE EIN SCHAFFEN NACH DEM DEKRET EINER ÄSTHETISCH-STILISTISCHEN FORMVORSTELLU
AHMER UND MISSVERSTEHENDE EINSETZEN, DIE NUN IN ALLEN BAUTEN UND GERÄTEN DER MODERNEN ZEIT, DIE DER DEKORATI
BAUHAUSARBEIT ZU VERFLACHEN DROHTEN. DAS ZIEL DES BAUHAUSES IST EBEN KEIN ‹STIL›, KEIN SYSTEM, KEIN DOGMA OD
WANDELBAREN FORM DAS FLUIDUM DES LEBENS SELBST SUCHT! ALS ERSTES INSTITUT DER WELT HAT DAS BAUHAUS ES GEWA
AKADEMISCHE STAGNATION, IN DEN LEBENSFEINDLICHEN TRÄGHEITSZUSTAND, ZU DESSEN BEKÄMPFUNG DAS BAUHAUS EIN

«KURZ VOR DEM UMSCHWUNG IN DEUTSCHLAND WAR ICH DAMIT BESCHÄFTIGT, EIN BUCH GEGEN DEN BAUHAUSSTIL ZU SCHREIBEN.

«STIL IST, DEN GESTALTUNGSWILLEN VIELER IN E I N E M GEDANKEN ZU SAMMELN. ES BEGINNEN SICH LANGSAM IN UNSER
UNGEN ABZULÖSEN. IN DEN RIESENAUFGABEN UNSERER ZEIT, DEN GESAMTEN VERKEHR – DIE GANZE MATERIELLE UND GEISTI
MEHR WIRD DIE LÖSUNG DIESER WELTAUFGABE ZUM ETHISCHEN MITTELPUNKT DER GEGENWART, UND DAMIT WIRD DER KUN

«WIR KENNEN KEINE FORM-, SONDERN NUR BAUPROBLEME. DIE FORM IST NICH
AN SICH. … FORM ALS ZIEL IST FORMALISMUS; UND DEN LEHNEN WIR AB. EBENS

«MEINER MEINUNG NACH IST ES NICHT SO, DASS DAS BAUHAUS IN SEINER ZEIT DIE IDEEN HERVORGEBRACHT HAT, DIE M
REN GESCHAH. IN WAHRHEIT IST ES VIELMEHR SO, DASS DAS BAUHAUS, DAS UNTER GANZ ANDEREN ZEICHEN UND MIT GA
MERKSAM DURCHZULESEN), VOM BREITEN STROM DER ZEIT MIT FORTGERISSEN WURDE. ES HAT DIE ARCHITEKTONISCHE U
HERVORGERUFEN, AM WENIGSTEN GELENKT. ES WURDE VIELMEHR VON DIESER ENTWICKLUNG ERFASST, BIS ES IN D

»ES GENÜGT NICHT, ZWAR INDUSTRIETECHNISCHE MASSENHERSTELLUNG ZU FORCIEREN, ABER DABEI IM ENTWU
DEN INGENIEUR SIEGEN ZU LASSEN. DIE ARCHITEKTUR MUSS MIT ALLER KONSEQUENZ DIE SOZIALE, ÖKONOMISC
ZWITTERGEBILDE FORMALER PROBLEMATIK, WEDER GEFÜHLSMÄSSIG-AUSSCHWINGEND UND FREI WIE DIE KUNS

«…WIR SUCHEN KEINEN BAUHAUSSTIL UND KEINE BAUHAUSMODE. KEINE MODISCH-FLACHE FLÄCHENORNAMENT
ODER STEREOMETRISCHEN GEBILDE, LEBENSFREMD UND FUNKTIONSFEINDLICH. WIR SIND NICHT IN TIMBUKT
DIE SICH ZUR FORMEL PROSTITUIERT. SO IST DAS ENDZIEL ALLER BAUHAUSARBEIT DIE ZUSAMMENFASSUNG ALLE

«BILANZ DES STAATLICHEN BAUHAUSES WEIMAR – AUSSE

«ES RÄCHT SICH MIT DER ZEIT, DASS DAS BAUHAUS DEM IM PUBLIKUM GRASSIERENDEN GESCHMAC

«DREI TAGE IN WEIMAR UND MAN KANN AUF LEBENSZEI

IHNEN VERGÖNNEN WIRD, ETWAS GEISTESRUHE ZU GENIESSEN ... DER GEDANKE DER EINFÜHRUNG EINES NEUEN STILS IST BEFREIEND.
GEFÜHL FÜR GUTEN GESCHMACK UND FÜR SCHÖNHEIT VERLOREN HAT.» **HENRY VAN DE VELDE, 1907**

E FERNER, ALS DER VORBEDACHT, UNSEREM LEBEN KÜNSTLICH EINEN NEUEN STIL ZU SCHAFFEN. DIE ALL-
ST LAUFEN WIR GEFAHR, AUS DEM GEGENSTAND EINEN GÖTZEN ZU MACHEN...» **NAUM GABO, 1928**

NHYGIENE OHNE WOHNSTIMMUNG: BAUHAUSSTIL. LAMPE MIT VERNICKELTEM GESTELL UND METALLGLASPLATTE ALS
T MEHR MIT BLÜMCHEN, SONDERN IM ZEITGEMÄSSEN BAUHAUSSTIL MIT GEOMETRISCHEN DESSINS ZU GESTALTEN ... GROPIUS
IGER ÜBLEN KUNSTGEWERBLEREIEN ANHÄNGT, DIE ALLE ALS BAUHAUSSTIL PRÄSENTIERT WERDEN...» **ERNST KALLAI, 1929**

TZ DER VERSCHIEDENHEIT DER ZUSAMMENARBEITENDEN INDIVIDUALITÄTEN, WAR DIE FRUCHT DER GEMEINSAM ENTWICKELTEN
LTEN ‹KUNSTGEWERBLICHEN› SINNE ENDLICH ÜBERWUNDEN HATTE ... GLEICHZEITIG MUSSTE DER KAMPF GEGEN NACH-
BEHRTEN, DIE ZUGEHÖRIGKEIT ZU EINEM ‹BAUHAUSSTIL› ERBLICKEN WOLLTEN UND DEN WOHLFUNDIERTEN SINN DER
ON, KEIN REZEPT UND KEINE MODE! ES WIRD LEBENDIG SEIN, SOLANGE ES NICHT AN DER FORM HÄNGT, SONDERN HINTER DER
E ANTIAKADEMISCHE GEISTESHALTUNG SCHULISCH ZU VERANKERN ... EIN ‹BAUHAUSSTIL› ABER WÄRE EIN RÜCKSCHLAG IN DIE
LEBEN GERUFEN WURDE. VOR DIESEM TOD MÖGE DAS BAUHAUS BEWAHRT BLEIBEN!» **WALTER GROPIUS, 1934**

IT DIE REINHEIT UND SCHÄRFE DER BAUHAUSBEWEGUNG GEGENÜBER MODETORHEITEN ZU ERHALTEN.» **WALTER GROPIUS, 1934**

EN SOLCHE GEMEINSAMEN GEDANKEN VON WELTBEWEGENDER BEDEUTUNG AUS DEM CHAOS INDIVIDUALISTISCHER ANSCHAU-
NSCHENARBEIT – ORGANISATORISCH ZU BEWÄLTIGEN, VERKÖRPERT SICH EIN UNGEHEURER SOZIALER WILLE. MEHR UND
DER GEISTIGER STOFF ZUR SYMBOLISCHEN DARSTELLUNG IN IHREN WERKEN ZUGEFÜHRT.» **WALTER GROPIUS, 1914**

S ZIEL, SONDERN DAS RESULTAT UNSERER ARBEIT. ES GIBT KEINE FORM
ENIG ERSTREBEN WIR EINEN STIL.» **LUDWIG MIES VAN DER ROHE, 1923**

TE BEQUEMERWEISE BAUHAUSSTIL NENNT. MAN BEZEICHNET DAMIT FÄLSCHLICH ALLES, WAS IN DEN ZWANZIGER JAH-
EREN ZIELEN IN DAS ZEITGESCHEHEN EINTRAT (MAN BRAUCHT DAZU NUR DEN GRÜNDUNGSAUFRUF VON 1919 AUF-
MGEBENDE ENTWICKLUNG, DIE IN VIELEN LÄNDERN EUROPAS FAST GLEICHZEITIG BEREITS EINGESETZT HATTE, NICHT
ZTEN WEIMARER UND DEN ERSTEN DESSAUER JAHREN ENDLICH SEIN GESICHT GEWANN.» **WALTER DEXEL, 1964**

, WENN AUCH SCHEMATISCH REDUZIERTES, SO DOCH ÄSTHETIZISTISCH-EIGENWILLIGES KÜNSTLERTUM ÜBER
D PSYCHISCHE ORGANISATION (HANNES MEYER) ERSTREBEN. SONST BLEIBT SIE EBEN – BAUHAUSSTIL, EIN
CH EINDEUTIG-EXAKT UND NOTWENDIG WIE DIE TECHNIK.» **ERNST KALLAI, 1930**

RIZONTAL-VERTIKAL GETEILT UND NEOPLASTISCH AUFGEPÄPPELT. WIR SUCHEN KEINE GEOMETRISCHEN
UAL UND HIERARCHIE SIND KEINE DIKTATOREN UNSERER GESTALTUNG. WIR VERACHTEN JEGLICHE FORM,
BENBILDENDEN KRÄFTE ZUR HARMONISCHEN AUSGESTALTUNG UNSERER GESELLSCHAFT.» **HANNES MEYER, 1929**

UADRAT, INNEN BIEDERMEIER.» **THEO VAN DOESBURG, 1922**

‹BAUHAUSSTIL› NICHT SOFORT ENERGISCH ENTGEGENTRAT.» **ADOLF BEHNE, 1930**

EIN QUADRAT MEHR SEHEN.» **PAUL WESTHEIM, 1923**

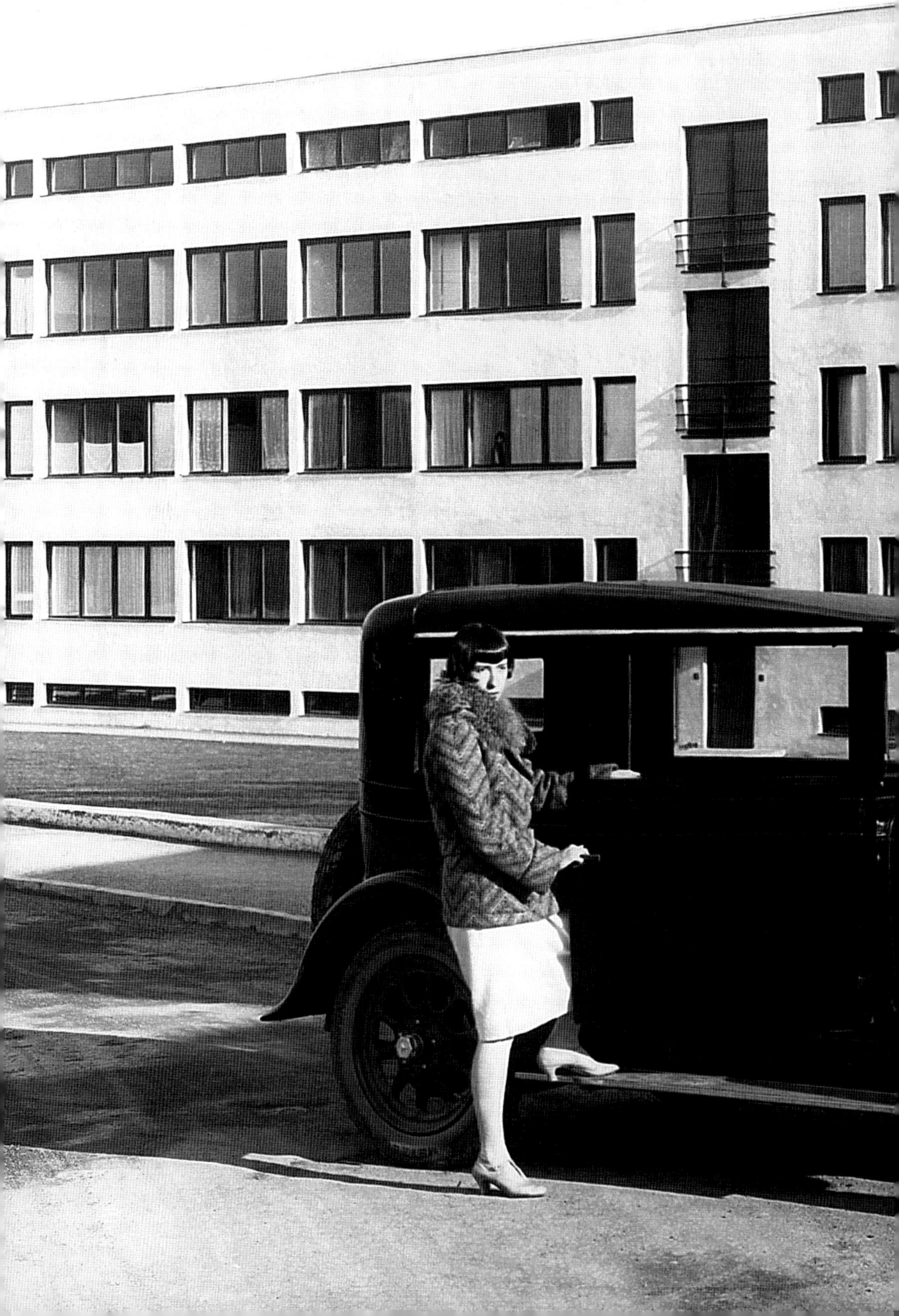

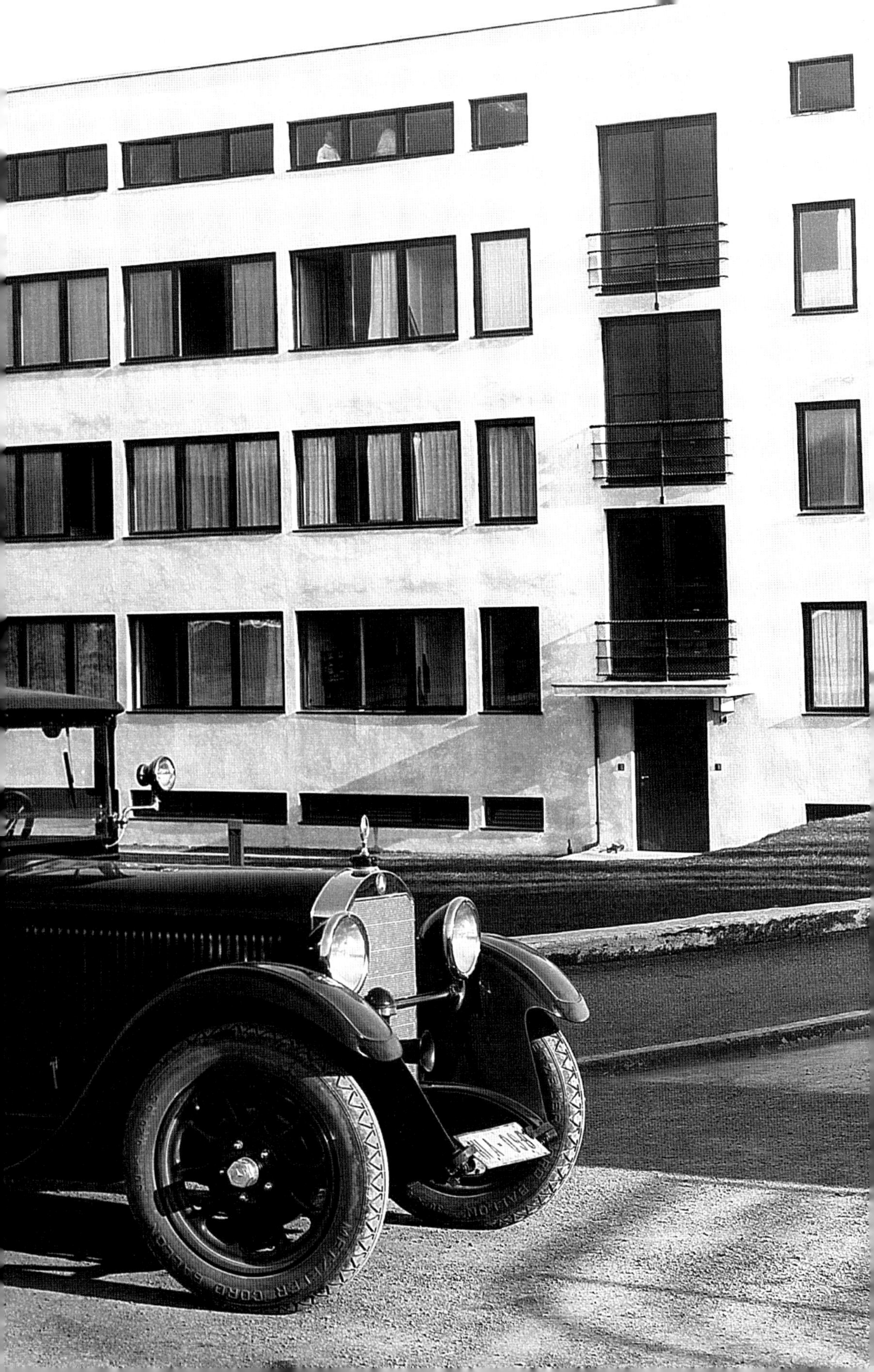

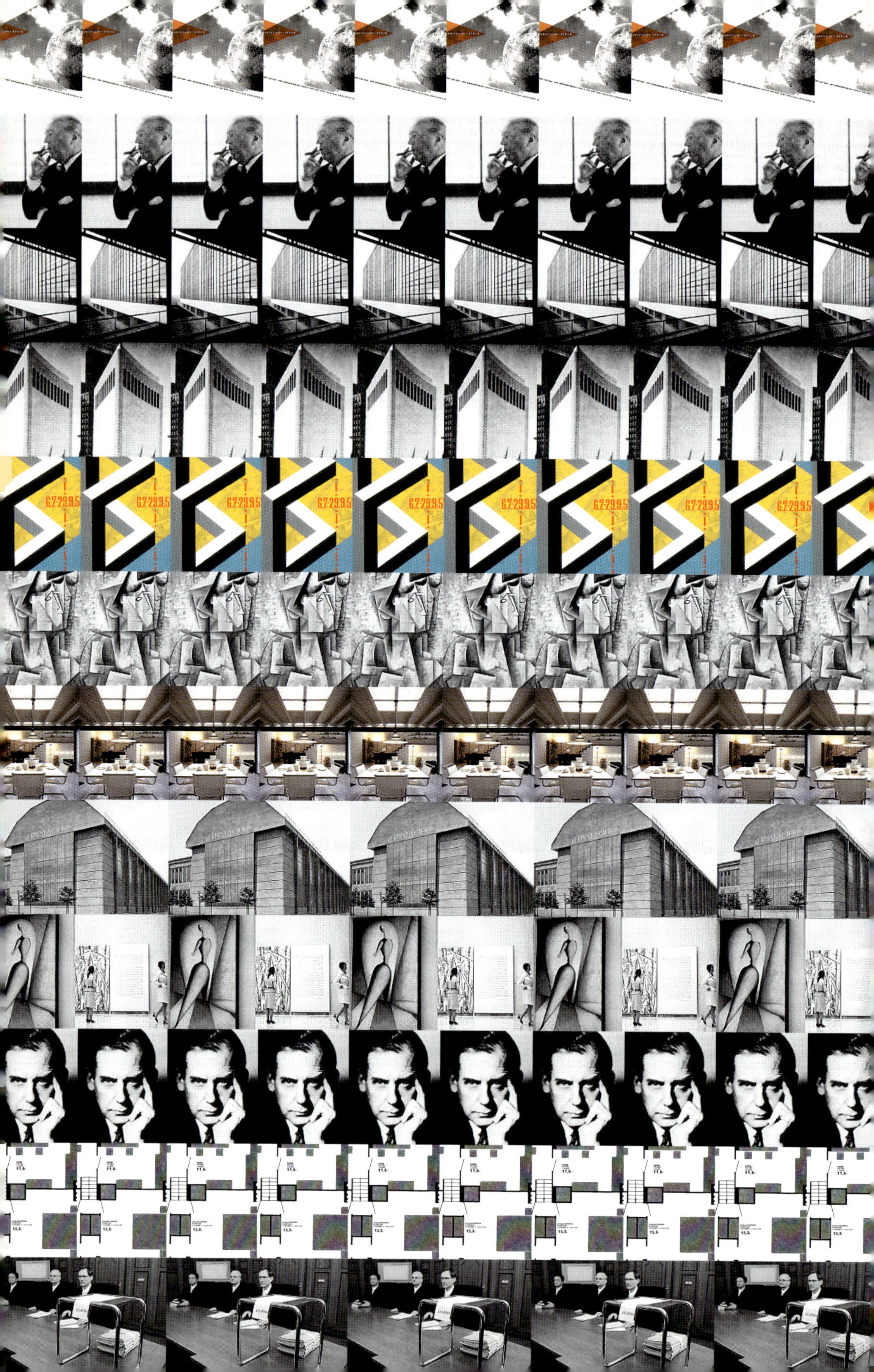

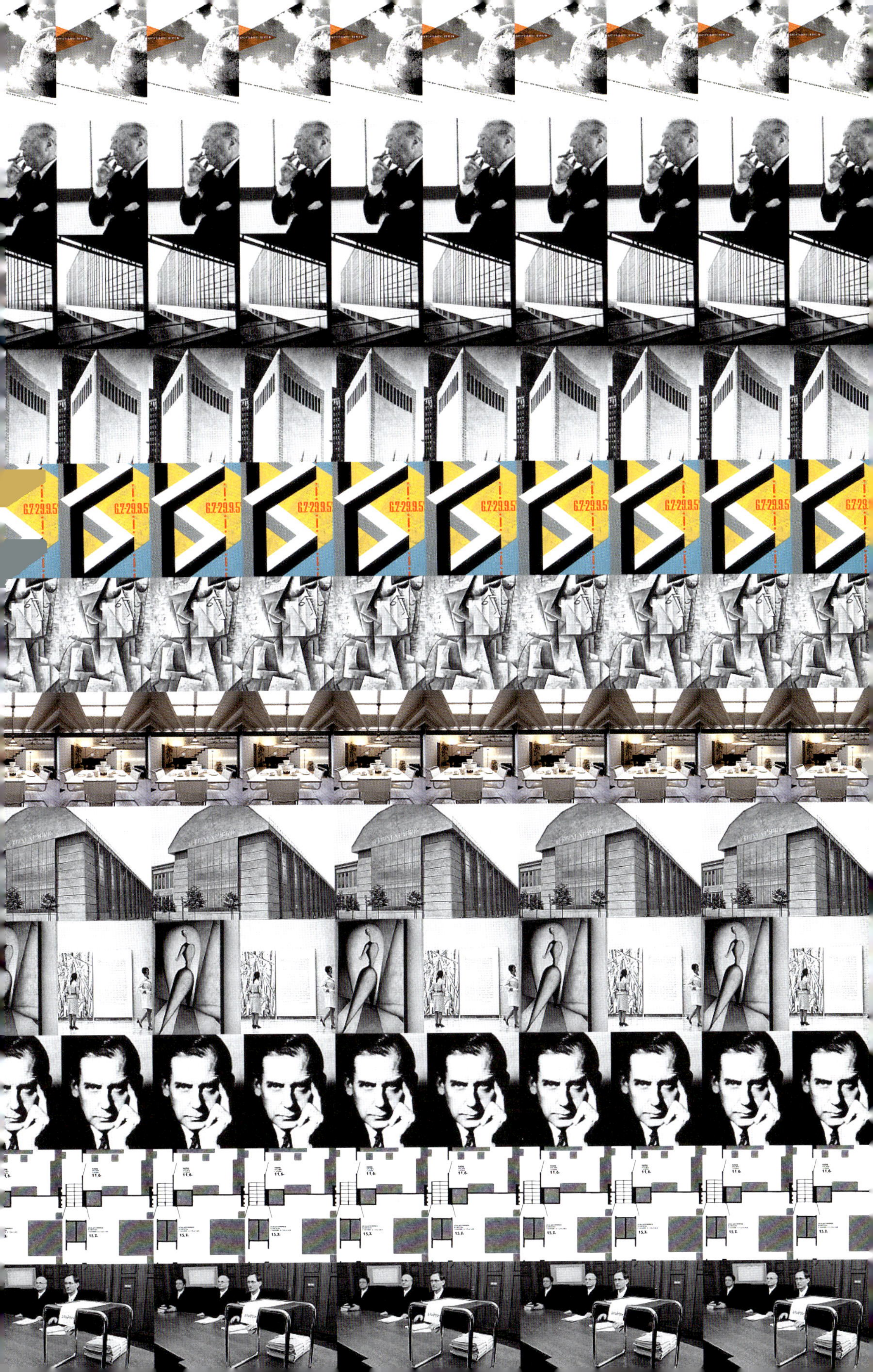
6.7-29.9.5

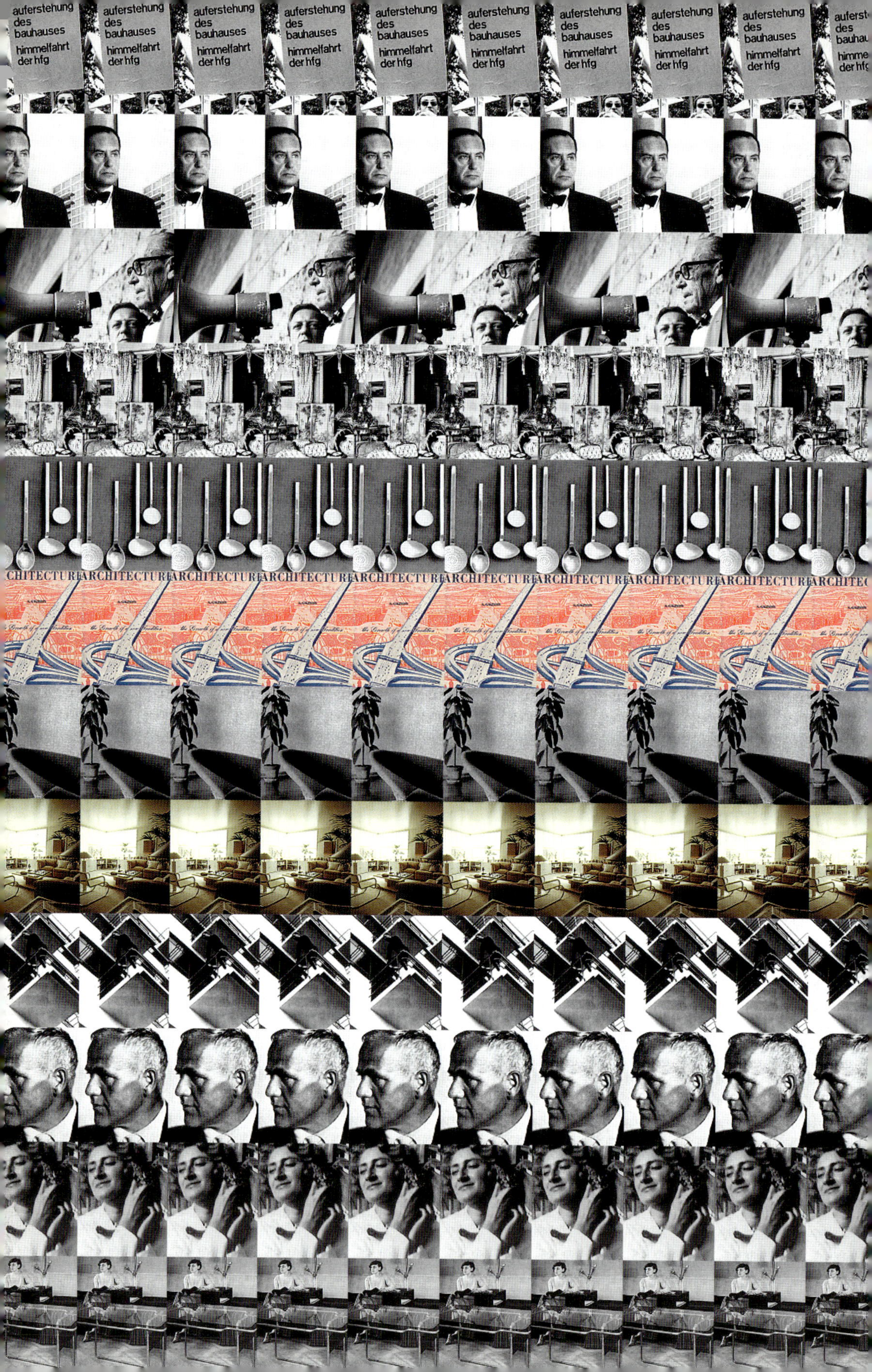
auferstehung des bauhauses
himmelfahrt der hfg
ARCHITECTURE

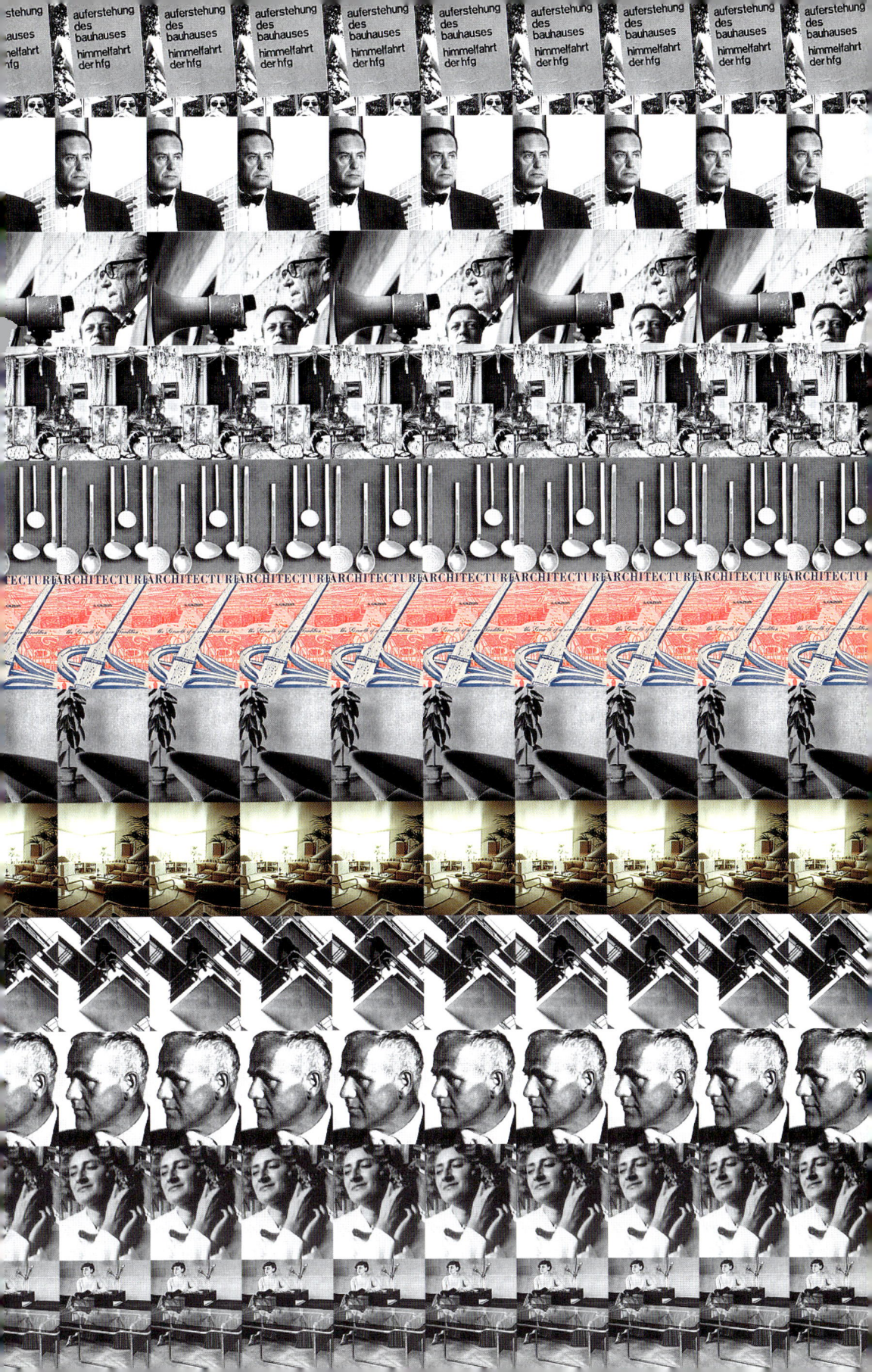

auferstehung des bauhauses himmelfahrt der hfg

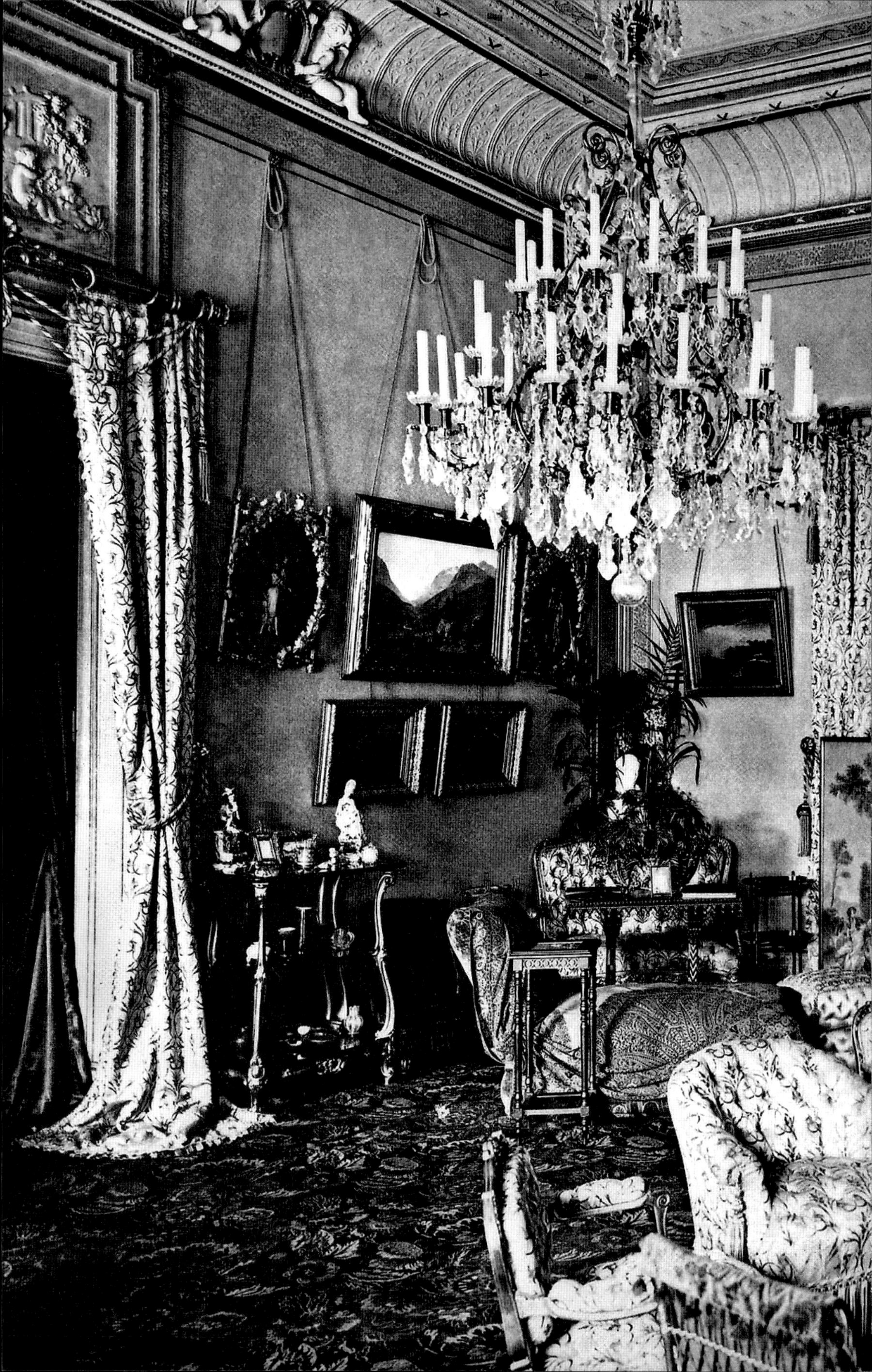

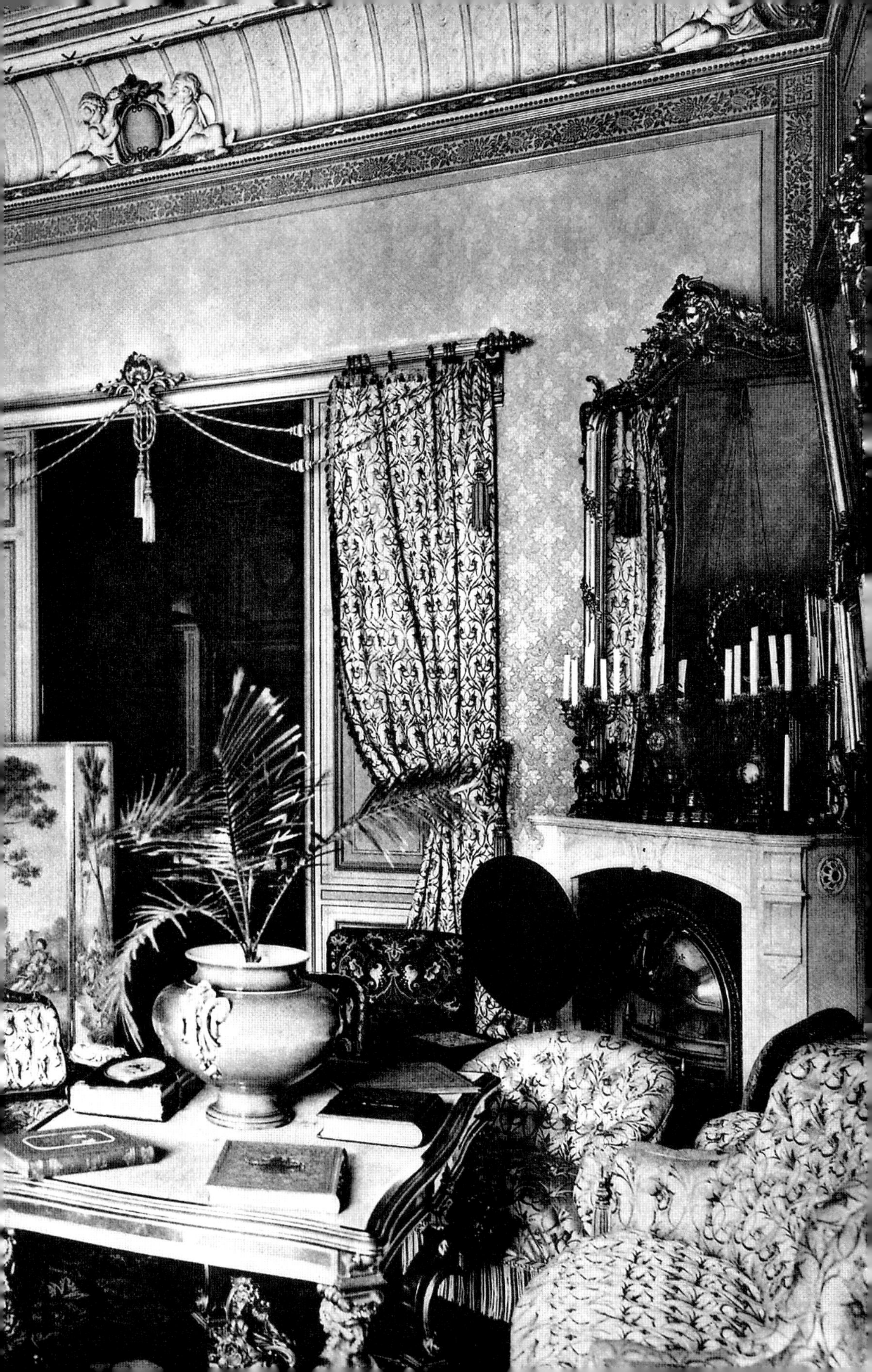

DER BAUHAUSSTIL ALS LEBENSSTIL?
EINLEITUNG
REGINA BITTNER

In Berlin erregte die von Hans Kollhoff entworfene Villa Gerl 2001 öffentliches Aufsehen. Die im neoklassizistischen Stil errichtete Villa stellt die Insignien von Reichtum und Aufstieg zur Schau. Marmor, Gold und edle Hölzer, in vornehmer Zurückhaltung arrangiert, vermitteln vor allem eines: soziales Prestige. Dabei ist das Gebäude kein Einzelfall. In der mittlerweile globalen Bewegung des «New Urbanism» finden sich ähnliche Bemühungen, Prestige und Reichtum im Gewand imperialer Gesten zu artikulieren. Man fühlt sich an Thorstein Veblens Beobachtungen zum «demonstrativen Konsum» erinnert. In seinen ironischen Kommentaren zu den Verhaltensmustern und Sitten der bürgerlichen Gesellschaft des 19. Jahrhunderts hat er die Rolle analysiert, die die Dinge des Alltags bei der Markierung sozialer Positionen spielten: «Der Konsum teurer Güter», so Veblen, «ist verdienstvoll, und jene Güter sind ehrenhaft, die beträchtlich mehr kosten, als für die Erfüllung ihres bloß angeblich praktischen Zweckes nötig wäre.» Überflüssige Kostspieligkeit wurde zum Kennzeichen eines Wertes, der für den «indirekten neidvollen Zweck» entscheidend war.[1] ▪ In Bezug auf die Villa Gerl spricht der Stadtsoziologe Werner Sewing von einer Resemantisierung heutiger Zeichen- und Bilderwelten. Das heißt: Im Zuge wachsender ökonomischer Unsicherheiten, sozialer Differenzierungen und Orientierungskrisen hat das postmoderne Kokettieren mit dem schlechten Geschmack seinen Reiz verloren. «The fear of falling», die Angst vor dem sozialen Abstieg, verbietet es mittlerweile, «Stefan Raab» oder «Die Doofen» zum Lifestyle-Utensil zu nobilitieren. Der Sog zur Mitte wird umso stärker, je massiver diese Angst in der Mittelklasse grassiert. Deshalb bedienen sich aufstiegsorientierte Mittelschichten heute lieber der «überkommenen Versatzstücke der Hochkultur, um ihre Aspirationen zu dokumentieren».[2] Was signalisiert diese Beobachtung? Den Abschied von der Vorstellung einer vom sozialen Ausgleich geprägten Gesellschaft der Lebensstile, in der dank der zunehmenden Nivellierung innerhalb der Alltagsästhetik sogar ein Ende kultureller Distinktion bereits in Sicht schien? ▪ Das Lebensstiltheorem prägte fast zwei Jahrzehnte lang die soziologische und kulturwissenschaftliche Debatte in der BRD. Gesteigerte Konsum- und Freizeitmöglichkeiten quer durch alle Bevölkerungsgruppen ließen zumindest ab den achtziger Jahren die Behauptung zu, dass Konsummuster, Freizeitpräferenzen und Wohnstile mehr über die Individuen aussagen als deren berufliche Situation und Bildung. Man ließ die nivellierte «Mittelstandsgesellschaft» der fünfziger Jahre endgültig hinter sich. Der Optimismus angesichts der «Pluralisierung der Lebensstile» ging so weit, dass der von einem Menschen gewählte Stil mit dessen sozialer Lage nichts mehr zu tun haben sollte. In Lebensstil-Milieus finden sich demnach Menschen zusammen, die nicht mehr aufgrund von Kollektividentitäten oder Gruppensolidaritäten ein Zusammengehörigkeitsgefühl entwickeln, sondern deren Gemeinsamkeiten aus einem ähnlichen Freizeit- und Konsumverhalten, aus geteilten Vorlieben in Kleidung, Essen und Wohnstilen erwachsen.[3] ▪ Pierre Bourdieu betrachtete Lebensstile in seiner Fallstudie zur Struktur des kulturellen Raums der französischen Gesellschaft demgegenüber als Artikulationen, in denen soziale Strukturen als inkorporierte Muster zum Ausdruck kommen.[4] Sein Konzept des «Habitus» band kulturelle Äußerungen, Sitten, Interaktionsmuster, Gebärden und Wohnstile zurück an den sozialen Raum, innerhalb dessen diese Muster generiert wurden. Diese Theorie stieß vor allem deshalb auf heftige Kritik, weil sie eine Art «Teufelskreis der Integration» darstellte: die permanente Anpassung kultureller Phänomene an soziale Klassenlagen. Die kreative Herstellung des Alltags schien aus dem Blickfeld zu geraten. Im Gegenzug rückten insbesondere in Deutschland Studien in den Vordergrund, die die soziale Welt in den Kategorien von Freizeit-, Konsum- und Erlebnisgesellschaft beschrieben. Diese Diagnosen hatten einen kulturellen Wandel zum Hintergrund: An die Stelle des am Lebensstandard orientierten Massenkonsums war der Lifestyle-Konsum getreten, Hedonismus und Selbstverwirklichung waren zu Wertorientierungen geworden, die die Gesellschaft mehr und mehr bestimmten. Die Sinus-Studien zu Wohnstilen in Deutschland etwa boten einen Einblick in eine heterogene Milieulandschaft, die sich durch unterschiedliche Geschmackspräferenzen und Einrichtungspraktiken auszeichnete. Inmitten dieser vielfältigen Milieulandschaft tauchte auch die Geschmacksdimension «kulturelle Modernität» auf: Die Wohnzimmer der aufstiegsorientierten Mittelklasse waren ausgestattet mit Marcel-Breuer-Möbeln, Marianne-Brandt-Lampen und Mart-Stam-Freischwingern. Im Zuge der «Ästhetisierung des Alltags» erlangten Bauhausmöbel eine besondere Bedeutung. Sie kamen einerseits den Distinktionswünschen einer aufgeklärten Mittelschicht entgegen, die in den Bauhaus-Produkten ein spezifisches kulturelles Kapital vermutete: Im Rückbezug auf die demokratischen Ideen des Bauhauses konnten beim Gebrauch dieser Möbel Offenheit, Modernität und Reflexivität demonstriert werden. Zum anderen garantierten diese «Klassiker» in der Flut an Design- und damit Identitätsangeboten so etwas wie «zeitlose Aktualität».[5] (Siehe den Beitrag von Gerda Breuer in diesem Band.) ▪ Bauhausprodukte fanden während jener Jahre eine massive Verbreitung – nicht nur als teure Re-Editionen der Firmen Tecta, Knoll International oder Thonet, sondern auch als billige Kopien. Sie schienen dabei im unmittelbaren Zusammenhang mit der Repräsentation des kulturellen Kapitals einer relativ breiten sozialen Mittelschicht der achtziger Jahre zu stehen. In den mit Bauhausmöbeln ausgestatteten Lofts von Architekten und Designern spiegelte sich am ehesten der in die Sprache des Alltags übersetzte Mythos von der postindustriellen Gesellschaft. Ähnlich der ästhetischen Aufwertung und Musealisierung alter Industrieareale in dieser Zeit wurden nun auch die «Industriemöbel» erst aus der Distanz zur industriellen Produktion attraktiv ₃ ein Phänomen, das, wie zu zeigen sein wird, bereits in den zwanziger Jahren zu beobachten war. Seit den späten neunziger Jahren jedoch verschwinden Bauhausmöbel nicht nur sukzessive aus der Zeitschrift «Schöner Wohnen», auch billige Reproduktionen sind seltener in den Prospekten der Möbelmärkte zu finden. ▪ Ist deren Bedeutungsverlust einer schwindenden Relevanz kulturellen Kapitals in der heutigen Gesellschaft geschuldet? Die Villa Gerl kann als exemplarisch für eine Entwicklung gelten, in der beruflicher Erfolg, wirtschaftliche Potenz und materieller Reichtum eher soziale Distinktion garantieren als spezifische kulturelle Praktiken und Wissenssorten. Das hat zum einen mit der Auflösung der Hierarchie zwischen Hoch- und Populärkultur und der damit verbundenen Entwertung traditionellen bildungsbürgerlichen Kulturkapitals zu tun, zum anderen mit verschärften Verteilungskonflikten innerhalb der Gesellschaft. Im Zuge dessen werden Reichtum, Sach- und Geldvermögen wieder offener zur Schau getragen.[6] Die Produkte des Bauhauses scheinen für diese Art der Repräsentation ungeeignet. ▪ Der folgende Beitrag diskutiert den Zusammenhang zwischen modernem Lebensstil und der vom Bauhaus angestrebten Gestaltung der Dinge des Alltags. Anhand der spezifischen Relation zwischen Funktion und Gebrauch, die diese Gestaltung avisierte, wird zu zeigen sein, warum Bauhausprodukte unpassend sind, wenn es um die symbolische Repräsentation von Reichtum und Prestige heute geht. Dabei ist zu erörtern, um welchen Begriff von Lebensstil es sich eigentlich handelt, wenn von den Gestaltungsintentionen des Bauhauses die Rede ist. «Lebensstil» fungiert hier als Gegenentwurf zum «Stil», mit dem sich das Bauhaus seit seiner Gründung in Weimar konfrontiert sah, und hat eine andere Konnotation als der Lebensstilbegriff, mit dem wir heute soziale Phänomene zu beschreiben versuchen. Und er steht im Kontext einer sozialen Neuordnung der modernen Gesellschaft. Inwieweit leistete der vom Bauhaus propagierte moderne Lebensstil einen gestalterischen Beitrag zur Regulierung sozialer Konflikte in der modernen Gesellschaft?

DIE SOZIALE MITTE ALS BEKENNTNIS

In seiner einflussreichen Publikation «Zur sozialen Schichtung des deutschen Volkes» von 1932 beobachtet Theodor Geiger eine «sozialgeschichtliche Verwerfung» in der Weimarer Republik. Diese bestehe darin, dass eigentlich historisch nacheinander auftretende Strukturen – auf den Stand folge zum Beispiel die Klasse – sich «im gesellschaftlichen Jetzt bei verschiedenen Bevölkerungsteilen im Nebeneinander» fänden.[7] Diese Behauptung hatte statistische Untersuchungen zur Grundlage, nach denen das Proletariat zwar ungewöhnlich groß und der Mittelstand wenig ausgeprägt war, aber die meisten Menschen sich eher der sozialen Mitte zugehörig fühlten. Offensichtlich stützten sich soziale Klassen und Schichten in der Weimarer Republik auf Mentalitäten, Ideologien und Deutungsmuster der sozialen Realität, die kaum ihrer ökonomischen Lage entsprachen. Das bedeutete nicht, dass ein plötzlicher Zuwachs in den Einkommen, eine auffällige Erhöhung des Lebensniveaus zu verzeichnen gewesen wären. Die Verelendung der Unterschichten setzte sich nicht fort, die alten Mittelschichten stabilisierten sich, und neue, vor allem die der Angestellten, dehnten sich aus. Eine neue Massenkultur im Freizeitverhalten und im großstädtischen Alltag begann die scharf gezogenen Klassengrenzen und ihre nach außen erkennbaren Distinktionsmerkmale zu verwischen. Der Historiker Heinrich August Winkler spricht daher von einer «Klassengesellschaft im Übergang».[8] Diese Konstellation hatte wesentlichen Einfluss auf die Selbstbeschreibungen und Interpretationen der damaligen Gesellschaftsmitglieder, die an der Spaltung der Gesellschaft und den damit verbundenen Nivellierungstendenzen litten. Die Flucht in ständische Ordnungsmodelle und Gemeinschaftsutopien war eine Reaktion darauf. «Die Weimarer Gesellschaft erkannte sich als eine Gesellschaft der Klassenschichtung, in der, nach Weltkrieg und Revolution, die Standesgliederung der kaiserzeitlichen Gesellschaft ihre organisatorischen Fundamente verloren hatte, aber sie sah diese dynamische Gesellschaft als von vornherein instabil. Innerhalb der Gesellschaft konnte es keinen vernünftigen Ausgleich sozialer Interessen, keine relative soziale Mäßigung geben.»[9] Die Klassengesellschaft wurde lediglich als Voraussetzung für den intendierten Ausgleich der Interessen betrachtet. Die beobachtbare Auflösung sozialer Dichotomien in Gestalt einer Ausbreitung der Angestellten und einer Verbürgerlichung des Proletariats bestärkten die verbreiteten Vorstellungen von sozialem Konformismus. Der Historiker Paul Nolte kam angesichts dieser Tendenzen zu dem Schluss, dass in der Weimarer Republik «die Normalität einer Klassengesellschaft unerreichbar blieb».[10] In diesem Zusammenhang steht auch der von Hans Mommsen beobachtete Prozess der «Auflösung des Bürgertums». Diese Tendenz war zwischen dem Ersten Weltkrieg und der Weltwirtschaftskrise ein wichtiges Thema des Intellektuellendiskurses. Er nahm Bezug auf drei wesentliche gesellschaftliche Veränderungen: auf den Verlust des bürgerlichen Besitzes und den Aufstieg neuer angestellter Mittelschichten, auf die Auflösung des Bürgertums als sozialkulturelle Formation mit dem Ende des Kaiserreichs und auf die Krise der bürgerlichen Ideologie. Ein Prozess, der für die Programmatik des Bauhauses von entscheidender Bedeutung sein sollte. Die «fortschreitende Aushöhlung der bürgerlichen Lebensformen»[11] zeitigte problematische Folgen in der deutschen Gesellschaft über die zwanziger Jahre hinaus. Angesichts der massiven Kritik am Bürgertum von linker wie von rechter Seite im Verbund mit der Ablehnung der Klassengesellschaft wurde es schwierig, noch eine Sprache zur Beschreibung der sozialen Differenzierung zu entwickeln. Die Idealisierung des Arbeiters war eine Antwort auf diese Sprachlosigkeit. Im Kontext dieser Debatten wurde dann aufmerksam registriert, ob sich traditionelle soziale Gruppen wie das Bürgertum den Konformitätszwängen der neuen sozialen Gemeinschaften entzogen. Ihr überholtes Bedürfnis nach «Distinktion» stünde einer gesellschaftlichen Integration entgegen, wie sie sich in der Mischung der Stände und Klassen bereits vollziehe: «Diesen Kreisen ist es natürlich peinlich, wenn in ihren Sommerfrischen, ihren Klubs und Bars selbst einfache Arbeiter zu erscheinen wagen.»[12] Die klassenübergreifende Erfahrung in der neuen Freizeit- und Massengesellschaft setzte allerdings nicht, wie der Redakteur der Zeitschrift «Stimmen der Zeit» behauptete, tradierte Praktiken der Distinktion außer Kraft. Die massenhafte Verwandlung von Proletariern in Angestellte oder, umgekehrt, die Proletarisierung der mittelständischen Angestellten hat Siegfried Kracauer gerade in ihren Folgen für die kulturelle und soziale Ordnung der Weimarer Gesellschaft eingehend analysiert und sich dabei mit der zunächst ungeklärten sozialen Position dieser Gruppe befasst. Der Aufstieg der Angestellten und deren Formierung zu einem sozialen Typus stellen für Kracauer Symptome einer neuen Konfiguration zwischen Arbeitswelt und Freizeit, Massenkultur und Individualisierung dar. «Die Entwicklung zum modernen Großbetrieb bei gleichzeitiger Veränderung seiner Organisationsform; das Anschwellen des Verteilungsapparates; die Ausdehnung der Sozialversicherung und der großen Verbände, die das Kollektivleben zahlreicher Gruppen regeln ...», das alles hat zum Eindringen der Maschine in die Angestelltensäle der Fabriken geführt.[13] Damit ist für die Angestellten ein Proletarisierungseffekt verbunden, ohne dass sie selbst zu Proletariern werden. Diese Zwitterkonstellation bestimmt die Konstitution von Denk-, Verhaltens- und Wahrnehmungsmustern der Angestellten bis in die Mikrologik hinein. ▄ Kracauer identifiziert die «moralisch-rosa Hautfarbe», das «nette und freundliche Gemenge» als Ausdruck jener permanenten Anstrengung, der Reproduktion bürgerlicher Wertvorstellungen nachzukommen und die eigene weniger rosige, nämlich massenhafte Existenz mit einem Schleier zu verhüllen. Spannend ist dabei seine Beobachtung, dass die Formierung dieses neuen Typs Anleihen bei den Massenmedien wie Kino und Taschenbuch und der Konsumkultur macht. ▄ Bereits in den zwanziger Jahren deutete sich also eine Entwicklung hin zu spezialisierten Konsumgütern sowie damit verbundenen Geschmackspräferenzen und Konsumstilen an. Kracauer beschreibt eindringlich, wie kulturelle Differenzierung, der Hang zu Mode und Sport, innerhalb der zunehmend homogenisierten Gruppe der Angestellten zur sozialen Existenzbedingung wird, schon um auf dem Arbeitsmarkt bestehen zu können. Er nimmt damit Konturen der heraufziehenden Konsumgesellschaft in den Blick, in der Kaufkraft und Lebensstil ebenso entscheidend werden wie die formale ökonomische Position oder die soziale Lage. Die Ausprägung eines bestimmten Lebensstils war unmittelbar an die soziale Realität dieser neuen Mittelschichten gebunden. Ihnen kam bei der Suche nach sozialer Selbstbeschreibung in der Weimarer Gesellschaft eine zentrale Rolle zu. Ungeachtet der realen ökonomischen Situation dieser sozialen Gruppe bündelten sich in der «Idee des Mittelstandes» Erwartungen an Harmonie und Stabilität. Sie verkörperte sowohl die Hoffnung auf eine eher durch Berufsstände integrierte Gesellschaft als auch die Vorstellung eines Mittlers zwischen Oben und Unten, Arm und Reich, Arbeiterklasse und Kapitalisten. Dem Mittelstand wurde Schutz und Verantwortung für die Stabilität der sonst dichotomisch zerreißenden Gesellschaft aufgetragen. Aber die «Mitte» meinte keine universale Utopie der gesellschaftlichen Verfassung insgesamt. Die Öffnung und Generalisierung des Konzeptes der gesellschaftlichen Mitte vollzog sich erst ab den fünfziger Jahren.[14]

DAS BAUHAUS – EIN PROJEKT DER NEUEN MITTE?

Die Ausstellung des Deutschen Werkbundes «Die Wohnung» 1927 in Stuttgart wurde vor allem durch ein Foto bekannt: Eine junge sportlich-elegante Frau entsteigt einem Mercedes vor der Kulisse des Wohnhauses von Ludwig Mies van der Rohe. Die internationale Ausstellung hatte sich eine Zielgruppe ohne klare soziale Positionierung ausgesucht: moderne Großstadtmenschen. Damit bezog sie sich auf die für Zeitgenossen prägende Erfahrung der großstädtischen Masse, die sich vor allem durch die neuen Möglichkeiten des Verkehrs und der Kommunikation konstituierte. Die moderne Großstadt vermittelte so den Eindruck der Überwindung von Klassenschranken im Rausch von Massenkultur und modernen Transportmitteln. Aber es waren vor allem die Mittelschichten, die den Typus des modernen Großstädters repräsentierten. Zeitgleich zur Stuttgarter Ausstellung veröffentlichte Bertolt Brecht seine Satire «Die Nordseekrabben»: Der Hausherr, ein bei AEG angestellter Ingenieur, empfängt zwei Freunde, mit denen er die Erfahrung des Schützengrabens im Ersten Weltkrieg teilt. Er führt sie durch seine im «Bauhausstil» eingerichtete Wohnung und demonstriert die Funktionalität, Hygiene und Nützlichkeit der neuen Einrichtung. Die Perfektion erregt bei den Besuchern bald Abscheu, sie führt zur Zerstörung der Wohnung und zur Wiederherstellung kleinbürgerlicher Gemütlichkeit. Brecht nimmt in seiner Satire Bezug auf die von Marcel Breuer komplett ausgestattete Wohnung seines Freundes, des Theaterregisseurs Erwin Piscator, der zur selben Zeit seine Räume aufwändig inszeniert fotografieren ließ. ▬ Die Beispiele vermitteln zunächst den Eindruck, als hätte das Bauhaus Mitte der zwanziger Jahre Material zur Konfektionierung eines modernen Lebensstils der Mittelklasse geliefert. Wurde es also zur Mode? Nach zehn Jahren Bauhaus hat Ernst Kallai genau diese Tendenz in der «Weltbühne» scharf kritisiert: «Heute weiß jeder Bescheid: Wohnungen mit viel Glas- und Metallglanz: Bauhausstil. Desgleichen neue Wohnhygiene ohne Wohnstimmung: Bauhausstil. Lampe mit vernickeltem Gestell und Metallglasplatte als Schirm: Bauhausstil. Gewürfelte Tapeten: Bauhausstil. Eine Wiener Modezeitschrift empfiehlt Damenwäsche nicht mehr mit Blümchen, sondern im zeitgemäßen Bauhausstil mit geometrischen Dessins zu gestalten ... Gropius und seine Mitarbeiter sind selbst schuld daran, daß dem Bauhaus ein wahrer Rattenschwanz von mehr oder weniger üblen Kunstgewerbereien anhängt, die alle als Bauhausstil präsentiert werden.»[15] ▬ Kallais Bemerkungen fallen zu einer Zeit, als der Begriff «Stil» publizistisch dem Neuen Bauen insgesamt angehängt wurde. Es muss hier nicht erwähnt werden, dass Walter Gropius sich entschieden gegen eine Reduktion der Gestaltungsarbeit des Bauhauses auf den Stilbegriff gewehrt hat. Es sollen hier auch nicht im Einzelnen die Gründe für eine solche Abwehr des Stilbegriffs aufgeführt werden. Vielmehr interessiert, auf welche Dimension von Stil sich das Bauhaus beziehen wollte, wenn es nicht an der Fortsetzung einer Stilgeschichtsschreibung in der Tradition Heinrich Wölfflins interessiert war. Die Falle besteht zweifellos darin, dass Gropius zum Beispiel in dem Begleitbuch zur Stuttgarter Ausstellung «Internationale Architektur» mit der Vorführung der «Einheitlichkeit der Erscheinungsformen» eine für notwendig gehaltene Objektivierung des Bauens dokumentierte. Zielte das nicht auf die Identifizierung von «Seh- und Vorstellungsformen einer Epoche» im Wölfflin'schen Sinne einer «Kunstgeschichte ohne Künstler»? Auch die Rezensenten der Stuttgarter Ausstellung schienen sich darin einig, dass mit Stuttgart der «Sieg des neuen Baustils» – nach dem Titel des Buches von Walter Curt Behrendt – offensichtlich geworden war. (Siehe den Beitrag von Lutz Schöbe in diesem Band.) ▄ Das Bauhaus war ein Kind seiner Zeit: Es etablierte sich vor dem Hintergrund der Krise bürgerlicher Ideologie und bürgerlicher Lebensformen. Waren moderne Großstadtmenschen die Zielgruppe des groß angelegten Versuches einer Vorführung moderner Lebensweisen in der Stuttgarter Ausstellung, so widersprachen deren Protagonisten damit auch den kulturpessimistischen Stimmen der Zeit, die die Großstadt mit einem Sündenbabel verglichen. Gegen das Eindringen des Ästhetischen in den Alltag durch Massenkultur und Warenästhetik sollte die Kultur als Sphäre autonom gehalten werden, um den kulturellen Status des Besitz- und Bildungsbürgertums zu sichern. Gerade für Letztere war die Besonderung der kulturellen gegenüber der ökonomischen und politischen Sphäre ein existentielles Projekt. Museen und Theater stellten die Räume der kontemplativen Kunst- und Kulturrezeption dar, die für das bürgerliche Individuum charakteristisch war. Sie waren der Ort, an dem Kunst autonom gesetzt wurde gegenüber dem «schmutzigen» kapitalistischen Warensystem, Orte, mit denen das Bürgertum seinen kulturellen Führungsanspruch überhaupt legitimieren konnte. Angesichts einer massenhaften Kulturwarenproduktion gelang es der bürgerlichen Kultur jedoch immer weniger, diesen Anspruch einer kulturellen Sondersphäre aufrechtzuerhalten. ▄ Für das Bauhaus war der Bedeutungsverlust des bürgerlichen kulturellen Kapitals der Ausgangspunkt für eine neue Gestaltung der Dinge des Alltags. «Kunst und Technik – eine neue Einheit», die von Gropius ausgegebene Losung stellte nicht nur einen Angriff auf die bürgerliche Autonomie der Kunst dar, sondern sie zielte ab auf die Gestaltung einer Lebensweise, die der modernen industriellen Kultur entsprach. Das musste auch den Bruch mit einer Stilgeschichtsschreibung nach sich ziehen, die sich an den Repräsentationen bürgerlicher Kultur abarbeitete. ▄ Dabei erfuhr der Stilbegriff in den Wissenschaften während der ersten Jahrzehnte des 20. Jahrhunderts eine Renaissance. Wie der Philosoph Hans Ulrich Gumbrecht bemerkte, kam dem Stilbegriff gerade mit der Krise des deutschen Bürgertums besondere Aufmerksamkeit zu. Die «Sehnsucht nach Stil» am Ende des 19. Jahrhunderts bewegte sich in einer bipolaren Konstellation: Auf der einen Seite wurde Stil als eklektisch abgelehnt, indem er typologisch unterschiedlichen Bauaufgaben entsprechend benutzt wurde, auf der anderen Seite gewann ein neuer nationaler Stil aufgrund des «Weltanschauungsbedürfnisses der deutschen Bourgeoisie» an Attraktivität. Der Deutsche Werkbund nahm die latente Krisenstimmung und den Modernisierungsschub um 1900 zum Anlass, einen neuen «deutschen Stil» zu entwickeln, der den dekorativen und eklektizistischen Einsatz von Stilelementen überwand und eine industrielle Ästhetik hervorbrachte.[16] (Siehe den Beitrag von Elke Mittmann in diesem Band.) Dieser neue Einheitsstil sollte nicht nur die technisch-sinnliche Seite der Gegenstände im Sinne von Zweckmäßigkeit und Materialgerechtigkeit versachlichen, sondern mittels der «guten Form» auch einen Geschmacksbildungsprozess in Gang setzen: Stil wurde hier auch als soziale Eigenschaft gedacht, mittels neuer Formen sollte sich das Verhalten der Menschen ändern. In den Stildebatten jener Zeit taucht dieser Gedanke immer wieder auf: Alois Riegls «Stilfragen» verbanden Überlegungen über psychische Grundeigenschaften und Fähigkeiten des Menschen mit den sichtbaren Objektivationen von Kulturen und Epochen.[17] Am radikalsten hat sicherlich Adolf Loos den Stilbegriff als soziales Verhältnis gedacht. Vor dem Hintergrund der in Wien besonders signifikanten ästhetischen Aufladung des Bürgertums entwickelte er einen Stilbegriff, der sich in der Fähigkeit der Nutzer, gleich welcher gesellschaftlichen Herkunft, spiegelte, mit den Dingen des Alltags vernünftig in Beziehung treten zu können. (Siehe den Beitrag von Karin Wilhelm in diesem Band.) ▪ Das Bauhaus knüpfte an die Konzepte des Deutschen Werkbundes an, ohne die nationale Rhetorik der Werkbund-Gründer fortzusetzen. Mit Produktgestaltung sollte auch die Gesellschaft geformt werden. Die Ambivalenz dieses pädagogischen Konzeptes hat viele Kritiker des Bauhauses beschäftigt.[18] Aber es erweiterte die Orientierung in Richtung einer Lebenspraxis, in der die Dinge des Alltags anders geordnet wurden. Die Ablehnung eines Stilbegriffs im Sinne der Vergleichbarkeit formaler Signaturen hat hier ihren eigentlichen Grund. Was Ernst Kallai 1929 am Bauhaus kritisierte, war eine «Objektästhetik», die Dinge eher wieder fetischisierte, als sie zum «Lebensmittel» zu machen, wie es Marcel Breuer mit seinen Stahlrohrmöbeln beabsichtigte. Damit scheint ein grundlegender Widerspruch angedeutet, in dem sich die Gestaltungspraxis des Bauhauses bewegte: der zwischen Mode und praktischer Ästhetik. Im positiven Bezug auf die Warenästhetik, die den Alltag mehr und mehr durchdrang, unternahm das Bauhaus den Versuch einer Umsteuerung der Warenkultur in Richtung Gebrauchswert. Dabei wurde die Strukturierung des Alltags durch die Kräfte der Industrie zum Ausgangspunkt seiner Gestaltungskonzeptionen. Entgegen den Strategien der Mode, mit Dingen und Objekten zur Ausstattung einer bürgerlichen Individualität beizutragen, erklärte man die Ausdrucksarmut zum konstitutiven Formprinzip. Das Bauhaus als Kind seiner Zeit nahm damit Abschied vom bürgerlichen Individualismus, einem wesentlichen Element bürgerlicher Ideologie; als neuer Bezugspunkt tauchte ein kollektives Subjekt auf – die Masse –, das nicht mehr in den Kategorien von Originalität, Autorität und Universalität zu fassen war. ▪ Der Begriff der Masse spielte in den Intellektuellendiskursen der Weimarer Republik eine wichtige Rolle. Er changierte zwischen Szenarien der Angst vor unkontrollierten spontanen Menschenströmen und der Hoffnung auf neue Gemeinschaft. Die Masse bot ein «Wir»-Gefühl, das viele Zeitgenossen angesichts sozialer Vereinzelung und Isolation schmerzlich vermissten. Theodor Geiger sah in der Bildung von Masse die Rettung gegen das Überhandnehmen abstrakter und formalisierter «Vergesellschaftlichung».[19] Diese Debatten bezogen sich vor allem auf den von Ferdinand Tönnies beschriebenen Dualismus von «Gemeinschaft» und «Gesellschaft». Vermassung wurde nicht als Nivellierung oder als Entwurzelung beklagt, vielmehr sah man in ihr eine positive Antwort auf solche Phänomene: Menschen formierten sich zu Massen, um der Vereinsamung und Atomisierung zu entkommen. Man begriff Masse dabei nicht mehr in den Kategorien von Chaos und Spontaneität, sondern es ging um Ordnung und Formierung.[20] Nicht umsonst spricht Markus Bernauer in Bezug auf das Bauhaus von einer

«Ästhetik der Masse»: Dieses neue kollektive Subjekt galt als Adressat einer Gestaltung, die in der Gleichheit der Lebensbedingungen der Industriegesellschaft[21] eine Chance erkannte, die Masse zu einer neuen Gemeinschaft zu formieren. Das Bauhaus als Kind seiner Zeit stimmte insofern mit dem Grundtenor der Weimarer Gesellschaft überein: Nicht Differenzierung und Spaltung, sondern Ausgleich und Mäßigung in der Gesellschaft waren Anliegen seiner Gestaltungsarbeit. Die Forderung nach einer neuen «Einheit von Kunst und Technik» (Walter Gropius) war ein deutlicher Ausdruck des Strebens nach Versöhnung, des «Hungers nach Ganzheit» (Peter Gay) in Zeiten der Unsicherheit und der vermeintlichen Auflösung von Ordnung. Um die Masse zur Gemeinschaft zu formen, musste an ihre alltägliche kollektive Praxis angeknüpft werden. Gropius zog gegen den «Stil» zu Felde und setzte an dessen Stelle die «Organisation von Lebensvorgängen» einer neuen Gemeinschaft. Wenn es dabei um die Durchsetzung eines modernen Lebensstils ging, so war damit die spezifische Fähigkeit gemeint, ein Leben zu führen und den Umgang mit den Dingen zu organisieren, nicht aber eine symbolische Aufladung der eigenen Individualität. Rationalisierung, Standardisierung und Normierung in der Industrie forderten ein hohes Maß an Vergesellschaftung und sollten nun auch auf die Dinge des Alltags übertragen werden. Nach dem Prinzip der Montagekette entworfene Siedlungen, die Normierung der Bauteile, die Standardisierung der Grundrisse – das waren Methoden, die sich in vielen Industriegesellschaften durchsetzten. Eine Gestaltung, die sich die Strukturierung des Alltags nach den Gesetzen der Industrie zur internationalen Aufgabe machte, ließ sich nicht mehr durch formale Signaturen zum Ausdruck bringen. Diesen Versuch unternahm die Ausstellung «Modern Architecture: International Exhibition» 1932 in New York, mit der dann ein neuer Stil im typologischen Sinne, der International Style, definiert war. (Siehe die Beiträge von Wolfgang Thöner und Werner Oechslin in diesem Band.) ▪ Funktional gestaltete Dinge, Häuser, Gegenstände waren Bestandteil einer sozialen Realität, die auf eine Versöhnung der Widersprüche, die die gesellschaftliche Modernisierung mit sich brachte, abzielte. Im positiven Bezug auf diese egalisierende Macht der Technik hoffte man auf den Abbau der Klassenunterschiede und der sozialen Differenzen, vor deren Realität die Weimarer Gesellschaft solche Furcht hatte. Interessanterweise blieb das kollektive Subjekt, von dem die Protagonisten des Bauhauses sprachen, merkwürdig diffus, was den Schwierigkeiten der Zeitgenossen entsprach, die soziale Ordnung, in der sie lebten, zu beschreiben. ▪ Inwieweit war die Programmatik des Bauhauses mit der «Idee der Mitte» in der Weimarer Gesellschaft verwandt? Den neuen gesellschaftlichen Gruppierungen, proletarisierten Angestellten und verbürgerlichten Arbeitern, wurde die Last der Verantwortung für die Stabilität und den Schutz einer vor der Zerreißprobe stehenden Gesellschaft übertragen. Sie waren es, die mit der Modernisierung des Alltags, den neuen Kommunikations-, Produktions- und Verkehrsmitteln, am meisten vertraut waren. Der Soziologe Peter Alheit spricht in diesem Kontext von «alltäglicher Modernisierung». War die Mitte, wie diffus auch immer, also am ehesten prädestiniert für einen «befreiten Umgang mit den Dingen»? Es war kein Zufall, dass ein angestellter AEG-Ingenieur zur Hauptfigur in Brechts Satire «Nordseekrabben» wurde. Dennoch vermittelt seine Erzählung den Eindruck, dass der angestrebte selbstverständliche und von der Sucht nach bürgerlicher Repräsentation entlastete Umgang mit den Dingen als «Lebensmittel» sich nicht einstellte. ▪ Eher trifft der Gedanke zu, Stilisierungspraktiken, wie sie seit den achtziger Jahren in der postmodernen Gesellschaft zu beobachten sind, seien hier bereits angelegt. Die Schwierigkeit bei der Einordnung dieser Beobachtung besteht darin, das Verhältnis von Zeichen und Repräsentation in der Moderne zu bestimmen. Roland Barthes beschreibt in seinen Untersuchungen zur Sprache der Mode, dass in modernen Gesellschaften «eine Transformation einer Ordnung von Zeichen in eine Ordnung von Gründen» stattfindet. Darin bestünde der Prozess der Rationalisierung. Das, wofür ein Zeichen in einer Gesellschaft gehalten wird, was es bedeutet, habe sich massiv verändert. Während zum Beispiel in monarchischen Gesellschaften Kostüme offen als Zeichen ausgestellt worden seien, «die Länge einer Schleppe bemaß sich genau an der sozialen Position», verstecke sich das Zeichen heute hinter einer Kette von Gründen. Damit werde der Anschein erweckt, Dinge hätten, um angemessen zu sein, bloß noch eine Funktion zu erfüllen: «... der **homo significans** versteckt sich hinter der Maske des **homo faber**.» Indem sich das Zeichen aber hinter der Funktion verberge, gewinne es den Anschein eines Naturgesetzes. Roland Barthes vergleicht dieses Phänomen mit der von Marx beschriebenen Verkehrung von dem Realen und seiner Vorstellung in der bürgerlichen Gesellschaft.[22] Betrachtet man die Inszenierungen modernen Lebensstils in den zwanziger Jahre vor diesem Hintergrund, so muss es nicht verwundern, dass auch Bauhausprodukte zum Mittel kultureller Distinktion wurden. Die funktionalen Objekte standen zudem im Kontext einer Zeit, in der die soziale «Mitte» als Idee nachhaltig wirkte, ohne eine Entsprechung in der sozialen Realität zu finden. Mussten Bauhausprodukte daher nicht symbolische Bedeutung erlangen als Ausdruck einer modernen, mit ihren Widersprüchen versöhnten Industriegesellschaft, die sich aber erst ab den fünfziger Jahren durchsetzte? Und bot nicht gerade die «Rationalisierung» innerhalb der Welt der Zeichen hin zur Erfüllung von Funktionen für diesen symbolischen Gebrauch der Bauhausprodukte die Grundlage? Denn hier wird der Anschein erweckt, funktionale Objekte seien nicht mehr an bestimmte soziale Positionen gebunden, sie stünden für eine quasi «klassenlose Gesellschaft». Vor dem Hintergrund des sozialen Klimas in der Weimarer Republik scheint der Reiz dieser Objekte für die neuen Mittelschichten nachvollziehbar. ▬ Insofern ist die Beobachtung des Designtheoretikers Gert Selle richtig: Bauhausprodukte waren in den zwanziger Jahren schon Bestandteil des gehobenen Konsums. Sie zielten auf einen Sozialtypus innerhalb der neuen Mitte, «der aus sicherer Entfernung zur industriellen Arbeit die ästhetische Umsetzung der Gebrauchsformen in ein symbolisches System genießt, das die industrielle Produktionswirklichkeit als ästhetisierbar und genußversprechend ausweist».[23] ▬ Erst mit der Durchsetzung und Universalisierung der «Idee der Mitte» lässt sich von einer Veralltäglichung der Moderne im Sinne ihrer symbolischen Entlastung sprechen. (Siehe den Beitrag von Walter Prigge in diesem Band.)

ANKUNFT IM ALLTAG?

Der Reiz, der darin bestand, die Ästhetik der industriellen Produktion in die Privatsphäre zu übertragen, wie in den mit Bauhausmöbeln bestückten Lofts der achtziger Jahre, scheint heute verloren gegangen zu sein. Damals, so erscheint es im Rückblick, war den Bauhausmöbeln im Zuge der Ästhetisierung des Alltags als Ausstattungsgegenstand des gehobenen Lebensstils eine den zwanziger Jahren vergleichbare symbolische Funktion zugekommen. Vor dem Hintergrund der Selbstbeschreibungen der Gesellschaft in Kategorien von Freizeit, Erlebnis oder Konsum schien die Vorstellung verbreitet, in einer nun nicht mehr nivellierten, eher individualisierten Mittelstandsgesellschaft angekommen zu sein. Der Konsum der Ausdrucksgesten industrieller Produktion, zu denen auch Bauhausmöbel gehören, war Bestandteil der symbolischen Praktiken jener Gruppen, die als Vorreiter einer neuen Mitte galten: Dienstleister, Wissensarbeiter, Kreative, Selbstunternehmer. Diese Milieus, wie diffus auch immer ihre soziale Position war, gerieten dabei derart ins Zentrum der politischen und sozialwissenschaftlichen Aufmerksamkeit, dass der Eindruck entstand, es handele sich wiederum um eine «Idee der neuen Mitte», mit der die Vorstellung verknüpft wurde, die Probleme der sozialen Integration in der postindustriellen Gesellschaft lösen zu können. ▄ Inzwischen sind die Spannungen und Konflikte in den postindustriellen Gesellschaften zu offensichtlich, als dass sie sich mit Entwürfen sozial ausgeglichener Freizeit- und Konsumgesellschaften wegreden ließen. Die Villa Gerl in Berlin oder das Bellagio-Hotel in Las Vegas sind Anordnungen von Zeichen im traditionellen Sinne: Sie stehen für Reichtum und soziales Prestige. Sie zeigen, dass es zur Darstellung einer sozialen Position heute keiner Verkehrung von Zeichen und Funktion im Sinne Roland Barthes' mehr bedarf. Die Zeichen geben sich wieder offen als normativ zu erkennen: Das meint Resemantisierung. Diese Architekturen, die international Verbreitung finden, signalisieren auch, dass die Hoffnung, mittels Gestaltung einen sozialen Ausgleich der Widersprüche moderner Gesellschaft herstellen zu können, gescheitert ist. Für diese Hoffnung stand das Bauhaus. Hat IKEA das schwierige Erbe dieser Gestaltungsutopien angetreten? ▄ Der Bauhausstil als neuer Lebensstil war an die Idee und die Realität des Mittelklassenkonsenses in den modernen Industriegesellschaften gebunden. Mit der offensichtlichen Aufkündigung dieses Konsenses könnte auch er in das Repertoire der Stilgeschichtsschreibung übergehen.

ANMERKUNGEN
1 T. Veblen, Theorie der feinen Leute. Frankfurt/M. 2000, S. 153 **2** W. Sewing, No more Learning from Las Vegas. In: Arch+, Heft 162/2002, S. 28 **3** G. Schulze, Entgrenzung und Innenorientierung. Eine Einführung in die Theorie der Erlebnisgesellschaft. In: Gegenwartskunde, Heft 42/1993, S. 407 **4** Vgl. T. Meyer, Das Konzept der Lebensstile in der Sozialstrukturforschung – eine kritische Bilanz. In: Soziale Welt, Heft 3/2001, S. 255 ff. **5** Vgl. dazu G. Breuer, Die Erfindung des modernen Klassikers. Avantgarde und ewige Aktualität. Ostfildern 2001 **6** Vgl. K. Kraemer, Entwertete Sicherheiten. Kulturelles Kapital in Zeiten verkürzter Halbwertszeiten. In: F. Hillebrandt/G. Kneer/K. Kraemer (Hg), Verlust der Sicherheit? Lebensstile zwischen Multioptionalität und Knappheit. Opladen 1998, S. 131 **7** T. Geiger, Die soziale Schichtung des deutschen Volkes. Soziographischer Versuch auf statistischer Grundlage. Stuttgart 1932, S. 85 **8** H. A. Winkler, Der Schein der Normalität. Arbeit und Arbeiterbewegung in der Weimarer Republik 1924 bis 1930. Berlin 1985, S. 296 **9** P. Nolte, Die Ordnung der deutschen Gesellschaft. Selbstentwurf und Selbstbeschreibung im 20. Jahrhundert. München 2000, S. 82 **10** Ebd. **11** H. Mommsen, Die Auflösung des Bürgertums seit dem späten 19. Jahrhundert. In: J. Kocka (Hg), Bürger und Bürgerlichkeit im 19. Jahrhundert. Göttingen 1987, S. 288 **12** C. Noppel, zit. n. Nolte, a. a. O., S. 93 **13** S. Kracauer, Die Angestellten. Frankfurt/M. 1971, S. 12 **14** Vgl. Nolte, a. a. O., S. 118 **15** E. Kallai, Zehn Jahre Bauhaus in Vision und Formgesetz. Aufsätze über Kunst und Künstler. Leipzig/Weimar 1986, S. 133 **16** G. Bollenbeck, Stilinflation und Einheitsstil. In: H. U. Gumbrecht/K. L. Pfeiffer (Hg), Stil. Geschichten und Funktionen eines kulturwissenschaftlichen Diskurselements. Frankfurt/M. 1986, S. 226 **17** Gumbrecht/Pfeiffer (Hg), a. a. O., S. 771 **18** T. Geiger, Die Masse und ihre Aktion. Ein Beitrag zur Soziologie der Revolutionen. Stuttgart 1926, S. 73 **19** Vgl. u. a. K. Wünsche, Bauhaus. Versuche, das Leben zu ordnen. Berlin 1992; sowie T. Wolfe, Mit dem Bauhaus leben. «From Bauhaus to our house» Frankfurt/M. 1984 **20** Vgl. Nolte, a. a. O., S. 121 **21** M. Bernauer, Die Ästhetik der Masse. Basel 1990, S. 15 f. **22** R. Barthes, Die Sprache der Mode. Frankfurt/M. 1985, S. 273 f. **23** G. Selle, DesignGeschichte in Deutschland. Köln 1987, S. 182

1907 GRÜNDUNG DES DEUTSCHEN WERKBU
1927 AUSSTELLUNG: DIE WOHNUNG
1929 CIAM-KONGRESS: DIE WOHNUNG FÜR
1932 AUSSTELLUNG UND BUCH: INTERNATI

FALLSTUDIEN

1907
OBJEKTÄSTHETIK ODER GESELLSCHAFTSREFORM?
VON DER SEHNSUCHT NACH STIL ZUR «FORM»
ELKE MITTMANN

«Die außerordentlichen Errungenschaften der Neuzeit, die Entdeckungen und Erfindungen auf allen Gebieten ... sind erheblich gestiegen ...; durch den ins Ungemessene gesteigerten Verkehr, durch die weltumspannenden Drahtnetze des Telegraphen und Telephons haben sich die Verhältnisse in Handel und Wandel total verändert: alles geht in Hast und Aufregung vor sich ... So ist denn die Zunahme der Nervosität in unseren Tagen nur allzu begreiflich; ... sie folgert mit Nothwendigkeit aus den in unserer Culturentwicklung liegenden Verhältnissen, und daß das Ende des 19. Jahrhunderts nicht ohne Grund die Signatur ‹Nervosität› trägt, liegt auf der Hand.»[1] ▬ Was der einst bekannte Neurologe Wilhelm Erb hier eindringlich beschreibt, stellt eine mentalitätsgeschichtlich bedeutende Selbstwahrnehmung der deutschen bürgerlichen Gesellschaft des ausgehenden 19. Jahrhunderts dar: Nervosität – im medizinischen Fachjargon der damaligen Zeit genauer bestimmt als Neurasthenie – galt als ein gesellschaftliches Symptom, verursacht durch die sich rasant vollziehende Wandlung Deutschlands von einem Agrarland in eine hochtechnisierte Industrienation. Damit offenbarte sich das Bewusstsein, dass die Industrialisierung zu einem epochalen Kontinuitätsbruch in der gesamtgesellschaftlichen Entwicklungsgeschichte geführt hatte. Der bis dahin bestehende Zusammenhalt von Gesellschaft, Politik, Wirtschaft, Kunst und Kultur schien auseinander gebrochen. Gefühle von Orientierungslosigkeit und Verlust machten sich breit und damit auch ein Sehnsuchtsgefühl nach neuen, vor allem mentalen Konstanten. ▬ Hinzu kam ein weiterer destabilisierender Aspekt: Der nach 1871 entstandene deutsche Nationalstaat und die damit einsetzende wirtschaftliche Prosperität hatten zwar der Gesellschaft und insbesondere dem industriellen Bürgertum ein neues Selbstwertgefühl verschafft. Daraus war jedoch noch kein entsprechendes Identitätsbewusstsein erwachsen. Das Fehlen eines solchen Nationalgefühls mündete in einer weiteren Facette des allgemeinen Sehnsuchtsempfindens. Dieses äußerte sich in einem rückwärts gewandten, verklärten Verlangen nach einer einheitlichen, idealen Kultur. In diesem Zusammenhang kam der formalen und stilistischen Auseinandersetzung mit Geschichte – dem ästhetischen Historismus eine zentrale Bedeutung zu: Durch die formal-stilistische Rezeption vergangener kunstgeschichtlicher Epochen konnte zumindest ein idealisiertes Abbild einer als vorbildhaft verstandenen Zeit geschaffen werden. Obwohl der Historismus als Denk- und Kunstform das gesamte 19. Jahrhundert bestimmt hatte, erlangte er gerade nach 1871 eine bis dato nicht erreichte gesamtgesellschaftliche Bedeutung: Die «Reaktivierung» bestimmter historischer Stile avancierte vor dem Hintergrund des damaligen Sehnsuchtsempfindens zu einem Lebensstilphänomen. Dabei erhielt der private bürgerliche Wohnraum wie kaum zuvor eine zentrale Funktion. Das «bürgerliche Wohnen» sollte als Paradigma dieses neuen Lebensstils begriffen werden. ▬ An der Form aber, in der sich das aufstrebende Bürgertum selbst durch den formal-ästhetischen Rückgriff auf Geschichte definierte, entzündeten sich zahlreiche gesellschaftskritische und kulturreformerische Gegenströmungen. Exemplarisch sollen diese Reaktionen anhand des «Ereignisses» des Deutschen Werkbundes skizziert werden, der 1907 in München gegründet wurde. Denn gerade hier vollzog sich im Hinblick auf den Stilbegriff ein entscheidender Funktionswandel, der für die spätere Entwicklung in Deutschland und insbesondere für das Bauhaus von großer Bedeutung sein sollte.

DIE SEHNSUCHT DES BÜRGERTUMS IM SPÄTEN 19. JAHRHUNDERT

Der Kunsthistoriker Karl Rosner charakterisierte das bürgerliche Sehnsuchtsempfinden 1898 wie folgt: «Man fühlte sich in einer Zeit, da sich das Bürgertum als Macht und Kern der Nation wiedererkannte, nun nahe verwandt mit jenen bürgerlichen Deutschen, die zu Beginn der Reformation auf den Höhen eines nationalen Deutschtums gewandelt ... Ein deutscher Stil begann also die Lösung zu werden, die ... immer zahlreichere Stimmen fand, und man hätte am liebsten die Schranken der drei Jahrhunderte hinweggerissen, um in die Hallen und Stuben der Vorfahren wieder einziehen zu können, in das bürgerliche Wohnhaus und in den adeligen Herrensitz des 16. Jahrhunderts, in denen die deutsche Renaissance sich zur schönsten Höhe entfaltet hatte.»[2] ▬ Die von Rosner beschriebene Sehnsucht, nach der man in die «Stuben der Vorfahren wieder einziehen» wollte, lässt sich als Flucht aus der Wirklichkeit deuten, als Bedürfnis nach «Erholung von der so rauh und roh erscheinenden Wirklichkeit».[3] Zudem galt die Flucht in die Geschichte als eine «Strategie», den offensichtlichen historischen Kontinuitätsbruch, den die Industrialisierung bewirkt hatte, zu überwinden. Diese Form, spezifische Traditionsbezüge herzustellen, hatte bereits der Schweizer Kunsthistoriker Jakob Burckhardt um die Mitte des 19. Jahrhunderts als einen Versuch begriffen, «in eine Zeit des schnellen Wandels der Lebensumstände ein Moment der Kontinuität hineinzutragen und so die lebenswichtige Erfahrung von Krisis und Kontinuitätsbruch zu bewältigen».[4] Schließlich erhoffte man sich von der Auseinandersetzung mit Geschichte, «zu einer geistigen und ideellen Neuorientierung in der Gesellschaft zu kommen, wodurch auch die wirtschaftlichen und gesellschaftlichen Probleme gelöst werden sollten».[5] ▬ Rosners Beschreibung deutet aber noch auf eine weitere Facette des damaligen Sehnsuchtsgefühls hin. Das Bürgertum sah sich angesichts eines wachsenden wirtschaftlichen Wohlstands in einer der Reformationszeit vergleichbaren deutschen kulturellen Hochphase. Dieser Selbstwahrnehmung entsprach der Wunsch, die eigene Gesellschaft in einer ihr adäquaten nationalen Tradition zu verorten.[6] Folglich wurde die Auseinandersetzung mit Geschichte mehr als in den Jahrzehnten zuvor zum Bezugspunkt der Konstruktion nationaler Identitäten. Geschichte avancierte zur entscheidenden mentalen Konstante in einer von politischen und wirtschaftlichen Veränderungen bestimmten Zeit. ▬ Gleichzeitig besann man sich auf häusliche und familiäre Ideale. Sie rückten verstärkt ins Blickfeld eines neuen bürgerlichen Wertesystems, das dem seit 1871 entstandenen Nationalbewusstsein entsprechen sollte. «Und dann kam der Krieg, der herrliche Siegeszug der Deutschen und die Einnahme von Paris, die Begründung des Deutschen Reiches, und alles das trug in kurzer Zeit zu einer eminenten Kräftigung des deutschen Nationalbewußtseins bei ... So trat man mit regem Interesse an alles heran, was zu eigen gewesen, so wurden das deutsche Haus, die deutsche Frau, Familie, Tracht und Stadt zu einem neuen sittlichen Ideale, und nach diesem wandte sich das gesamte häusliche, geistige und gesellschaftliche Leben.»[7] Exemplarisch zeigte sich diese Sehnsucht nach einer vermeintlich sittlich-idealen Zeit in den damals populären bürgerlichen Zeitschriften, etwa der «Gartenlaube» oder auch Schorers «Deutschem Familienblatt». ▬ Insbesondere die Zeitschrift «Gartenlaube»[8] dokumentierte die Verortung einer idealen Vorstellung von Familie in einer vergangenen Zeit. So unterstrichen zahlreiche Illustrationen in diesem Familienblatt die «Sehnsucht nach Vergangenem, die Melancholie der Erinnerung, nach allem, was unwiederbringlich vergangen ist».[9] Mit Bildunterschriften wie «Verloren in die alte Zeit», «Erinnerungen» oder auch «Dämmerstunde» evozierten sie selbst eine derartige Gemütslage. Bemerkenswert an der Gestaltung jener Graphiken ist es, dass keine der abgebildeten Szenerien im Kontext der damaligen Zeit präsentiert wird. Vielmehr stellen sie idealisierte Familiensituationen aus früheren Jahrhunderten dar. Die damalige Gesellschaft projizierte sich also in eine als vorbildlich imaginierte vergangene Zeit zurück und negierte damit gleichzeitig ihre eigene Realität. Historische Personen wurden sogar zu nationalen Vorbildern stilisiert: «Dem geschichtlichen Arsenal entnahm man die Heroen von gestern und vorgestern und stellte sie auf das Piedestal nationaler Verherrlichung – als Zeichen für gegenwärtige und zukünftige Orientierung.»[10] Daher nimmt es auch nicht wunder, dass technische Errungenschaften wie etwa die Elektrizitätswirtschaft damals nicht in ihrer unmittelbaren Technizität wahrgenommen werden. Das neue technische Zeitalter wird vielmehr poetisch aufgeladen und mythisch überhöht. So präsentiert man die bedeutendsten technischen Innovationen in Form allegorisch-historisierender Darstellungen. In diesem Rahmen werden «Geräte, Maschinen, Apparaturen durch Allegorien, Symbole, Mythen auf Sinn gedeutet; ihre nackte Wirklichkeit wird in die Aura eines höheren gehüllt; das zweckhafte Gestänge (wie Rilke die Maschinenwelt nannte) erhält ein transzendierendes Gepräge.»[11]

STIL ZWISCHEN LEBENSSTIL UND KANONISIERUNG

Einen eloquenten Ausdruck erhielt das damalige Sehnsuchtsgefühl in Kunst und Architektur. Insbesondere aber in der bürgerlichen Wohnkultur dokumentierte sich das historistisch ausgerichtete Lebensgefühl. Gerade im letzten Drittel des 19. Jahrhunderts war sie besonders konturiert und ausgearbeitet worden. «Nach 1871 greift der nationale Gedanke auch direkt auf das neue geistige und künstlerische Leben über. Die politischen und wirtschaftlichen Erträge, die diesen nationalen Gedanken bedingen und gleichsam einen heroisch anmutenden Zeitgeist hervorbringen, beeinflussen im besonderen Maße die Architektur und die Wohnkultur der Gründerzeit.»[12] Das bürgerliche Wohnen bekam unterschiedlichste Bedeutung. Zum einen sollte die Wohnung einem stärker werdenden Rückzugsbedürfnis dienen, sozusagen als privater Schutzraum vor den Eindrücken des modernen Lebens. Immerhin galt der Wohnraum des Menschen damals als «Urquell seines Heils».[13] Wegen des neu entstandenen bürgerlichen Repräsentationsbedürfnisses wurde dem privaten Wohnraum aber zugleich eine zentrale gesellschaftliche Rolle zugeschrieben; insbesondere die Wohnungsausstattung sollte diesen Anspruch einlösen. Hiermit setzte ein statusbedingtes Konsumverhalten ein, und die Bürger begannen sich nach den unterschiedlichsten Stilformen vergangener kunstgeschichtlicher Epochen einzurichten.[14] Dieses Konsumverhalten brachte allerdings auch mehr und mehr eklektizistische Stilblüten hervor. Unterschiedlichste Personen, Architekten etwa und Publizisten, kritisierten diese Form der Stilvielfalt bereits in den 1880er Jahren vehement. Vor allem der damals bekannte Publizist Georg Hirth[15] machte in zahlreichen Publikationen auf den «unförmigen Moloch der Stil- und Geschmacklosigkeit»,[16] wie er die eklektizistischen Stiläußerungen seiner Zeit nannte, aufmerksam und verlangte nach Alternativen. Sein erklärtes Ziel bestand in der Überwindung eben dieser Stiläußerungen. Damit sollte die Ausbildung eines «nationalen Geschmackes» initiiert werden, den Hirth als maßgebenden Anstoß verstand, um die Prosperität des Landes zu heben und weiterzuentwickeln. Ihm zufolge sollten das wirtschaftliche Wachstum und damit letztlich auch die «sittlichen Ideale» im Allgemeinen durch die Schaffung eines nationalen Stiles garantiert werden. So erklärte Hirth 1886 in seinem Buch «Das deutsche Zimmer der Gothik und Renaissance. Anregungen zur häuslichen Kunstpflege»: «... immer mehr hat sich seit Jahren in mir die Überzeugung befestigt, daß unter den Bedingungen, die zur Hebung unseres wirtschaftlichen Lebens zusammenwirken müssen, die Heranbildung eines guten nationalen Geschmackes eine hervorragende, vielleicht die vornehmste Stelle einnimmt.»[17] In diesem Sinne galt offenbar die Qualität des Geschmacks als Gradmesser wirtschaftlichen Erfolgs. Den adäquaten formalkünstlerischen Ausdruck für diesen Anspruch sah Hirth nach wie vor im historistischen Denken seiner Zeit verankert, insbesondere in der Auseinandersetzung mit der deutschen Renaissance des 16. und 17. Jahrhunderts. «Durch die Erkenntnis der Wahrheit, daß wir Großes nur bei liebevollem und verständnisinnigem Studium der Alten leisten werden, haben wir einen gewaltigen Schritt vorwärts gethan; und wenn nun vollends Überzeugung Gemeingut wird, daß wir unser Heil in der deutschen Renaissance des 16. und 17. Jahrhunderts zu suchen haben ...»[18] ▬ Georg Hirth und andere Mitstreiter wie Jacob von Falke oder Karl Rosner hofften mit ihren diversen Büchern[19] zu diesem Thema «geschmacksbildenden» Einfluss auf die damalige bürgerliche Gesellschaft ausüben zu können. Besonders durch zahlreiche Abbildungen vorbildlicher Wohnungseinrichtungen, die vornehmlich im «Stil der Renaissance» gehalten waren, sollte auf die Leserschaft eingewirkt werden. ▬ Diese «Wohnratgeber» hatten nachhaltigen Erfolg und wurden reichlich rezipiert. Endlich war für das vor allem gehobene bürgerliche Klientel ein richtungsweisender Ratgeber geschaffen, der es vermochte, die Vielzahl damals vorhandener Neostile durch klare Geschichtsbezüge zu überwinden. Georg Hirths Werk «Das Deutsche Zimmer» wurde bis zur Jahrhundertwende immerhin viermal neu aufgelegt. ▬ Wichtig für die Verbreitung seiner Ideen waren auch Familienzeitschriften und Monatsblätter wie die von Alexander Koch in Darmstadt editierte «Illustrirte Zeitschrift für Innen-Dekoration». Das Darmstädter Magazin publizierte zahlreiche Artikel sowie Abbildungen von Inneneinrichtungen und Entwürfen, die sich an Hirths Ideen orientierten. Möbel oder Interieurs wurden hier mit Begriffen wie «moderne Renaissance» charakterisiert. Man verdeutlichte so die Auffassung, dass eine Auseinandersetzung mit der deutschen Renaissance des 16. und 17. Jahrhunderts als innovativste zeitgenössische Stilrezeption zu verstehen sei. Schnell war diese historistische Stilform auch im Alltag angelangt und nahezu für jeden erschwinglich geworden. Insbesondere Möbelhersteller und Versandhauskataloge nahmen die entsprechenden Möbel- und Einrichtungsvorlagen in ihre Produktpalette auf[20] und boten diese in unterschiedlichsten Preislagen an. ▬ Als Massenware von oftmals minderwertiger Qualität erreichte das Angebot, das zahlreiche weitere Stilvariationen umfasste, nun beinahe alle Bevölkerungsschichten. Besonders bei den wenig Begüterten stieß es auf großes Interesse. Auf diese Weise konnten auch die unteren gesellschaftlichen Schichten, die sich in Fragen der Wohnungseinrichtung am höheren Bürgertum orientierten, am Statuskonsum teilhaben. Das war aus soziologischer Perspektive von entscheidender Bedeutung. Immerhin konnte sich das Kleinbürgertum mit der billigen Massenware, auch wenn sie nur dem Anschein nach den qualitativ wertvollen Möbeln des gehobenen Bürgertums ähnelte, von der Arbeiterschicht deutlich abgrenzen. ▬ Der historische Stilbegriff des wilhelminischen Deutschland, so zeigte es sich, wurde zunehmend als Lebensstilphänomen verstanden.

■ «Ein Traum nach dem Besuche der Frankfurter Elektrotechnischen Ausstellung», Ausschnitt aus der Zeitschrift «Die Kleine Presse», 24.9.1891

ens & Halske.

PANDORA

Bezugspreis vierteljährlich Mk. 5.—, Oesterreich-Ungarn und Ausland Mk. 5.50

V. Jahrg. 1894.

Illustrirte kunstgewerbliche Zeitschrift für
Innen-Dekoration
Ausschmückung u. Einrichtung der Wohnräume
Unter Mitwirkung
erster Künstler und Angehörigen des Kunstgewerbes
Herausgegeben von
Alexander Koch, Darmstadt

Kunstgewerblicher Verlag Alexander Koch, Darmstadt – Leipzig – Wien I.

Die Schaffung eines neuen Stils sollte eklektizistische Stiläußerungen überwinden und wurde darüber hinaus in einem erweiterten Kontext gesehen. Der Anspruch auf nationale Würde in politischer und wirtschaftlicher Hinsicht war ebenso mit der Idee eines neuen Stiles verbunden wie die Hoffnung, durch diesen einen Ruhepol in einer durch rasante Industrialisierung geprägten Epoche zu schaffen. Insbesondere Georg Hirth hatte diesen Anspruch seit den 1880er Jahren in seinen Schriften immer wieder formuliert und in diesem Sinne ein stilistisches Phänomen bereits angerissen, das einige Jahre später der Werkbund hervorbringen sollte: die Idee eines erweiterten, also gesellschaftsgestaltenden Stilbegriffes. Hirths Konzept ging jedoch nur zum Teil auf. Zwar wirkten seine Publikationen im weitesten Sinne geschmacksbildend, aber den Anspruch, darüber hinaus auf das wirtschaftliche Geschehen in der Gesellschaft einzuwirken, konnten sie nicht einlösen. ▪ Ein Grund dafür mag darin gelegen haben, dass sich der von Hirth angestrebte Stil und weitere historische Stilrezeptionen durch das bis zur Jahrhundertwende zunehmende Bedürfnis nach statusbedingtem Konsum zu einer ephemeren Modeerscheinung verflachten. Der Soziologe Werner Sombart bemerkte hierzu kritisch: Mit der «Eroberung des Kunstgewerbes durch den Kapitalismus» bestünde die Aufgabe des Künstlers nur noch darin, «die historische Mode mitzumachen und die alten Stilarten ins Kapitalistische zu übersetzen».[21] In diesem Sinne nahm die Industrie das gesellschaftliche Schichten übergreifende Käuferbedürfnis auf und stellte Produkte in den unterschiedlichsten Stilvariationen als qualitativ zunehmend schlechte Massenware her. Hermann Muthesius führte dazu 1907 in seinem Vortrag über «Die Bedeutung des Kunstgewerbes» aus: «Die zweite Hälfte des 19. Jahrhunderts ist mit ihren rasch wechselnden Stilmoden gleichzeitig die Zeit der schlimmsten Verirrungen im sinnwidrigen Aufputz und in Materialvorstellungen aller Art. Surrogate und Imitationen feierten Triumph. Holz wurde in gepreßter Steinpappe imitiert, Stein in Stuck, wenn nicht in Zinkblech, Bronze in Zinnguß.»[22] Durch diese Art der Massenproduktion kam es zu einer industriell betriebenen konsumorientierten Kanonisierung der historischen Stilbezüge und damit letztlich zum Stillstand formaler Weiterentwicklung. Formhülsen ohne inhaltliche Bedeutung waren die Folge. ▪ Ein weiterer hemmender Aspekt kam hinzu. Die ausschließliche Fokussierung auf bestimmte Epochen der Kunstgeschichte zur Gegenwartsbewältigung hatte schließlich den Blick auf die eigene Zeit verstellt. Daraus resultierte die nahezu psychische Unfähigkeit, sich den industriellen Realitäten der damaligen Zeit zu stellen und diese vielleicht sogar nicht nur als technisch-wirtschaftlichen, sondern auch als künstlerischen und kulturellen Impulsgeber zu verstehen.

VON DER SEHNSUCHT NACH EINER NEUEN KULTUR: DIE GRÜNDUNG DES DEUTSCHEN WERKBUNDES 1907

Um die Jahrhundertwende wurde die rückwärts gewandte Haltung der bürgerlichen Gesellschaft zunehmend als Entfremdung von der eigenen industriell geprägten Gegenwart wahrgenommen. Erneut entstand ein Sehnsuchtsempfinden, dass allerdings diesmal danach strebte, den Zwiespalt zwischen gesellschaftlicher Mentalität und industrieller Modernität zu überwinden. Und wieder äußerte sich die Hoffnung auf eine harmonische ideale Kultur. Der Architekt Hermann Muthesius verlieh dieser neu entflammenden Sehnsucht 1907 sinnfällig Ausdruck: «Die Zersplitterung und Verwirrung, die vorläufig noch in der gewerblichen Arbeit zu beobachten ist, ist nur ein Bild der Zersplitterung unseres ganzen modernen Lebens ... Diese innere seelische Harmonie wiederzuerlangen, ist gerade augenblicklich wieder das eifrigste Streben der Zeit.»[23] ■ Die schlechte Qualität und Formgestaltung des deutschen Kunstgewerbes galt als zentrales Symptom für die fehlende «innere Harmonie» der Gesellschaft. In diesem Sinne wurde «Qualitätsempfinden» als «Gradmesser für die Kultur eines Volkes»[24] verstanden. Auch im Ausland war die fragwürdige Qualität und Formgestaltung deutscher Produkte bekannt. Sie erhielten gar das Label «made in Germany», das ihre Minderwertigkeit bezeichnen sollte. Für das damalige Deutschland bedeutete dies einen dramatischen Ansehensverlust. An die Schaffung eines neuen Qualitätsbegriffes waren daher vor allem nationale und wirtschaftliche Ansprüche geknüpft. ■ Vor diesem Hintergrund gründeten 1907 Vertreter aus Industrie, Wirtschaft, Kunst und Architektur den Deutschen Werkbund. Er setzte es sich zum Ziel, durch neuartige Gestaltungsansätze für die gesamte Warenwelt und Architektur eine neue nationale, bürgerliche Kultur zu schaffen. Diese sollte sich nicht mehr gegen die industrielle Realität der damaligen Zeit verschließen, sondern sie als schöpferischen Neuansatz verstehen. Die Gründungsmitglieder des Deutschen Werkbundes nahmen also das Spannungsfeld zwischen latenter Krisenstimmung und Modernisierungsschub um die Jahrhundertwende zum Ausgangspunkt für die Entwicklung eines neuen Stils. Mit seiner Forderung, einen bloß dekorativen und eklektizistischen Einsatz von Stilelementen zu überwinden, und einer bis dato unüblichen Hinwendung zur Industrie begründete der Werkbund die Anfänge industrieller Ästhetik. Für die kulturelle und künstlerische Entwicklung des 20. Jahrhunderts sollte so ein entscheidender Transformationsprozess in Kunst, Kunstgewerbe und Architektur initiiert werden. ■ Auf dem Weg dorthin formulierten die Werkbund-Begründer neben zahlreichen anderen theoretischen Ansatzpunkten eine Kernaussage, die den stilbegrifflichen Funktionswandel – weg von der Stilauffassung des Historismus hin zu den spezifischen vom Werkbund formulierten Stilkonzepten – deutlich macht. ■ Anders als der Historismus verstand der Werkbund die Gesamtheit der Kultur als Grundlage für die Ausarbeitung eines neuen Stiles. Im Umkehrschluss galt die Schaffung eines neues Stiles als Ausdruck einer neuen Kultur. Allerdings wollte sich der Werkbund nicht mehr auf die Vergangenheit beziehen, wie der Historismus dies getan hatte. Stattdessen sah er in den modernsten Äußerungen von Industrie und Wirtschaft entscheidende Anhaltspunkte für die Schaffung einer neuen Kultur und damit eines neuen Stiles. ■ Walter Gropius, der damals dem Werkbund angehörte, betonte 1911 die im weitesten Sinne stilbildenden Qualitäten des technischen Zeitalters: «Wir haben Anzeichen, daß der großen technischen und wissenschaftlichen Epoche eine Zeit der Verinnerlichung folgen wird, der Zivilisation die Kultur.»[25] Auch das Werkbundmitglied Josef August Lux stellte die damalige Industriewirtschaft als entscheidenden Kulturfaktor für die gesamte Gesellschaft heraus: «Es ist für die geistige Bildung, für die nationale Erziehung und für die Erhöhung der Tatkraft im Wettbewerb der Völker sehr wichtig, daß die Allgemeinheit in den Werken und Fortschritten der Technik nicht ein Hemmnis der Kultur, sondern vielmehr einen ganz gewaltigen Kulturträger erblickt ...»[26] ■ Daher sollte, wie es bereits in den Gründungsstatuten des Werkbundes von 1907 formuliert worden war, die «Veredelung der gewerblichen Arbeit im Zusammenwirken von Kunst, Industrie und Handwerk durch Erziehung, Propaganda und geschlossene Stellungnahme zu einschlägigen Fragen»[27] als übergeordnetes Ziel angestrebt werden. Dieses eher abstrakt und theoretisch klingende Anliegen des Werkbundes fasste

■ Seite aus der Zeitschrift «Die Gartenlaube. Illustriertes Familienblatt», Leipzig 1889

Die neue Zeit.

Hell von des Glühlichts Strahlenfülle
Beglänzt — welch' neue Bahnen weist,
Aufleuchtend aus der Nebelhülle,
Du neue Zeit, dein Feuergeist?
Der Rede leihst du Blitzesschwingen
Und Sonnenhelligkeit der Nacht,
Lehrst uns den Strömen Kraft entringen,
Die uns're Kraft vertausendfacht.

Was alte Märchen uns berichten
Als Wunderwerk von Riesen, Feen
Und von des Erdgeists flinken Wichten —
Du läßt's in Wirklichkeit ersteh'n.
Doch wie dein Licht mit Blitzgefunkel
Bis in des Bergwerks Tiefen dringt,
Trifft es auch grellen Scheins das Dunkel,
Wo Armuth mit dem Elend ringt.

Ist's da ein Wunder, wunderreiche,
Wenn nun an eine Zukunftswelt,
Die aller Träume kühnstem gleiche,
Der Glaube die Gemüther schwellt?
Wenn dir entgegen das Verlangen
Nach einem Eden-Eden glüht,
Darinnen Sorg' und Noth vergangen
Und allen gleiche Freude blüht!

Siehst du die tausendköpf'ge Menge?
Wie sie von Hoffnungswahn berauscht,
Vergessend ihres Daseins Enge,
Erhitzten Schwärmerworten lauscht,
Die prophezei'n: es naht das Ende
Dem Unterschied von arm und reich,
Die neue Zeit tritt in die Wende!
Es tagt der Gleichheit gold'nes Reich!

Da blickst du rückwärts in die Ferne ...
Was soll das Bild: im Dämmergrau
Aufstrebend hoch bis in die Sterne,
Doch ungekrönt, ein Riesenbau —?
Was stellst du vor mein Aug' die Fabel
Aus Morgenland und Morgenzeit
Von jenem Riesenthurm zu Babel
Und seiner kurzen Herrlichkeit?

Er sollte allen Wohnung geben,
Für gleiches Glück ein Haus, ein Dach,
Zum Himmel trotzig sich erheben,
Ein Bollwerk jedem Ungemach.
Er wuchs ... bis ihnen Gott verwirrte
Die Sprache und der Bund zerfiel,
Der Schwarm zerstob und jeder irrte
Entgegen andrem Lebensziel.

Entzweit, versprengt, zog's hin in Schaaren
Gen Süd und Nord, gen Ost und West;
Die Stirne bietend den Gefahren,
Warb jeder um ein eigen Nest.
Doch in der Freiheit eig'nen Strebens
Wie wuchs die Kraft, wie schwoll der Muth!
Welch' Quellenreichthum neuen Lebens
Und welcher Pläne frische Fluth!

Versteh' ich, Zeit, dein ernstes Mahnen? ...
„Noch ist die Sprache euch verwirrt!
Im Fühlen, Denken, Glauben, Ahnen
Ein jeder andre Pfade irrt!
Und könnt' ich alle Nebel heilen,
Die eure Einigkeit bedroh'n,
Das Glück — es läßt sich nicht vertheilen
Wie Arbeitskraft und Arbeitslohn.

„Doch haftet auch sein holder Segen
Nicht an des Reichthums kalter Pracht,
Nicht an des Ruhms undornten Wegen,
An Fürstenthron und Herrschermacht.
Erblüh'n kann auch im kleinsten Heime
Des Erdendaseins höchste Lust —
Es trägt zu seinem Glück die Keime
Der Mensch allein in seiner Brust.

„Die innre Kraft, mit der ihr meistert
Die Elemente der Natur,
Die euch zur Liebesthat begeistert,
Empor euch weist auf meine Spur.
Lernt sie im Schutz des Rechts entfalten
Zu jeder Eigenart Gedeih'n —
Dann wird in euch das Glück auch walten
Und euer Glück das aller sein!"

Johannes Proelß.

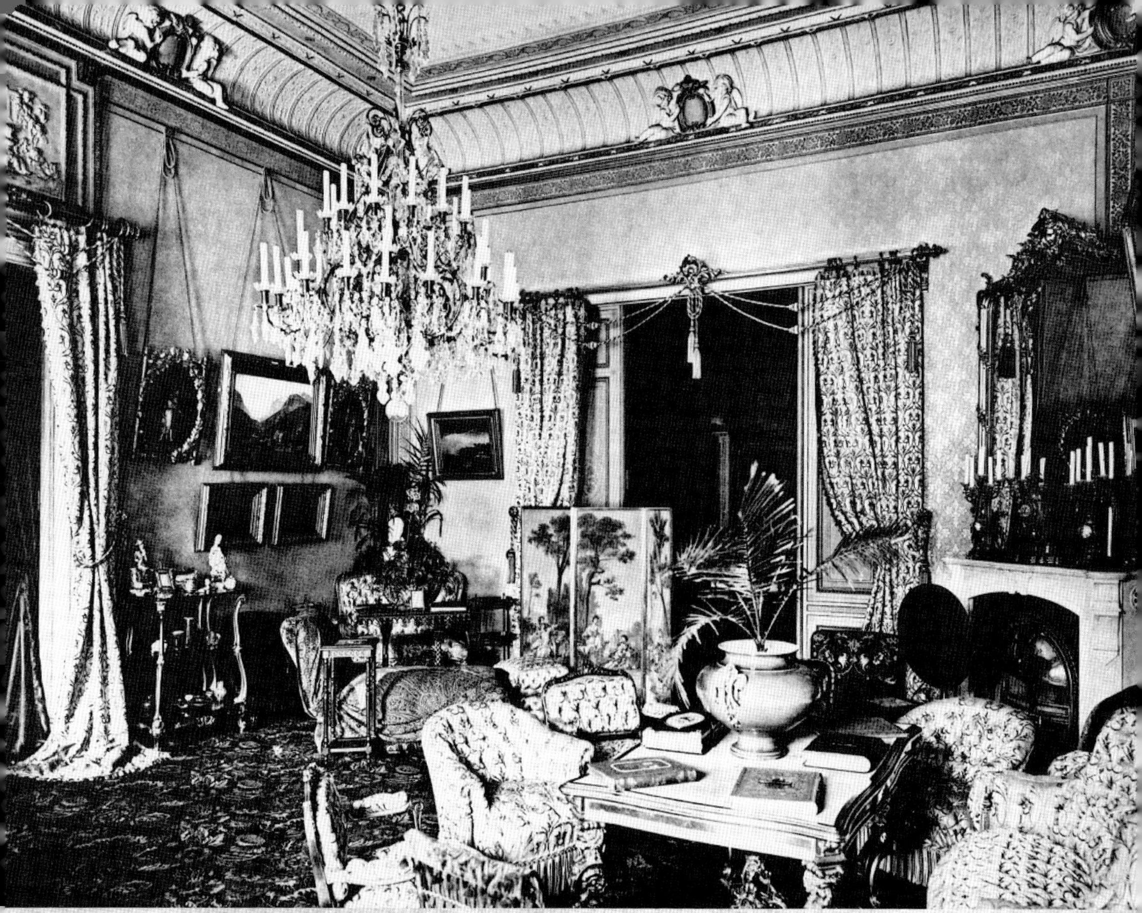

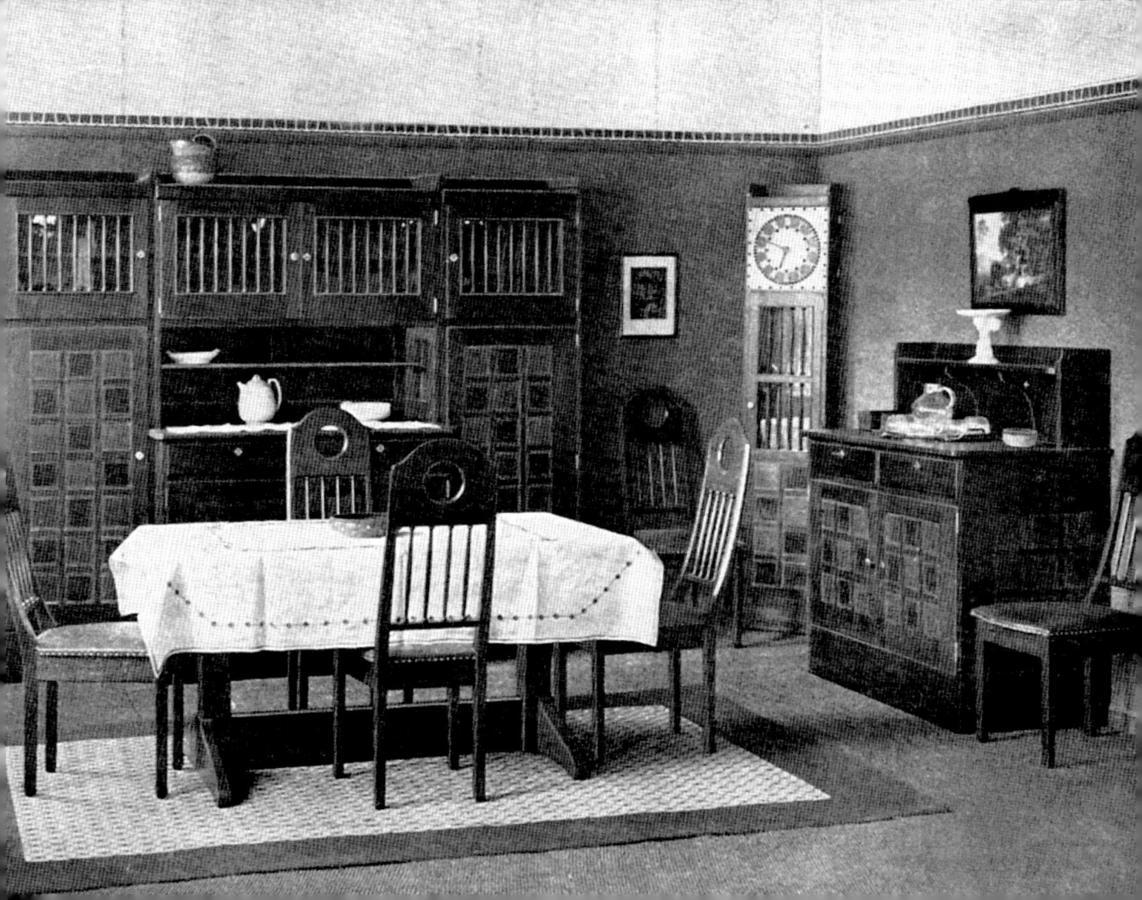

Peter Behrens in der Idee eines «Zusammenführens von Kunst und Industrie» zusammen, indem er unterstrich, dass «in einer Synthese des künstlerischen Könnens und der technischen Tüchtigkeit die verlockende Aussicht (liegt), nämlich die Erfüllung unserer aller Sehnsucht nach einer Kultur, die sich in der Einheitlichkeit aller Lebensäußerungen als ein Stil unserer Zeit zu erkennen gibt».[28] In diesem Sinne sollte, wie der Stettiner Museumsdirektor und Werkbundaktivist Walter Riezler 1916 ausführte, «die Durchformung aller Dinge das Ideal sein, das wir in der Ferne, am Ende des Weges, den der Werkbund gehen will, vor uns sehen ... So ist doch dieser Stil irgendwie unbewußt das letzte Ziel aller Werkbundarbeit.»[29] ▪ Welche Bedeutungsebenen aber erhielt in diesem Zusammenhang der Begriff des Stiles für den Werkbund? ▪ Der vom Werkbund angestrebte neue Stil sollte sich durch eine visuelle Einheitlichkeit aller formalen Äußerungen auszeichnen, die dann als «Zeichen einer in sich geschlossenen Kultur ästhetischer Beweis eines nichtentfremdeten Lebens»[30] sein sollten. Man erhob also den Anspruch, die Gesamtheit aller formalen Äußerungen, von den Alltagsgegenständen bis hin zu Luxusgütern, von der Architektur bis hin zum Städtebau, mit einem einheitlichen Formausdruck zu gestalten. Teekessel, Ventilatoren, Turbinengehäuse, Ingenieurbauten und Produktreklame zählten ebenso zu den Gestaltungsaufgaben wie eine neue Formgebung für Möbel, Hausrat oder Baukunst. Dabei sollte eine der industriellen Kultur gemäße Gestaltungspraxis entwickelt werden. Das schloss vor allem eine Orientierung auf die Dinge des Alltags ein. Damit zeigte sich, dass die Werkbundmitglieder keinen bloß elitären, auf bestimmte gesellschaftliche Schichten verkürzten Stilbegriff zu etablieren versuchten. Vielmehr war ihr stilistisches Anliegen auf einen gesamtgesellschaftlichen Diskurs bezogen. ▪ Der Werkbund konzipierte einen erweiterten Stilbegriff, der nicht nur Produktdesign umfasste, sondern durch ein neu zu entwickelndes Formverständnis vor allem den Anspruch auf Gesellschaftsgestaltung erhob.[31] ▪ Eine weitere Bedeutungsebene des Stilbegriffs wäre mit dem Terminus des Typologischen zu umschreiben: Stil sollte nicht nur gesamtgesellschaftlich gestaltend wirken, sondern auch spezifischer Ausdruck der jeweiligen Zeit sein. Gerade diesen Aspekt betonte auch Muthesius 1907 bei seinem Vortrag über «Die Bedeutung des Kunstgewerbes» an der Handelshochschule Berlin: «Stil ist nicht etwas, was man vorwegnehmen kann, sondern er ist die große Zusammenfassung des aufrichtigen Strebens einer Zeitepoche.»[32] Damit näherte sich Muthesius dem ästhetischen Denken des Wiener Kunsthistorikers Alois Riegl an, der um die Jahrhundertwende die Begrifflichkeit des «Kunstwollens» lanciert hatte, das heißt die Idee, dass Kunst letztlich nicht unbedingt nur das Produkt individuellen Schaffens sei, sondern vielmehr das Resultat eines einmaligen und gemeinsamen Wollens zu einem bestimmten Zeitpunkt der Geschichte.[33] Diese «Kunstgeschichte ohne Künstler» hatte nachhaltig die Vorstellung geprägt, dass der Künstler lediglich den «Zeitwillen» erfülle.

DER NEUE STIL: ZWISCHEN GESELLSCHAFTSGESTALTUNG UND OBJEKTÄSTHETIK
Angesichts eines derart ideologisch aufgeladenen Kultur- und Stildiskurses, wie ihn der Deutsche Werkbund seit 1907 initiiert hatte, stellt sich die Frage, ob dieser seinem Anspruch gemäß gesellschaftsgestaltend wirken konnte oder aber über eine neue formale Objektästhetik nicht hinauskam. ▪ Mit seinem erweiterten und typologischen Stilbekenntnis wollte der Werkbund in Zusammenarbeit mit anderen kulturellen Gruppierungen umfangreiche Geschmacksbildungsprozesse in Gang setzen. Zielgruppen waren sowohl

Produzenten als auch Verbraucher. Zur Etablierung der neuen Geschmackskultur dienten Broschüren, Jahrbücher, Ausstellungen und Vortragsreihen. In ihnen propagierte der Werkbund die seiner Ansicht nach vorbildhaften Erzeugnisse der damals renommiertesten deutschen Künstler, Kunstgewerbler und Architekten. Insbesondere in Zusammenarbeit mit dem Deutschen Museum für Kunst in Handel und Gewerbe, das 1909 von dem Kunstmäzen Karl Ernst Osthaus in Hagen gegründet wurde, organisierte man zahlreiche Wanderausstellungen. Diese umfassten ein Themenspektrum, das von Reklame- und kaufmännischen Drucksachen über moderne Textilkunst, Flechtarbeiten, Keramik, Glas und Städtebau bis hin zu Ingenieurarchitektur reichte.[34] Durch diese «Werbestrategie» versuchte der Werkbund eine neue Geschmackskultur in der deutschen Gesellschaft zu etablieren. Durch die immer wieder publizierten Fotografien in seinem Sinne «vorbildhafter» Objekte oder Architekturen brachte er dabei gleichsam eine neue Bildikonographie hervor. ▪ Exemplarisch zeigt sich dies im «Deutschen Warenbuch», das Werkbund und Dürerbund 1915 gemeinsam herausgaben. Hiermit war eine Art Vorbildkatalog für Massenwaren geschaffen, die für alle Gesellschaftsschichten erschwinglich sein sollten. Den gesamtgesellschaftlichen Anspruch, nach dem Formgestaltung letztlich kulturfördernd wirken sollte, hob bereits der Einleitungstext hervor: «Das Deutsche Warenbuch (W. B.) will dem Hausbedarf mustergültige Massenware bieten und dadurch einen bedeutsamen Einfluß auf die allgemeine Kultur gewinnen. Die gute Ware fördert ein Volk nicht nur wirtschaftlich, sondern auch sittlich und künstlerisch.»[35] ▪ Vorangegangen war dieser Publikation die 1912 vom Dürerbund ins Leben gerufene «Gemeinnützige Vertriebsstelle Deutscher Qualitätsarbeit» in Dresden-Hellerau. Auch hier hatte man bereits versucht, durch bestimmte als mustergültig ausgewiesene Waren «geschmacksbildend» tätig zu sein. Besonders aber auf der großen Werkbundausstellung in Köln 1914 präsentierte der Werkbund erstmals einer breiten Öffentlichkeit die gesamte Palette seiner als vorbildlich erachteten «Formkultur». ▪ Mit diesen Aktionen und Veröffentlichungen hatte er schließlich eine neue Bildsprache, eine neue Ikonographie, geschaffen. Mit dieser institutionalisierte der Werkbund seine Vorstellungen von neuer Form und Qualitätsarbeit und wirkte in zweierlei Hinsicht stilbildend: Die gestalterische Objektivierung des Subjektiven führte zur Versachlichung und Vereinfachung der Formen und damit zu einer Abwendung von historisierenden Formzitaten. Besonders unterstützt wurde dieser Ansatz auch dadurch, dass man die Logik der industriellen Prozesse nun als Ausgangspunkt für eine sachliche Formfindung verstand. In diesem Sinne vertrat der Werkbund die Ansicht, dass «Sachlichkeit vielmehr die Vermeidung der Form als Mode (ist), und so eine gewisse semantische Neutralisierung der Oberfläche des alltäglichen Gegenstands und Umfelds».[36] Eine weitere stilistische Konsequenz zeigte sich in dem Anspruch, «materialgerecht», also der «inneren Wahrheit» eines Materials entsprechend, neue Warenformen zu schaffen, so dass auch hierdurch einfache, «gediegene» Formen entstanden. ▪ Konnte der Werkbund jedoch sein Ziel erreichen, mit einer neuen Waren- und Architekturwelt die angestrebte gesellschaftsgestaltende Funktion auszuüben? ▪ Eine unmittelbare, weite Kreise der damaligen Gesellschaft beeinflussende Funktion hatte der Werkbund bis 1914 sicherlich nicht. Zwar publizierten Zeitschriften wie «Dekorative Kunst» und «Deutsche Kunst und Dekoration» – neben den vom Werkbund selbst verfassten Publikationen – zahlreiche Artikel von Werkbundmitgliedern oder förderten die Verbreitung seiner Ideen durch die Übernahme seiner Bildikonographie. Auch war bemerkenswerterweise bereits

▪ Peter Behrens, Turbinenfabrik der AEG Berlin, 1909 ▪ Werbeblatt der AEG für elektrische Tee- und Wasserkessel, 1909

ELEKTRISCHE TEE- UND WASSERKESSEL
NACH ENTWÜRFEN VON PROF. PETER BEHRENS

Messing glatt, matt achteckige Form			Kupfer flockig gehämmert achteckige Form			Messing vernickelt, glatt achteckige Form		
Pl. Nr	Inhalt ca. l	Gewicht ca. kg	Preis Mk.	Pl. Nr	Inhalt ca. l	Gewicht ca. kg	Preis Mk.	Pl. Nr	Inhalt ca. l	Gewicht ca. kg	Preis Mk.
3588	0,75	1,75	20,—	3589	0,75	0,75	22,—	3587	0,75	0,75	19,—
3598	1,25	1,0	22,—	3599	1,25	1,0	24,—	3597	1,25	1,0	22,—
3608	1,75	1,1	24,—	3690	1,75	1,1	26,—	3607	1,75	1,1	23,—

ALLGEMEINE ELEKTRICITÄTS-GESELLSCHAFT
ABT. HEIZAPPARATE

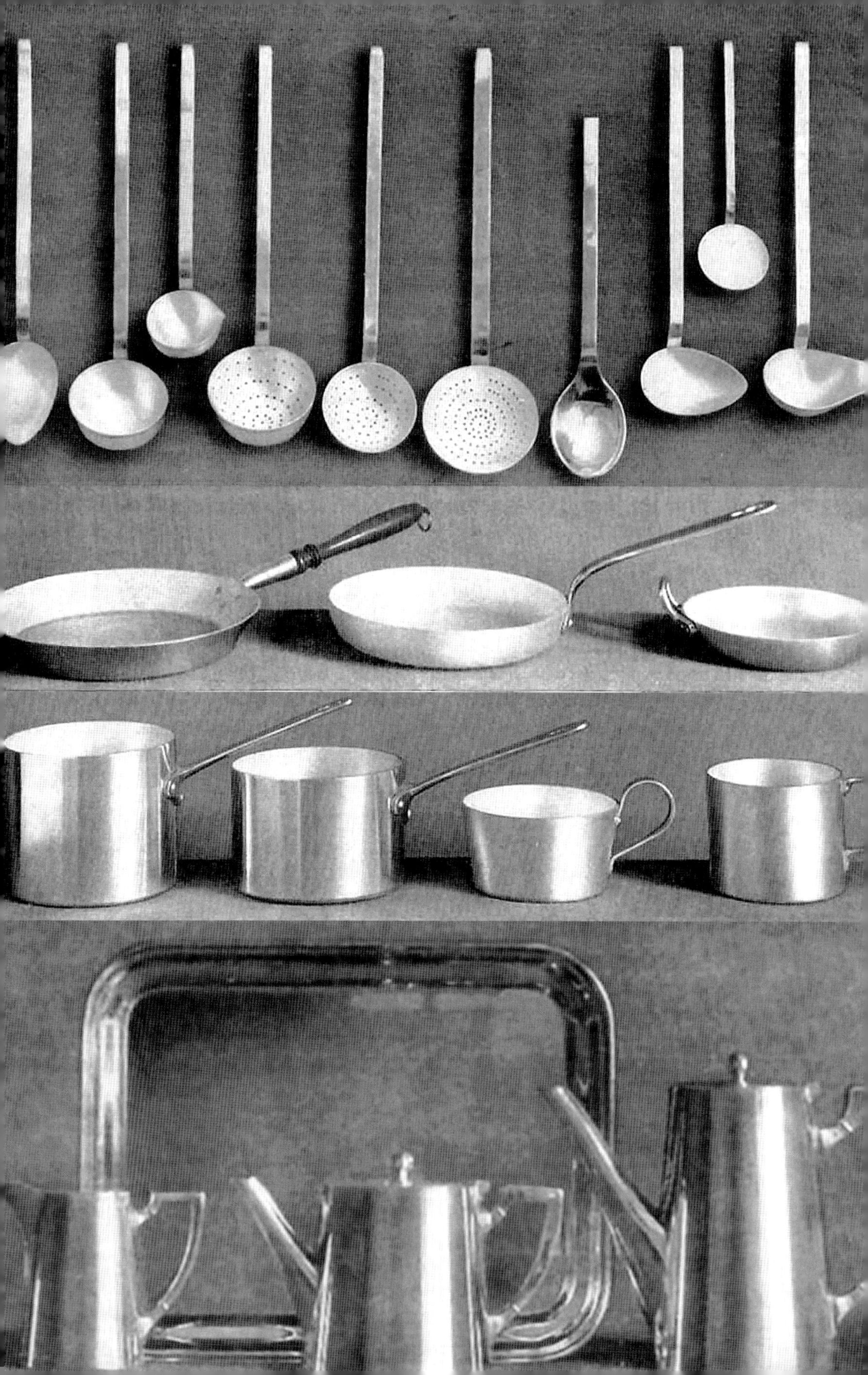

das Phänomen der Kanonisierung zu beobachten, insofern sich interessante Analogien zwischen den von Peter Behrens um 1910 für die AEG entworfenen so genannten Einzeluhrtypen und den 1912 in dem Versandhauskatalog August Stukenbrok angebotenen «hochmodernen Salonuhren» feststellen lassen.[37] Eine im weitesten Sinne zu verstehende Gesellschaftsreform konnte dadurch jedoch nicht ausgelöst werden. Aber es wäre auch zu kurz gedacht, die von Werkbundmitgliedern oder nach Werkbundideen produzierten neuen Waren oder Architekturen auf ihre formale und objektästhetische Dimension zu reduzieren. Schließlich bereiteten dieses ästhetische Formverständnis und der damit verknüpfte neue Begriff des «Stils» den Weg für weitere gesellschaftsreformerische Ansätze. Insbesondere das Bauhaus der 1920er Jahre baute auf diesem theoretisch-formalen Gerüst auf und entwickelte hieraus den Anspruch, eine der industriellen Kultur entsprechende moderne Lebensweise zu gestalten.

ANMERKUNGEN
1 W. Erb, Die wachsende Nervosität unserer Zeit. Heidelberg 1894, S. 20, S. 25; zum Phänomen der Nervosität im 19. Jahrhundert vgl. J. Radkau, Zur Kultur der Nervosität. Amerikanisierung als deutsches Nervenproblem. In: R. Bittner (Hg), Urbane Paradiese. Zur Kulturgeschichte modernen Vergnügens. Frankfurt/M., New York 2001, S. 63-79 **2** K. Rosner, Das deutsche Zimmer im 19. Jahrhundert. Eine Darstellung desselben im Zeitalter des Klassicismus, der Biedermeierzeit, der rückblickenden Bestrebungen und der neuen Kunst. München/Leipzig 1889, S. 118, S. 120 **3** A. von Saldern, Im Hause, zu Hause. Wohnen im Spannungsfeld von Gegebenheiten und Aneignungen. In: J. Reulecke (Hg), Geschichte des Wohnens 1800–1918. Das bürgerliche Zeitalter, Bd. 3, Stuttgart 1997, S. 190 **4** A. Wittkau, Historismus. Die Geschichte des Begriffs und des Problems. Göttingen 1994, S. 26 **5** G. Marsche, Bürgerliche Leitbilder. Zwischen Emanzipation und Restauration. Bildung und Bürgertum zwischen Aufklärung und Historismus. Frankfurt/M. 2001, S. 78 **6** M. Forkel/H. Ottenjann/Stiftung Museumsdorf Cloppenburg, Niedersächsisches Freilichtmuseum (Hg), Wohnen im «Stil» des Historismus. Cloppenburg 1990, S. 13 **7** K. Rosner, zit. n. R. Haaff, Gründerzeit. Möbel- und Wohnkultur. Westheim 1992, S. 79 **8** Zur Geschichte der Zeitschrift «Gartenlaube» vgl. B. Wildmeister, Die Bilderwelt der Gartenlaube. Ein Beitrag zur Kulturgeschichte des bürgerlichen Lebens in der 2. Hälfte des 19. Jahrhunderts. Würzburg 1998 **9** A. Martin-Fugier, Riten der Bürgerlichkeit. In: P. Ariès/G. Duby (Hg), Geschichte des privaten Lebens IV. Von der Revolution zum großen Krieg. Frankfurt/M. 1992, S. 201 **10** H. Glaser, Zur Kultur der Wilhelminischen Zeit. Topographie einer Epoche. Stuttgart 1984, S. 222 **11** Ebd., S. 147 **12** Haaff 1992, a. a. O., S. 79 **13** G. Hirth, Das deutsche Zimmer der Gothik und Renaissance. Anregungen zur häuslichen Kunstpflege. München/Leipzig 1886, S. 10 **14** R. Driever, ...um in den Hallen und Stuben der Vorfahren wieder einziehen zu können. Mentalitätsgeschichtliche Aspekte einer Stilzitatbewegung. In: Landesmuseum für Kunst und Kulturgeschichte Oldenburg (Hg), Historismus in Nordwestdeutschland. Oldenburg 2000, S. 12 **15** Zu G. Hirth vgl. C. M. Esser, Georg Hirths Formenschatz: eine Quelle der Belehrung und Anregung. In: Jahrbuch des Museums für Kunst und Gewerbe Hamburg, Bd.13/1996, S. 87–96 **16** Hirth 1886, a. a. O., S. 17 f. **17** Ebd., S. 1 **18** Ebd., S. 17 f. **19** Vgl. J. von Falke, Geschichte des modernen Geschmacks. Wien 1866; J. von Falke, Die Kunst im Hause: geschichtliche und kritisch-ästhetische Studien über die Decoration und Ausstattung der Wohnung. Wien 1877; G. Hirth, Der Formenschatz der Renaissance: eine Quelle der Belehrung und Anregung für Künstler und Gewerbetreibende wie für alle Freunde stylvoller Schönheit 1500–1600. Leipzig 1877; G. Hirth, Der Stil in den bildenden Künsten und Gewerben aller Zeit. München 1898; K. Rosner 1889, a. a. O. **20** C. Hettwig, Neue Möbel für alle Räume des Hauses, Dresden o. J.; E. Rettelbusch, Moderne Entwürfe für die Möbeltischlerei. O. O., o. J. **21** W. Sombart, Kunstgewerbe und Kultur. Berlin 1908, S. 45 **22** H. Muthesius, zit. n. W. Fischer (Hg), Zwischen Kunst und Industrie. Der Deutsche Werkbund. Stuttgart 1987, S. 39 **23** Werkbund-Archiv Berlin (Hg), Hermann Muthesius. Berlin 1990, zit. n. F. J. Schwartz, Der Werkbund. Ware und Zeichen 1900–1914. Amsterdam/Dresden 1999, S. 34 f. **24** Deutscher Werkbund (Hg), Denkschrift des Ausschusses des Deutschen Werkbundes (1907), zit. n. Fischer 1987, a. a. O., S. 51 **25** W. Gropius, Industriebauten. Wanderausstellung 18 des Deutschen Museums für Kunst in Handel und Gewerbe, Hagen i. W., 1911, zit. n. Stadt Krefeld (Hg), Moderne Baukunst 1900–1914. Die Photosammlung des Deutschen Museums für Kunst in Handel und Gewerbe. Oberhausen 1994, S. 177 **26** J. A. Lux, Ingenieurästhetik. München 1910, S. 2 **27** Fischer 1987, a. a. O., S. 50 **28** P. Behrens, Die Zusammenhänge zwischen Kunst und Technik. In: Dokumente des Fortschritts, Jg. 7/1914, S. 141 **29** W. Riezler, Die Kulturarbeit des Deutschen Werkbundes. München 1916, S. 24 **30** Schwartz 1999, a. a. O., S. 39 **31** Vgl. G. Bollenbeck, Stilinflation und Einheitsstil. Zur Funktion des Stilbegriffs in den Bemühungen um eine industrielle Ästhetik. In: H. U. Gumbrecht/K. L. Pfeiffer (Hg), Stil: Geschichten und Funktionen eines kulturwissenschaftlichen Diskurselements. Frankfurt/M. 1986, S. 215229 **32** H. Muthesius, Die Bedeutung des Kunstgewerbes (1907), zit. n. Fischer 1987, a. a. O., S. 47 **33** Zur Interpretation der Rieglschen Ideen durch Werkbundmitglieder vgl. Schwartz 1999, a. a. O., S. 4248 **34** Zu Aufbau und Organisation der vom Deutschen Museum für Kunst in Handel und Gewerbe durchgeführten Wanderausstellungen vgl. Kaiser-Wilhelm-Museum Krefeld/K. E. Osthaus-Museum Hagen (Hg), Deutsches Museum für Kunst in Handel und Gewerbe 1909–1919. Hagen 1997, S. 318 f. **35** Dürerbund-Werkbund-Genossenschaft (Hg), Deutsches Warenbuch. Dresden-Hellerau 1915, S. 1 **36** Schwartz 1999, a. a. O., S. 74 **37** Vgl. A. Stukenbrod, Illustrierter Hauptkatalog/August Stukenbrod. Einbeck 1912, S. 160; vgl. Schwartz 1999, a. a. O., S. 59 f.

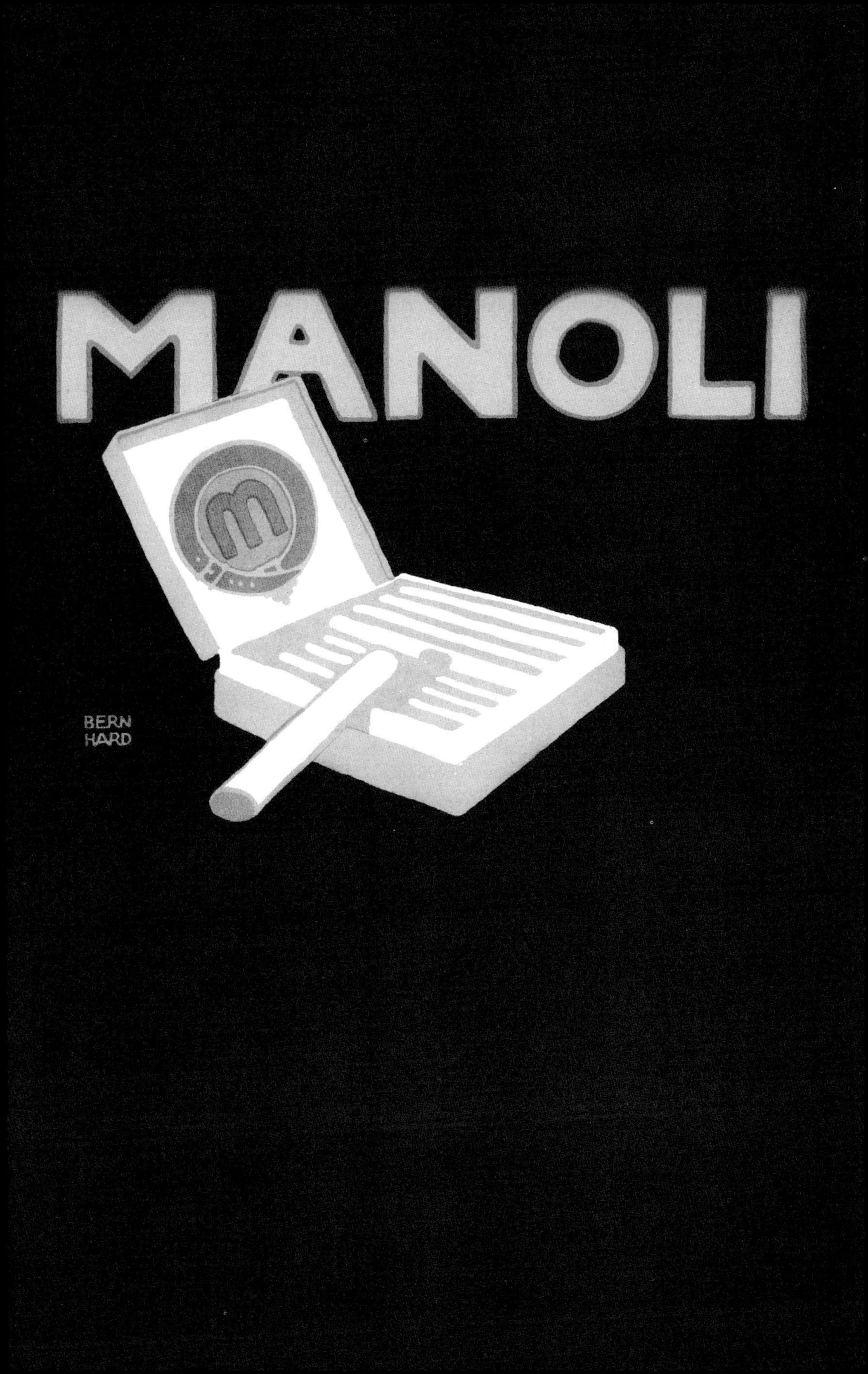
MANOLI
BERN
HARD

1927
DER KAMPF UM MODERNE LEBENSFORMEN
WERKBUNDAUSSTELLUNG «DIE WOHNUNG» STUTTGART 1927
LUTZ SCHÖBE

Es war 1927, als Walter Riezler die Schriftleitung der Werkbund-Zeitschrift «Die Form» übernahm und der junge belgische Architekt und spätere Bauhausdirektor Ludwig Mies van der Rohe als einflussreiches Mitglied des Deutschen Werkbundes den Vorschlag unterbreitete, den Titel zu ändern und ihn durch einen «neutraleren Titel» zu ersetzen.[1] Damit entzündete sich eine bedeutsame Debatte um den Begriff der Form. «Liegt in dem Titel ‹Die Form› nicht ein allzu großer Widerspruch? ... Lenken wir hierdurch nicht den Blick vom Wesentlichsten fort? Ist die Form wirklich ein Ziel? Ist sie nicht vielmehr das Ergebnis eines Gestaltungsprozesses?», so Mies van der Rohe. Nach einer Entgegnung von Riezler, in der dieser es für unmöglich hielt, den Gestaltungsprozess von der Form zu trennen, erklärte Mies van der Rohe: «Ich wende mich nicht gegen die Form, sondern gegen die Form als Ziel. Form als Ziel mündet immer in Formalismus.»[2] Mies van der Rohe wiederholte hier eine Argumentation, die er bereits vier Jahre zuvor in der Zeitschrift «G» vorgebracht hatte, wo er unter der Überschrift «BAUEN» feststellte: «Wir kennen keine Form-, sondern nur Bauprobleme. Die Form ist nicht das Ziel, sondern das Resultat unserer Arbeit. Es gibt keine Form an sich ... Form als Ziel ist Formalismus; und den lehnen wir ab. Ebensowenig erstreben wir einen Stil.»[3] — Die Kontroverse, die Mies van der Rohe und Riezler in der Zeitschrift «Die Form» ausgetragen hatten, erhält eine gewisse Brisanz dadurch, dass sie vor dem Hintergrund der Stuttgarter Mustersiedlung »Am Weißenhof« geführt wurde. Als Bestandteil eines spektakulären Ausstellungsunternehmens des Deutschen Werkbundes, das sich großen Zuspruchs erfreute, wurde die Wohnhaussiedlung etwa zur selben Zeit eröffnet. Ludwig Mies van der Rohe fungierte als ihr künstlerischer Leiter. Das, was die Menschen aus dem In- und Ausland in so großer Anzahl nach Stuttgart zog und ihr Interesse erregte, waren insbesondere die neuen Formen, war der neue Baustil, dessen Sieg im Zusammenhang mit der Weißenhofsiedlung verkündet wurde. Schon die Planungsvorzeichnungen und die Modellversionen, die Mies van der Rohe im Vorfeld der Ausstellung von der Siedlung «als plastische Darstellung eines generellen Gestaltungsprinzips»[4] entwickelt hatte, erregten Aufsehen wegen ihrer skulptural-kompositorischen Anmutung und der schon hier erkennbaren kubischen Bauformen. Diese verführten immerhin auch Vertreter des Stuttgarter Stadterweiterungsamtes zu der Feststellung, dass diese «abstrakte Form» als «internationale Kunst», als «Stil», zu bezeichnen wäre. Weniger Wohlgesonnene sahen sich gar an «eine Vorstadt Jerusalems»[5] erinnert, konstatierten schon zu dieser Zeit «den internationalen Stil des 20. Jahrhunderts», den Mies van der Rohe «in Rezepte» fassen wolle,[6] oder wähnten ihn und die anderen Akteure einem tyrannischen Formwillen unterlegen.[7] Form- oder Bauprobleme?

NEUES WOHNEN?
Stuttgart, 29. Juli 1926, im Gemeinderat der Stadt: «... ich finde es absolut nicht für erforderlich, daß man zwecks Bekämpfung der Wohnungsnot opulent ausgestattete Wohnungen herstellt ... allein 19 Einfamilienhäuser ... mit Mädchenkammer ... 6-Zimmerwohnungen mit allem modernen Komfort ... fremde Architekten ... das kann ich nicht verstehen ... In solcher Zeit ist die Hauptsache nicht die Formschöpfung.» (Gemeinderat Weitbrecht, Bürgerverein) «Es ist bezeichnend, daß man ... in sparsamster und einfachster Ausführung für Proletarier und ... in anderer Bauweise für Wohlhabende und Gutsituierte baut ... Wir können unter keinen Umständen dieser Werkbund-Siedlung zustimmen, sosehr es

uns leid tut vom Standpunkt der modernen Baukunst aus und dem Bestreben, überhaupt Neues zu schaffen … auf der einen Seite Mietzinserhöhung … auf der anderen Seite Wohnungen … die als reine Villen und als Luxuswohnungen anzusprechen sind … Solange an der einen Stelle Menschen zusammengepfercht sind wie eine Herde Schafe und an der anderen Stelle einzelne üppig und gut wohnen, weit weg vom sogenannten Mob … solange also hier diese scharfe Trennung der Klassen durchgeführt wird, können wir unsere Hand dazu nicht geben … Villen bauen für Gutsituierte und andererseits die Entrechteten in ein bestimmtes Viertel einweisen.» (Gemeinderat Müllerschön, Kommunisten) «Ich begrüße es, wenn die Stadt Wohnungen baut, die wieder etwas größer sind, wie es … der Werkbund vorschlägt. (Zuruf links: Verlangen auch wir!) Dann können Sie (zu den Kommunisten) den Bau von größeren Wohnungen … auf dem Weißenhofgelände … nicht ablehnen … ist es falsch, wenn gerade die Arbeiterseite … Verbesserungen am Wohnungsgrundriß ablehnt. (Zwischenruf links!) … Es ist … möglich, Liebhaber zu finden, welche die Miete bezahlen … (Geheimrat Krämer, Volkspartei: Hört! Hört!) oder aber Käufer für diese Häuser … und die Zeit schreitet über Sie (zur Rechten) hinweg. … Die Herren, die diese Siedlung bauen sollen, sind gerade Leute, die uns näher stehen als die Rechten.» (Gemeinderat Beer, Sozialisten) «Ein Bedürfnis für solche Wohnungen liegt zweifellos vor … Sie wissen … daß diese 60 Wohnungen … sich von den übrigen … nur dadurch unterscheiden, daß ihre Ausführung das Spiegelbild neuzeitlicher Auffassung von Grundrißlösung, Aufbau und Innenausstattung darbieten und zugleich den Weg zeigen soll, mit möglichst wenig Mitteln den höchsten Grad von Wohnlichkeit und Behaglichkeit zu erzielen … Die Frage, wie diese 60 Wohnungen gebaut werden sollen, hat mit der Politik nichts zu tun…» (Gemeinderat Hofacker, Demokraten)[8] ▬ Der Auszug aus der Stuttgarter Gemeinderatsdebatte von 1926 zeigt neben der politischen Brisanz des Wohnungsproblems zu dieser Zeit die charakteristischen Argumentationsebenen, auf denen sich das Für und Wider im Zusammenhang mit der Errichtung der legendären Weißenhofsiedlung bewegte: Fragen der Ökonomie, der Moral und der Form. Auf der hier zitierten öffentlichen Sitzung des Gemeinderates der Stadt Stuttgart fiel die Entscheidung zur Errichtung der Weißenhofsiedlung. Die Volksvertreter einer Stadt, auf deren Schlossplatz «täglich von zwölf bis zwölfeinhalb Uhr … eine Militärkapelle Märsche und historische Potpourris» auch noch später, angesichts der höher gelegenen «ganze(n) doppelte(n) Krankenhaussauberkeit unseres syphilitischen und mißtrauischen Jahrhunderts»,[9] spielte, stimmten über das Neue Bauen und seine Vertreter ab. Stimmenmehrheit ergab sich durch die Sozialisten, die liberalen Demokraten und die bürgerlichen Parteien. Deutschnationale und Kommunisten lehnten das Projekt ab. Befürchteten die einen im Verbund mit den Traditionalisten von Anfang an den Einfluss «linker» Bauideen, so war den anderen der Beitrag der vorgeschlagenen Architekten, die sie als «Salon-Marxisten» ansahen, nicht «links» genug. ▬ Weißenhof ein Politikum? Sicher, stilistische Kriterien mussten als politische Identifikationsmuster herhalten und außerdem, hier wie andernorts deckten sich die Intentionen der Regierungen auf nationaler, Länder- und kommunaler Ebene nie ganz mit denen der avantgardistischen Architekten. Die politischen Entscheidungsträger strebten angestrengt etwas Neues auch in der Architektur an, um schließlich einen konstatierten «Mangel an nationalem Bewußtsein, an Zutrauen zur eigenen Kraft, zu künftigen Siegen deutscher Arbeit»[10] zu kompensieren und das Ansehen das Staates im Ausland positiv zu festigen. Ein neuer Baustil, der sich deutlich von dem der Wilhelminischen Epoche unterscheiden sollte, kostengünstig und schnell umzusetzen war, wurde gesucht. Die jungen, zu dieser Zeit wahrlich noch nicht berühmten Architekten wollten mehr und eines ganz bestimmt nicht: dass ihr Tun auf Formprobleme und Stilfragen reduziert und damit nivellierend auf Erscheinungen der Vergangenheit bezogen wird. Ihre Intentionen verbanden sich mit einem utopischen Programm und mit der Absicht, in der machtvollen Demonstration äußerer Geschlossenheit eine Einheitlichkeit vorzuführen. «Ich habe die verwegene Idee, alle auf dem linken Flügel stehenden Architekten heranzuziehen, das würde ausstellungstechnisch, glaube ich, unerhört erfolgreich sein. Hierdurch könnte diese Siedlung eine Bedeutung erreichen wie etwa die Mathildenhöhe in Darmstadt sie seinerzeit erreicht hat. Ich hoffe nur, daß wir bei der Stadt die notwendige Unterstützung finden.»[11] Mies van der Rohe also war es, der darauf drängte, die Ideen eines großen Teils seiner Kollegen aus dem linken Architektenspektrum zu bündeln, um einerseits Internationalität zu demonstrieren, und andererseits vermutete er hier am ehesten «schöpferische Kräfte», die «das Problem umfassend zu beleuchten» in der Lage wären.[12]

WOHNUNGSNOT
Nach dem Ersten Weltkrieg hatte sich die Wohnungssituation durch den Wohnungsbedarf der Besatzungstruppen, die Rückkehr der Kriegsteilnehmer, Familiengründungen und Umsiedlungen als Konsequenz aus dem Versailler Vertrag verschärft. 1927 fehlten noch immer etwa eine Million Wohnungen. Krieg und Revolution förderten die offizielle Anerkennung des sich in zunehmenden Maße emanzipierenden größten Bevölkerungsanteils, der Arbeiter und Angestellten, in Form von Grundrechten und Verfassungsgeboten. Der Wohnungsbau erlangte politische Bedeutung und avancierte zur Staatsangelegenheit. Regeln und Standards wurden entwickelt, und man sagte den Wohnungen der Wilhelminischen Gründerzeit des 19. Jahrhunderts, den Mietskasernen und Kellerwohnungen, den Kampf an. ▬ Es stellte sich die Frage: Wie viel Wohnung braucht der Mensch? Die Wohnung und der Wohnungsbau wurden mit einer nie wieder erreichten Intensität und Bandbreite sowohl von der Avantgarde als auch von den Konservativen diskutiert und experimentell erprobt. In Stuttgart beispielsweise plante man im Jahr 1926 unter Verwendung von Mitteln, die durch die Hauszinssteuer sowie durch USA-Darlehen des Dawes-Plans zur Verfügung standen, die Errichtung von 1600 Wohnungen, von denen schließlich 61 für das Werkbundunternehmen bereitgestellt wurden. Das entsprach in etwa dem Anteil des Neuen Bauens am Gesamtwohnungsbauvolumen in den zwanziger Jahren, der bei fünf bis zehn Prozent lag und wonach schließlich bis 1930 jede siebte Wohnung eine Neubauwohnung war.[13] Achtzig Prozent dieser Wohnungen besaßen 1928 zwei und drei Zimmer, was dem allgemeinen Trend zur Kleinfamilie (Dreipersonenhaushalt) entsprach, bei einer Gesamtwohnfläche von 55 bis 75 Quadratmetern.[14] Allerdings war die Miete des Neuen Bauens für die Unterschicht zu hoch, wenn man davon ausgeht, dass zum Beispiel für das «Arbeiterwohnhaus», das Bruno Taut in Stuttgart errichten ließ, 242 Reichsmark zu bezahlen waren, während ein durchschnittlicher Facharbeiterlohn 250 Reichsmark ausmachte.[15] Die Stuttgarter Situation unterschied sich zudem von der allgemeinen Situation, in der sich das Neue Bauen befand, insofern der Adressat mit der Fixierung auf den «Großstadtmenschen» nicht eindeutig bestimmt war. Entsprechend fielen die Ergebnisse aus. Das Neue Bauen entwickelte sich mit der erklären Zielsetzung, Wohnungen für den «Volksbedarf» (Wal-

WERKBUND AUSSTELLUNG
DIE WOHNUNG

JULI-OKT 1927
STUTTGART

ter Gropius) zu schaffen. Die Orientierung auf die Masse der Bevölkerung, und das waren in erster Linie die proletarische Schicht und die der kleineren Angestellten, stellte ein wesentliches Kriterium dieser Bewegung dar. ▬ Auch im Deutschen Werkbund hatte man erkannt, dass die Wohnungsfrage als eine der wichtigsten Fragen der Zeit anzusehen war. Aus diesem Grund war schon zu einem relativ frühen Zeitpunkt klar, dass die Wohnung in den Mittelpunkt der Werkbundausstellung in Stuttgart gerückt werden sollte. Andererseits bot sich für das Neue Bauen, zu dem sich der Werkbund bekannte, die einmalige Gelegenheit, sein Leistungsspektrum auf dem Gebiet der Gestaltung unter Beweis zu stellen. Die Konzentration ausschließlich auf Fragen des «Wohnens» mochte überdies auch mit Finanzierungsmöglichkeiten durch den Etat der städtischen Hauszinssteuer zu tun haben, die eine entscheidende Basis für den sozialen Wohnungsbau der zwanziger Jahre bildete.[16]

DIE AUSSTELLUNG

Stuttgart im Sommer 1928. Der Dichter Ilja Ehrenburg besucht die Stadt: «Was die moderne Architektur anbelangt, so ist Stuttgart ein Amerika. Diese Stadt besitzt mehr wirklich zeitgemäße Häuser als Paris. Auf einer Höhe liegt eine neue Stadt: weiße Würfel, Glas, Licht ... Hier arbeiteten alle besten Architekten Europas von Gropius bis Corbusier-Sognier. Über der alten Stadt, wo unvermeidlich Linden rauschen, die schon so viel erlebt haben, über der ehemaligen Residenz eines heruntergekommenen und harmlosen Königs, über den wie das gotische Alphabet rätselhaften Ziegeldächern von allerhand ‹Goldenen Löwen› und ‹Hirschen› erheben sich diese Baracken der Zukunft ...»[17] Ehrenburg lieferte mit dieser Beschreibung der Weißenhofsiedlung ein ins Poetische transformiertes Bild und bestätigte zugleich die Vorstellungen, die wenige Jahre zuvor schon durch einen umfangreichen Rezeptionsprozess in verbaler Ausformung oder aber über das fotografische Bild geprägt wurden. Ludwig Mies van der Rohe trug mit seiner Einflussnahme auf die Auswahl der an der Weißenhofsiedlung beteiligten Architekten zu einem Klärungsprozess innerhalb der sich konsolidierenden Bewegung der modernen Architektur bei. Infolgedessen standen sich fortan die progressive Architektenvereinigung «Der Ring» und der konservative, politisch später von rechten Parteien sanktionierte «Block» gegenüber. Mit der Einheitlichkeit suggerierenden Stuttgarter Präsentation zahlreicher Ring-Architekten und mit ihnen sympathisierender Gestalter aus anderen Ländern prägte sich in der zeitgenössischen Öffentlichkeit ein Bild von einem neuen, zeitgemäßen und internationalen Stil. Dieser Stil war zuvor schon in Zeitschriften, Büchern und Architekturausstellungen herbeigeredet worden, und sein Sieg wurde nun proklamiert.[18] ▬ Hatten Werkbundmitglieder wie Walter Gropius («Internationale Architektur», 1925) und Adolf Behne («Der moderne Zweckbau», 1926) in Publikationen bereits auf den internationalen Zusammenhang der modernen Bewegung in der Architektur hingewiesen, so erschienen 1927 gleich mehrere Schriften, die diesen Aspekt, zumeist begründet mit dem einheitlichen formalen Erscheinungsbild, besonders hervorhoben. Neben Gustav Adolf Platz' «Die Baukunst der neuesten Zeit», Ludwig Hilberseimers «Internationale Neue Baukunst», Bruno Tauts «Die Neue Baukunst in Europa und Amerika» und, weniger bekannt, einem Buch des Architekten Ernst Fader, «Auf dem Wege zum neuen Baustil», war es die Schrift des Berliner Ministerialrates Walter Curt Behrendt, die unter dem Titel «Der Sieg des neuen Baustils» den Durchbruch der modernen Bewegung besonders am Beispiel der Stuttgarter Weißenhofsiedlung darstellte. Das Gute (die Modernisten) hätte über das Böse (die Traditionalisten) in einem «Ringen um den neuen Stil» gesiegt. «Es ist der Zeitgeist, der sich hier die Form erzwingt», erklärte Behrendt. ▄ Auch auf Veranstalterseite erkannte man sehr früh die stilbildende Dimension, die sich mit dem Konzept von Mies van der Rohe verband. «Man gehe wohl nicht fehl, wenn man in dem Baugedanken den Ausdruck eines ganz neuen Stilgefühls sehe, das mit derselben Berechtigung und mit derselben Notwendigkeit wie verflossene Baustile, wie Gotik, Renaissance usw., sich an die Oberfläche ringe...»[19] Und schließlich lag wohl auch dem Deutschen Werkbund an einer möglichst breiten Ausstrahlung und an der Vermittlung eines möglichst homogenen Bildes. Neben offiziellen Verlautbarungen zeugt hiervon die beeindruckende PR-Arbeit und ein ungewöhnlich reichhaltiges Publikationsspektrum (vier Plakate, umfangreiche Postkartenserie, fünf Buchpublikationen, amtlicher Katalog, mehrere «kleine Führer», Postwertzeichen, Lotterie und so weiter). ▄ Die Stuttgarter Werkbundausstellung «Die Wohnung» wurde vom 23. Juli bis 31. Oktober 1927 gezeigt und von 500.000 Menschen besucht.[20] Diese Bauausstellung zum Thema «zeitgemäßes Wohnen» bestand nicht nur aus den noch heute größtenteils erhaltenen Gebäuden der Weißenhofsiedlung. Sie war in drei Abteilungen untergliedert: «Der Bau des Hauses» umfasste die Errichtung einer dauerhaften, 21 Häuser umfassenden Wohnsiedlung mit darin integrierten mustergültigen modernen Wohnungseinrichtungen durch 17 führende moderne Architekten aus ganz Europa sowie ein daran angeschlossenes Versuchsgelände für die Präsentation alter und neuer Baustoffe und Konstruktionen. Die zweite Abteilung widmete sich in einer Hallenausstellung der Einrichtung des Hauses. Anhand einer nach dem Werkbundprinzip der «Wertauslese» vorgenommenen Objektauswahl behandelte sie Fragen des Ausbaus, der Wohnungs-, Wirtschafts- und Hygieneeinrichtungen sowie der rationellen Haushaltsführung und stellte statistisches Material über den Wohnungsbau vor. Dieser Ausstellung war eine internationale Plan- und Modellausstellung neuer Baukunst angeschlossen. Sie zeigte vor allem etwa 531 Entwürfe von Architekten aus elf Ländern Europas und Amerikas, die bahnbrechend gewirkt hatten oder aber als für die moderne Baugesinnung typisch galten. Das «Bild moderner Weltarchitektur»[21] sollte den Nachweis erbringen, dass die am Weißenhof errichteten Bauten Ausdruck einer sich in der ganzen Welt anbahnenden «Bewegung geistiger» Art wären.[22] ▄ Konzeptionelle Heterogenität und Pluralität im Innern und Äußern sind trotz weitgehender formaler Einheitlichkeit die wesentlichen Kennzeichen der Stuttgarter Weißenhofsiedlung und der darin vorgestellten Wohnmodelle. Es sind verschiedene Ergebnisse, die mit demselben Anspruch hervorgebracht wurden und eine überraschende Vielfalt der architektonischen Ausdrucksmöglichkeiten ebenso erkennen lassen wie das generelle Einverständnis aller Beteiligten, auf der Grundlage stillschweigender Übereinkunft über die formalen und inhaltlichen Voraussetzungen einer zeitgenössischen Architektursprache, eines gemeinsamen «Stilwillens» also, zu einer einheitlichen Wirkung der Werkbundsiedlung beizutragen.[23] Mehr oder weniger hielt man sich an die allgemeinen Empfehlungen, die beispielsweise Mies van der Rohe den Beteiligten nahe legte: «Neue Lebensformen ... für den gebildeten Mittelstand ... unter Vermeidung alles Salonhaften ... für jeden berechtigten Wohnanspruch ... Wohnungen für den Großstadtmenschen ... keine Konservenbüchsen.»[24] Andere, auch von Veranstalterseite vorgebrachte Vorgaben waren: Einhaltung eines Baupreises, Einfachheit in der Gestaltung,

■ Werbeanzeigen aus dem amtlichen Katalog der Werkbundausstellung «Die Wohnung», Stuttgart 1927

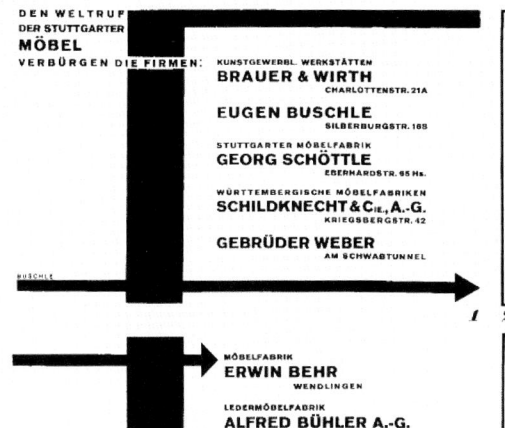

DEN WELTRUF
DER STUTTGARTER
MÖBEL
VERBÜRGEN DIE FIRMEN:

KUNSTGEWERBL. WERKSTÄTTEN
BRAUER & WIRTH
CHARLOTTENSTR. 21A

EUGEN BUSCHLE
SILBERBURGSTR. 165

STUTTGARTER MÖBELFABRIK
GEORG SCHÖTTLE
EBERHARDSTR. 95 Hs.

WÜRTTEMBERGISCHE MÖBELFABRIKEN
SCHILDKNECHT & CIE., A.-G.
KRIEGSBERGSTR. 42

GEBRÜDER WEBER
AM SCHWABTUNNEL

1

GOTTLOB MÜLLER
HOCH- UND TIEFBAU

LUDWIGSTR. 104
STUTTGART
TELEFON SA. 634 70

Ausführung von Hoch- und Tiefbau-Arbeiten, Haus-
Entwässerungs-Anlagen, Umbauten und Reparaturen

2

MÖBELFABRIK
ERWIN BEHR
WENDLINGEN

LEDERMÖBELFABRIK
ALFRED BÜHLER A.-G.
ROSENBERGSTR. 120/122

LEDERMÖBELFABRIK
WILHELM KNOLL
FORSTSTRASSE 71

MÖBELFABRIK
ADOLF MAURER
BÖHEIMSTRASSE 26-28

MÖBELFABRIK
RALL & GERBER
HASENBERGSTR. 49B

3

EWS Zum Gipfel der Kultur
führt die möglichst weitgehende Verwendung der
Elektrizität im Haushalt; sie entlastet die Hausfrau von
dem Übermaß an Arbeit, das die bisherige Art der Haushaltsführung
verlangte, und schafft angenehme und gesunde Wohnverhältnisse.
Die elektrische Beleuchtung des Heimes ist heute eine
Selbstverständlichkeit, durch Verwendung von Sonderleuchten an Spiegeln
und den Arbeitsplätzen der Küche kann sie noch vervollkommnet werden.
Elektrische Kleinmotoren in Staubsaugern, Bohnerern,
Küchenmaschinen nehmen der Hausfrau einen großen Teil der Arbeit ab.
Elektrische Wärmegeräte, speziell solche mit Nacht-
stromverbrauch, wie Heißwasserspeicher und Wärmespeicheröfen, decken
in wirtschaftlicher Weise den häuslichen Wärmebedarf. Elektrische Kühl-
schränke besorgen die Frischhaltung der Speisen.

Besichtigen Sie die vollkommen elektrische Einrichtung des Elektrohauses (Haus Frank) der Werkbundsiedlung sowie
die Musterapparate mit Angabe des Stromverbrauchs in unserem Stand 10, Halle 1 (Gewerbehalle). Wir erteilen Ihnen
dort sowie in unserem Elektrohaus, Rotebühlstr. 13, (Telefon 230 80) für Sie unverbindlich jede gewünschte Auskunft.

STÄDT. ELEKTRIZITÄTSWERK STUTTGART
Verkehrs-Abteilung

4

Zur neuzeitlichen Wohnung
den modernen Kraft=Wagen

OPEL

Personenwagen: 4/16 PS
10/40 PS
12/50 PS mit 4-Rad-Bremse
15/60 PS
Lieferwagen: 1½ Tonnen Tragkraft

Generalvertreter **PAUL STAIGER**
Automobilhaus **STUTTGART**

Fernsprecher 201 41—44   Ludwigsburger Straße 27, 27a—c

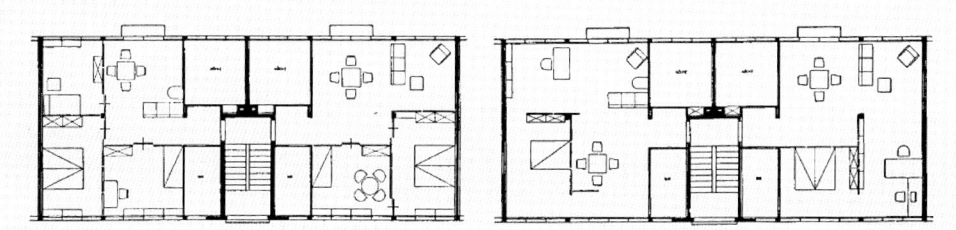

Abb. 54—55. Mies van der Rohe: Miethaus in Stuttgart, Grundrißvariationen, links geschlossene Räume, rechts offene Räume

licht- und luftdurchflutete Räume, Anforderungen rationeller Haushaltsführung, flaches Dach, möglichst weiße Außenfarbe, Mädchenzimmer.[25] Unter diesen Prämissen engagierten sich in Stuttgart sowohl Vertreter der ehemals radikalen Opposition im Deutschen Werkbund als auch Vertreter des konservativen Flügels (Hans Poelzig, Peter Behrens). Mit den Funktionalisten und Rationalisten sowie Vertretern der so genannten Organiker, die die Schule des rechten Winkels ablehnten, standen sich mehrere divergierende Konzeptionen gegenüber, die letztlich das «Ganze» des Neuen Bauens zu dieser Zeit ausmachten und Formen überaus provokanter Modernität hervorbrachten.
■ Voneinander abweichende soziale Leitbilder, darunter verschiedene Vorstellungen etwa von der Entwicklung der Familie, kennzeichnen zum Beispiel das Spektrum der Grundrisse. Der neue Grundriss, der von theoretischen Protagonisten des Neuen Bauens wie Adolf Behne als die eigentliche architektonische Aufgabe der Zeit bezeichnet wurde, wies gegenüber einer traditionellen Erschließung der Wohnung über den Flur eine eindeutige Zuordnung der Räume zu bestimmten Funktionen und eine Erweiterung des Wohnraumes auf den ursprünglichen Flurbereich aus. Das entsprach einer neuen räumlichen Organisation des Alltags. Individuelle Bedürfnisse nach Absonderung, innerhalb und außerhalb der Wohnung, sowie die Akzeptanz psychischer Bedürfnisse als Wohnfunktionen fanden Berücksichtigung. Ein eigenes Bad und eine eigene Küche waren für jede Wohnung vorgesehen. Waschküchen wurden für die Einfamilien-, Doppel- und Reihenhäuser eingerichtet, in Mietwohnhäusern konzipierte man sie als Gemeinschaftsräume. «An der Wurzel aber wurde die Aufgabe erst gepackt, als die Arbeit der Architekten vom Grundriß ausging, das heißt: von der Sache … Jeder Grundriß verlangt eine typische Lösung … So betrachtet ist jeder Grundriß offen, d. h. beziehungsvoll nach allen Seiten; zwingt er uns, das Problem des Bauens in allen seinen sozialen Konsequenzen zu durchdenken, zwingt er den Architekten in die Wirklichkeit.»[26] Ganz im Sinne des Neuen Bauens, das dieser Wirklichkeit entsprechende Lebensweisen gestalten wollte, wurden der Grundriss und seine spezifische Ausformung darüber hinaus mit einem Schönheitsbegriff in Zusammenhang gebracht, das heißt mit der neuen Ästhetik, deren Inhalt die Erfüllung des Zwecks war. «Man kann also eher an dem Grundriß als an dem Äußeren erkennen, ob der Bau schön ist, d. h. ob er gut und schön brauchbar ist.»[27]

MIES VAN DER ROHE

Im Sinne von Bruno Taut war Ludwig Mies van der Rohes Bau in der Weißenhofsiedlung zweifellos «schön brauchbar». Das Beispiel Mies van der Rohe zeigt den Versuch, den veränderten materiellen, sozialen und geistigen Strukturen der Zeit und den daraus resultierenden neuen Lebensformen durch das Wohnhaus in Skelettbauweise und eine dadurch ermöglichte außerordentliche Variabilität und Flexibilität in der Grundrissbildung zu begegnen. Der offene Grundriss und der fließende Raum, eine für diese Zeit ungewöhnliche Wohnraumkonzeption, bei der nur Treppenhaus, Küche und Bad festgelegt sind, brachten eine große Freiheit in der inneren Raumaufteilung, die durch ein flexibles standardisiertes Trennwandsystem vorgenommen werden konnte. Der Einfluss des Architekten auf die Lebensform wurde zugunsten der Selbstbestimmung künftiger Nutzer reduziert, indem Mies van der Rohe den Versuch unternahm, Wohnräume mit standardisierten Elementen auf individuelle Bedürfnisse hin zu bilden. ■ Dem offenen Konzept der Raumkontinuität, das sich tradierten Organisationsformen des Raumes versagte, entsprach auch die Spiegelglashalle (Halle 4) der Werkbundausstellung. Sie wurde von Lilly Reich und Mies van der Rohe als Wohnraum gestaltet. Hierbei handelte es sich um die erste Ausformung der im Barcelona-Pavillon und im Haus Tugendhat realisierten Idee, den Wohnraum nicht nur als fließenden Raum zu begreifen, sondern ihn zugleich mit den darin positionierten Möbeln sowie einer bereits hier ausgeprägten Materialästhetik mit dem Gedanken des Auratischen zu verbinden und in seiner noblen Großzügigkeit für den gehobenen Wohnstandard zu entwickeln. ▪ Mies van der Rohe markiert das neue Verhältnis zum Raum, welches das Neue Bauen kennzeichnet, auf eine besondere Weise. Seine Räume entbehren hierarchischer Bezüge und weisen, ganz im Sinne von László Moholy-Nagy, über die reine Zweckerfüllung hinaus: «über die erfüllung leiblicher elementarer bedürfnisse hinaus soll der mensch in seiner wohnung auch die tatsache des raumes erleben können, nicht ein zurückweichen vor dem raum soll die wohnung sein, sondern ein leben im raum, in offenem zusammenhang mit ihm.»[28] Damit eng verbunden war die Inszenierung einer neuen Körperlichkeit mittels knapper, transparenter Formen in Architektur und Möbelgestaltung, durch Glaswände, die das Haus und die Wohnung entinnerlichten, zuvor nicht gekannte Ein- und Ausblicke gewährten und eine Art Schaufenstereffekt auf die Wohnung übertrugen. Andeutungsweise in Stuttgart, manifestartig in Barcelona (Deutscher Pavillon auf der Weltausstellung) und in Brünn (Haus Tugendhat) führte Mies van der Rohe diesen Aspekt vor. Innen und Außen durchdrangen sich, Isolierung schloss sich mehr und mehr aus. Die Wohnung wurde zur Bühne für die Inszenierung des neuen Körpers in Bewegung. Der offene Grundriss, die Aufteilung der Wohnung nach Funktionskriterien, das an die Bewohner gerichtete Angebot, sich neu zu verhalten, all dies lässt zu einem frühen Zeitpunkt in der neuen Architektur das Bemühen erkennen, durch eine neue Strukturierung des Raumes auch eine neue Lebensweise zu initiieren.

GROPIUS

Walter Gropius brachte in Stuttgart seinen erweiterten Funktionalismusbegriff in die Diskussion ein, indem er auf den Stand der Entwicklung im Wohnungsbau verwies. Seiner Meinung nach sollte der Architekt Organisator sein, der alle biologischen, sozialen, technischen und gestalterischen Probleme sammelt und sie zu einer Einheit verschmilzt. Rationalisierung und damit entschiedene Verbilligung des Wohnungsbaus waren für Gropius der Königsweg zur Lösung des Wohnungsproblems. Dies entsprach der allgemein neuen Beziehung des Neuen Bauens zur Ökonomie – zur Ökonomie der Herstellung wie auch der Nutzung. Zeitersparnis beim Hausbau und ein rationeller Umgang mit den Dingen des Lebens galten Gropius als Voraussetzungen für die Verselbständigung der Individuen. ▪ «Die Grundrisse sind knapp und systematisch durchdacht, aber nicht ungewöhnlich», so ein zeitgenössischer Kritiker.[29] Er übersah dabei die konsequente maßliche Proportionierung, die sich sowohl auf die Rasterung der Grundrisse als auch auf die Raumbegrenzungen bezog. Das Prinzip des fließenden Raumes, dem wir bei Mies van der Rohe begegnet sind, ist bei Gropius weniger ausgeprägt. Ihm ging es um die «Organisation von Lebensvorgängen» und damit schon im methodischen Ansatz um eine funktionelle Konkretisierung des Raumes. Er verstand das Wohnhaus als «betriebstechnischen organismus» und ging von einer Egalität der Bedürfnisse und ihrer Befriedigung aus: «es ist daher nicht gerechtfertigt, daß jedes haus einen anderen grundriß, eine andere außen-

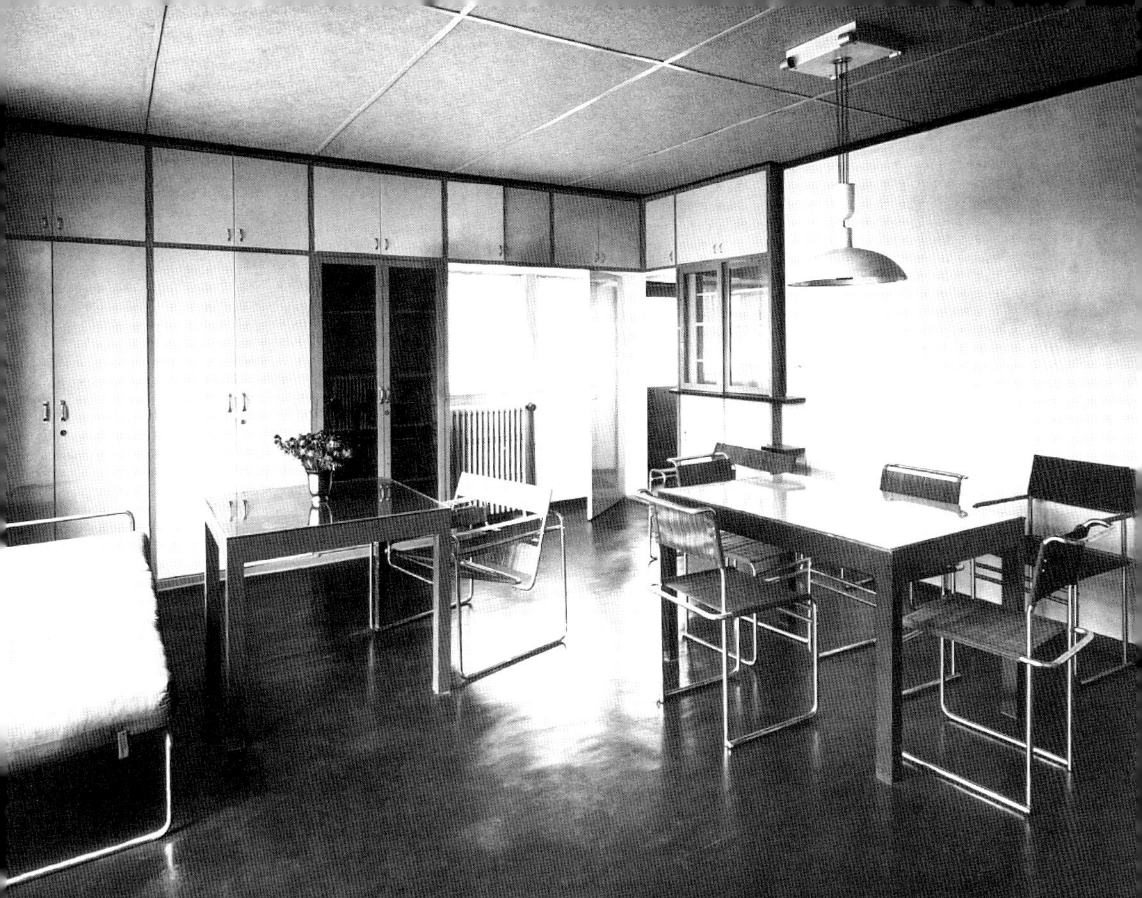

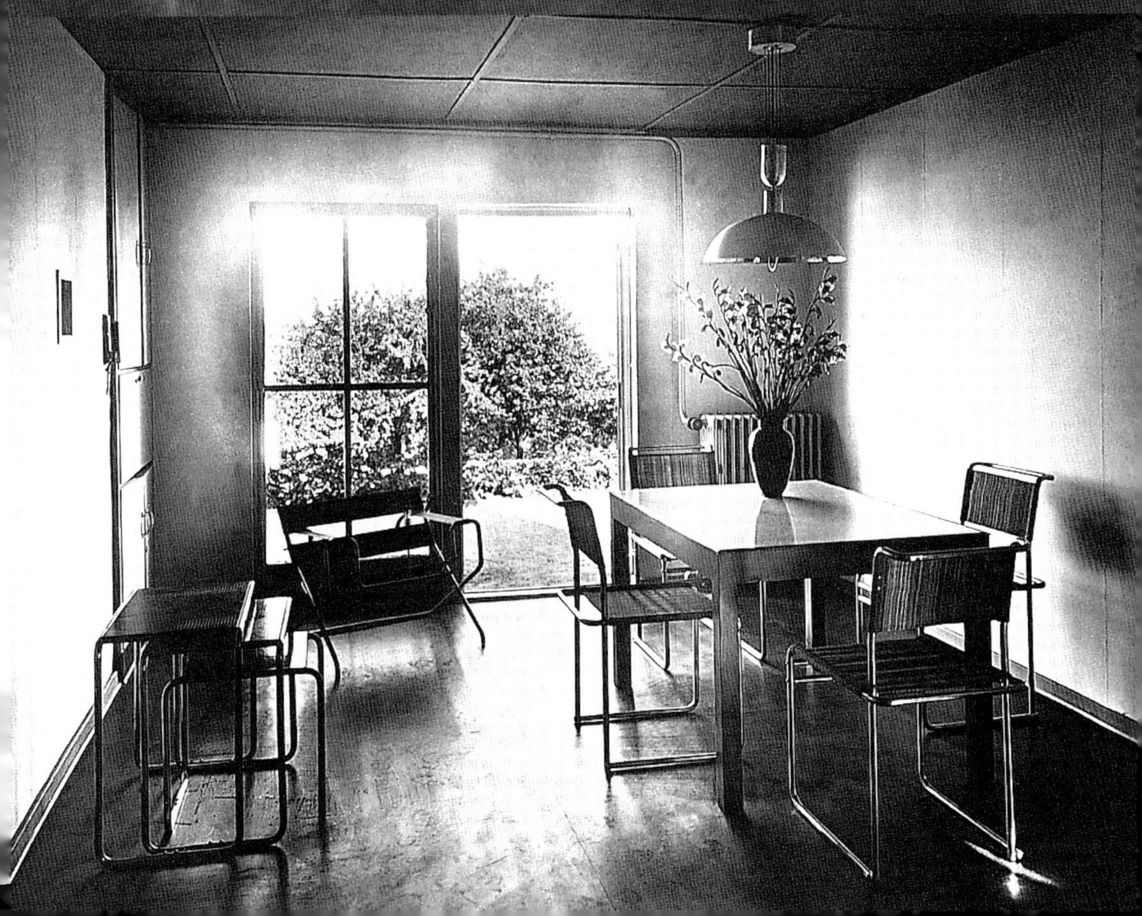

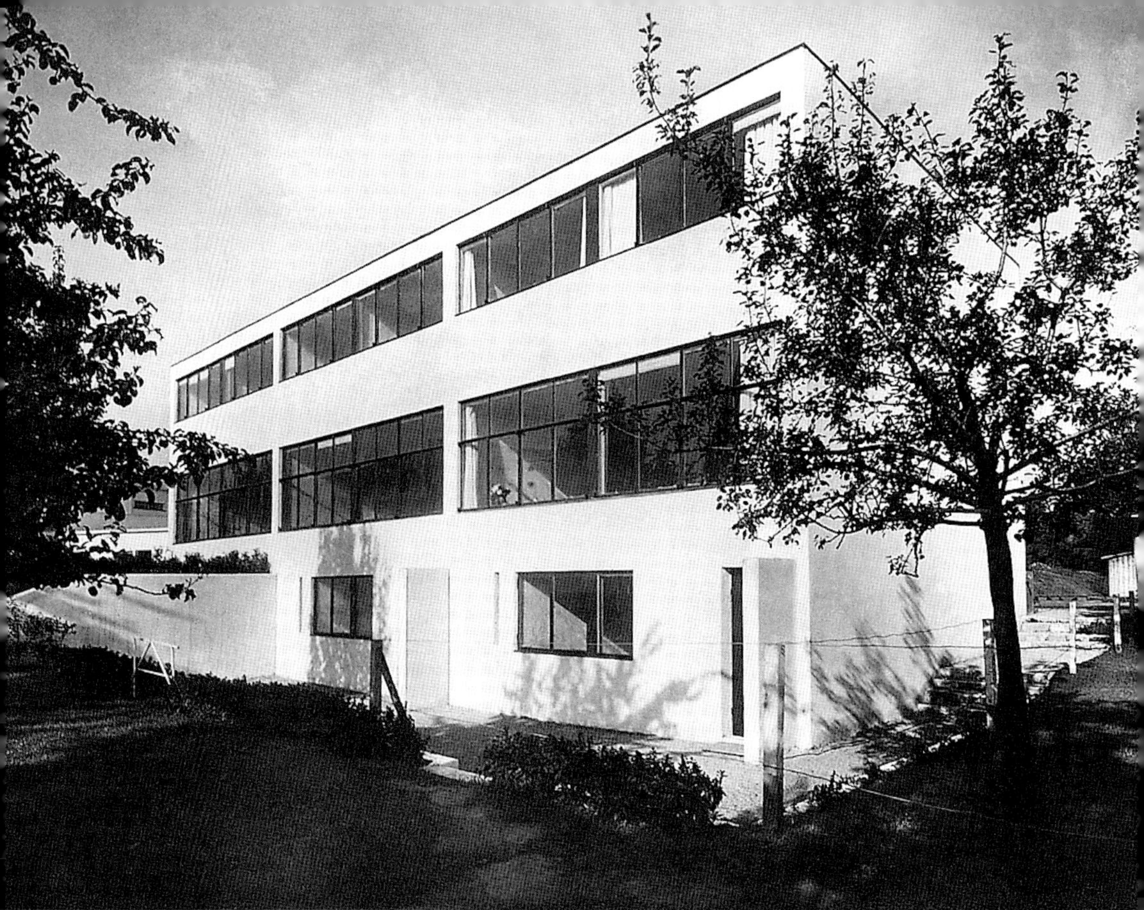
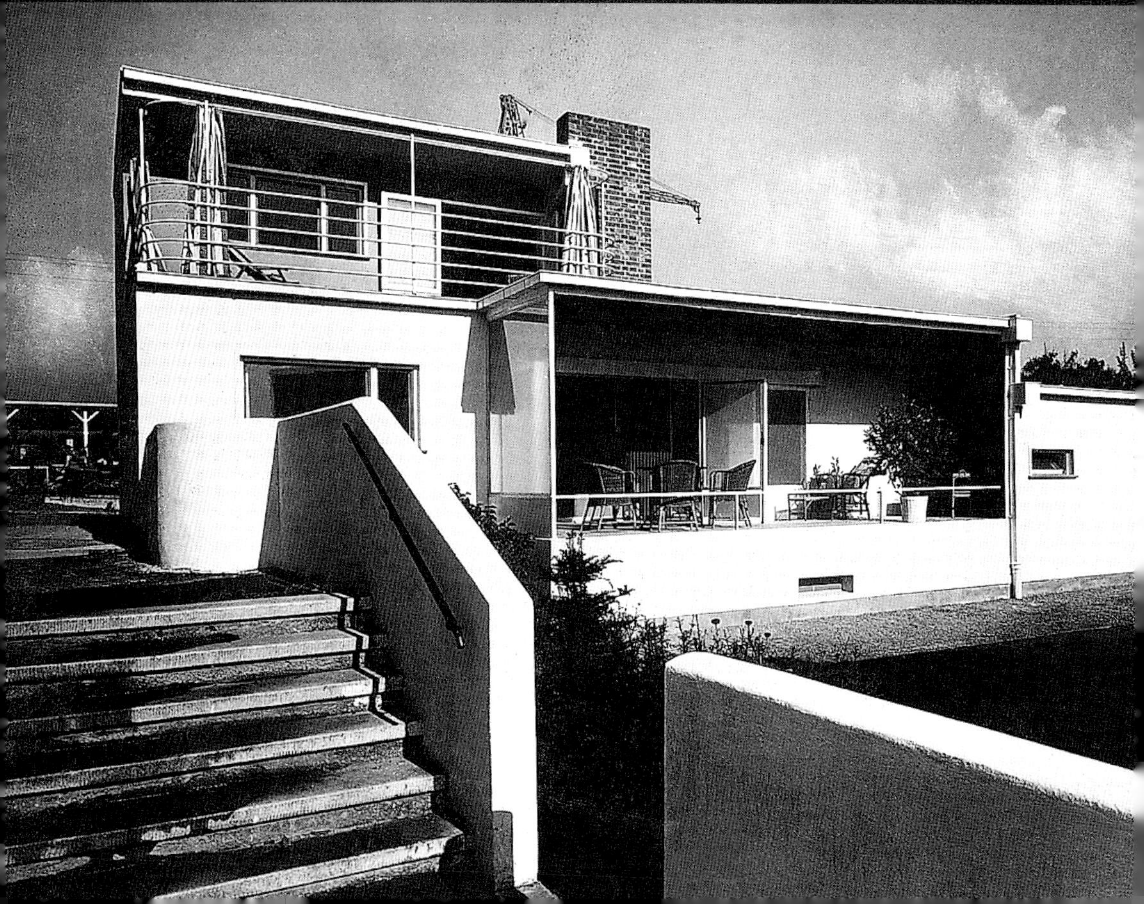

form ... einen anderen ‹stil› aufweist ... unsere kleider, schuhe, koffer, automobile weisen eine einheitliche prägnanz auf, und dennoch behält das individuelle die möglichkeit, die persönliche nuance zu wahren. jedem individuum bleibt die wahlfreiheit unter den nebeneinander entstehenden typen.»[30] Dem Unbehagen angesichts der Standardisierung individueller Lebensbedingungen und den damit verbundenen Vorbehalten gegenüber einer Desindividualisierung des Milieus der Menschen versuchte Gropius mit seinem «Baukastensystem» zu begegnen: Es sollte mannigfaltige Gestaltungen ermöglichen und als Prinzip nicht auf die bauliche Erscheinung begrenzt sein, sondern ebenso das serielle Produkt als solches umfassen. Schon bei seinen Dessauer Meisterhäusern variierte er dieses System, als er, wie später in den Stuttgarter Häusern, die Optimierung der Lebensabläufe im Innern der Gebäude räumlich zu organisieren suchte. ▪ In enger Zusammenarbeit mit Marcel Breuer und den Bauhauswerkstätten stellte auch Gropius eine kompromisslose Ausstattung für eine «Familie des Mittelstandes» vor, die geprägt war von einer klaren Konzeption und einer daraus resultierenden logischen Ausführung. Mehr als der strenge Grundriss und der rationalisierte Bauablauf unter Verwendung neuer Materialien wirkte auf die Zeitgenossen die Innenausstattung der Häuser. Die theoretischen Grundlagen für einen derartig radikalen Gestaltungsansatz, der wie derjenige Mies van der Rohes weit über bloße Formerneuerungsfragen hinauswies, hatte Gropius mit seinen «Grundsätzen der Bauhaus-Produktion» wohl nicht nur für sich und das Dessauer Bauhaus ein Jahr zuvor entwickelt.[31] ▪ Allein angesichts des differenzierten Ausdrucksspektrums, das sich in Stuttgart sowohl im Innern wie im Äußeren der Bauten offenbarte, scheint es auf den ersten Blick ausgeschlossen, «dass die Moderne ... einem verbindlichen, die Konvention spiegelnden Stil, geschweige denn dem ‹Bauhaus-Stil› gehorcht».[32] Indes, die kunsthistorische Kategorisierung erkannte zum Beispiel auch in den komplexen Gestaltfindungen des Barock eine ausgesprochene Ausdrucksvielfalt und spannungsreiche Variabilität. Es sind formale Kriterien wie die Erscheinung eines Standards, das flache Dach, kubische Bauformen, der Verzicht auf herkömmlichen Bauschmuck, die Verwendung von Stahl und Glas sowie großer Fenster et cetera und die entsprechende Entwicklung von Gebrauchsgerät bis zur kompletten Wohnungseinrichtung gleichsam aus einem Guss, die schon damals teilweise zum ästhetischen Dogma erhoben wurden. Sie verleiteten und verleiten dazu, auch vorurteilsfrei von einem Stil im typologischen Verständnis zu sprechen. Eine bloß formale Rezeption greift jedoch zu kurz. Die Konzepte und Produkte des Neuen Bauens beinhalten mehr als gut durchlüftete und besonnte minimalisierte Wohnungen in kubischen oder organischen Bauformen. Ihr intendierter und realisierter Gehalt war schon im methodischen Ansatz etwa dem, für die Wohnung komplexe Funktionen möglichst genau zu definieren, reicher und entsprach einer «von bestimmten stilistischen, ästhetischen wie sozialen und wirtschaftlichen, neuerdings ökologischen Vorsätzen geprägten Haltung».[33]

DER KAMPF UM NEUE LEBENSFORMEN:
MODERNER LEBENSSTIL ALS ERZIEHUNGSPROJEKT?

Die Plakatserie, die im Zusammenhang mit der Werkbundausstellung «Die Wohnung» entworfen wurde, markiert sehr anschaulich deren Zielstellung: Es ging um die Durchsetzung neuer Lebensformen. Die das Bild einer Gründerzeitwohnung durchkreuzenden Balken auf den Plakaten von Willi Baumeister sollten «brillant draufsitzen». Ablehnung mit Nachdruck! Die Aufschrift «wie wohnen?», mit der die Plakate versehen wurden, ist angeblich eine Ergänzung von Mies van der Rohe, der die Ausstellungsbesucher damit wohl alternierend zur Ablehnung des alten Stils auf die neuen Angebote einstimmen wollte.[34] Der pädagogische Gedanke, der auf den Plakaten veranschaulicht wird, steht in der Tradition des Deutschen Werkbundes, dessen Programme auf Konsumentenerziehung und Geschmacksbildung abzielten. Im Laufe der zwanziger Jahre wurden diese auf die Ebene der Entwicklung von Architektur und damit ganzer Funktionssysteme transformiert, die der fetischartigen Bindung an das vollendet gestaltete Produkt entgegenwirken und die Befreiung des Menschen von den Dingen unterstützen sollten. Die Plakate zeigen, was man überwinden wollte: einen überholten Stilpluralismus, hier in Gestalt eines bürgerlichen Wohnzimmers, das zugleich als Metapher für das bürgerliche Subjekt gesehen werden darf. Dem wurden neue Räume und ein neuer Mensch modellhaft gegenübergestellt. ▪ Die sehr didaktisch angelegten Plakate verfehlten ihre Wirkung nicht. Fritz Stahl, einflussreicher Kritiker des «Berliner Tageblatts», hielt es für eine Überschreitung der «weitgesteckten Grenzen erlaubter Propaganda ... Mit einem dicken roten Kreuz wird da ausgestrichen, was dem Publikum als alte Wohnung dargestellt werden soll, die erst diese genialen Neuerer überwunden haben. Und was ist das für eine Wohnung? Dunkel, muffig, mit überschnitzten Möbeln, die Wohnung vom Jahre 1900. Oh, sie wird noch hier und da existieren, übriggeblieben, ja sogar neu hergestellt von plötzlichen Reichen, deren Ideale aus jener Zeit stammen. Wer es aber so darstellt, daß es jetzt gelte, gegen diese Wohnung anzugehen, der sagt eine dreiste Unwahrheit. Diese Form der Wohnung ist vor zwanzig Jahren besiegt worden. Die Wohnung von heute sieht anders aus.»[35] ▪ Kamen die Modernen wirklich zu spät? War ihr Feindbild tatsächlich überholt? Mitnichten. Ein Blick in die einschlägigen Fachzeitschriften und Inneneinrichtungsbücher jener Zeit bestätigt, dass die tradierten Leitbilder immer noch intakt waren. Die Debatte jedoch, die sich auch in der Polemik gegen die Weißenhofplakate andeutet, bezog sich nur äußerlich zunächst auf Ästhetik. Eigentlich galten nicht Ornamente und nichtfunktionale Formen als Gegenprinzipien der Sachlichkeit, sondern Überschwang, Wuchern und Eklektizismus. Es ging also um die Überwindung einer «Kostümierung in geliehenen Identitäten»[36], um die Überwindung tradierter Form- und schließlich Lebensvorstellungen sowohl des Bürgertums als auch der Arbeiter und Angestellten als neuer Mittelschicht. Auch das lassen die Plakate erkennen, die ja keine einfache, reformierungsbedürftige Arbeiterwohnung zeigen, sondern auch in der Gegenbildargumentation, wie etwa auf dem Plakat von Karl Straub, neuzeitliches Wohnen, in diesem Falle des Dessauer Bauhausdirektors und damit des aufgeklärten Bürgertums, präsentieren. Auch hier verbanden sich Ansprüche und Verheißungen schon allein in der Charakteristik durch das Adjektiv «neu». ▪ Es liegt nahe, im Zusammenhang mit dem Begriff des Neuen Bauens von den «Prinzipien des Neuen»[37] zu sprechen. Das «Neue», das «Neue Bauen», die «Neue Form», von der die in- und ausländische Presse berichtete, definierte sich ganz wesentlich über die Negation des «Alten» und die Verdrängung seiner Kosmologien zugunsten der Entwicklung von Normen und Modellen, die eine Gegenwartsbewältigung ermöglichen sollten. Das Handlungsspektrum bezog sich auf die Abschaffung mehrerer traditioneller Wohnkonzepte: auf die großbürgerliche Mietshaus- oder auch Villenwohnung, die dunkle, enge, gesundheitsschädigende, elende und unmenschliche großstädtische Hinterhaus- oder Kellerwohnung sowie das tradierte zeit-

▪ «wie wohnen? Die Wohnung Werkbundausstellung Juli–Sept 1927 Stuttgart», Plakat von Willi Baumeister.

WOHNUNG
WERKBUND AUSSTELLUNG
JULI – SEPT 1927 STUTTGART

die neue linie

mai 1931

heft 9 mai 1931 preis 1 mark verlag otto beyer leipzig

genössische Bauen der Heimatschutzbewegung. Zu den Anliegen des Neuen Bauens gehörte es, den Menschen «von dem Ballast zu befreien, mit dem er sich durch das Schielen auf großbürgerliche Prestigeeinrichtungen immer wieder umgab», ihm «Licht, Luft und Sonne» zuzugestehen.[38] «Die Probleme der Neuen Wohnung wurzeln in der veränderten materiellen, sozialen und geistigen Struktur unserer Zeit; nur von hier aus sind diese Probleme zu begreifen ... Das Problem der Neuen Wohnung ist im Grunde ein geistiges Problem und der Kampf um die neue Wohnung nur ein Glied in dem großen Kampf um neue Lebensformen.»[39] ▪ Die Veränderungen, die sich in der gegenständlich-räumlichen Umwelt während der zwanziger Jahre vollzogen und auf die die Werkbundausstellung in Stuttgart reagierte, sind verbunden mit dem Traum von einer neuen Gesellschaft und damit von einem neuen Menschen, der dem Geist der neuen Zeit entsprechen sollte. «Was ist der Geist unserer Zeit? Es ist nicht der Geist der Geruhsamkeit und Romantik, der efeuumwachsenen Mauern und des kleinbürgerlichen Marktplatzes, es ist der Geist der großen Linie und des weiten Raumes, der Kurve, die das Flugzeug steuert, der Bahn, auf der das Auto gleitet, der knappen, klaren Form, die die Maschine zeigt, die die Bewegungsgelenke des menschlichen Körpers frei läßt, kurz: das Wahre und nicht das Verlogene, das Konstruktive und nicht das Willkürliche, das Sachliche und nicht das Theaterhafte.»[40] Um sich in dieser neuen Zeit zu behaupten, sollte der «neue Mensch» mit den Mitteln der Gestaltung herangebildet werden. «Diese Häuser erscheinen in der Tat als Erzieher zu neuer Geistigkeit ... und Einfügung in die Gemeinschaft.»[41] Der Imperativ der neuen Ära wurde in den Zeitungsreklamen formuliert: «Unsere Zeit fordert den schlanken, elastischen Menschen.» Gleichzeitig führte man einen Kampf gegen Muskelschwund und Fettleibigkeit. Der sportliche, von allen Schlacken und trägem Ballast befreite Körper, der funktioniert wie eine Maschine, wurde zum Sinnbild gesellschaftlicher Notwendigkeiten. Im Zeichen ihrer dynamischen, modernen Wirtschaft bewunderte die Gesellschaft den jungen, perfekten, festen Körper. Dem entsprachen die in den zwanziger Jahren entwickelten und weit verbreiteten Verhaltenslehren, die angesichts des Verlustes vertrauter sozialer Orientierungsschemata – Alfred Döblin sprach von der «Republik ohne Gebrauchsanweisung» – im Wesentlichen darauf ausgerichtet waren, das Bewusstsein für Unterschiede zu schärfen, Verhalten zu regulieren, Status zu sichern und einen Lebensstil selbst zu inszenieren. Ihre Wirkung wurde jedoch, wie Helmut Lethen zeigt, auf individuelle Lebensanleitungen reduziert oder vom Regelwerk der Institutionen, Parteien und politischen Lager überwältigt.[42] ▪ Wissenschaftlich hergeleitet, zum Teil der Industrie und dem Verkehr entlehnt, wurden diese Verhaltensraster in den privaten Wohnbereich übertragen. Artikulierten sich in diesen Wohnräumen soziale «Spielformen», in «denen sich die Menschen nahe kommen, ohne sich zu treffen, mit denen sie sich voneinander entfernen, ohne sich durch Gleichgültigkeit zu verletzen»?[43] ▪ Der «neue Mensch» wurde vor allem mit einem neuen Frauenbild assoziiert: «Das, was man die neue Frau nennt, ist ein etwas verwickeltes Wesen; sie besteht mindestens aus einer neuen Frau, einem neuen Mann, einem neuen Kind und einer neuen Gesellschaft...»[44] Das Frauenklischee der zwanziger Jahre wurde in den Printmedien entworfen, mit eindeutigen Merkmalen, die zur Nachahmung aufforderten, zum Typus verdichtet und verbreitet. Oft rauchend, mit Bubikopf versehen, in Hosen oder elegante Kostüme gekleidet und vor Automobilen posierend tritt sie uns auf vielen Bildern der Zeit selbstbewusst entgegen, dabei Gefahr laufend, dass die binären Unterscheidungen zwischen den Geschlechtern verschwimmen.⁴⁵ «Es entwickelte sich ein internationaler Frauenstil mit Verschiebung aller soziologischer Differenzierung. Er war echt amerikanisch uniform, ob er Stenotypistin, Gräfin oder Industriefrau blieb. Der Bubikopf, der bestimmte modische Universalschnitt, die bestimmte ‹modische› schlanke Linie, der Sportkörper ohne Fett und erotische Fraulichkeit: das war der internationale Frauenstil um 1924.»⁴⁶ ▪ Doch es besteht eine Diskrepanz zwischen den die Reform illustrierenden «Frauen-Bildern», wie sie uns aus Zeitschriften und Werbeaufnahmen entgegenlächeln und von Künstlern wie Otto Dix und Karl Hubbuch ironisch gebrochen wurden, und der nach Individualität drängenden, planvoll arbeitenden und wirtschaftenden Hausfrau. Ihr galt in erster Linie die Aufmerksamkeit der neuen Gestalter, die sich sehr wohl der zentralen Rolle von Frauen bei der Einrichtung und Ausstattung des Wohnungsambientes sowie bei der Umsetzung neuer Lebensformen bewusst waren und sie als eine ihrer Hauptzielgruppen begriffen. ▪ Kurz nachdem die Weißenhofsiedlung fertig gestellt war, entstand im Zusammenhang mit Werbeaktionen der Firma Daimler-Benz eine Fotoserie. Gezeigt wird jeweils ein Sport-Coupé (vor Le Corbusiers Villa) oder aber eine Limousine (vor Mies van der Rohes Mietshausblock), denen eine junge Frau, gekleidet im «Stil der Zeit» mit sportlichem Kostüm, zugeordnet ist. Neueste Technik, der neue Mensch, verkörpert durch die neue Frau, und schließlich die neue Architektur scheinen hier eine Synthese einzugehen, die ein ideales Zukunftsbild verheißt; Fortschritt, Internationalität und Moderne werden auf paradigmatische Weise zu Synonymen. Schon in diesem Moment, nur kurze Zeit nach dem Aufbruch der modernen Bewegung, war ihr stilistisches Erscheinungsbild, reduziert auf Avantgarde-Ästhetik und Luxus, folgenschwer zementiert und ihr eigentliches Ziel, die Schaffung zeitgemäßer Wohnungen für viele, in weite Ferne gerückt. Obwohl realitätsfern, veranschaulichen die Bilder exemplarisch den bereits vollzogenen Übergang von einer praktischen Ästhetik, die sich auf das Wesentliche und Dauerhafte zu konzentrieren suchte, zu einer von flüchtiger Erscheinung und schneller Vergänglichkeit geprägten Mode. ▪ Zugleich stellt sich angesichts dieser Bilder aber die Frage nach den eigentlichen Adressaten jenes Angebots, das am Weißenhof formuliert worden war. «Der Weißenhof wurde für niemanden geplant», so das Resümee von Julius Posner.⁴⁷ In der Tat, die Definition der Zielgruppe als «Großstadtmenschen»⁴⁸ konnte unbestimmter nicht ausfallen, und so schien eine Beschränkung auf den «gebildeten Mittelstand»⁴⁹ unausweichlich, zumal sich innerhalb der damaligen sozialen Milieus insbesondere die Angestellten als neue Mittelschicht herauskristallisiert hatten.⁵⁰ Ihr Berufsleben verlangte Flexibilität und Beweglichkeit und damit ein neues Grundmuster an Überzeugungen und Verhaltensweisen, das die persönliche Lebensgestaltung in all ihren Facetten prägt einen neuen Lebensstil.⁵¹ ▪ 1927 schrieb Bertolt Brecht die Satire «Nordseekrabben». ⁵² In ihr wird eine nach allen Regeln neusachlichen Lebensstils eingerichtete «Bauhaus-Wohnung» als dinstinguiertes Gehäuse der «Verhaltenheit» mit den nach Maßgabe des zweckdienlichen Gegenstandes und der ihn umgebenden Architektur geformten Bewohnern vorgestellt. In Gestalt eines AEG-Ingenieurs und seiner Frau beschreibt Brecht die Gruppe der Angestellten als Vertreter der neuen Mittelschicht. Zugleich ist Brechts Geschichte eine Satire auf jene Mischung von Ästhetizismus und Reformbewegung, die sich mit den illusionistischen Vorstellungen auch der Vertreter der Neuen Gestaltung verband. Denn die erwarteten, dass ihre perfekten Ambiente nicht ohne erzieherische Wirkung waren, und verfielen gelegentlich in Enttäuschung, nach-

▪ Wohnraum für eine Gymnastiklehrerin von Marcel Breuer, Berlin 1930

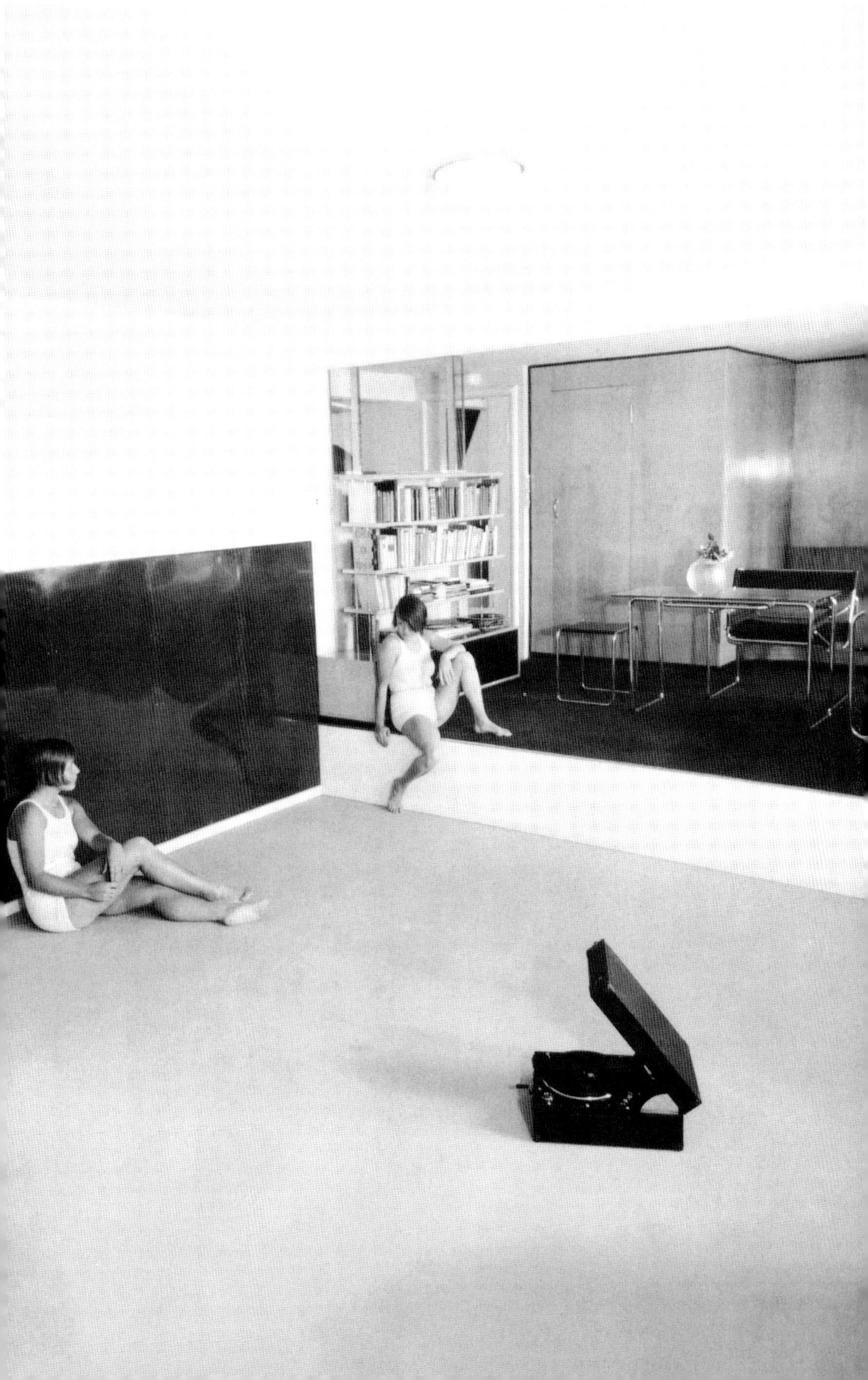

6

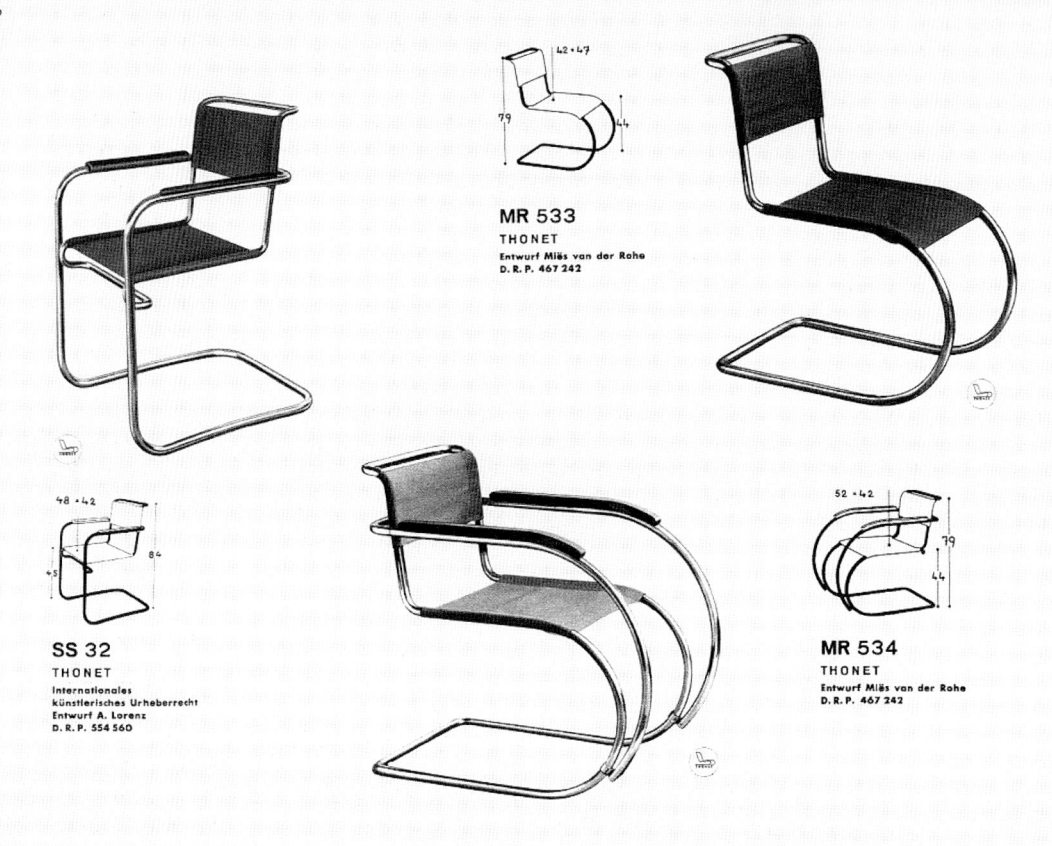

MR 533
THONET
Entwurf Mies van der Rohe
D.R.P. 467 242

SS 32
THONET
Internationales
künstlerisches Urheberrecht
Entwurf A. Lorenz
D.R.P. 554 560

MR 534
THONET
Entwurf Mies van der Rohe
D.R.P. 467 242

4

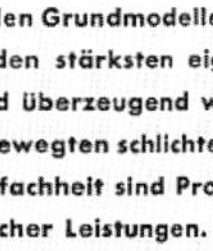

B 34
THONET
Internationales
künstlerisches Urheberrecht
Entwurf A. Lorenz
D.R.P. 554 560

B 33
THONET
Internationales
künstlerisches Urheberrecht
Entwurf M. Stam

Diese beiden Grundmodelle stellen Formen
dar, die den stärksten eigenen Ausdruck
haben und überzeugend wirken. Die harmonisch bewegten schlichten Linien in klassischer Einfachheit sind Produkte wahrhaft
schöpferischer Leistungen.

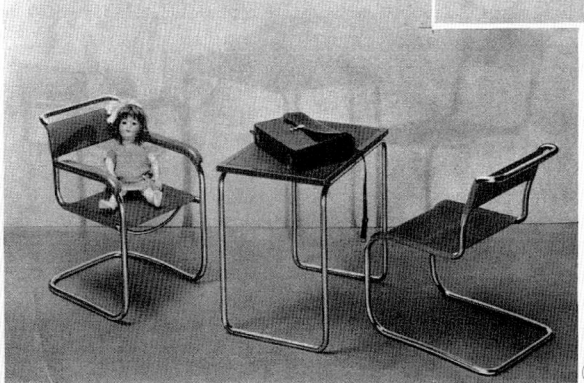

Auch für Kinder
sind Stahlrohrmöbel sehr geeignet.
Sie sind leicht, sauber
und nirgends ist eine Kante.

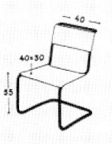

B 33½
THONET
Entwurf M. Stam

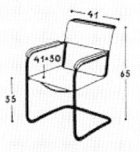

B 34½
THONET
Entwurf A. Lorenz
D.R.P. 554 560

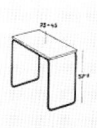

B 53
THONET

dem das Volk in die ihm zugedachten Wohnungen, zum Beispiel in der Weißenhofsiedlung, eingezogen war. Brecht hat seine Geschichte aus der Erfahrung eines vergleichbaren Ambientes heraus entwickelt, der Wohnung des Theaterregisseurs Erwin Piscator, die von dem Bauhäusler Marcel Breuer hauptsächlich mit Stahlrohrmöbeln eingerichtet worden war. ■ Der neue Wohnstil beinhaltete ferner Sport als wichtigen Teil der Freizeit, worauf die Turngeräte und apparatehaften Möbel, nicht nur in den Einrichtungen von Le Corbusier und Marcel Breuer, deutlich hinwiesen. In ihnen war zugleich ein Wirkungsspektrum integriert, das den Nutzer unterschwellig beeinflusste und geeignet erschien, «das Neue auf sachte Weise in die Sinne zu senken: maskiert und vor allem verschwiegen».[53] Es ist diese Verschwiegenheit der Form, die in eine neue Handlungs- und Körpererfahrung mit den Dingen einging und auf diese Weise neue Lebensformen hervorbrachte.[54] ■ Die Stahlrohrmöbel von Mart Stam, Marcel Breuer und Ludwig Mies van der Rohe, in Stuttgart erstmalig in größerem Zusammenhang präsentiert, stehen in diesem Kontext. Sie wurden konzipiert auf der Grundlage funktionalistischer Analysen von Bewegungs- und Tätigkeitsabläufen im Raum und daraus resultierender Beziehungen der Gegenstände untereinander und zum Raum, in dem sie sich befanden. Die Werkbundausstellung in Stuttgart war die erste Gelegenheit, ein breites Publikum mit dieser neuen Art von Möbeln zu konfrontieren. Die Nachhaltigkeit dieser Offerte hält bis heute an: «Denkt man an den Weißenhof, so taucht die Erinnerung an Möbel von Breuer, Stam und Mies auf – alles andere verwundert nur und macht den Abstand deutlich.»[55] Die Möbel wurden fortan zum Inbegriff modernen Wohnens und zum Synonym für einen neuen Lebensstil, sie gelten heute in ihrer Einzelerscheinung in erster Linie als Symbol radikaler Modernität, für den auf Formfragen reduzierten Begriff vom «Bauhausstil» schlechthin. Dabei hielt sie einer ihrer Erfinder selbst noch für «stillos», da sie «außer ihrem zweck und der dazu nötigen konstruktion keine beabsichtigte formung ausdrücken» sollten.[56] ■ Die unkonventionelle Form der Möbel, bei denen teilweise durch die Ausbildung von Kufen die Hinterbeine fehlen und auf denen man, wie in einem von Breuer imaginär entwickelten Film[57], in der Luft zu sitzen scheint, sowie die Verwendung des außergewöhnlichen Materials führten dazu, dass sich die Akzeptanz zunächst in Grenzen hielt. Schließlich waren sie wegen der geringen Produktionszahlen zum Teil erheblich viel teurer als vergleichbare Holzmöbel. So hatte man beispielsweise 1928 für einen B-9-Hocker je nach Größe zwischen 16 und 24 Reichsmark, für einen B-5-Stuhl 32, für einen B-4-Klappsessel 54,40 und für den B-3–Sessel 60 Reichsmark zu zahlen. Ein Esstisch mit Glasplatte kostete gar 120 Reichsmark,[58] also fast die Hälfte eines Facharbeiterlohnes. Die Preise für Mies van der Rohes Möbel lagen zwischen 39 Reichsmark für einen Stuhl und 117 für einen Sessel. Ein Tisch mit Glasplatte wurde für 114 Reichsmark angeboten.[59] Zum Vergleich: Die weit verbreiteten Bugholzstühle der Firma Thonet waren ab 6,30 Reichsmark erhältlich; der bekannte A-7-Stuhl kostete 14 Reichsmark.[60] Die Bewohner der Stuttgarter Weißenhofsiedlung etwa, überwiegend Angestellte und Beamte, verzichteten nahezu gänzlich auf die noch kurz zuvor in ihren Wohnräumen spektakulär präsentierten neuen «Eisenmöbel» und bevorzugten stattdessen Möbel aus Holz,[61] einem Material, mit dem sich ein Assoziationshorizont des natürlichen Rohstoffs verband, der über das reine Zweckmöbel hinausreicht. ■ Bauhaus-Möbel wurden eher von einer bestimmten Schicht großstädtischer Intellektueller erworben, die sich derlei Möbel leisten konnten und damit einen gewissen Distinktionsanspruch verbanden. Sie gingen also in den gehobenen Konsum über, schon bald, nachdem sie entstanden waren. Design-Historiker wie Gert Selle erklären dies damit, dass die ästhetische Ausdrucksgeste industrieller Rationalität schließlich in die private Sphäre übertragen wurde, womit sich ein neues gesellschaftliches Selbstwahrnehmungs- und Verhaltensmuster der ungebunden-modernen, leichten Eleganz abgebildet hätte sowie eine neue Erfahrung des «Sich-Fühlens» in der Form der Dinge. Dieser Form sei ihre sozialutopische Dimension schon sehr bald abhanden gekommen, und eindeutige soziale Gebrauchsgrenzen seien gezogen worden. Die Bauhaus-Möbel «zielten auf einen Gebrauchertyp, der aus sicherer Entfernung zur industriellen Arbeit die ästhetische Umsetzung der Gebrauchsformen in ein symbolisches System genießt, das eben diese industrielle Produktionswirklichkeit als ästhetisierbar und genußversprechend ausweist.»[62] In diesem Sinne waren die Moderne und die Avantgarde für eine bestimmte Schicht großstädtischer Intellektueller, die Helmut Lethen als Sozialtypus der Neuen Sachlichkeit beschrieben hat,[63] ein Ausdruck ihres Lebensgefühls, das sie selbst als fortschrittlich empfanden. ▬ Die umkämpften neuen Lebensformen münden hier nicht in einen neuen Lebensstil, sondern in ein rigoroses Styling, das, wie Lethen meint, in diesem Falle als «Reassimilierung des heroischen Panzers» gedeutet werden kann, abgeleitet aus der Kriegserfahrung und dem Militär als Prägestätte des Verhaltens. Übertragen in die Gegenwart der zwanziger Jahre ist dieses Styling als Zuflucht vor Chaos und Desorientierung zu beschreiben im Sinne einer Disziplinierung der Affekte, des Wunschs nach Transparenz und Gesetzen, nach Diskretion und Symmetrie.[64]

STIL VERSUS STIL?
Bezogen auf die Architektur und ihre äußere Erscheinung ist angesichts des inhaltlichen Spektrums, mit dem sich die Bautenvielfalt der Weißenhofsiedlung verbindet, bereits zu diesem relativ frühen Zeitpunkt der Entwicklung des Neuen Bauens jener «Doppelcharakter» zu erkennen, auf den Alexander Schwab in seinem «Buch vom Bauen» hingewiesen hat: «Das neue Bauen hat ein Doppelgesicht: es ist in der Tat beides, großbürgerlich und proletarisch, hochkapitalistisch und sozialistisch. Man kann sogar sagen: autokratisch und demokratisch. Allerdings, eines ist es nicht: es ist nicht mehr individualistisch.»[65] ▬ Die bis zum heutigen Tage meist sehr einseitig über die noch bestehenden Musterbauten rezipierte Werkbundausstellung in Stuttgart stellt einen Höhepunkt in der Entstehungsgeschichte der Moderne dar, wie wir sie heute verstehen. Zu einem frühen Zeitpunkt trat das Neue Bauen, obgleich in sich heterogen, unter einem einheitlichen und vereinheitlichenden Begriff auf, und das international. Bemühungen um neue Lösungen für neue Bauaufgaben und darauf gegründete Architekturkonzeptionen wurden unter diesem Begriff subsumiert. ▬ Nicht frei von tendenziellen Vereinseitigungen und Distinktionsansprüchen, wie sie besonders Schichten des Mittelstandes, aber auch des aufgeklärten Bürgertums entwickelten, für die es schick war, sich mit den neuen Dingen zu umgeben, bewegte sich der Kampf um neue Lebensformen somit zwischen einer praktischen Ästhetik und modischer Erscheinung. Der Weg dahin führte über einen Vermittlungsprozess, der sich auf Konsumangebote und Bilderwelten in Form von «icons» stützte. Vor allem bestimmte Bilder, vielfach veröffentlicht in Illustrierten und anderen Publikationen, haben das allgemeine Rezeptionsverhalten gegenüber der Weißenhofsiedlung geprägt. ▬ Weißenhof ist eher ein Zeichen für Möglichkeiten des neuen Funktionierens und Aussehens als ein Abbild der Wirklichkeit selbst, mehr ein visuelles

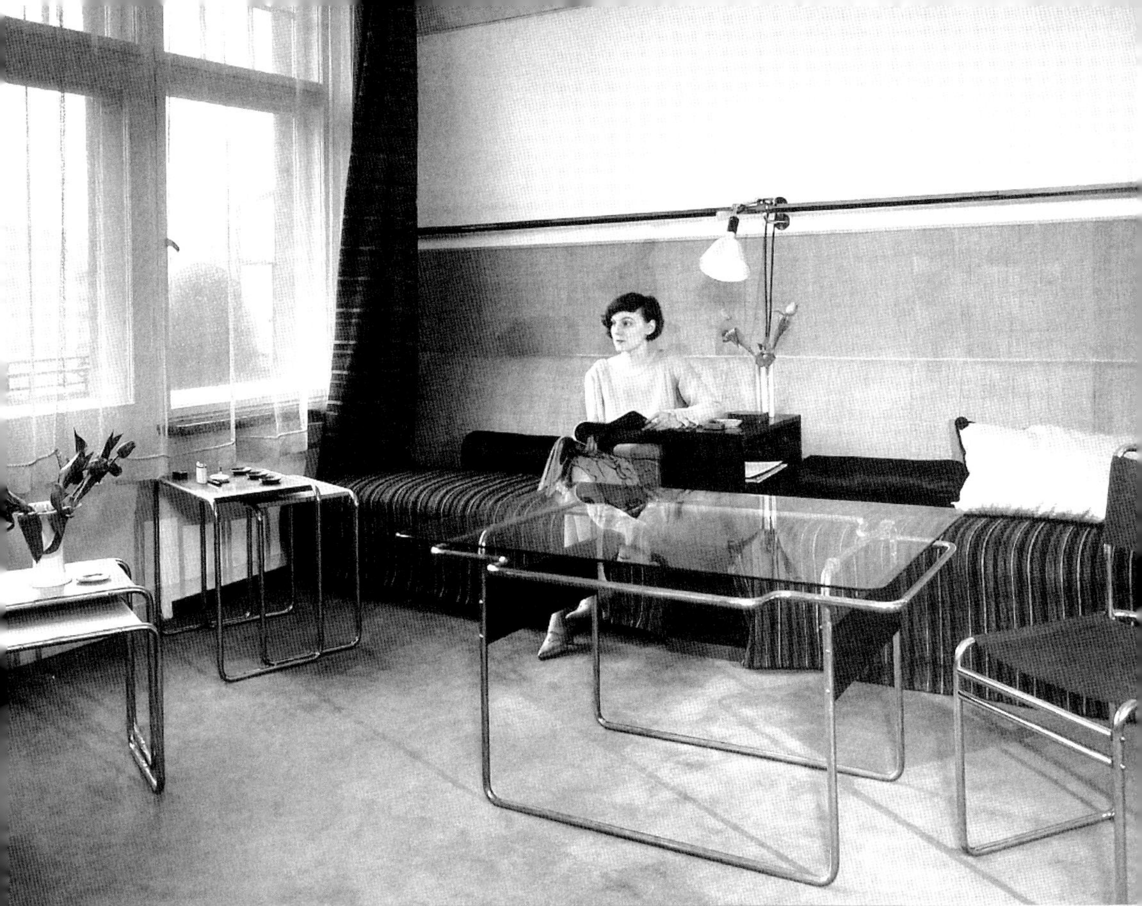

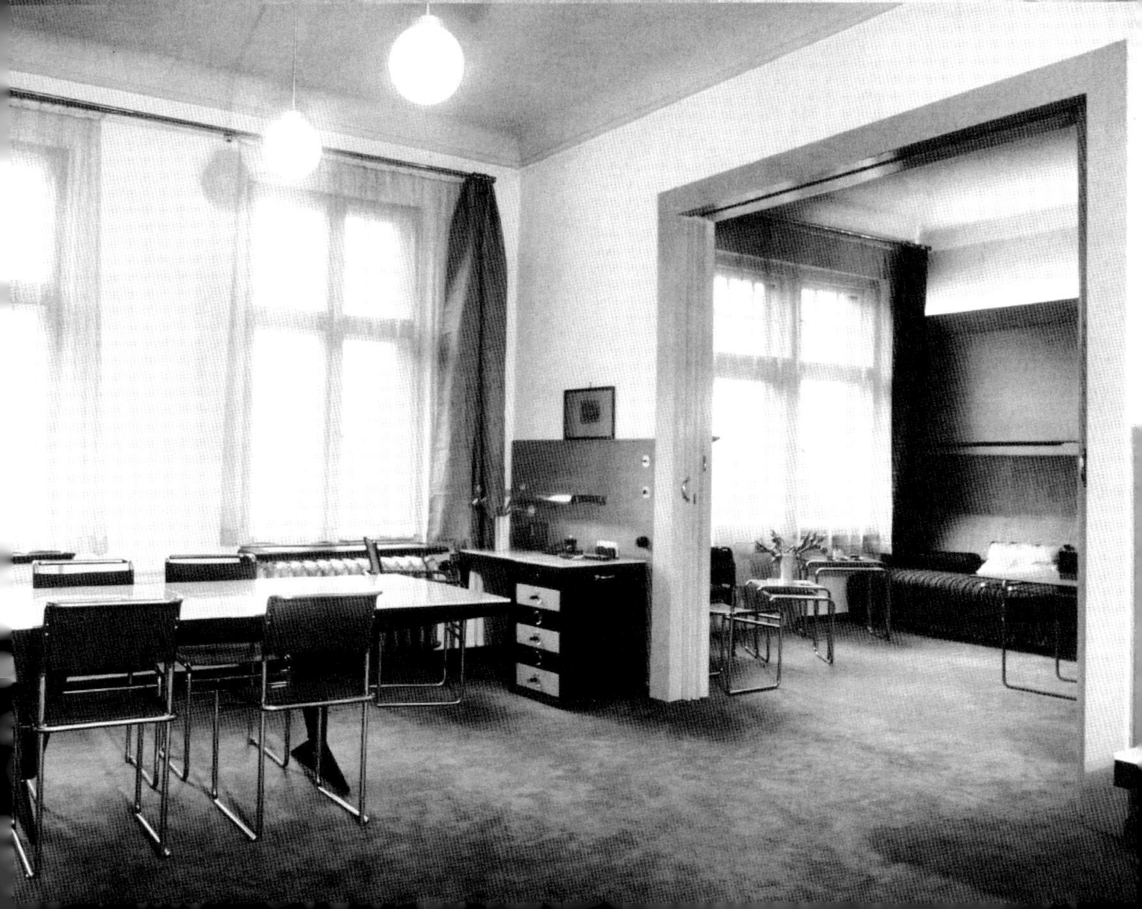

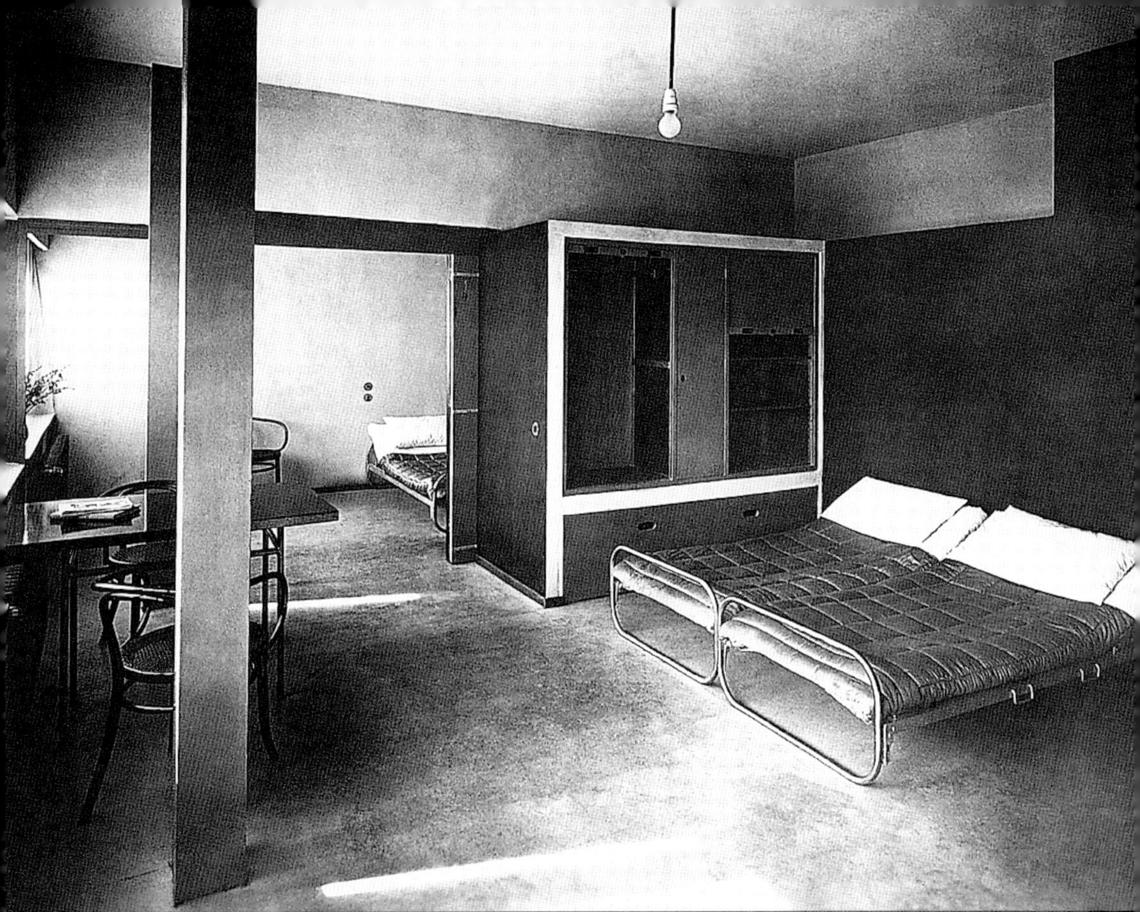

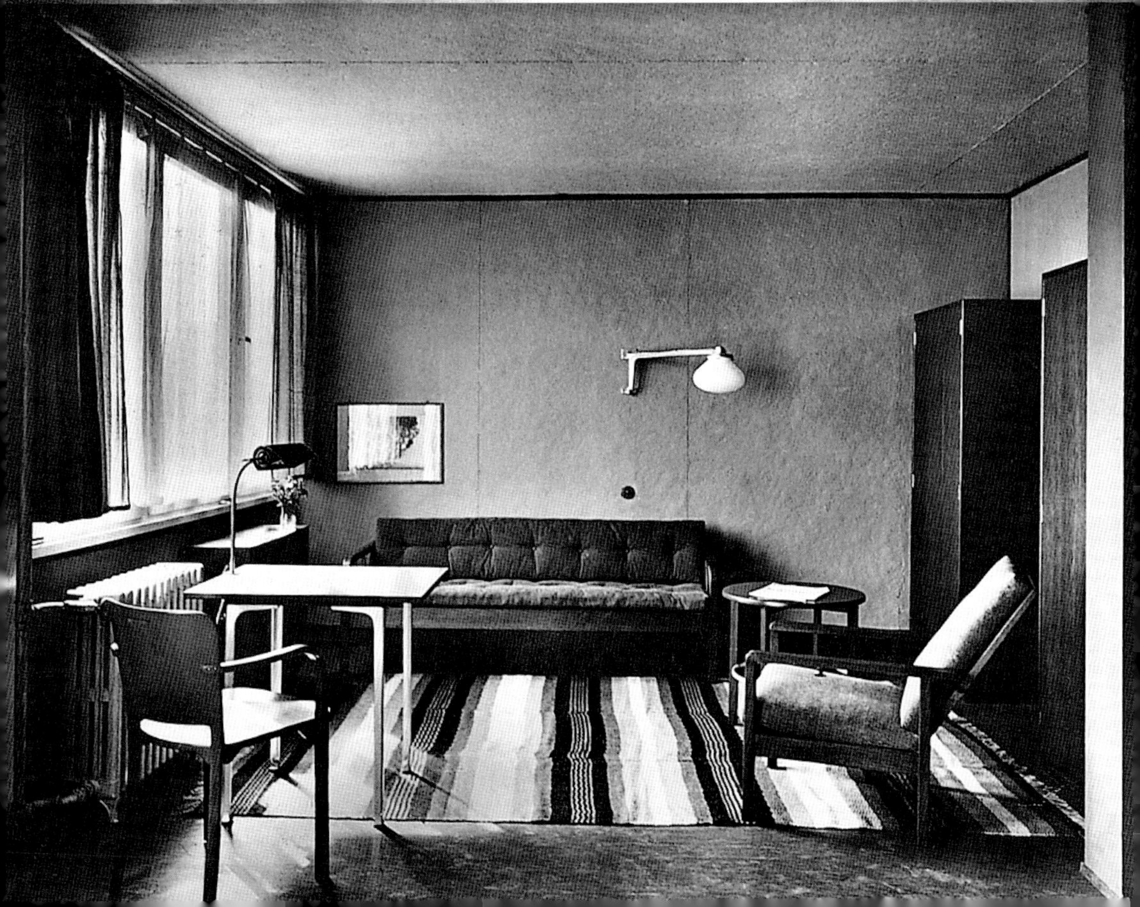

Antizipieren, weil die politischen Kräfte, die Veränderungen (auch gesellschaftliche) hätten bewirken können nicht genügend oder überhaupt nicht angesprochen wurden. Es bestand die Gefahr, dass die Klassenschranken verschwanden hinter der «wertfreien» Wissenschaftslogik bürgerlicher Soziologie, hinter den vorherrschenden Darstellungen der Gesellschaft als Massengesellschaft mit gleichartiger Arbeit und gleichartigen Bedürfnissen. Drohte letzten Endes, wie es der Philosoph Hans Ullrich Gumbrecht behauptet, die Suche nach normativen Formen und Funktionen eben das zu erzeugen, wovor man am meisten Angst hatte, nämlich das aus dem Verlangen nach Überschwang und wuchernden Formen hervorgehende Chaos? **66** ▬ Das Experiment in Stuttgart, das modellhaft eine neue Lebensweise vorführen sollte, zog vor dem explosiven Hintergrund der Weimarer Republik eher geteilte Aufmerksamkeit auf sich. Nicht Strukturveränderung, sondern die Überformung alter gesellschaftlicher Strukturen durch eine neue, Gesellschaftsveränderung antizipierende Ästhetik kann als sein Wesensmerkmal gelten. Die Suche nach Vertrautem und Wertbeständigem in Alltagskultur und Lebensstil überwog schließlich gegenüber einer Konfrontation mit kultureller Modernität. Diese wurde in den Jahren nach dem Ersten Weltkrieg als Überforderung erfahren.

ANMERKUNGEN
1 L. Mies van der Rohe, Zum neuen Jahrgang. In: Die Form, Heft 2/1927, S. 1 **2** L. Mies van der Rohe, Rundschau. Brief an W. Riezler. In: Die Form, Heft 2/1927, S. 59/60 **3** L. Mies van der Rohe, BAUEN. In: G. Material zur elementaren Gestaltung, Heft 2/1923, S. 1 **4** L. Mies van der Rohe, Brief an Richard Döcker vom 27.5.1926. Zit. n. K. Kirsch, Die Weißenhofsiedlung. Stuttgart 1987, S. 50 **5** P. Bonatz, in: Schwäbischer Merkur vom 5.5.1926 **6** P. Schmidthenner, Die Werkbundsiedlung. In: Süddeutsche Zeitung Nr. 205 vom 5. Mai 1926 **7** H. Muthesius, Die neue Bauweise. In: Berliner Tageblatt 1927, zit. n. Deutscher Werkbund/Werkbund-Archiv, Die Zwanziger Jahre des Deutschen Werkbunds, Gießen/Lahn 1982, S. 117 **8** Bericht über die «Öffentliche Sitzung des Gemeinderates vom 29. Juli 1926». Stadtarchiv Stuttgart, Amtsblatt der Stadt Stuttgart, zugleich Amtsblatt der Bezirksbehörden, Nr. 91 vom 10.8.1926, S. 457 f., und Nr. 92 vom 12.8.1926, S. 461–463 **9** I. Ehrenburg, Doppelleben (1928). In: Visum der Zeit, Leipzig 1982, S. 107 und 106 **10** P. Bruckmann, Die Württembergische Arbeitsgemeinschaft des Deutschen Werkbundes. In: Stuttgarter Neues Tageblatt, Nr. 503 vom 21.10.1920 **11** L. Mies van der Rohe, Brief an Gustav Stotz vom 11.9.1925. Mies van der Rohe Archiv, The Museum of Modern Art, New York **12** L. Mies van der Rohe, Vorwort. In: Bau und Wohnung, Stuttgart 1927, S. 7 **13** G. Kähler, Nicht nur Neues Bauen! In: Geschichte des Wohnens, Bd. 4. Stuttgart 1996, S. 354 **14** A. von Saldern, Häuserleben. Zur Geschichte städtischen Arbeiterwohnens vom Kaiserreich bis heute. Bonn 1995, S. 133 **15** K. Hartmann, Alltagskultur, Alltagsleben, Wohnkultur. In: Geschichte des Wohnens, Bd. 4. Stuttgart 1996, S. 235 **16** Vgl. W. Tegetthoff, Weißenhof 1927. Der Sieg des neuen Baustils? In: Jahrbuch des Zentralinstitutes für Kunstgeschichte, München, Heft 3/1987, S. 199 **17** I. Ehrenburg (1928) 1982, a. a. O **18** Vgl. W. Tegetthoff 1987, a. a. O., S. 198 **19** Oberbaurat Dr. Otto, Leiter des Stadterweiterungsamtes vor der Bauabteilung des Gemeinderates, Niederschrift der Bauabteilung des Gemeinderates der Stadt Stuttgart, 26.10.1925, Stadtarchiv Stuttgart **20** Einen umfangreichen Überblick über die Werkbundausstellung 1927 in Stuttgart liefert die sorgfältig recherchierte Monographie von K. Kirsch, Die Weißenhofsiedlung, Stuttgart 1987 **21** O. Völter in: Die Form, Heft 2/1927, S. 251 **22** L. Mies van der Rohe, Rede anlässlich der Eröffnung der Internationalen Plan- und Modellausstellung Neuer Baukunst auf der Werkbund-Ausstellung in Stuttgart. Vgl. Württembergische Zeitung, Nr. 208 vom 7.9.1927, Beilage Nr. 12, Festausgabe **23** Vgl. W. Tegetthoff 1987, a. a. O., S. 219 **24** Diese Angaben sind hauptsächlich Briefen von L. Mies van der Rohe an die beteiligten Architekten entnommen. Vgl. K. Kirsch 1987, a. a. O. **25** Ebd. **26** A. Behne, Max Taut: Bauten und Pläne. Berlin/Leipzig/Wien/Chicago 1927, S. 19 **27** B. Taut, Die neue Baukunst in Europa und Amerika. Stuttgart 1929, S. 7 **28** L. Moholy-Nagy, Von Material zu Architektur. Reprint, Mainz/Berlin 1968, S. 197 **29** Wasmuth's Monatshefte für Baukunst, August 1927, S. X **35** F. Stahl in: Berliner Tageblatt, Nr. 426 und 434/August 1927, zit. n. Schwäbisches Heimatbuch, Nr. 14, Esslingen 1928, S. 88 **36** J. Habermas, Die neue Unübersichtlichkeit. Frankfurt/M. 1985, S. 13; vgl. auch H. U. Gumbrecht, 1926. Ein Jahr am Rand der Zeit. Frankfurt/M. 2001, S. 341 **37** M. Sack 2002, a. a. O., S. 78 **38** B. Rasch, Wie die Weißenhofsiedlung entstand. In: Deutscher

Werkbund/Werkbund-Archiv 1982, a. a. O., S. 108 **39** L. Mies van der Rohe in: Werkbund-Ausstellung Die Wohnung, Stuttgart 1927. Amtlicher Katalog. Stuttgart 1927, S. 5 **40** M. Wagner, Städtebauliche Probleme der Großstadt. In: Soziale Bauwirtschaft, Heft 7/1929 **41** F. Wichert, Die neue Baukunst als Erzieher. In: Das Neue Frankfurt, Heft 12/1928 **42** H. Lethen, Verhaltenslehren der Kälte. Lebensversuche zwischen den Kriegen. Frankfurt/M. 1994, S. 66 **43** H. Plessner, Grenzen der Gemeinschaft. In: ders., Gesammelte Schriften, Bd. V. Frankfurt/M. 1981, S. 80 **44** R. Musil, 1929, zit. n. Staatliche Hochschule für Gestaltung, Karlsruhe (Hg), Weiße Vernunft – Siedlungsbau der 20er Jahre. Architektur und Lebensentwurf im Neuen Bauen. CD-ROM, München/London/New York 1999 **45** Vgl. K. von Soden/M. Schmidt, Neue Frauen. Die zwanziger Jahre. Berlin 1988, S. 18 **46** F. Giese, Girl-Kultur. München 1925, S. 139 **47** J. Posner, Weißenhof und danach. In: Baumeister, Heft 6/1981, S. 602 **48** G. Stotz, zit. n. K. Kirsch 1987, a. a. O., S. 20 **49** L. Mies van der Rohe, Brief an Le Corbusier vom 10.11.1926, zit. n. K. Kirsch 1987, a. a. O., S. 114 **50** Vgl. S. Kracauer, Die Angestellten. Frankfurt/M. 1930 **51** Vgl. U. A. Becher, Geschichte des modernen Lebensstils. München 1990 **52** B. Brecht, Nordseekrabben, Berlin 1987. In dieser Geschichte begegnen sich verschiedene Personentypen, die sich durch die gemeinsame Erfahrung der Schützengräben des Ersten Weltkrieges verbunden fühlen, in einer nach den Kriterien der Neuen Gestaltung eingerichteten Wohnung mit gekacheltem Badezimmer und Eisenbetten. Während der Hausherr, ein AEG-Ingenieur, stolz die vollendet zweckdienliche und saubere Einrichtung vorstellt, stößt diese Perfektion bei einem der Besucher auf Widerstand und Ablehnung, was schließlich zu einer Veränderung der Wohnung führt, die einer Zerstörung gleichkommt. Die Geschichte ist zu einer Zeit entstanden, als Brechts Freund, der Theaterregisseur Erwin Piscator, 1927 seine Berliner Mietshauswohnung durch den Bauhäusler Marcel Breuer umgestalten ließ; Piscators Wohnung gehörte fortan zu den bekanntesten Inneneinrichtungen der Zeit. Ein Jahr zuvor hatte Brecht die ähnlich eingerichtete Wohnung Friedrich Kroners, des Herausgebers der Zeitschrift «Uhu», kennen gelernt. **53** O. Schlemmer, Tagebucheintrag vom September 1922 in bezug auf den Tanz als Ausdrucks- und Erziehungsmittel. In: O. Schlemmer, Briefe und Tagebücher. Stuttgart 1977, S. 61 **54** Vgl. G. Selle, Design – Geschichte in Deutschland. Köln 1987, S. 177 **55** K. Kirsch 1987, a. a. O., S. 136 **56** M. Breuer, Metallmöbel und moderne Räumlichkeit. In: Das neue Frankfurt, Heft 1/1928, S. 11 **57** M. Breuer, Ein bauhaus-Film. In: Bauhaus. Zeitschrift für Gestaltung, Heft 1/1926, S. 3 **58** W. Graeff/Deutscher Werkbund, Innenräume. Stuttgart 1928, S. 155, S. 157 **59** Katalog Berliner Metall-Gewerbe Josef Müller, 1927 **60** W. Graeff/Deutscher Werkbund 1928, a. a. O., S. 154 **61** J. S., Stuttgarter Neues Tageblatt Nr. 201, 1. Mai 1928 **62** G. Selle 1987, a. a. O., S. 182 **63** H. Lethen, Chicago und Moskau. Berlins moderne Kultur der 20er Jahre zwischen Inflation und Weltwirtschaftskrise. In: Boberg u. a. (Hg), Die Metropole. Industriekultur in Berlin im 20. Jahrhundert. München 1986, S. 197 **64** H. Lethen 1994, a. a. O., S. 165 f. **65** A. Sigrist, d. i. A. Schwab, Das Buch vom Bauen. Berlin 1930, S. 65 **66** H. U. Gumbrecht 2001, a. a. O., S. 342

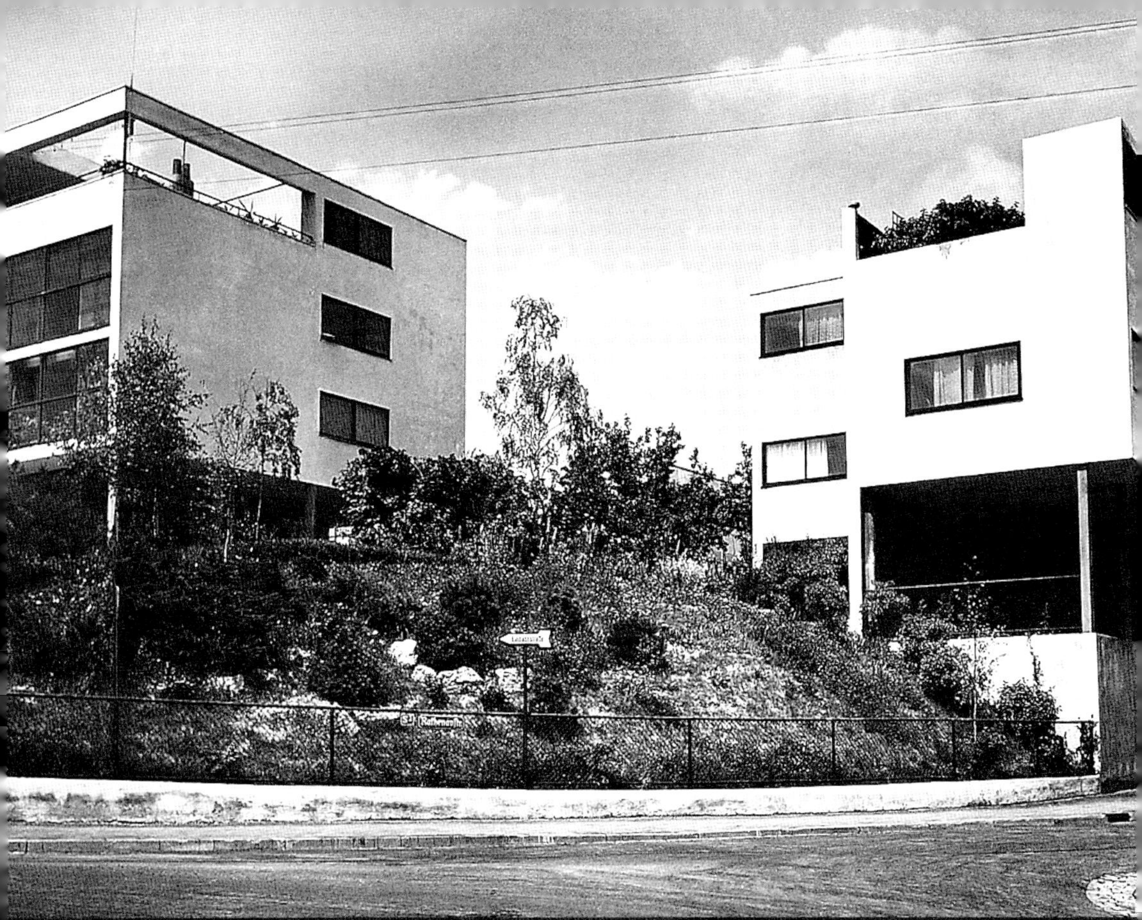

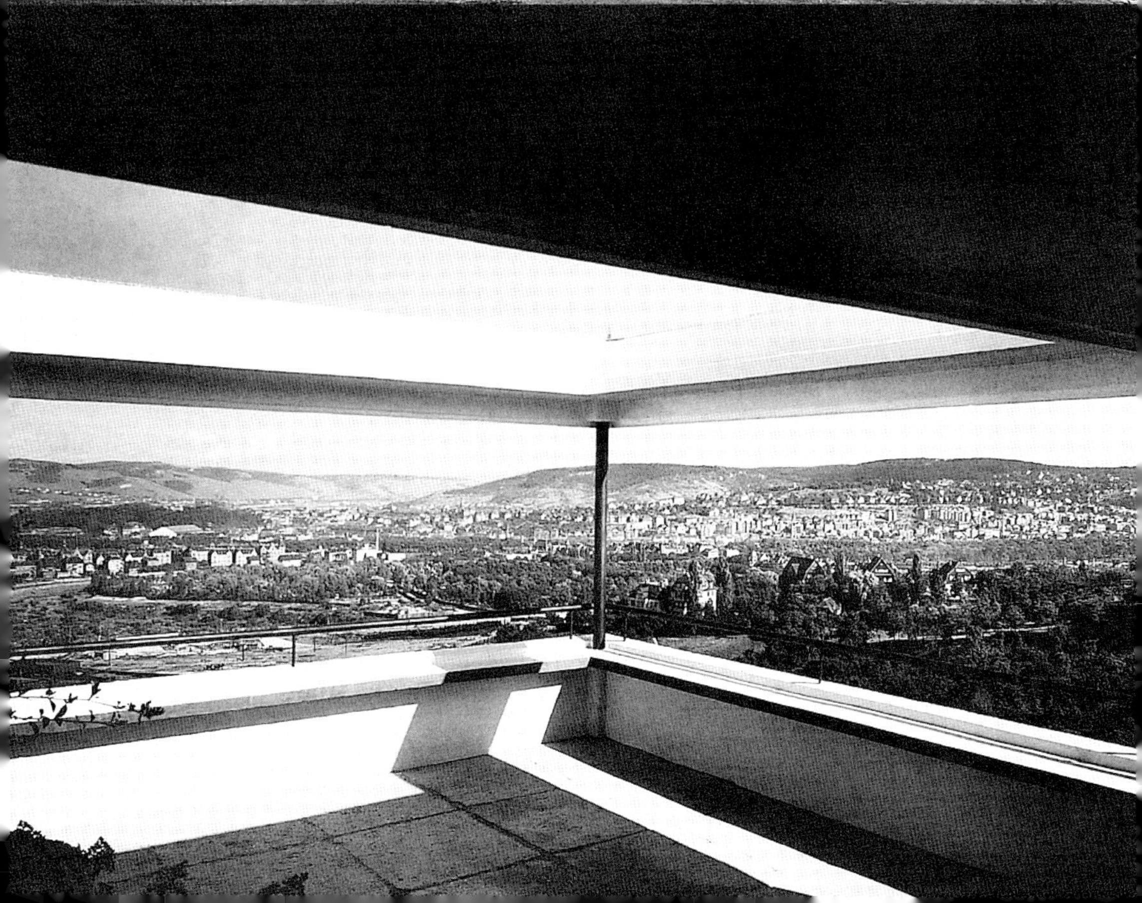

1929
VERWISSENSCHAFTLICHUNG UND FORMVERZICHT
DER CIAM-KONGRESS «DIE WOHNUNG FÜR DAS EXISTENZMINIMUM»
HANS-JOACHIM DAHMS

In den 1920er Jahren ging der Trend des Neuen Bauens in mehreren Schritten zur Internationalisierung. Man kann grob drei Phasen unterscheiden: eine programmatische, eine praktische und eine organisatorische. Während die programmatische Phase durch eine Reihe von entsprechenden Veröffentlichungen bestimmt war, brachte die Stuttgarter Weißenhofsiedlung 1927 eine erste praktische Leistungsschau der Errungenschaften internationaler moderner Architektur. Im Jahr danach kam es zum internationalen organisatorischen Zusammenschluss moderner Architekten in den CIAM (den Kongressen für modernes Bauen), einer Art Völkerbund der modernen Architektur. Diese organisatorische Stabilisierung des Neuen Bauens bildet den Ausgangspunkt für die folgenden Überlegungen. ▪ Schon auf dem Gründungskongress der CIAM zeichnete sich eine zunehmende Linkswendung unter den modernen Architekten ab. Sie schlug sich zunächst in der Abschlusserklärung der Tagung und dann vor allem in der Wahl des Themas für den ersten inhaltlichen Kongress 1929 in Frankfurt nieder. Sein Titel, «Die Wohnung für das Existenzminimum», machte deutlich, dass man sich nun der Interessen der schlechter gestellten Bevölkerungskreise annehmen wollte. ▪ Bei der Behandlung des Themas zeigten sich zwei zeittypische Tendenzen: die Verdrängung von Gestaltungsfragen im Zuge eines radikalen Funktionalismus sowie eine zunehmende Verwissenschaftlichung. «Verwissenschaftlichung», «Funktionalismus» und andere Stichworte – wie Typisierung, Industrialisierung und Mechanisierung des Bauens, Zeilenbebauung, Wohnhochhäuser – bildeten ein Konglomerat, das man die «Ideen von 1929» nennen kann. ▪ Doch die praktische Umsetzung dieser Ideen von 1929 stand unter einem unglücklichen Stern. Gleich am ersten Tag des Frankfurter Kongresses brach die New Yorker Börse zusammen, die Weltwirtschaftskrise begann. Das verlieh dem Kongressthema zwar zusätzliche Aktualität, verhinderte gleichzeitig aber auch weitgehend ein Praktischwerden. Daher sind die Ideen von 1929 heute weniger als gebaute Realisierungen präsent als vielmehr mit ihren Proklamationen. Gestaltungsfragen treten in dieser Phase der modernen Architektur ganz in den Hintergrund, so dass man von einem Verlust an Gestaltung, ja geradezu von einem bewussten Stilverzicht sprechen kann. ▪ Die Ideen von 1929 sollen im Folgenden in ihrer Entstehung und ihren konkreten Ausprägungen dargestellt und analysiert werden, und zwar vor allem anhand unveröffentlichter Quellen. Dies Verfahren stellt keinen Selbstzweck dar. Es soll die Grundlage bilden für eine Diskussion jener Kritiken, die gegen den Funktionalismus und die Verwissenschaftlichung schon bei ihrem Entstehen und dann wieder verstärkt etwa seit den siebziger Jahren erhoben wurden.

GRÜNDUNG UND LINKSWENDUNG DER CIAM
Bei der konstituierenden Sitzung der CIAM auf dem schweizerischen Schloss La Sarraz vom 26. bis 28. Juni 1928 waren 24 Architekten aus acht Ländern zugegen. Wie Sigfried Giedion, der frisch gebackene Generalsekretär der Vereinigung, an Walter Gropius schrieb, handelte es sich um einen «kleinen Stoßtrupp von Architekten, die ihre Arbeit gegenseitig mit gutem Gewissen gelten lassen können».[1] Eine Avantgardepartei zu sein, nicht eine ständische Interessenvertretung, das war das Selbstverständnis der CIAM in ihrer frühen Phase. Unter ihren Gründungsmitgliedern waren Vertreter verschiedener Strömungen des Neuen Bauens[2] und keineswegs nur Anhänger des Funktionalismus, die dann im weiteren Verlauf immer mehr das Geschehen bestimmten. Die deutschen modernen Architekten etwa wurden anfangs hauptsächlich durch Hugo Häring in seiner

Eigenschaft als Sekretär der progressiven deutschen Architektenvereinigung «Der Ring» repräsentiert, einen Anhänger organisch bestimmter Architektur. ▪ Es verwundert also nicht, dass sich auf der konstituierenden Versammlung der neuen Organisation sogleich Unterschiede und Gegensätze in den Auffassungen der verschiedenen Gründungsmitglieder zeigten. Zum einen kam es immer wieder zu Konfrontationen zwischen Häring und französischen Mitgliedern, besonders mit Le Corbusier, der treibenden Kraft im Vorfeld der Gründung. Zum anderen wurde dieser Konflikt überlagert durch einen Generationengegensatz: Die jüngeren Architekten, besonders diejenigen aus den Niederlanden, etwa Mart Stam, oder Schweizer wie Hans Schmidt und Paul Artaria, tendierten in ihrer Mehrheit weit nach links. Das kam darin zum Ausdruck, dass sie zunehmend das Problem der Wohnung, und zwar nicht nur der Wohnung im Allgemeinen, sondern der städtischen Industriearbeiterschaft, ins Zentrum ihrer Überlegungen rückten. So schrieb auch Giedion in seiner kurze Zeit darauf veröffentlichten, an ein breites Publikum gerichteten kleinen Schrift «Befreites Wohnen»: «Im Mittelpunkt der baulichen Entwicklung steht heute ohne Zweifel das Wohnen; bestimmter noch: die Wohnung für JEDERMANN, die Gestaltung der MASSENWOHNUNG. Weder dem Monumentalbau noch der Fabrik kommen heute gleiche Bedeutung zu.»[3] ▪ Es ist nun wichtig zu wissen, wie in diesem Spektrum das Bauhaus anzusiedeln ist. Der frisch gebackene Bauhausdirektor Hannes Meyer, der sich am Bauhaus schon in einer Diskussion nach der Weißenhofsiedlung für einen auf soziale Bedürfnisse abgestellten Baufunktionalismus stark gemacht und dafür die Parole «Volksbedarf statt Luxusbedarf» ausgegeben hatte,[4] war in La Sarraz dabei und beteiligte sich an der Diskussion über das Gründungsdokument, insbesondere über die Redaktion des die Stadtplanung betreffenden Teils. Meyer nahm auch an der Frankfurter Tagung teil.[5] Sein Kontakt zu den CIAM brach erst ab, als er 1930 in die Sowjetunion ging. ▪ Der Bauhaus-Gründer und ehemalige Direktor Walter Gropius war zwar auch zur Gründungsversammlung eingeladen worden und hatte dort sogar ein wichtiges Referat übernehmen sollen. Aber er sah sich wegen einer gerade vorausgegangenen Amerika-Reise und seinem bevorstehenden Umzug nach Berlin nicht in der Lage, nach La Sarraz zu kommen.[6] Er sorgte aber auf jeden Fall dafür, dass in letzter Minute noch Ernst May, wie Häring und Gropius Mitglied des «Rings», Stadtbaurat von Frankfurt und wie Meyer prononcierter Anhänger eines linken Baufunktionalismus, als weiterer deutscher Teilnehmer mobilisiert wurde. ▪ Unmittelbar nach dem Ende der Tagung sandte Sigfried Giedion einen Brief an Walter Gropius, den er bei der Bauhausausstellung 1923 in Weimar kennen gelernt hatte;[7] beide verband seitdem nicht nur ein reger Gedankenaustausch, sondern auch eine feste Interessengemeinschaft im Dienste des modernen Bauens und des Bauhauses. In diesem Brief beschreibt Giedion eine politische Wende während des Kongresses: «Der innere Hergang des Kongresses war so, dass Corbusier zuerst das Heft in der Hand hatte. Es ist wohl klar geworden, dass es nicht egoistische Gründe waren, die Corbusier von Anfang an veranlassten, sich mit der Angelegenheit zu beschäftigen, sondern einfach die Erkenntnis, dass jetzt eben der Zeitpunkt für alle gekommen war, den Modus für eine Vereinigung zu finden ... Im Verlaufe des Kongresses richteten wir es so ein, dass wir gerade den Jungen (Mart Stam und den Schweizern) die endgültige Redaktion und Neuordnung der Thesen übergaben. Zweifellos hat der ganze Kongress einen klaren Ruck nach links bekommen, was wir unbedingt wollten.»[8] ▪ Vorlagen für eine Abschlusserklärung hatte Le Corbusier vorgelegt. Sie wurden im Laufe der Diskussionen und der Schlussredaktion stark verändert. Der im Brief angedeutete «Linksruck» kommt vor allem im Abschnitt «architektur und öffentliche meinung» des verabschiedeten Abschlussdokuments zum Ausdruck.[9] Dort wird konstatiert, dass der Architekt «die wirklichen aufgaben des wohnens nur unvollkommen erfüllen» könne, weil er durch eine Reihe wirtschaftlicher und gesellschaftlicher Faktoren daran gehindert werde. Gemeint waren damit, wie aus anderen Passagen der Erklärung hervorgeht, ein uneingeschränktes Profitdenken der Bauherren, die Bodenspekulation, die handwerkliche Tradition der Bauberufe, der von Staats wegen geförderte Akademismus der Architektenausbildung, eine ungenügende Erziehung der Bevölkerung an den Schulen über «elementare grundsätze des wohnens» et cetera. Eine Folge all dieser Fehlentwicklungen sei «ein zu hoher standard des wohnens, eine tradition der zu teuren wohnung», die die «gesunden wohnmöglichkeiten des großen teils der Bevölkerung notwendigerweise einschränkt». ▪ Im «allgemeine wirtschaftlichkeit» überschriebenen Abschnitt des Dokuments war schon im Sinne einer allgemeinen Rationalisierung und Standardisierung des Bauens vom «verbraucher, dem besteller und bewohner des hauses eine klärung seiner ansprüche im sinne einer weitgehenden vereinfachung und verallgemeinerung der wohnsitten» gefordert worden, die einer «möglichst allgemeinen und breiten erfüllung der heute zurückgesetzten ansprüche der großen masse» zugute kommen sollte. Damit ist das Generalthema schon angesprochen, das die Diskussionen der folgenden beiden CIAM-Kongresse bestimmte. ▪ Wie insbesondere der zweite CIAM-Kongress in Frankfurt zeigt, kann keine Rede davon sein, dass «in der weiteren Entwicklung der CIAM der Einfluss der Architekten mit radikal-demokratischer und sozialistischer Orientierung» zurückgegangen sei.[10] Vielmehr hat sich ihr Einfluss beim zweiten Kongress sogar noch verstärkt. Denn sie konnten sowohl ihren Themenschwerpunkt als auch die Art der Bearbeitung des Themas und zum Teil auch die Inhalte und Resultate der Verhandlungen durchdrücken. Dazu hat sicher auch beigetragen, dass sich in dieser Phase um 1930 Gropius als einer der Wortführer der CIAM und Giedion als ihr Organisator und Propagandist sehr weitgehend auf die Ideen der linken Architekten einließen, wie wir anhand der Archivmaterialien sehen werden. Dies ist ein Umstand, den sie in ihren späteren Veröffentlichungen selbst gelegentlich nicht mehr recht wahrhaben wollten und der vielleicht auch deshalb von ihren Biographen[11] nicht hinreichend thematisiert wird.

DIE CIAM UND IHR ZWEITER KONGRESS 1929 IN FRANKFURT AM MAIN

Nach der Gründungsversammlung in La Sarraz fand in Frankfurt am Main vom 24. bis zum 26. Oktober 1929 also der zweite CIAM-Kongress statt, der erste, der sich mit einem Spezialthema genauer auseinander setzte. Er widmete sich der «Wohnung für das Existenzminimum», einem Thema, das ganz den drängenden Notwendigkeiten der Zeit entsprach. Denn in vielen Ländern war der Erste Weltkrieg in eine allgemeine Wohnungsnot eingemündet. ▪ In Deutschland war sie in den Jahren der Weimarer Republik besonders drückend. Das erklärt sich daraus, dass einerseits aus dem Krieg heimkehrende Soldaten verstärkt heirateten und Haushalte gründeten, also die Nachfrage nach Wohnungen in die Höhe trieben, während andererseits das Angebot wegen der Kriegswirtschaft und der nach dem Krieg grassierenden Wirtschaftskrise und Hyperinflation stagnierte. Neben Österreich und der Sowjetunion war Deutschland am stärksten von der Wohnungsnot betroffen.[12] ▪ Nach einem starken Aufschwung des Wohnungsbaus mit dem Ende der Inflation in Deutschland zeigten sich gegen Ende der zwanziger Jahre schon wieder Tendenzen zur Stagnation. Die Reichsregierung hatte sich dazu entschlossen, Abhilfe zu schaffen. Insbesondere hatte der Reichsarbeitsminister per Erlass verfügt, dass die 1927 gegründete «Reichsforschungsanstalt für Wirtschaftlichkeit im Bau- und Wohnungswesen» sich besonders der wissenschaftlichen Bearbeitung von Kleinwohnungsgrundrissen widmen sollte.[13] Das Thema entsprach aber auch der politischen Ausrichtung einer großen und wachsenden Fraktion der modernen Architekten, insbesondere unter ihrer jüngeren Generation, die darin ein erstmaliges Eingehen der Avantgarde auf die Wohnbedürfnisse des Proletariats sahen. Karel Teige, einer der engagiertesten unter ihnen, hat dies schwungvoll so ausgedrückt: «... the slogan of the ‹minimum dwelling› is indeed a crie de guerre (französisch im Original) against bourgeois culture and against bourgeois architectural ideology, a clarion call for a socialist, proletarian architecture and a socialist solution to the housing question.»[14] ▪ Als Tagungsort war Frankfurt deshalb ausgewählt worden, weil sich dort unter dem Stadtbaurat und CIAM-Mitglied Ernst May eine ausgedehnte Kultur linken sozialen Wohnungsbaus herausgebildet hatte.[15] Dazu gehörten nicht nur die zahlreichen Siedlungsvorhaben, die unter May realisiert wurden, sondern auch Errungenschaften wie die «Frankfurter Küche», das «Frankfurter Register», die Herausgabe der Zeitschrift «Das Neue Frankfurt» und eine Vielzahl von anderen, begleitenden Aktivitäten.[16] Frankfurt war zur damaligen Zeit neben Berlin und Wien sicher eine Hauptstadt des modernen sozialen Wohnungsbaus.[17] ▪ Das Thema «Wohnung für das Existenzminimum» war am 2. Februar 1929 bei einer Tagung des geschäftsführenden CIAM-Ausschusses kaum beschlossen worden, als den maßgeblichen Organisatoren des bevorstehenden Frankfurter Kongresses Bedenken gegen eine zu unspezifische Fassung und Behandlung des Gegenstandes kamen. Denn eine ganze Reihe von Organisationen und Verbänden hatte sich seiner ebenfalls angenommen. Im Vorjahr hatte auf internationaler Ebene der elfte internationale Kongress des «Verbandes für Wohnungswesen und Städtebau» in Paris «Die Wohnung der Ärmsten» zum Thema gehabt und diesem auch auf dem folgenden Kongress in Rom weiten Raum gegeben.[18] Und in Deutschland stand das Thema bei der Reichsforschungsgesellschaft und beim Internationalen Verband für Wohnungswesen, dessen Verwaltungssitz ebenfalls Frankfurt war, auf der Tagesordnung. Um das spezielle Relief herauszuarbeiten, das sich demgegenüber die CIAM geben wollten, kam es also darauf an, ihre spezifische Behandlungsweise des Themas zu präzisieren. Dazu äußerte sich Gropius gegenüber Giedion im Brief vom 10. Mai 1929: «aus der bisherigen zielsetzung des kongresses geht noch nicht hervor, was diesen gegenüber den andern (den Kongressen der anderen an der Kleinwohnungsfrage interessierten Verbände, der Verf.) herausheben soll. meiner meinung nach kann es nur die behandlung dieser gleichen fragen **vom standpunkt der modernen architekten aus** sein ... ich habe mich auf den standpunkt gestellt, dass es meines erachtens die aufgabe des modernen architekten sei, organisatorisch alles das zusammenzufassen, was von soziologischer, wissenschaftlicher, technischer, organisatorischer und architektonischer seite aus für den modernen hausbau erforderlich erscheint, also die **gesamtregie**. wir müssen uns aber darüber klar sein, dass die tendenz unseres kongressgremiums, wie es jetzt zusammengestellt ist, im letzten eine kunstpolitische ist und als solche aber auch deutlich bezeichnet werden müsste...»[19] ▪ Gropius bekannte sich im Brief an Giedion durchaus auch zu dieser «kunstpolitischen» Sicht,

CONGRES INTERNATIONAL D'ARCHITECTURE MODERNE
FRANCFORT s/M, 1929.

Questionnaire I

Points de vue hygiéniques et économiques de l'habitation minimum.

Le but de ce questionnaire est de donner, au rapporteur de la première journée du Congrès, une idée d'ensemble sur les conditions actuelles d'établissement de l'habitation minimum dans les différents pays. Etant donné que l'une des tâches au Congrès sera de fixer les principes qui doivent servir de base à la réalisation de ce type d'habitation, il serait désirable que ces réponses au présent questionnaire soient accompagnées, de la part des intéressés, de rapports ou de propositions spéciales qui peuvent être illustrés par la présentation de projets ou de constructions existantes. Il y aurait également intérêt à recevoir, de la part de spécialistes, des rapports traitant de problèmes spéciaux, tels ceux de nature physique ou économique que les architectes ne peuvent traiter par des voies empiriques.

Pays: *Schweiz*

Région (Canton, ville): *Basel*

Bibliographie:

Annexe:

Nom et adresse de l'expéditeur:

Prière d'envoyer les questionnaires, rapports spéciaux etc. au secrétariat central à Zurich 7, Doldertal 7, jusqu'au 15 août de cette année.

- 17 -

zusammenfassung.

1.) entwicklungsgeschichtliche tatsachen.

die vergesellschaftung der arbeit hat die sozialisierung eines grossen teils der ehemaligen funktionen der familie zur folge gehabt.

die vergesellschaftung der arbeit befördert:

die verselbständigung des individuums - auch der frau.-

die durch zunahme der verkehrsmittel begünstigte freizügigkeit.

die frühzeitige abwanderung der kinder aus der familie.

die familie verliert so die bedeutung als wirtschaftseinheit für güterzeugung und güterverbrauch und teilt sich in vermehrte und kleinere einheiten, die zur abnahme der durchschnittlichen haushaltsgrösse bis zur abtrennung selbständiger wohnungen alleinstehender erwerbstätiger führen.

die verkleinerte familie ist nicht als rückläufige verfallserscheinung zu werten, sondern als zwischenetappe auf dem zwangsläufigen weg zur differenzierten gesellschaft.

wohnungstechnisch verlangt diese erscheinung eine zunehmende vermehrung und verkleinerung der selbständigen wohneinheiten.

2.) es ist deshalb falsch, die kleinwohnung als eine behelfsform zu betrachten. die grosse nachfrage nach kleinstwohnungen und einzelner wohnungen für ledige, geschiedene oder alleinstehender mütter mit kindern entspricht einem echten bedürfnis. die statistiken der zivilisierten länder geben die durchschnittsgrösse

BEFREITES WOHNEN

**86 BILDER
EINGELEITET
VON
SIGFRIED
GIEDION**

LICHT
LICHT LUFT
LICHT OEFFNUNG
LUFT
LUFT
LUFT
OEFFNUNG
OEFFNUNG
OEFFNUNG

SB

ORELL FÜSSLI VERLAG ZÜRICH UND LEIPZIG

wenngleich er sich gegenüber anderen, weiter links stehenden Korrespondenzpartnern anders äußerte: «was die gesamtauffassung des internationalen kongresses anbelangt, so neige ich mit entschiedenheit zu ihrer auffassung, ich habe auch geringes interesse an kunstpolitischer propaganda.»[20] ▬ Man kann die Schicksalsfrage nicht nur des Frankfurter Kongresses, sondern der gesamten CIAM und der durch sie repräsentierten Strömungen der modernen Architektur in dieser Zeit zwischen dem Ende der zwanziger und Anfang der dreißiger Jahre als Alternative zwischen dem Anspruch auf wissenschaftlich gestützte «Gesamtregie» einerseits und «kunstpolitische Propaganda» andererseits, und eventuellen Kompromissen zwischen beiden, formulieren. ▬ Der Frankfurter Kongress stellte einen Meilenstein in der Entwicklung des Neuen Bauens dar, weil er einen Höhepunkt bildete in der angedeuteten Entwicklung hin zum sozialen Engagement der modernen Architektur. Sigfried Giedion hat 1934 in einer Phasengliederung des modernen Bauens geradezu von einer dritten Phase des Neuen Bauens gesprochen, die im Wesentlichen die «Reinigung» der zuvor angesammelten neuen Möglichkeiten gebracht habe. Damit waren die in der ersten Phase entwickelten und erprobten neuen Baumaterialien und -verfahren gemeint, während die zweite Phase dem Aufbau einer neuen Formensprache gewidmet gewesen sei. Die dritte Phase nun habe «im Wohnproblem stark die soziale Seite» betont und gleichzeitig «das ästhetische Problem, das unter falschen Voraussetzungen sehr oft die saubere Lösung einer Aufgabe verunmöglichte, ... bewusst kaltgestellt».[21] ▬ «Funktionalismus» und «Verwissenschaftlichung» lauten die Stichworte, welche die Haupttendenzen bei der Vorbereitung des Kongresses, den dort gehaltenen Referaten, besonders dem Hauptvortrag von Gropius, sowie bei der begleitenden Ausstellung am besten zum Ausdruck bringen. Belege für diese Schlagwörter tauchen in den Dokumenten und Begleitmaterialien des Kongresses zwar kaum noch auf. Das bedeutet allerdings nicht, dass sie in Vergessenheit oder in Misskredit geraten waren. Vielmehr waren sie jenen CIAM-Mitgliedern, die den Kongress dominierten, so sehr zur Selbstverständlichkeit geworden, dass sie kaum noch ausgesprochen werden mussten. ▬ Es ist hier aber erforderlich, kurz ins Gedächtnis zu rufen, was unter diesen Schlagworten schon vorher verstanden worden war, um einschätzen zu können, wie dieses Vorverständnis auf die Argumente der Kongressbeteiligten einwirkte und auf welche Weise die CIAM-Kongresse die Begriffe, insbesondere den der «Verwissenschaftlichung des Bauens», weiterentwickelten. ▬ Hinsichtlich des Funktionalismus war in Frankfurt die Zeit der großen Proklamationen schon vorbei. Es sei nur an das Credo erinnert, das Hannes Meyer schon vor seiner Bauhaus-Zeit im Manifest «Die neue Welt» 1926 abgab: «Jedes Zeitalter verlangt seine eigene Form. Unsre Aufgabe ist es, unsre neue Welt mit unsren heutigen Mitteln neu zu gestalten ... unbelastet von klassischen Allüren, künstlerischer Begriffsverwirrung oder kunstgewerblichem Einschlag erstehen ... die Zeugen einer neuen Zeit: Muster-Messe, Getreide-Silo, Music-Hall, Flug-Platz, Bureau-Stuhl, Standard-Ware. Alle diese Dinge sind ein Produkt der Formel: Funktion mal Oekonomie. Sie sind keine Kunstwerke. Kunst ist Komposition, Zweck ist Funktion.»[22] ▬ Für den Funktionalismus ist es also charakteristisch, gleichartige Prinzipien auf alle Arten von Artefakten anzuwenden, sozusagen von der Kaffeetasse über Einrichtungsgegenstände, die Wohnung, die verschiedenen Typen von Häusern bis hin zur – im obigen Zitat allerdings nicht eigens erwähnten – Stadt- und Landesplanung. Auf den Wohnbau angewendet hatte Meyer folgende funktionalistischen Parolen ausgegeben: «Idealerweise wird **unser**

Wohnhaus eine Wohnmaschinerie. Wärmehaltung, Besonnung, natürliche und künstliche Beleuchtung, Hygiene, Wetterschutz, Autowartung, Kochbetrieb, Radiodienst, größtmögliche Entlastung der Hausfrau, Geschlechts- und Familienleben etc. sind die wegleitenden Kraftlinien. Das Haus ist deren Komponente. (Gemütlichkeit und Repräsentation sind keine Leitmotive des Wohnhausbaues: die erste ist im Menschenherzen und nicht im Perserteppich, die zweite in der persönlichen Haltung der Hausbewohner und nicht an der Zimmerwand!)»[23] ▪ Proklamationen wie diese hatten nicht nur scharfe Kritik von außen hervorgerufen, sondern auch im Lager der Funktionalisten selbst zu Differenzierungen geführt. So war Gropius sich durchaus bewusst, dass beim Bauen nicht nur utilitäre Funktionen berücksichtigt werden dürften. Ein «reibungsloses Funktionieren des täglichen Lebens» dürfe kein Endziel sein, sondern könne nur die Voraussetzung bilden, «um zu einem Maximum persönlicher Freiheit und Unabhängigkeit zu gelangen».[24] ▪ Nun teilte Gropius Giedion im Vorfeld der Tagung mit: «schwierig bleibt nur die formulierung jener innerlichen lebensbedürfnisse, die sich nicht mit mathematischer präzision fassen lassen, also z. b. die frage der raumproportionen, die nicht lediglich das ergebnis praktischer zwecke ist. an dieser klippe wird immer vorbeigeredet.»[25] Beim Frankfurter Kongress wurde diese Klippe dann bezeichnenderweise in der Weise umschifft, dass man sich von vornherein gar nicht erst in die Nähe psychologischer und ästhetischer Fragestellungen begab. ▪ Eine weiter gehende Verwissenschaftlichung des Bauens hatten schon mehrere Exponenten des Neuen Bauens gefordert. Entscheidend in diesem Zusammenhang ist aber, was im Einzelnen darunter verstanden wurde und welche Instrumente gebraucht wurden, um diese Verwissenschaftlichung voranzutreiben. ▪ Giedion hat in «Befreites Wohnen» darauf hingewiesen, dass die Forderung, Erkenntnisse von Wissenschaften zu berücksichtigen, die nicht zum unmittelbaren Umkreis der traditionellen Architektur gehörten, etwa der Biologie und Hygiene, schon kurz nach der Jahrhundertwende erhoben wurde. Insbesondere das Postulat der Ausrichtung der Wohnungen nach der Sonne stammt aus dieser Zeit. Seitdem war eine ganze Reihe von anderen Wissenschaften hinzugekommen, die Hannes Meyer gelegentlich schon daran zweifeln ließ, ob der Architekt sie überhaupt noch fachkundig beurteilen könne.[26] ▪ Im Zusammenhang mit dem Minimalwohnungsgedanken kam der Verwissenschaftlichung nun eine ganz besondere Rolle zu. Denn keineswegs sollten etwa bestehende Wohnungsgrundrisse einfach so lange verkleinert werden, bis die Mieten auch für Minderbemittelte bezahlbar würden, sondern umgekehrt sollte zuerst ermittelt werden, welcher Minimalstandard an Wohnung dem Menschen angemessen sei. Diese «Ration Wohnung» sollte dem Nutzer dann von der Wirtschaft und dem Staat zu einem erschwinglichen Preis – und das bedeutete damals in der Regel: für einen Wochenlohn, also etwa 25 Prozent des Monatseinkommens – zur Verfügung gestellt werden. Gropius hat in diesem Sinne die Frage formuliert, welches «elementare Minimum an Raum, Luft, Licht, Wärme» der Mensch brauche, «um bei der Vollentwicklung seiner Lebensfunktionen durch die Behausung keine Hemmungen zu erfahren», damit also ein «minimum vivendi» an die Stelle eines «modus non moriendi» treten könne.[27] ▪ Es ist sicher kein Zufall, dass Hannes Meyer, einer der führenden Propagandisten für eine Verwissenschaftlichung des Bauens, sich während seiner Direktorenzeit in Dessau bemühte, seinen Studenten auch ein allgemeines Verständnis für das Wesen und die Wirkungsweise von Wissenschaft zu vermitteln, indem er Mitglieder des Wiener Kreises der «Wissenschaftlichen Weltauffassung» zu Gastkursen

Wir wollen befreit sein:
   Von Häusern, die zu viel Bewirtschaftung erfordern.

a) Wir brauchen dafür Grundrisse.
die Frau entlasten. Die Frau mit vordrein Curen
Sie hat mehr an tun als Kinder
wir brauchen Anschluss an kollektive Wohnmöglichkeiten die Kinder abzustellen. Wer
wollen kann und uns unterhalten kann
ohne dafür ...

die Technik kann das. Wo das Publikum
nachzudenken beginnt: Fort mit den
Wohnklichés.

b) Möbel die dienen anstatt zu versklaven.

3) Wir wollen befreit sein vom „soliden Haus"
Haus mit dem Ewigkeits-
Das solide Haus, die starre Kapitals-anlage
ist der Totfeind. Beweglichkeit.
kein Schloss, keine monumente
Burg, leichte + offene, viel
Sitz für keine Leute Häuser.

4) Wir wollen befreit sein von Behörden
die mit Umschlagen die ihre Macht mit
ausnutzen um täglich ihre Bequemlichkeit

Wie können wir diese Befreiungen erreichen?
zu erweisen

5) Wir wollen befreit sein von
Baugesetzen, die aus der Zeit des
schlimmsten Verfalls datieren

BEDÜRFNISSE:

WIR WOLLEN BEFREIT SEIN:

vom Haus mit dem Ewigkeitswert und seiner Folge
vom Haus mit den teuren Mieten
vom Haus mit den dicken Mauern und seiner Folge
vom Haus als Monument
vom Haus, das uns durch seinen Unterhalt versklavt
vom Haus, das die Arbeitskraft der Frau verschlingt.

WIR BRAUCHEN DAFÜR:

das billige Haus
das geöffnete Haus
das Haus, das uns das Leben erleichtert.

SCHÖNHEIT?

SCHÖN ist ein Haus, das unserem Lebensgefühl entspricht.
    Dieses verlangt: LICHT, LUFT, BEWEGUNG, ÖFFNUNG.
SCHÖN ist ein Haus, das leicht aufruht und allen Bedingungen
    des Terrains sich anpassen kann.
SCHÖN ist ein Haus, das gestattet, in Berührung mit Himmel
    und Baumkronen zu leben.
SCHÖN ist ein Haus, das an Stelle von Schatten (Fenster-
    pfeiler) Licht hat (Fensterwände).
SCHÖN ist ein Haus, dessen Räume kein Gefühl von EIN-
    GESPERRTSEIN aufkommen lassen.
SCHÖN ist ein Haus, dessen Reiz aus dem Zusammenwirken
    wohlerfüllter Funktionen besteht.

einlud.[28] ▬ Auf dem Frankfurter CIAM-Kongress nun verstand man unter «Verwissenschaftlichung» implizit hauptsächlich die Berücksichtigung einiger formaler Kennzeichen der Wissenschaft, wie sie etwa aus den Methodendiskussionen der Naturwissenschaften geläufig sind. Es ging um Allgemeinheit und Einheitlichkeit, Intersubjektivität (Unabhängigkeit der Ergebnisse von der Person des Forschers, insbesondere seiner Nationalität, «Rasse» et cetera), Nachprüfbarkeit und, soweit möglich, Messbarkeit. In diesem Sinne schrieb Gropius etwa an die jungen Schweizer Architekten Artaria und Schmidt im Vorfeld des Kongresses: «die methoden des beweises müssen … zahlenmässig sein, so dass sie nicht lediglich als behauptungen dastehen, sondern nachprüfbar sind.»[29] ▬ Verwissenschaftlichung in diesem formalen Sinne durchzog als eine Tendenz den gesamten Ablauf des Kongresses, von der Vorbereitung über die Referate und Diskussionen, eine begleitende Ausstellung bis hin zu den anschließenden Veröffentlichungen. Auch nach dem Kongress sprach Giedion im Rückblick von noch immer fehlenden «notwendigen wissenschaftlichen Grundlagen», die es ermöglicht hätten, sofort handfeste Ergebnisse zu erzielen und vor allem: zu Resolutionen voranzuschreiten. «Um anstelle eines gefühlsmäßigen Tastens wirklich wissenschaftliche Sicherheit treten zu lassen», sei deshalb eine weitere Zusammenarbeit, vor allem mit Hygienikern und Soziologen, nötig.[30]

FRAGEBÖGEN ZUR ERHEBUNG VON WOHNBEDÜRFNISSEN

Damit das Programm der Minimalwohnung nicht einfach darauf hinauslief, Grundrisse für bisherige Normalwohnungen sozusagen maßstäblich zu verkleinern und damit deren Mängel weiterzutransportieren und wegen der nötigen Miniaturisierung sogar womöglich noch zu verschärfen, mussten zunächst die Bedürfnisse der zukünftigen Mieter erhoben werden. Aber offenbar unterschied man, ohne das freilich auch einmal deutlich auszusprechen, scharf zwischen ihren subjektiven und objektiven Interessen, also zwischen den Wünschen der Mieter und dem ihnen objektiv zukommenden Bedarf. Nur ganz gelegentlich findet man positiv gemeinte Ausdrücke wie «echtes Bedürfnis» oder negative wie «primitive Lebensansprüche», die einer «neuen Lebensform» nicht mehr entsprechen könnten. ▬ Das vorrangige Interesse an den objektiven Bedürfnissen zeigt sich schon in der Art der Erhebung. Sie ist charakteristisch für das Selbstverständnis der damaligen modernen Architekten. Zur Vorbereitung ihrer Vorträge sollten die Referenten der Frankfurter Tagung nämlich Fragebögen ausarbeiten, und dabei sollte es sich nicht um Erhebungen von Mieterwünschen handeln, sondern um schriftliche Experteninterviews. Wie Giedion den vorgesehenen Referenten einschärfte, sollten «wirklich brauchbare Fragebögen in kürzester Zeit aufgestellt werden, und zwar unter einem möglichst einheitlichen Gesichtswinkel. Das Gelingen des Kongresses scheint mir nicht am wenigsten davon abzuhängen, wie die Fragen gestellt werden und von welchem Gesichtspunkt sie ausgehen.»[31] Giedion maß den Fragebögen als Mittel einer durchgehenden Verwissenschaftlichung einen hohen Stellenwert bei; mit ihnen würden die Kongresse für Neues Bauen geradezu stehen und fallen: «Diese Fragebögen scheinen mir so wichtig, weil der Referent es in der Macht hat, entlegene Länder zu produktiven Antworten zu bringen. Denn darüber sind wir uns wohl alle klar, wenn wir nicht zusammenfassende und normative internationale Resultate erhalten, so wäre es besser, keine Kongresse zu machen …»[32] Die Fragebögen sollten nicht nur den Delegierten der einzelnen an den CIAM beteiligten Länder, sondern vor allem auch weiteren Experten vorgelegt werden.

Damit wollte man sich also nicht nur einen internationalen Überblick nach vergleichbaren Kriterien verschaffen, sondern auch das einschlägige Wissen der Zeit maximal ausschöpfen. ▬ Es gab zwei Fragebögen zur Vorbereitung der Frankfurter Versammlung, je einen für jeden der beiden Tage. Sie sollten von den Rednern der beiden Tage zur Vorbereitung ihrer Referate erarbeitet werden, so dass ihre Reden zunächst hauptsächlich aus der Zusammenfassung der Befragungsergebnisse und, in einem zweiten Schritt, der Umsetzung in entsprechende Leitsätze des Bauens bestehen würden. Der Architekt wurde in dieser Perspektive zum Integrator und Anwender von Wissenschaft. ▬ Den ersten Fragebogen hätte also eigentlich Gropius als Hauptredner des ersten Tages ausarbeiten sollen. Aber der war – vor allem als Gewinner des Wettbewerbs um die Siedlung Karlsruhe-Dammerstock – so mit Arbeit eingedeckt, dass er dazu nicht kam. Deswegen sprangen zwei junge Schweizer Architekten ein, die schon in La Sarraz mit für den von Giedion so genannten «Linksruck» gesorgt hatten, nämlich Hans Schmidt und Paul Artaria. Gropius konnte sich darauf beschränken, einige Erweiterungen des Fragebogens vorzuschlagen, die sich hauptsächlich auf die Berücksichtigung des Hochhauses im Rahmen der Kleinwohnungsthematik beziehen.[33] ▬ Was wird nun in dem Fragebogen behandelt, der Gropius' Rede zugrunde liegen sollte?[34] Zunächst einmal ging es darum, zu ermitteln, für welche soziale Einheit in der Zukunft geplant werden sollte, für die Familie, größere soziale Gruppen (so genannte «Großhaushalte») oder etwa für kleinere Aggregate (kinderlose Paare, Restfamilien, Singles et cetera). Sodann sollte die mutmaßliche Größe dieser grundlegenden Gruppe bestimmt werden. Schließlich galt es, der hypothetischen Grundeinheit, sei es nun die Familie oder eine andere, gewisse Minimalforderungen zuzumessen. Dazu gehörten: die minimale Wohnungsgröße, ihre Aufteilung, Ausstattungsmerkmale et cetera. Die so bestimmte Minimalwohnung sollte eine – von wirtschaftlichen Zwängen unabhängige! – «Ration Wohnung» für jedermann sicherstellen. ▬ Es ist erstaunlich, dass sich Gropius von diesem Fragebogen 80 bis 100 Exemplare schicken ließ, die er in jeweils zwei Exemplaren an die verschiedensten Experten versenden wollte.[35] Leider ist jene Liste, die er schließlich zum Abschluss der Rundfrage an Giedion schickte, nicht mehr erhalten. Aus ihr waren nicht nur die Adressaten zu ersehen, sondern es war auch vermerkt, wer mitgearbeitet hatte, wer negativ geantwortet hatte und womöglich, warum, und wer überhaupt nicht reagiert hatte.[36] Man hätte also das gesamte Spektrum der verschiedenen angesprochenen Wissenschaftler und der von ihnen repräsentierten wissenschaftlichen Disziplinen einmal kompakt beieinander. Die Antwortenden wurden im Übrigen – wie sonst nur CIAM-Mitglieder – auch zum Frankfurter Kongress eingeladen. Leider sind auch fast alle Antworten auf die Fragebögen nicht mehr erhalten,[37] so dass hier eine empfindliche Forschungslücke bestehen bleibt. Es wäre ja von Interesse zu wissen, wer welche Informationen beigesteuert hat und ob und wie diese in Gropius' Referat eingegangen sind. Nach den Angaben von Karel Teige, der im Anschluss an den Frankfurter und den Brüsseler Kongress der CIAM versucht hat, die Fragebögen wissenschaftlich auszuwerten, sind die Antworten «extremely uneven» ausgefallen, und es schien ihm, als wären die Informationen zum Teil ziemlich zufällig zusammengewürfelt worden.[38] Darin kann man wohl nicht nur eine unterschiedliche Bereitschaft zur Mitarbeit bei den CIAM-Delegierten und den Experten erkennen, sondern auch die Folge des Umstands, dass den umfangreichen und schwierigen Fragebögen keine erläuternden Leitfäden beigegeben worden waren. Teiges Auswertung ist

▬ Grundrisse von Minimalwohnungen aus Dessau und Frankfurt am Main bei der Ausstellung, die den 2. CIAM-Kongress begleitete ▬ «Das Neue Frankfurt» berichtet in Heft 11/1929 vom CIAM-Kongress, Titelseite

DESSAU   FRANKFURT A.M.

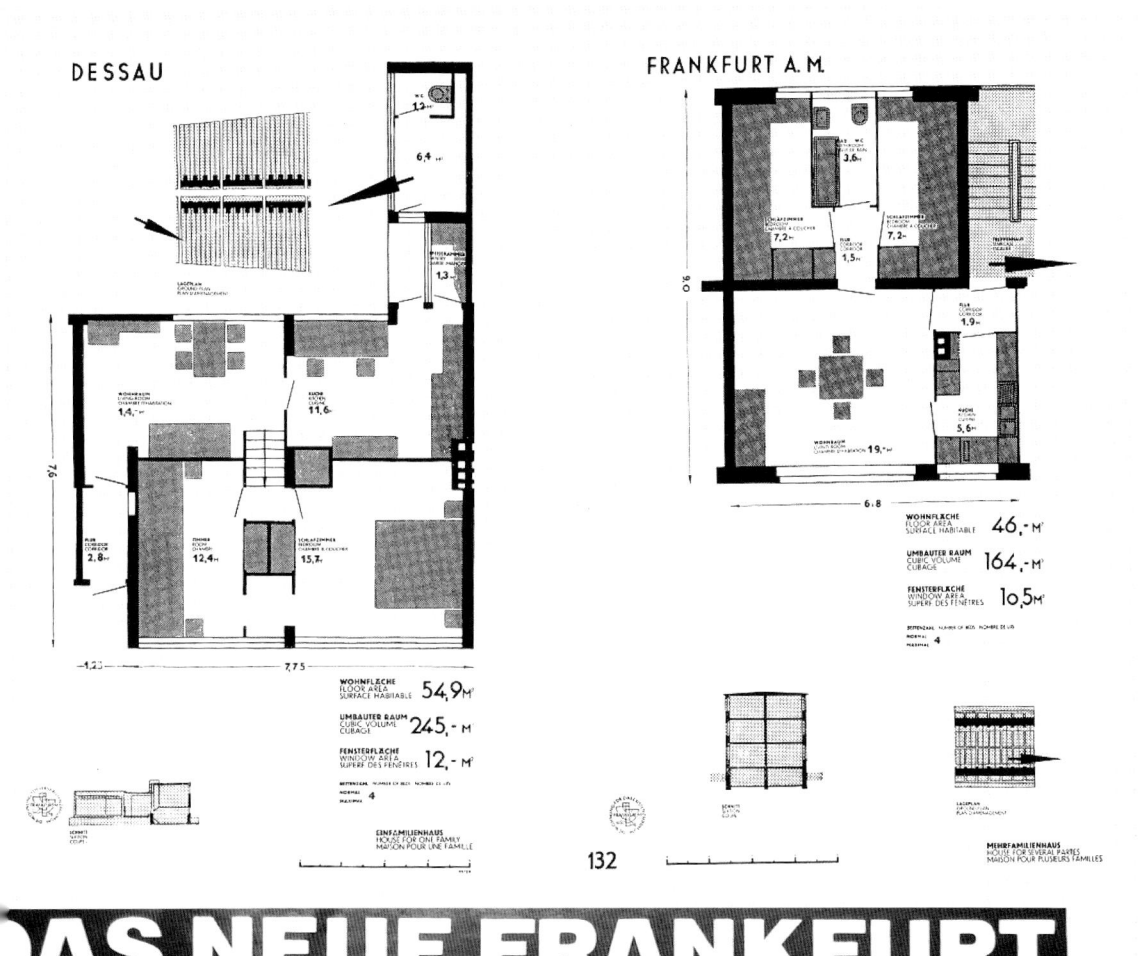

WOHNFLÄCHE / FLOOR AREA / SURFACE HABITABLE 54,9 M²
UMBAUTER RAUM / CUBIC VOLUME / CUBAGE 245,- M³
FENSTERFLÄCHE / WINDOW AREA / SUPERF. DES FENÊTRES 12,- M²
BETTENZAHL / NUMBER OF BEDS / NOMBRE DE LITS
NORMAL 4

EINFAMILIENHAUS
HOUSE FOR ONE FAMILY
MAISON POUR UNE FAMILLE

WOHNFLÄCHE / FLOOR AREA / SURFACE HABITABLE 46,- M²
UMBAUTER RAUM / CUBIC VOLUME / CUBAGE 164,- M³
FENSTERFLÄCHE / WINDOW AREA / SUPERF. DES FENÊTRES 10,5 M²
BETTENZAHL / NUMBER OF BEDS / NOMBRE DE LITS
NORMAL 4

MEHRFAMILIENHAUS
HOUSE FOR SEVERAL FAMILIES
MAISON POUR PLUSIEURS FAMILLES

132

DAS NEUE FRANKFURT
MONATSSCHRIFT FÜR DIE PROBLEME MODERNER GESTALTUNG / 3. JAHRG. 1929

III. JAHRGANG · NOVEMBER 1929

BILLIGE WOHNUNGEN

– nach einer zeitgenössischen Publikation in Tschechisch – im letzten Jahr erst durch eine englische Übersetzung auch einer breiteren Öffentlichkeit zugänglich gemacht worden, mehr als siebzig Jahre nach der Erhebung.[39]

DAS HAUPTREFERAT

Ursprünglich hatte Gropius das begrenztere Thema «Die technischen Methoden, die zur Lösung der Kleinwohnungsfrage führen können» für den zweiten Tag des Kongresses übernehmen sollen. Solche Aspekte kamen im zweiten Teil seines dann gehaltenen Vortrags zum Teil auch vor, wo es zum Beispiel um die Alternative «Flachbau oder Hochbau» geht. Der ganze erste Teil aber wurde dominiert von Überlegungen, deren Thema dem Vortrag auch den Titel gegeben hat: «Die soziologischen Grundlagen der Minimalwohnung für die städtische Industriebevölkerung».[40] Gropius' Referat wurde, der gewachsenen Bedeutung seines Themas gemäß, dem ganzen Kongress am ersten Tag sozusagen als Eingangsfanfare vorangestellt. Seine Rede ging also weit über die ursprüngliche Beschränkung hinaus und lieferte, wenn überhaupt, nicht nur eine von Giedion erwartete «allgemeine Zusammenfassung» der Umfrageergebnisse und deren Umsetzung in eine Programmatik des Neuen Bauens, sondern stellte dessen Entwicklung hin zur Beschäftigung mit der Minimalwohnung geradezu in eine welthistorische, durch Entwicklungsgesetze der Menschheitsgeschichte bestimmte Perspektive. ▬ Man kann an der Gropius-Rede einen theoretischen und einen praktischen Teil unterscheiden, die ihrerseits jeweils zweifach unterteilt sind. Entsprechend erhält man etwa folgende Gliederung: 1. welthistorische Tendenzen der Gesellschafts- und Familienentwicklung; 2. Entwicklungstrends der modernen Familie; 3. die Minimalwohnung; 4. Wohnformen: Flachbau oder Hochbau? Wenn man die thesenartige Kurzfassung der beiden mittleren Teile des Vortrags[41] mit einer Vorlage vergleicht, die Hans Schmidt dafür erarbeitet hat,[42] stellt man eine fast vollständige Deckungsgleichheit fest. Gropius Zutaten erstrecken sich also hauptsächlich auf den ersten und den letzten Teil sowie natürlich auf die genauere Ausarbeitung des Textes. ▬ Er begann mit einem Ausblick auf verschiedene Entwicklungsetappen der Menschheitsgeschichte und bezog sich hierbei auf die Forschungen des schon 1916 verstorbenen Psychiaters, Soziologen und Universalgelehrten Ferdinand Müller-Lyer, der auf solche Übersichten spezialisiert war.[43] Die von Gropius aus seinen Werken übernommenen Hauptepochen wie – 1. die verwandtschaftliche Epoche mit dem Recht der Sippe, 2. die familiäre Epoche mit dem Familienrecht, 3. die individuale Epoche mit dem Recht des Individuums und schließlich 4. die genossenschaftliche Zukunftsepoche mit dem Genossenschaftsrecht – brauchen uns hier nicht zu beschäftigen, weil sie mit dem Hauptthema des Vortrags nur lose zusammenhängen. Die eigentliche Neuerung, die Gropius von Müller-Lyer übernahm und für den Wohnungsbau fruchtbar machen wollte, war die Einbeziehung von im engeren Sinne familiensoziologischen Erkenntnissen. Dabei stützte er sich auf Müller-Lyers Buch «Die Familie», den Band IV seines groß angelegten Wurfs «Die Entwicklungsstufen der Menschheit», der schon 1912 erschienen war, 1921 posthum nachgedruckt und um 1930 plötzlich in den verschiedensten Übersetzungen publiziert wurde. ▬ Darin hatte Müller-Lyer für die moderne Familie zunächst eine Tendenz zur Desintegration und zunehmenden Entlastung von Funktionen festgestellt. Eine ganze Reihe wichtiger Aufgaben – etwa die Altersvorsorge, die Krankenpflege, die Erziehung – habe inzwischen der Staat übernommen, und diese Tendenz dauere an. Müller-Lyer sah für die moderne Familie nur noch Funktionen wie die folgenden übrig bleiben: die Haushaltung (Kochen, Putzen, Waschen et cetera), die Erzeugung, Aufzucht und Erziehung von Kindern, die Verpflegung von Kranken und die Versorgung des Alters (wenigstens noch teilweise), den Besitz und die Vererbung von Eigentum, die Bestimmung der Berufswahl.[44] Und selbst diese Funktionen sah er zum Teil im Schwinden begriffen. Mit der Desintegration der Familie gehe nun eine Verkleinerung einher, da reicher Kindersegen nicht mehr (etwa zur Alterssicherung) benötigt werde, sondern häufig sogar als zu kostspielig und lästig empfunden würde. ▬ Gropius ging über Müller-Lyer eigentlich nur in der Zuspitzung der Thesen und durch eine Aktualisierung von statistischen Daten, die dessen Auffassung bestätigte, hinaus. So stellte er zunächst fest, es habe sich in den zivilisierten Ländern während nur einer Generation das Zweikindersystem eingebürgert.[45] Für Deutschland untermauerte er diese These zusätzlich mit dem Faktum, dass die Geburtenzahl von der Jahrhundertwende bis 1927 (dem Datum der letzten Volkszählung, auf deren Auswertung er sich bezog) auf die Hälfte gefallen war. Dieser Trend wurde in der deutschen Öffentlichkeit vielfach unter dem Stichwort «Krise der Familie», wenn nicht sogar als Anzeichen für einen «Volkstod» diskutiert und vor allem wegen der damit verbundenen, als «rationelle Fortpflanzung» beschriebenen Familienplanung[46] von konservativen Kreisen heftig angegriffen. Gropius hingegen bewertete ihn positiv: «die verkleinerte familie ist nicht als rückläufige verfallserscheinung zu werten, sondern als zwischenetappe auf dem **zwangsläufigen weg** zur differenzierten gesellschaft.»[47] Damit stellte er sich nicht nur auf den Boden wissenschaftlicher Tatsachen, sondern ergriff auch in einer heftig umkämpften politischen Streitfrage seiner Zeit eindeutig Partei.[48] ▬ Als zweite wichtige Tatsache stellte Gropius eine Tendenz dar, die ebenfalls schon von Müller-Lyer erkannt und mit dem Stichwort «Frauendifferenzierung» bezeichnet worden war.[49] Damit war unter anderem eine zunehmende Erwerbstätigkeit und, damit einhergehend, eine zunehmende materielle Unabhängigkeit und ein wachsendes Selbstbewusstsein der Frauen gemeint. Auch dafür lieferte Gropius nun aktuelle statistische Daten. So zeigte er unter anderem, dass die Zahl erwerbstätiger Frauen in Deutschland und der Schweiz, die damals die Statistik noch anführten, auf die Hälfte der Männererwerbstätigkeit gestiegen war. Diese Entwicklung musste natürlich erhebliche Rückwirkungen auf Familie und Ehe haben. Gropius spitzte das Resultat dieser Entwicklung in der These zu: «von einer staatlich und kirchlich sanktionierten zwangseinrichtung entwickelt sie sich allmählich zu einem freien bund zweier geistig und wirtschaftlich selbständiger menschen.»[50] Er führte zur Bestätigung unter anderem an, dass die Ehescheidungen sich seit 1900 versechsfacht hatten und die Zahl unehelicher Kinder sich fast verdoppelt hatte. Auch in dieser Hinsicht stellte sich Gropius ganz entschieden auf die Seite der progressiven Strömungen in der Gesellschaft, während Kritiker der Frauenerwerbstätigkeit und womöglich sogar der Frauenemanzipation eine «Krise der Familie» beschworen.[51] ▬ Müller-Lyer hatte seine empirischen Trends geradezu zu weltgeschichtlichen Gesetzmäßigkeiten erklärt und damit den wissenschaftlichen Anspruch seiner Thesen wohl überstrapaziert. Denn grundsätzlich ist es ja durchaus denkbar, solche Trends durch gegenläufige Maßnahmen und Anreize zu konterkarieren oder gar in ihr Gegenteil zu verkehren, wie es etwa in der Nazi-Zeit ja auch tatsächlich versucht wurde.[52] Mit Blick auf die heutige Situation fragt man sich auch, ob die angeblich weltgeschichtliche Tendenz, immer mehr Funktionen von der Familie auf den Staat zu übertragen, sich nicht mittlerweile umgekehrt hat. Denn die weltweite Rückübertragung von Pflichten und Risiken, die bisher dem Staat oblagen – wie zumindest von Teilen der Gesundheitsfürsorge, der Altersversorgung et cetera –, auf die Individuen und Familien ist ja unübersehbar. Und eine Ursache dieser Reprivatisierung sind Entwicklungen der von Müller-Lyer geschilderten Art: Steigende Lebenserwartung und abnehmende Kinderzahl tragen dazu bei, dass der Sozialstaat immer mehr unterminiert wird. ▪ Doch welche Konsequenzen hat Gropius im praktischen Teil seiner Rede aus den im theoretischen Teil entfalteten Betrachtungen gezogen? ▪ Aus dem ersten Trend, der Desintegration der Familie und dem damit verbundenen Zug zur Zweikinderfamilie, ergab sich für ihn ein Imperativ für die Wohnungsgröße, die zukünftig zu fordern und zu fördern sei. Es sei ganz «falsch, die kleinstwohnung als eine behelfsform zu betrachten».[53] Diese Auffassung folgt natürlich nicht aus der Bestandsaufnahme allein. Denn es wäre, selbst wenn man den Trend zur Kleinfamilie anerkannte, ja durchaus denkbar gewesen, weiterhin größere Wohnungen zu bauen und diese dann aufzuteilen, unterzuvermieten und eventuell auf jene besseren Zeiten zu hoffen, in denen jede Familie sich eine größere Wohnung leisten könnte. Hier spielen offenbar politische Überlegungen zur Dringlichkeit von Maßnahmen und der Tragbarkeit von Zwischenlösungen eine Rolle. Wie schwer die Wohnungsnot in Deutschland damals war und wie ungünstig die Chancen zu ihrer Überwindung, hat Karel Teige dargestellt. Er hat den Zusatzbedarf von Wohnungen in Deutschland für die Jahre bis 1940 mit 400.000 Einheiten jährlich angegeben. Für 1929, das Jahr, in dem der zweite CIAM-Kongress stattfand, hat er dagegen zwar 600.000 Eheschließungen und Haushaltsgründungen, aber nur halb so viele gebaute Wohnungen ermittelt.[54] ▪ Solche Dringlichkeitserwägungen hat Ernst May in allgemeiner Form sehr schön formuliert, als er den Kritikern des Minimalwohnungsgedankens entgegenhielt: «Wir fragen im Geiste das Heer der Entrechteten, die sehnsüchtig einer menschenwürdigen Unterkunft harren. Wären Sie damit einverstanden, daß eine geringe Zahl von ihnen große Wohnungen bekommt, während die Masse dafür Jahre und Jahrzehnte lang ihr Elend zu tragen verurteilt wird, oder nähmen sie lieber mit einer kleinen Wohnung vorlieb, die trotz räumlicher Beschränkung den Anforderungen genügt, die wir an eine neuzeitliche Wohnung zu stellen haben, wenn dafür in kurzer Zeit das Übel der Wohnungsnot ausgerottet werden kann? Wir wissen, daß die Antwort auf die Frage einstimmig in dem Sinne ausfallen würde: **Schafft uns Wohnungen, die, wenn auch klein, doch gesund und wohnlich sind, und liefert sie vor allem zu tragbaren Mietsätzen.**»[55] ▪ Für die Aufteilung der kleineren Wohnungen, eben die Minimalwohnungen, stellte Gropius einen weiteren Grundsatz auf: «um dem individuum von heute aber bei der schärferen ausprägung des individuellen lebens innerhalb der gesellschaft den lebenswichtigen abstand von den mitbewohnern der wohnung zu sichern, gilt es, das ziel zu erreichen: jedem erwachsenen sein eigenes, wenn auch kleinstes zimmer!»[56] Ob er diesen Grundsatz aus der schieren Enge der Kleinwohnung ableitete, die Rückzugsmöglichkeiten unumgänglich machte, oder ob dabei implizit auch auf den Grundsatz der Gleichberechtigung von Mann und Frau Rücksicht genommen werden sollte, muss offen bleiben. ▪ Die «one (wo)man – one room»-Forderung tangierte ganz erheblich die Art und Weise des Zusammenlebens innerhalb einer Minimalwohnung. Denn das «eigene» Zimmer fiel in den einschlägigen Grundrissen deutlich unter zehn Quadratmetern aus, war also gerade groß genug, um ein Bett aufzunehmen. Damit wurde aber, wie die einschlägigen Minimalwohnungsgrundrisse zeigen, das frühere gemeinsame Elternschlafzimmer aufgelöst. In diesem Punkt ging Gropius natürlich ebenfalls oder erst recht über das hinaus, was eine Anwendung von Wissenschaft lehren kann. Insbesondere setzte er sich hier über etwaige manifeste Präferenzen von Mietern hinweg. Elternpaare sollten eigentlich nur allein entscheiden können, ob sie zwei getrennte Schlafzimmer einem gemeinsamen vorziehen. ▪ Schließlich sei noch eine dritte Forderung erwähnt, mit der auch explizit dem Faktum der steigenden Erwerbstätigkeit von Frauen Rechnung getragen werden sollte. Gropius forderte die Einrichtung von Großhaushalten, die eine «Konzentrierung und Spezialisierung der hauswirtschaftlichen Arbeit» ermöglichen sollten.[57] Dabei ist aber nicht recht ersichtlich, ob er diese Maßnahme nicht auch oder sogar vor allem als Übergangslösung auf dem Wege zur Realisierung seiner damaligen Lieblingsidee, dem Wohnhochhaus, verstand. Die zur Erleichterung der Hausarbeit der Frau hinreichende, aber bescheidenere Alternative, nämlich dass der Mann sich mit ihr die Haushaltspflichten teilen sollte, kam für Gropius offenbar nicht in Betracht. Sie wurde damals allerdings auch von keinem anderen modernen Architekten erwogen,[58] sondern offenbar erst von einer neuen Frauengeneration seit den sechziger Jahren verfochten.

DIE AUSSTELLUNG VON MINIMALWOHNUNGSGRUNDRISSEN

Mit dem zweiten CIAM-Kongress war eine Ausstellung von Grundrissen für die Minimalwohnung verbunden. Sie enthielt insgesamt 104 realisierte Grundrisse aus den verschiedensten Ländern. Die Ausstellung war für unterschiedliche Besuchergruppen konzipiert: Zum einen sollte sie natürlich dem interessierten Laienpublikum die Möglichkeiten modernen Wohnens anschaulich vorführen; zum anderen aber beinhaltete sie, wie schon die Erhebung mittels Fragebögen zur Vorbereitung der Referate, eine systematische Bestandsaufnahme des Istzustandes für Fachleute. Denn dieser Istbestand sollte nicht einfach nur in seiner Vielfalt abgebildet werden, sondern als Vorlage dienen, um weitere Grundrisse zu entwerfen und einige wenige Standardtypen zu erarbeiten. ▪ Zur Vorbereitung der Ausstellung waren die CIAM-Delegierten aufgefordert worden, Beispiele für Minimalwohnungsgrundrisse aus ihrem Einzugsbereich auszuwählen und dem Frankfurter Hochbauamt zuzusenden. Zum Zwecke der Vereinheitlichung – und der damit wiederum einhergehenden Verwissenschaftlichung – wurden diese Grundrisse dann nach einheitlichen Vorgaben (gleicher Maßstab, gleiche Verwendung von Symbolen für eingezeichnete Möblierung et cetera) umgezeichnet und nach einheitlichen Gesichtspunkten beschriftet. Die Beschriftung beschränkte sich zunächst auf solche quantifizierbaren Angaben wie die Grundfläche, den umbauten Raum und die Bettenzahl. Dazu kam nun aber – für Grundrisszeichnungen eigentlich ungewöhnlich, aber ganz im Sinne der Idee des «befreiten Wohnens» – eine Angabe über die Quadratmeterfläche der Fenster, sozusagen als eine Art Befreiungs-Index. Andererseits fehlten jetzt Angaben über den Autor des Entwurfs; lediglich die Stadt, aus der der Entwurf stammte, war eingetragen.[59] ▪ Im Tagungsband, in dem sämtliche Grundrisse vorgestellt wurden, finden sich außer den zu Gruppen zusammengefassten Grundrissen jeweils noch einige kommentierende Bemerkungen, die «neutral» formuliert sind, aber doch entweder Kritik oder Empfehlung erkennen lassen. Kritische Bemerkungen im Tagungsbericht beziehen sich meist auf die ungenügende Zugänglichkeit einzelner Teile der Wohnung; oder das Fehlen einzelner für notwendig gehaltener Bestandteile (etwa eines Bades oder einer Innentoilette) wird moniert. In diesen Bemerkungen zeigt sich die funktionalistische Denkweise. Denn es geht stets um die Frage, ob auch alle einem modernen Standard gemäßen Bestandteile der Wohnung vorhanden und in einer den Bedürfnissen des täglichen Gebrauchs entsprechenden Weise miteinander verbunden sind. ▪ Es fällt auf, dass nur die allerwenigsten Grundrisse schon Gropius' Forderung nach einem eigenen Zimmer für jedes erwachsene Haushaltsmitglied erfüllen.

EINE BEWERTUNG DES FRANKFURTER CIAM-KONGRESSES

Was hat die Verwissenschaftlichung des Bauens durch Einbeziehung familiensoziologischer Erkenntnisse, angewandt auf das Problem der Minimalwohnung, 1929 alles in allem erbracht? Anscheinend wurde zunächst einmal so gut wie gar nicht auf die mit großem Aufwand angefangenen internationalen Fragebogen-Erhebungen zurückgegriffen, viel weniger jedenfalls als auf die ins Monumentale zielenden weltgeschichtlichen Entwürfe eines Müller-Lyer, wie sie eingangs der Gropius-Rede begegnen. Für die Begründung des Minimalwohnungsgedankens oder seine Ausarbeitung blieben diese Ideen weitgehend funktionslos, sozusagen argumentatives Ornament. ▪ Anders steht es mit der Feststellung einzelner Trends der Familienentwicklung und den daran anknüpfenden Forderungen. Die Argumente, die damals für die Einrichtung von Minimalwohnungen als solchen sprachen, sind jedenfalls nachvollziehbar und überzeugend. Die Forderung nach einem eigenem Zimmer für jedes erwachsene Familienmitglied erweist sich dagegen bei näherem Hinsehen als ein Anflug von unangebrachter Expertendiktatur, weil damit gravierend in das Familienleben eingegriffen wurde. Die Einrichtung von Großhaushalten erscheint, jedenfalls als Mittel zur Erleichterung der Hausarbeit von Frauen, als überflüssig, da diese auch auf andere und viel einfachere Weise hätten entlastet werden können. ▪ Paradoxerweise ist die Verwissenschaftlichung damals also einerseits in ihren Segnungen überschätzt und andererseits nicht genügend ernst genommen worden. Sie diente wohl zum Teil als eine Art Monstranz, die dem Zug der modernen Architekten vorangetragen wurde, um Feinde abzuschrecken und Identität zu stiften. Denn offenbar war der Szientismus in der Architektur nicht nur ein Versuch, rationale Grundlagen für den Wohnungsbau zu schaffen, sondern auch ein Mittel, das damalige Nonplusultra des Fortschritts, die Wissenschaft, für sich zu vereinnahmen. In diesem Sinne hatte Hannes Meyer in seinem Manifest «Die neue Welt» geschrieben: «Biologie, Psychoanalyse, Relativitätstheorie und Entomologie werden geistiges Gemeingut aller: Francé, Einstein, Freud und Fabre sind die Heiligen der letzten Tage».[60] ▪ Wie wir gesehen haben, hatten die CIAM jedoch auch eine Art kunstpolitischen Ansatz, in dem sie sich von anderen Interessenten an der Minimalwohnungsfrage unterscheiden wollten. Davon ist aber in keinem einzigen Referat des Kongresses die Rede gewesen und auch bei der begleitenden Ausstellung nicht. Gerade an diesem Punkt setzte aber schon unmittelbar nach der Tagung – und nicht erst mit der postmodernen Funktionalismuskritik im letzten Viertel des 20. Jahrhunderts – Kritik an. Die prononcierteste artikulierte seinerzeit sicherlich der Wiener Architekt Josef Frank. Frank, der als einziger Österreicher bei der Stuttgarter Weißenhofsiedlung eingeladen worden war und der die österreichische Delegation in der CIAM wie auch beim Frankfurter Kongress anführte, nahm die Auseinandersetzungen sogar zum Anlass, die Organisation direkt nach der Tagung wieder zu verlassen. Zur Begründung schrieb er unter anderem: «Wenn wir hier über moderne Architektur verhandeln sollen, so ist es selbstverständlich, dass es sich um Dinge handeln muss, durch die wir uns von ähnlichen, die Frage des Kleinwohnungsbaus bis zum Überdruss behandelnden Vereinen unterscheiden. Diese Fragen werden immer mit Absicht übergangen. Ich meine hier die eigentliche Architektur. Ich bin wie auch viele andere der Ansicht, dass die Form eine sehr wichtige Rolle spielt, die neben der freilich wesentlicheren des Grundrisses etc. nicht vernachlässigt werden darf.»[61] ▪ Diese Kritik war sicherlich berechtigt. Woran lag es aber, dass «kunstpolitische Orientierung», «Form», «Ästhetik», «Gestaltung» und ähnliche Ziele in dieser Phase der modernen Architektur vernachlässigt oder sogar zugunsten von «Wissenschaft» und «Funktion» bewusst ausgeschaltet wurden? Es scheint, dass unter den führenden CIAM-Mitgliedern «Ästhetik» und «Gestaltung» damals mit «Repräsentation» und «Monumentalität» identifiziert wurden. Das ist zum Teil verständlich, wenn man etwa bedenkt, dass ein Ausgangspunkt von CIAM die Niederlage der modernen Architekten im Wettbewerb um den Völkerbundpalast in Genf gewesen war, und wenn man ferner bedenkt, dass die Verteidiger ästhetischer Ideale in der Architektur häufig rückwärts gewandte Vorstellungen von Schönheit verfochten. Auch assoziierte man mit Begriffen wie «Stil» meist starre Kanons oder vorübergehende Moden. Aber solche Assoziationen sind nicht zwingend. Ein «Stilverzicht» der modernen Architektur war damals keineswegs unausweichlich.

ANMERKUNGEN
Unveröffentlichte Quellen: Bauhaus-Archiv Berlin ▪ Ise Gropius, Tagebuch ▪ Zeitungsausschnittsammlung Gropius ▪ gta-Archiv Zürich ▪ Briefwechsel Sigfried Giedion mit Josef Frank, Walter Gropius, Hannes Meyer **1** Giedion an Gropius, 22.12.1928 **2** Vgl. J. Pahl, Architekturtheorie des 20. Jahrhunderts. Zeit-Räume. München/London/New York 1999, S. 57 für einen nützlichen tabellarischen Überblick. Pahl unterscheidet fünf Richtungen: Konstruktivismus, Funktionalismus, biomorphe Architektur, Rationalismus und skulpturale Architektur. **3** Vgl. S. Giedion, Befreites Wohnen. Zürich/Leipzig 1929, S. 9 **4** In ihrem Tagebuch notierte Ise Gropius am 20.10.1927 über eine Diskussion am Bauhaus: «abends besprechung in der kantine über die stuttgarter ausstellung. das ergebnis war recht interessant, da es die zwei verschiedenen im bauhaus wirksamen kräfte deutlich im streit gegeneinander zeigte. von einigen studierenden wurde erklärt, dass sie einzig das haus von corbusier als neue anregung betrachten könnten und das empfinden hätten, als hätte corbusier da dem bauhaus etwas vorweggenommen, was unbedingt das bauhaus selbst hätte zeigen müssen. diese ansicht wird von dem mehr ästhetisch eingestellten teil der studierenden verfochten. die anderen, darunter auch hannes meyer als meister, lehnten diese art der problemlösung ab, obwohl sie zugaben, dass die künstlerische begabung und der einfallsreichtum corbusiers außer frage sei. ... zum schluss hielt hannes meyer eine längere rede ... er warf den architekten vor, dass sie die eigentliche aufgabe, nämlich die volkswohnung zu schaffen, gar nicht angegriffen hätten, außer oud, der diesem ziel noch am nächsten gekommen wäre» (vgl. das Tagebuch von Ise Gropius im Bauhausarchiv Berlin). **5** Im Unterschied zur Darstellung bei K-J. Winkler, Der Architekt Hannes Meyer. Berlin 1989, S. 84. Die Teilnahme geht aus dem Brief Meyers an Giedion vom 12.11.1929 hervor, in dem sich Meyer über die Gelegenheit, die Mitstreiter getroffen zu haben, erfreut zeigt und die Grundrissausstellung als «ausgezeichnet» lobt. **6** Er hielt stattdessen nach seiner Rückkehr aus den USA am 29. Juni, also während des letzten Tag des Kongresses in La Sarraz, in Dessau einen Vortrag zum Thema «Amerika». **7** Vgl. die Schilderung dieser Episode in S. Giedion, Walter Gropius. Mensch und Werk. Stuttgart 1954, S. 137 f. **8** Giedion an Gropius, 5.7.1928. Wer hier genau mit «wir» gemeint ist, geht aus dem Brief nicht hervor. Offenbar wollte Giedion Gropius aber zumindest in diesen Linksruck einbeziehen, sonst hätte er nicht so offen darüber berichtet. **9** Vgl. die vorbereitenden Dokumente in M. Steinmann, CIAM-Dokumente 1928–1939, Basel/Stuttgart 1979, S. 12 ff.; die deutsche Version des Abschlussdokuments ist abgedruckt in: bauhaus, Heft 4/1928, 8 f. **10** Winckler 1989, a. a. O., S. 84. Diese Tendenz trifft allenfalls auf die Zeit nach 1930 zu, als viele linke Exponenten der CIAM (wie Ernst May, Mart Stam, Hans Schmidt) in die Sowjetunion übergewechselt waren und sich seitdem aus den CIAM zurückzogen. **11** Ich meine für Gropius: R. Isaacs, Walter Gropius: ein Mann und sein Werk. 2 Bde., Berlin 1983–85; für Giedion: S. Georgiadis, Sigfried Giedion. Eine intellektuelle Biographie. Zürich 1989 **12** Vgl. für einen zeitgenössischen internationalen Überblick: K. Teige, The Minimum Dwelling. Cambridge (Mass.)/London 2002 (tschechische Originalausgabe: Prag 1932), insbesondere Kapitel 3, «The International Housing Shortage» **13** W. Nerdinger, Der Architekt Walter Gropius. Berlin 1996, S. 152 **14** Teige 2002, a. a. O., S. 7 **15** Vgl. ebd., S. 389 eine sehr positive Charakterisierung Mays, dem «Hausmannean speed und energy» attestiert werden und dem zur Erreichung vergleichbarer Resultate nur das Glück gefehlt habe, eine vergleichbare Zeitspanne zur Verwirklichung seiner Ziele zur Verfügung gehabt zu haben. **16** Vgl. für einen Überblick die Zeit-

schrift «Das neue Frankfurt» sowie Deutsches Architekturmuseum Frankfurt am Main (Hg), R. Höpfner/V. Fischer (Redaktion), Ernst May und das Neue Frankfurt 1925–1930. Berlin 1986 **17** Für Deutschland die immer noch beste Übersicht bietet B. Miller Lane, Architecture and Politics in Germany. Cambridge (Mass.) 1985, S. 87–124; für Wien: E. Blau, The Architecture of Red Vienna 1919–1934. Cambridge (Mass.)/London 1999 **18** Giedion 1930, a. a. O., S. 7 **19** Gropius an Giedion, 10.5.1929 (Hervorhebung im Original) **20** Gropius an Artaria und Schmidt, 13.6.1929 (Durchschlag im Briefwechsel Giedion/Gropius im gta-Archiv) **21** S. Giedion, Leben und Bauen. In: Neue Züricher Zeitung, 24.6.1934, zit. n. S. Giedion, Wege in die Öffentlichkeit. Aufsätze und unveröffentlichte Schriften aus den Jahren 1926–1956. Zürich 1987, S. 120 **22** H. Meyer, Die neue Welt. In: Das Werk, 1926, zit. n. Bauhaus-Archiv/Deutsches Architekturmuseum (Hg), hannes meyer 1889–1954. architekt, urbanist, lehrer. Berlin 1989, S. 71 **23** Ebd. **24** W. Gropius, bilanz des neuen bauens (1934). Zit. n. H. Probst/C. Schädlich, Walter Gropius. 3 Bde., Berlin 1986, S. 155. Mies verabschiedete sich in dieser Zeit übrigens ganz von der Programmatik des Funktionalismus, als er sich gegen die Herrschaft bloßer Zwecke wandte und von der Architektur die Realisierung von «Werten» verlangte (vgl. seine Texte aus dieser Zeit, abgedr. in: F. Neumeyer, Mies van der Rohe. Das kunstlose Wort. Gedanken zur Baukunst. Berlin 1986). Er hat folgerichtig bei den CIAM keine Rolle gespielt. **25** Gropius an Giedion, 7.1.1929 **26** Vgl. den Briefwechsel Meyer/Giedion (im gta-Archiv), insbesondere den Brief Meyers an Giedion vom 17.8.1927 **27** W. Gropius, Die soziologischen Grundlagen des Minimalwohnung für die städtische Industriebevölkerung (1929). Zit. n. Probst/Schädlich 1986, a. a. O., Band 3, S. 134 f. **28** Vgl. H.-J. Dahms, Neue Sachlichkeit in der Architektur und Philosophie der 20er Jahre, in: arch+, Mai 2001 **29** Gropius an Artaria und Schmidt, 13.6.29 (Durchschlag im Briefwechsel Giedion/Gropius im gta-Archiv) **30** S. Giedion, Die internationalen Kongresse für Neues Bauen. In: Internationale Kongresse für Neues Bauen und Städt. Hochbauamt Frankfurt/M. (Hg), Die Wohnung für das Existenzminimum. Frankfurt/M. 1930, S. 8 **31** Giedion an Gropius, 12.2.1929 **32** Giedion an Gropius, 26.2.1929 **33** ähnlich Giedion/Gropius vom 2.4.1929 **33** Gropius an Artaria und Schmidt, 13.6.1929 (Durchschlag) **34** Vgl. den Abdruck des vollständigen Fragebogens in Steinmann 1979, a. a. O., S. 42–45 **35** Gropius an Artaria und Schmidt, 13.6.29 (Durchschlag im Briefwechsel Giedion/Gropius im gta-Archiv) **36** Es ist davon auszugehen, dass Gropius als Bauhausdirektor viele Verbindungen geknüpft hatte. Durch seine Arbeit für die erwähnte «Reichsforschungsanstalt» wurde er zudem nicht nur laufend mit den neuesten Daten und Erkenntnissen versorgt, sondern war auch mit vielen, auf den verschiedensten Sachgebieten führenden Persönlichkeiten bekannt. **37** Im gta-Archiv findet sich u. a. aber immerhin ein vollständig ausgefüllter Fragebogen der Schweizer CIAM-Gruppe. **38** Teige 2002, a. a. O., S. 62 **39** Vgl. ebd., besonders Kapitel 3, das die Auswertung enthält. **40** Gropius 1929, in: Probst/Schädlich 1986, a. a. O. **41** Vgl. W. Gropius, Die soziologischen Grundlagen der Minimalwohnung für die städtische Industriebevölkerung (Zusammenfassung). In: Internationale Kongresse für Neues Bauen und Städt. Hochbauamt Frankfurt/M. (Hg) 1930, a. a. O. **42** Vgl. H. Schmidt, Aufgabe und Verwirklichung der Minimalwohnung. In: ders., Beiträge zur Architektur 1924–1964, Berlin/Basel 1965 (Nachdruck: Zürich 1993), S. 50–52. Dieser Text wurde zwar erst Jahrzehnte nach CIAM II veröffentlicht. Aber da dies zu einem Zeitpunkt geschah, als Gropius noch lebte, kann man wohl von der Echtheit des Schmidtschen Textes als Vorlage für die Zusammenfassung ausgehen. **43** Vgl. eine Analyse der Gropius-Rede aus der Perspektive seiner Müller-Lyer-Lektüre: R. Krause, Die Ausstellung des Deutschen Werkbundes von Walter Gropius im «20e Salon des Artistes Décorateurs Francaises». In: I. Ewig/T. W. Gaehtgens/M. Noell (Hg), Das Bauhaus und Frankreich. Le Bauhaus et la France 1919–1940. Berlin 2002, S. 275–296 **44** F. Müller-Lyer, Die Familie. München 1911 (= Die Entwicklungsstufen der Menschheit. Eine Systematische Soziologie in Überblicken und Einzeldarstellungen, Band IV), 2. Auflage 1921, S. 320 f. **45** Gropius 1929, a. a. O., S. 132 **46** Vgl. A. von Saldern, Gesellschaft und Lebensgestaltung. Sozialkulturelle Streiflichter. In: G. Kähler, Geschichte des Wohnens. Bd. V, Stuttgart 1996, S. 118 ff. **47** Gropius 1930, a. a. O., S. 17 (meine Hervorhebung) **48** Vgl. zu den damaligen Frontstellungen in dieser Frage von Saldern 1996, a. a. O. **49** Müller-Lyer 1921, a. a. O., S. 247 ff. **50** Gropius 1929, a. a. O., S. 133 **51** Vgl. für weitere Facetten und Hintergründe dieser Debatte von Saldern 1996, a. a. O., S. 127 **52** Ebd., S. 134 ff. **53** Gropius 1930, a. a. O. **54** Teige 2002, a. a. O., S. 65 **55** E. May, Die Wohnung für das Existenzminimum. In: Internationale Kongresse für Neues Bauen und Städt. Hochbauamt Frankfurt/M. (Hg) 1930, a. a. O., S. 10 **56** Gropius 1930, a. a. O., S. 18 **57** Gropius 1929, a. a. O., S. 135 **58** Die einzige Ausnahme bildete offenbar eine Architektin: Margarethe Schütte-Lihotzky, die Erfinderin der berühmten Frankfurter Küche; vgl. dies., Erinnerungen aus dem Widerstand 1938–1945. Hamburg 1985, S. 24 f. **59** Im Katalog zur Ausstellung in Basel, einer der späteren Stationen der Ausstellung, sind diese Angaben allerdings im Anhang hinzugefügt. Sie ermöglichen so eine Identifizierung der Autoren der Exponate. **60** Meyer 1926, a. a. O., S. 70 **61** Frank an Giedion, 5.11.1929

karel teige
the minimum dwelling

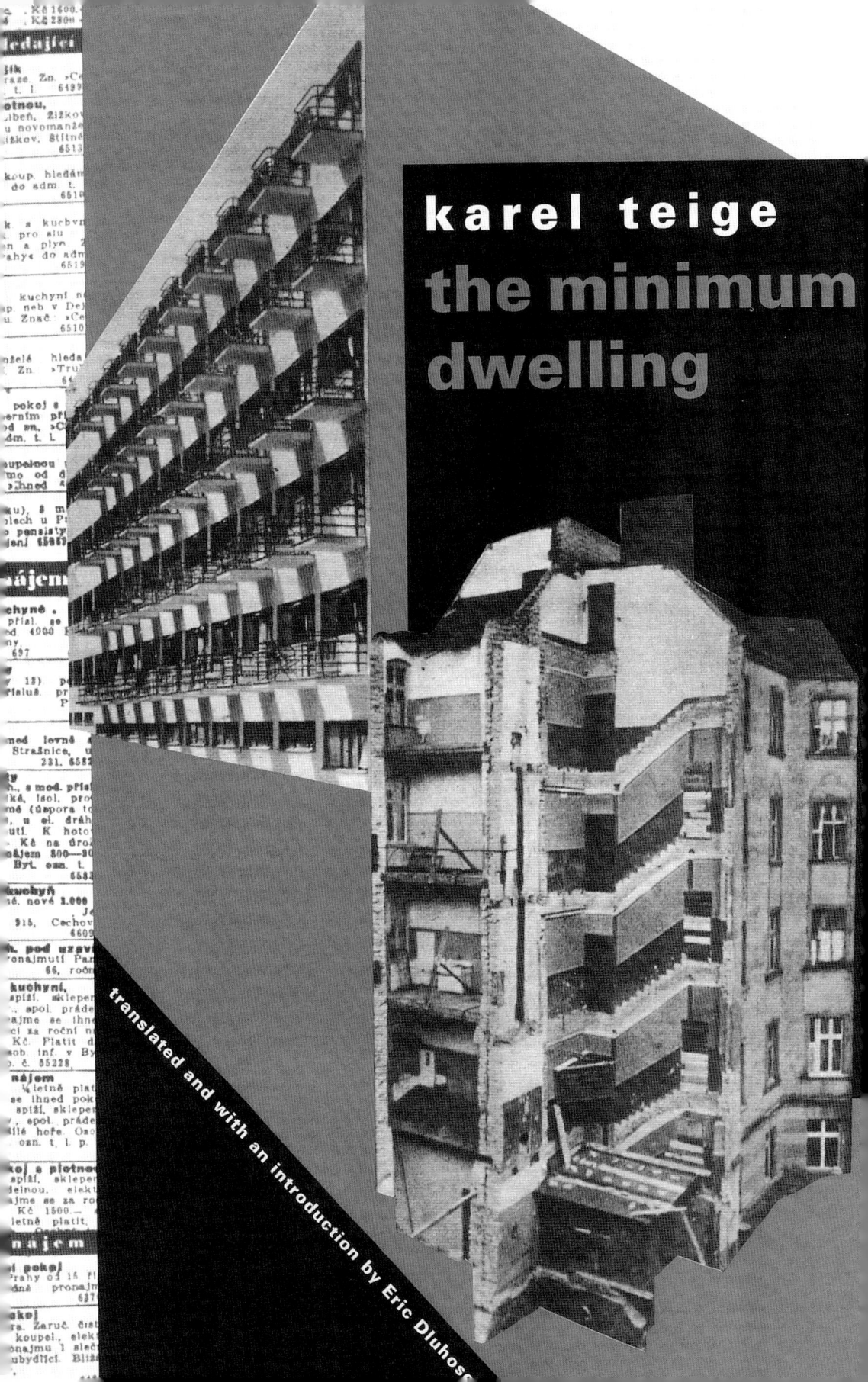

translated and with an introduction by Eric Dluhosch

1932 AUSTREIBUNG DES FUNKTIONALISMUS UND ANKUNFT IM STIL
VON DER AUSSTELLUNG ZUM BUCH «THE INTERNATIONAL STYLE»
WOLFGANG THÖNER

DIE ERWACHENDE AMERIKANISCHE SEHNSUCHT NACH DEM MODERNEN STIL
Bis Mitte der 1920er Jahre blieb die Architekturentwicklung in den USA beinahe unberührt von der europäischen Moderne. Zwar herrschte in der amerikanischen Architekturästhetik ein einzigartiger stilistischer Eklektizismus vor; doch steckten in dieser zumeist sehr üppigen Hülle konstruktive und technische Innovationen wie Stahlskelettbau oder Aufzugsbau, die wahrhaft moderne Bauten und neue Bautypen wie das Hochhaus hervorbrachten. So schätzten auch moderne europäische Architekten wie Walter Gropius oder Le Corbusier die Lage um 1920 ein. Letzterer empfahl, auf die amerikanischen Ingenieure zu hören, sich aber vor den dortigen Architekten zu hüten.[1] Tatsächlich wurden nur einige wenige amerikanische Architekten wie Louis Sullivan (mit Einschränkung) oder Frank Lloyd Wright (ohne Einschränkung) in Europa respektvoll rezipiert oder zumindest zur Kenntnis genommen. Diese Arroganz herrschte aber durchaus auf beiden Seiten: Auch in den USA schienen die Architekten und ihre Auftraggeber nur eingeschränkt an europäischen Vorbildern interessiert, vor allem an der französischen École-des-Beaux-Arts-Tradition und der Neogotik. ▪ Doch schon bald nach 1920 entstand eine neue Situation. Dass die USA aus dem Ersten Weltkrieg ökonomisch und politisch gestärkt hervorgegangen waren, gab ihnen ein neues Gefühl der Eigenständigkeit und Macht, und dies zeigte sich auch in den kulturellen Verhältnissen. Spätestens ab 1927 bezog der Diskurs über eine Neudefinition nationaler Identität auch das Gebiet der Architektur mit ein. So forderte etwa der Architekt Hugh Ferris, dass sich «amerikanischer Geist» und «amerikanische Ideale», in der Bautechnologie längst erreicht, auch in der eigenständigen Ästhetik einer «amerikanischen Architektur» abbilden müssten.[2] Man begab sich auf die Suche nach einem solchen Stil, und so erweiterte sich das Spektrum der Stile zum Beispiel um den Art-déco-Stil, für den das 1928 fertiggestellte Chrysler Building stehen kann. ▪ Es waren junge Kunsthistoriker, die diese Situation am radikalsten wahrnahmen, doch nicht unbedingt im Sinne einer Suche nach nationaler Identität, sondern mit Blick nach vorn, bestrebt um Internationalität. Henry-Russell Hitchcock, Philip Johnson und Alfred Barr entwickelten den Begriff des International Style und setzten ihn 1932 mit dem gleichnamigen Buch, hervorgegangen aus einer denkwürdigen Ausstellung, in die Welt. Er ist somit amerikanischen Ursprungs, aber gleichzeitig, wie zu zeigen ist, wesentlich und nachhaltig von zentralen Inhalten der europäischen Architekturmoderne und insbesondere des Bauhauses geprägt. Dieses stand auch hinter der Idee der Ausstellung «Modern Architecture: International Exhibition», die damals am New Yorker Museum of Modern Art stattfand. ▪ Alfred Barr war der erste Direktor des Museum of Modern Art, das 1929 als Gegenpol zum traditionell ausgerichteten Metropolitan Museum of Art gegründet wurde. Seit seinem Studium vom Neuaufbruch der modernen, herkömmliche Gattungsgrenzen überschreitenden europäischen Kunst begeistert, kam Barr spätestens 1923 mit dem Bauhaus in Berührung, als er den Katalog der Baushausausstellung jenes Jahres in die Hände bekam. Als 1927 in New York die Machine Age Exhibition stattfand, begeisterten ihn die dort gezeigten Fotografien von Dessauer Bauhausbauten.[3] Daher war klar, dass ihn seine Europa-Reise, die er im selben Jahr antrat, nicht nur nach England, Holland und später nach Moskau führen würde, sondern auch nach Deutschland ans Dessauer Bauhaus. Barr war in Dessau nicht nur von der dort gerade entstandenen Architektur und den Designprodukten begeistert; ebenso faszinierten ihn das Leben und Arbeiten am Bauhaus und das dieser Institution zugrunde liegende Konzept.

Dieses Konzept hatte Barr schon bei seiner 1926 einsetzenden Lehrtätigkeit beeinflusst und sollte nun auch seinen nächsten großen Plan, die Gründung eines Museums neuen Typs, bestimmen: «Gropius' ideal of bringing together the various visual arts influenced my course in modern art at Wellesey in 1926–27. It included architecture, industrial design, graphic arts, painting, sculpture, films, photography. A few years later the Bauhaus also influenced my plan for the Museum of Modern Art.»[4] ▪ Über den Besuch in Dessau notierte Barr: «Young Americans visited the Bauhaus at Dessau as a place of pilgrimage where the philosophy and practice of modern design were in process of clarification. They talked with Gropius, Kandinsky, Feininger, Klee, Moholy-Nagy, Albers, Bayer, and Breuer, as with a new order of men engaged in transforming the artistic energies of our time from a rebellious into a constructive activity.»[5] Zurückgekehrt nach New York verfasste Barr die Broschüre «A New Art Museum»,[6] und kurz darauf, im Jahre 1929, wurde das Museum of Modern Art von drei einflussreichen Sammlerinnen moderner Kunst, Lillie P. Bliss, Mrs. Cornelius J. Sullivan und Mrs. John D. Rockefeller, gegründet.[7] ▪ Henry-Russell Hitchcock hatte 1925 begonnen, eine eigenständige Theorie der modernen Architektur zu entwickeln, und mit dem 1929 veröffentlichten «Modern Architects: Romanticism and Reintegration» das erste US-amerikanische Buch über die Anfänge der modernen Architektur geschrieben. Seit 1926 war er mit Barr bestens bekannt. Hitchcock hatte 1925 auch die Exposition des Arts Décorative in Paris besucht, auf der die USA nicht vertreten waren die amerikanische Regierung hatte das Angebot der Teilnahme mit der Begründung abgelehnt, dass es in den USA keine moderne Architektur gäbe. Hitchcock beklagte, dass die Verantwortlichen in der Regierung wohl zweierlei übersehen hätten: die Architektur eines Frank Lloyd Wright und die Produkte «designed for comfort and not for beauty».[8] Gemeinsam mit Barr begeisterte er sich für das Werk von Le Corbusier und die Werkbund-Ausstellung, die 1927 in Stuttgart-Weißenhof stattfand. Barr und Hitchcock konstatierten hier das erste Mal den Gegensatz von funktionalistischem Bauen und Architektur als Kunst, der so grundlegend für ihr Ausstellungs- und Buchprojekt werden sollte: «Functionalism is a complex concept that changes with each architect, each country, and each decade, beginning with, for instance, the American architect Louis Sullivan's dictum that form follows function. Throughout the history of modern architecture, the technical experiments of functionalism existed parallel to formal considerations such as those of Le Corbusier and Mies. Taking these two views as broadly opposed, however, provides an understanding of the synthesis that Barr and Hitchcock achieved.»[9] ▪ Nach seinem Besuch der Siedlung Weißenhof stand für Hitchcock fest, dass der «new style» in Walter Gropius und Mies van der Rohe die zwei wichtigsten deutschen Vertreter des spannenden Verhältnisses von Funktionalismus und Baukunst hätte, vergleichbar der Konstellation Le Corbusier – Oud.[10] Schon damals war die internationale moderne Architektur für Hitchcock wie für Barr ein rein ästhetisches Phänomen: «They were unconcerned with its social and political foundations despite the fact that ‹International› had serious political connotations.»[11] ▪ Philip Johnson gehörte neben Lincoln Kirstein und Edward Warburg zu jenem Kreis junger Studenten an der Harvard University, der durch die Organisation von Ausstellungen die Moderne nach Harvard brachte. Johnson traf 1929 das erste Mal auf Alfred Barr, wenig später lernte er Henry-Russell Hitchcock kennen. Ihren Grundüberzeugungen nach stimmten sie sofort überein. Im selben Jahr fuhr Johnson auf Architektur-Exkursion nach Holland und Deutschland, ausgestattet mit einer von Barr aufgestellten Liste. In einem Brief an Barr benutzte Johnson mehr oder weniger intuitiv das erste Mal den Begriff «International Style», und zwar, um die Entwicklung im Werk von Erich Mendelsohn zu beschreiben.[12] In Dessau war auch er begeistert: «I was thrilled at the sight of the Bauhaus. It is a magnificent building.» Er stellte einigen Bauhausmeistern Barrs Konzept des Museum of Modern Art vor und konnte dann an Barr schreiben: Feiningers «are delighted with your new museum».[13] ▪ 1930 begleiteten Johnson und Hitchcock das frisch vermählte Ehepaar Barr auf seiner Hochzeitreise. Nun waren sie schon unterwegs, um Material zu sammeln für ihr geplantes Buch über zeitgenössische Architektur: «The International Style». Es sollte eine populäre, mit neuesten Bildern illustrierte Fassung des 1929 erschienenen Werks von Hitchcock werden,[14] denn, so stellen sie fest, keine der vielen deutschen und anderen europäischen Publikationen über die moderne Architektur war «the whole style and nothing but the style» gewidmet. Von Anfang an sollte dieses Buch eine Kampfansage an den Funktionalismus und «a defeat of ‹Gropiusism›»[15] sein. Es ging um nichts Geringeres, als das Werk der funktionalistisch argumentierenden modernen Architekten und vielleicht sogar die Schöpfer selbst von dieser ihrer selbstgeschaffenen Obsession zu befreien, wie aus einem 1930 geschriebenen Brief von Johnson an Oud ersichtlich wird: «We shall not approach the theme from the historical side but in terms of problems of style. Naturally the critical analysis will be purely aesthetic, to the great disappointment of our German **sachlich** friends who think of nothing but sociology.»[16] ▪ Das in Europa zusammengetragene Material bildete die Grundlage für die ersten dem Bauhaus gewidmeten Ausstellungen in den USA: Die erste dieser Ausstellungen, veranstaltet von der Harvard Society for Contemporary Art, fand in Cambridge/Massachusetts statt, die zweite Anfang 1931 in den John Becker Galleries, New York.[17] In Amerika gab es bis dahin nur Anzeichen für das, was Barr, Hitchcock und Johnson vorschwebte: eine amerikanische Version des International Style, wie Hitchcock sie 1928 ansatzweise in den Arbeiten junger Architekten entwickelt sah: «The first to develop an American version of what is very definitely not a French, nor a Dutch, nor a German, nor a Russian, but an international style.»[18]

EIN INTERNATIONALER WETTBEWERB IM JAHRE 1922
Bezeichnend für diese Entwicklung ist der Verlauf eines berühmten amerikanischen Architekturwettbewerbs. Im Jahre 1922, jenem Jahr, das Hitchcock und Johnson nach ihrer neuen Geschichtsschreibung als Zäsur begreifen, wünschte die «Chicago Tribune» anlässlich ihres 75-jährigen Jubiläums ein neues Gebäude zu errichten, das ihre Rolle als eine der führenden und erfolgreichsten Zeitungen der USA unterstreichen sollte. Neben 145 amerikanischen beteiligten sich auch viele europäische Architekten an dem Wettbewerb, darunter 37 aus Deutschland. Im mit neuem Nationalbewusstsein aufgetankten Amerika war man sich sehr sicher, dass nur Architekten aus den USA die als absolut amerikanisch empfundene Aufgabe eines Hochhausentwurfs wirklich vollendet leisten könnten, wie ein amerikanischer Autor 1928 bemerkte: «The skyscraper, an American institution, planned to meet modern American requirement and serve American purposes, built of materials of modern manufacture in methods peculiarly American, has finally been made to express Americanism in its design.»[19] Der Begriff «modern» ist hier ausschließlich technisch und funktional definiert, nicht auch ästhetisch; er bezieht sich auf die Nutzungserwartungen hinsichtlich Komfort usw., nicht auf eine Vision. ▪ Denn

einerseits war die amerikanische Mentalität bei weitem nicht so stark durch das Erlebnis des Ersten Weltkriegs erschüttert worden wie die der Europäer; andererseits gab es aber bei aller Technikbegeisterung durchaus Ängste, hervorgerufen durch die wirtschaftlichen, politischen und sozialen Veränderungen, die mit dem technischen Fortschritt einhergingen. In den USA wirkte ganz stark der überkommene, durch tradierte Stilelemente bestimmte Schönheitsbegriff, der bis dahin nicht, wie in Europa, in Frage gestellt worden war. Er wurde in der Zielsetzung des Wettbewerbs mehrfach betont – es sollte eine «Verbesserung der Schönheit der Stadt Chicago» mit dem «schönste(n) Bürogebäude der Welt» erreicht werden – und stellte gewissermaßen eine kulturelle Sicherheit in der ohnehin noch jungen amerikanischen Geschichte dar. Und so war der Wettbewerb um den Chicago Tribune Tower von Entwürfen dominiert, die sich der Formensprache der École des Beaux-Arts bedienten. ■ Der Bauhausdirektor Walter Gropius und sein Partner Adolf Meyer reichten einen Entwurf ein, mit dem sie ihr expressionistisches Nachkriegsintermezzo beendeten. Ihr Entwurf verleiht dem Chicago Tribune Tower eine konsequent moderne Gestalt, die das Skelett in der Fassade thematisiert. Dabei gingen Gropius und Meyer durchaus von amerikanischen Gegebenheiten aus. «Eisenbeton» oder «Stahlbau mit Terrakotta-ummanteltem Eisenwerk» wie auch die «Chicago Windows» entsprachen durchaus der Chicagoer Bautradition. Christian Wolsdorff hat auf den entscheidenden Unterschied hingewiesen: «Während amerikanische Architekten das Stahlskelett als notwendig hinnahmen, stilisierten besonders deutsche Architekten seine Verwendung zu einer moralischen Frage hoch. Sullivan hat in seiner Autobiographie klar dargelegt, wie die Benutzung des Stahlskeletts den Architekten in Chicago durch die vorherrschenden ökonomischen Bedingungen am Bau aufgezwungen wurde ... Für Gropius und Meyer dagegen wurde das Bürohaus zum Symbol ... Die Ablesbarkeit des Skeletts, die Transparenz der Darstellung der Tragstruktur eines Baus, wurde als gesellschaftliches Phänomen aufgefaßt. Damit erhielt es eine Bedeutung, die es in Chicago nie erlangen konnte. Selbst Frank Lloyd Wright hat in seinen Hochhaus-Entwürfen die Tragstruktur nie offengelegt.»[20] ■ Gebaut wurde schließlich der neogotische Entwurf der US-Amerikaner John Mead Howell und Raymond Hood. An der Entwicklung von Hoods Entwürfen kann geradezu exemplarisch der Wandel in der amerikanischen Architektur nach 1922 abgelesen werden. Es ist bezeichnend, dass Alfred J. Barr in seinem Vorwort zum Buch «The International Style: Architecture since 1922» darauf einging und diesen Prozess als Siegeszug des International Style interpretierte: «Ein Vergleich der vier berühmten Wolkenkratzer von Raymond Hood ergibt eine eigne Geschichte. Der Tribune Tower, Chicago, gefolgt vom Radiator Building (1924), New York, beide üppig gekrönt und dekoriert mit aufgesetzter Gotik, dann der spektakuläre Vertikalismus des Daily News Building (1930) und zum Schluß das McGraw-Hill Building (1931), das stärker den ‹Stil› verkörpert als irgendein anderer Wolkenkratzer in New York.»[21]

DIE VIELFALT UND INTERNATIONALITÄT DER MODERNEN EUROPÄISCHEN ARCHITEKTUR IN DEN ZWANZIGER JAHREN

Nicht Stil, sondern Internationalität war das Schlagwort der europäischen Moderne, allerdings mit weitaus anderen Bedeutungen als der spätere Begriff des International Style. Eine neue Architektur als Stil, wie von Walter Curt Behrendt als «Sieg des neuen Baustils» verkündet, wollte keiner der europäischen modernen Architekten. Der Bruch

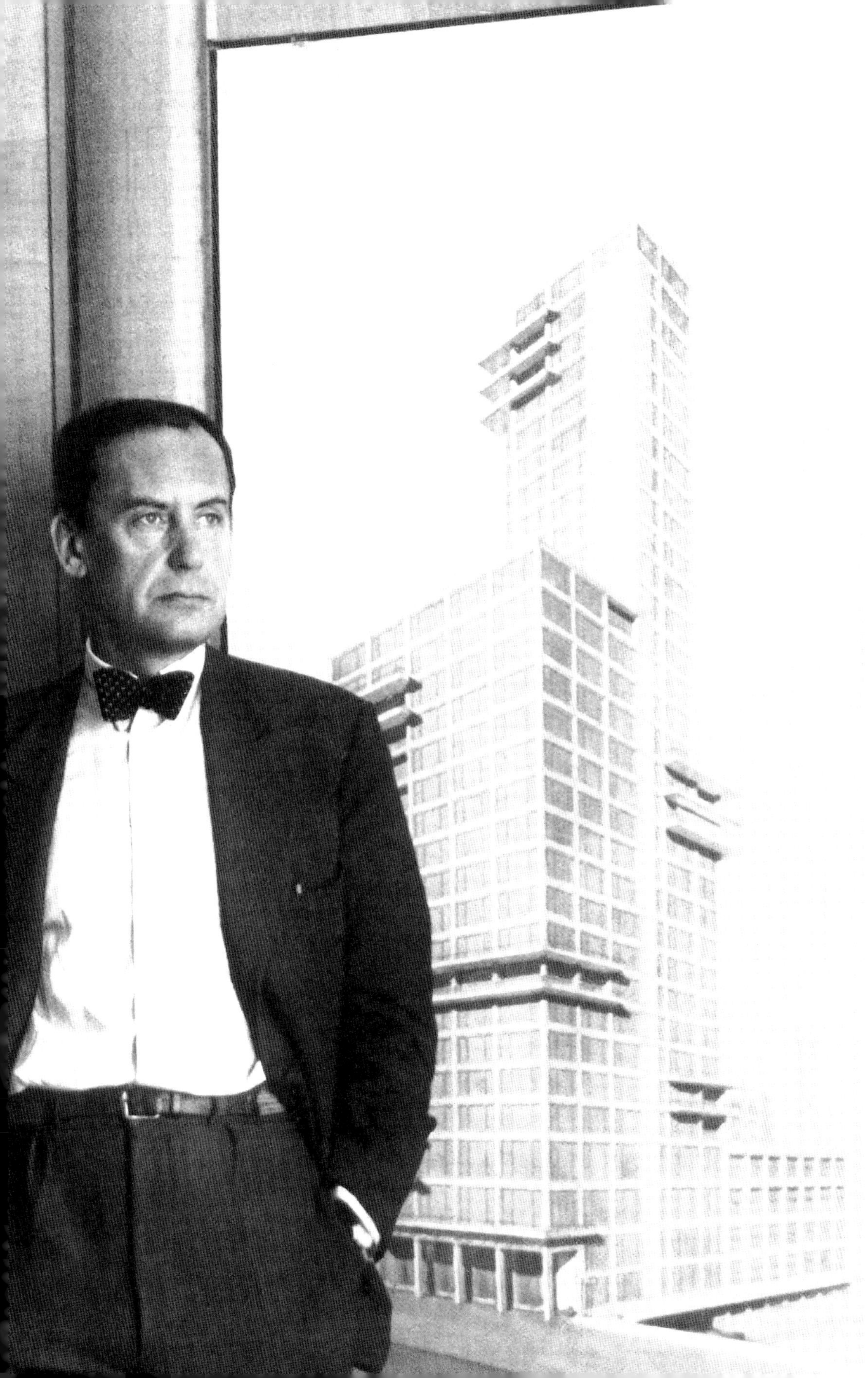

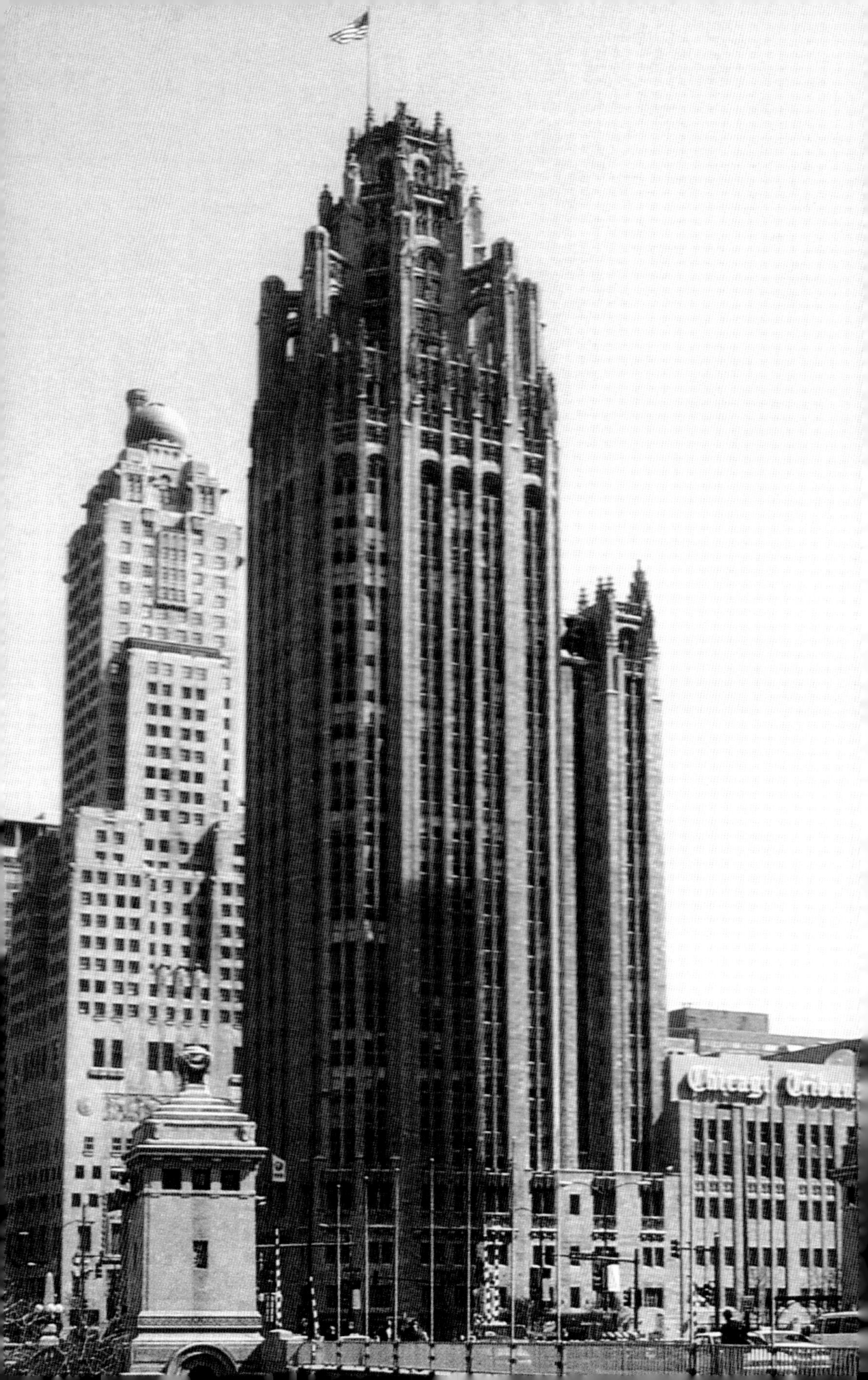
Chicago Tribune

mit der Stilgeschichte, insbesondere mit den vielen Ismen des 19. Jahrhunderts, sollte elementar und endgültig sein. So war anstatt von Stil und Form vom Neuen Bauen und von Gestaltung die Rede. Hierin trafen sich Funktionalisten und Baukünstler. Ludwig Mies van der Rohe fragte: «Ist der Prozeß nicht das Wesentliche?»[22] und Hannes Meyer stellte fest «Die konstruktive Form kennt kein Vaterland, sie ist zwischenstaatlich und Ausdruck internationaler Baugesinnung.»[23] Walter Gropius wendete sich 1922 radikal von jeglichen Stil- und sogar (Bau-)Kunsterwägungen ab. In Auseinandersetzung mit den Positionen von Oud, Le Corbusier und anderen wagte er den ganz großen Schnitt, wie auch, beeinflusst vor allem von Theo van Doesburg und De Stijl, einige Studenten des Bauhauses, die sich zur Gruppe KURI formierten. Die Abkürzung KURI fasste die zentralen Begriffe der Debatte zusammen: konstruktiv, utilitär, rational und international.[24] ■ Ein unveröffentlichtes Manuskript, am 6. Februar 1922 in Weimar in die Maschine getippt und «Wohnmaschinen» betitelt, gibt Auskunft über Gropius' Denkprozess. Ausgangspunkt ist eine der Grundfragen des Bauhauses: Wie verhalten sich Industrie und Handwerk zueinander, welche Konsequenzen hat die Industrialisierung für die Weltbevölkerung (Gropius sah die «Möglichkeit eines einheitlichen Erdbewohners, dessen Heimat die Erde, nicht irgend ein Teil von ihr ist»), letztlich auch für die Architektur? Gropius' Antwort fiel radikal aus: Wie die Welt der Fahrzeuge soll auch die Welt der menschlichen Wohn- und Arbeitsgehäuse, die Architektur, von einer Immobilie zur Mobilie werden: «Das Ideal wäre eine Maschine, die dem Wohnbedürfnis praktisch entspricht und uns jeden Ortswechsel in allen Elementen gestattet.»[25] Als Vorreiter dieser Entwicklung betrachtete Gropius kein europäisches Land, sondern die USA: «Der großzügige Amerikaner hat in einer Generation diese Probleme schon zur sozialen Selbstverständlichkeit herangeführt. Schon jetzt besitzt jeder Durchschnittsamerikaner sein Ford-Auto, das er sich jedes Jahr gegen ein besseres von der Fabrik eintauscht ... In dieser großzügigen Kühnheit des amerikanischen Volkes liegt das Geheimnis ihrer schnellen Verbesserung der äußeren Lebensverhältnisse. Seine mobile Natur greift alle Möglichkeiten auf und bleibt in der Wirklichkeit seinen Phantasien hart auf den Fersen. Er ist der entschlossenste Erdenbewohner, der die Kluft zwischen Traum und Wirklichkeit mit Kraft und Großzügigkeit zu schließen sucht. Er verbindet Orient und Okzident. Er nimmt die Ideen aus der ganzen Welt und lässt sie zu Realitäten verdichten.» ■ Das ließ Gropius zu der Schlussfolgerung kommen, die Gestaltung des neuen Hauses, der «Wohnmaschine», müsse entschlossen Abschied nehmen von jedem Stilbegriff: «Warum trägt man in Amerika, in Europa, in Japan das gleiche Kleid des modernen Menschen, dem keine Phrase früherer Zeiten anhaftet? Aber in den Wohnungen gebärden wir uns à la Rokoko und Renaissance oder Indien. Wir suchen das Besondere anstatt das Selbstverständliche, Typische ... Ästhetische Absichten verhindern die natürliche und organische Entwicklung unserer Wohndinge. Wir kennen keinen Stuhl, keinen Tisch, der uns entspräche ... Nur die Dinge, die der Ingenieur schuf (Wasserleitung, Heizung, elektrisches Licht) entsprechen den geistigen Forderungen des Tages. Das Büro einer modernen Fabrik hat die organischen Formen seiner Mobilien, unsere Wohnungen nicht. Erst wenn das Sentimentale, das Ästhetische, Kunstmachenwollen erschlagen ist und mit ihnen die Träger dieser Dinge, der Architekt, der Kunstgewerbler, und an seine Stelle der Handwerker, der Fabrikarbeiter, der Ingenieur getreten sind, werden wir die Gehäuse mit ihren Teilen zu uns haben, die unserem Leben und unserer Zeit entsprechen.» Nicht ganz so radikal – die Kunst wurde nun doch nicht verabschiedet – präsentierte das Bauhaus in Weimar 1923 unter dem neuen Motto «Kunst und Technik – eine neue Einheit» die Ausstellung «Internationale Architektur». In ihr war unter anderen mit Le Corbusier und Ludwig Mies van der Rohe (dessen Modell eines Glashochhauses von 1922 dem Modell von Gropius' Chicago Tower gegenüberstand) die Creme der europäischen Moderne vertreten. Und das Haus Am Horn, ein Versuchshaus, diente als begehbares Modell für die Ausstellung.[26] ▬ Das Bauhaus zielte nun darauf ab, unter seinem Dach «Laboratoriumswerkstätten für die Industrie» zu vereinen. 1925 erschien der Bildband «Internationale Architektur» als Band 1 der Bauhausbücher. Die Radikalität des Manuskripts von 1922 wird in vielen Punkten durchgehalten. Falk Jaeger stellte heraus, dass Gropius «die Genesis der architektonischen Erscheinungsformen nur jenen Faktoren der Stilbildung» zuschrieb, «die Max Dvorak als die ‹nicht-künstlerischen› bezeichnet hatte ... Daß Gropius die Beschäftigung mit morphologischen Kategorien trotzdem ein Bedürfnis gewesen ist, geht aus vielen Schriften hervor, ebenso auch der erklärte ‹Wille zur Entwicklung eines einheitlichen Weltbildes›, die Sehnsucht, die geistigen Werte aus ihrer individuellen Beschränkung zu befreien und sie zu objektiver Geltung zu bringen.»[27] ▬ Doch das Individuelle war nicht Gropius' Ziel; er sprach in jenen Jahren sogar von einer notwendigen «Enteitelung» des Architekten. «Der Spielraum zwischen dem Individuellen und dem Objektivierbaren..., den Gropius zwar erkannte, jedoch konsequent zu verdrängen suchte, dieser auch dem Funktionalismus eigene Freiraum ist jener, in dem sich der Stil entwickelt. Gropius selbst hat ihn unbewusst meisterhaft zu nutzen verstanden und hat so in großem Maße stilbildend gewirkt.»[28] In «Internationale Architektur» schrieb Walter Gropius dazu: «In der modernen Baukunst ist die Objektivierung von Persönlichem und Nationalem deutlich erkennbar. Eine durch Weltverkehr und Welttechnik bedingte Einheitlichkeit des modernen Baugepräges über die natürlichen Grenzen, an die Völker und Individuen gebunden bleiben, hinaus, bricht sich in allen Kulturländern Bahn. Architektur ist immer national, immer auch individuell, aber von den drei konzentrischen Kreisen – Individuum-Volk-Menschheit – umspannt der letzte, größte auch die beiden anderen. Daher auch der Titel ‹Internationale Architektur›!»[29] 1927 erschien die zweite Auflage dieses «Bilderbuchs moderner Baukunst», in dem Gropius behauptete: «Damals erst Geahntes ist heute festumrissene Wirklichkeit.»[30] Das war im selben Jahr, in dem Walter Curt Behrendt den «Sieg des neuen Baustils» verkündete. Bei dessen genauerer Charakterisierung ging Behrendt aber gleich wieder einen Schritt zurück, indem er zwar Begriffe wie «Maschinenstil», «technischer» oder «Materialstil» verwendete und auch sonst nahe an der Argumentation war, die Hitchcock und Johnson fünf Jahre später fixieren sollten. Doch noch formulierte auch er: «Zu einer ästhetischen Betrachtung ist der Stil noch nicht reif.»[31]

«ALSO DOCH EIN BAUSTIL» – DIE MODERNE ARCHITEKTUR WIRD HISTORISCH
«In Anbetracht solcher Klimmzüge kann man sich eigentlich nur wünschen, daß jemand die Dinge unvoreingenommen und mit unverstelltem Blick angeht und so beschreibt, wie sie sind. So mußte es kommen», stellt Werner Oechslin in seinem Aufsatz über den «Mainstream-Internationalismus» fest.[32] Er zitiert Hannes Meyers Thesen «Einzelform und Gebäudekörper, Materialfarbe und Oberflächenstruktur entstehen automatisch» und zeigt auf, wie diese Charakteristiken 1932 in den USA «ganz einfach als die gegebenen Elemente beschrieben werden»; fürs Erste werde hier die «Frage der Verursachung»

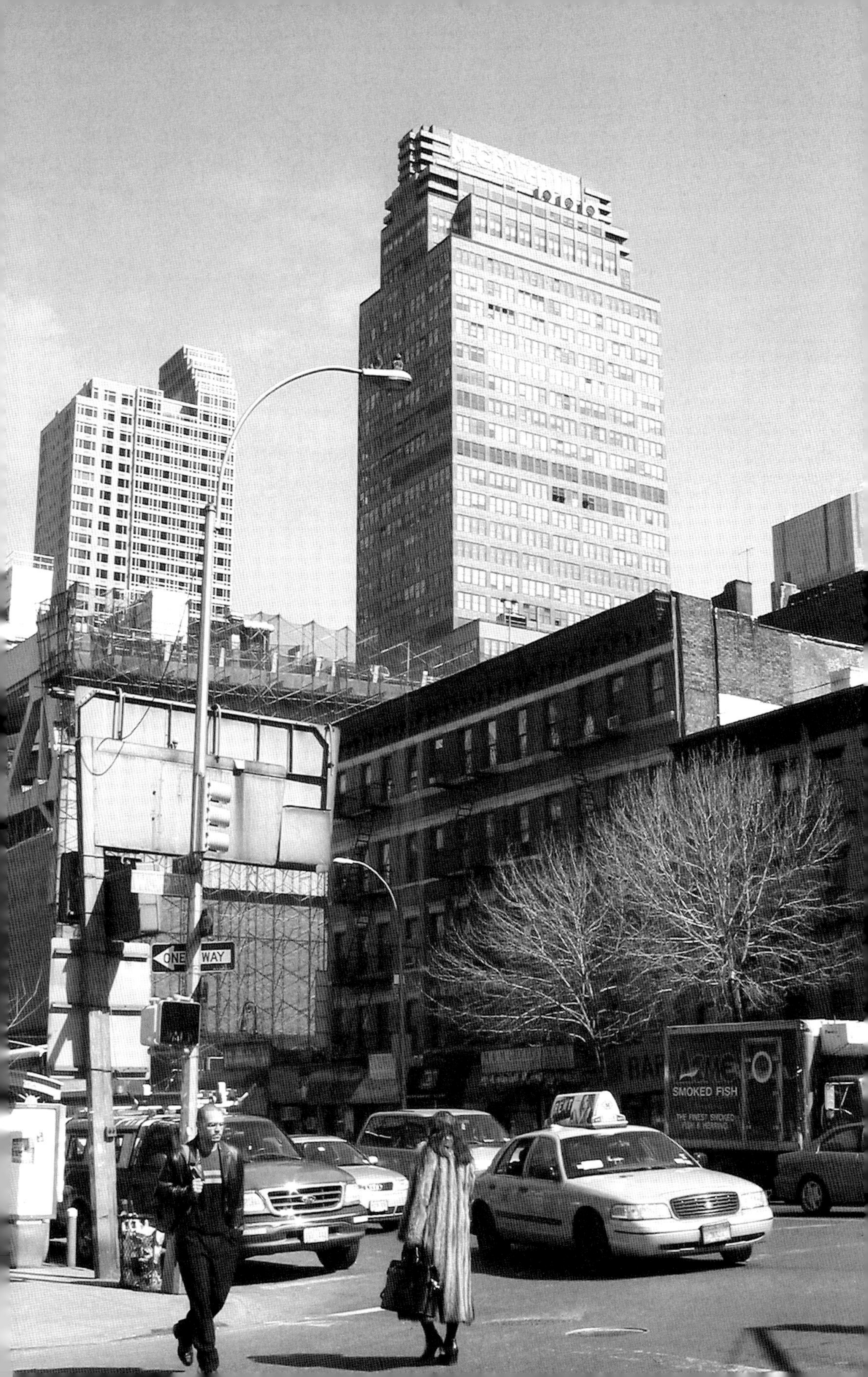
ONE WAY
SMOKED FISH

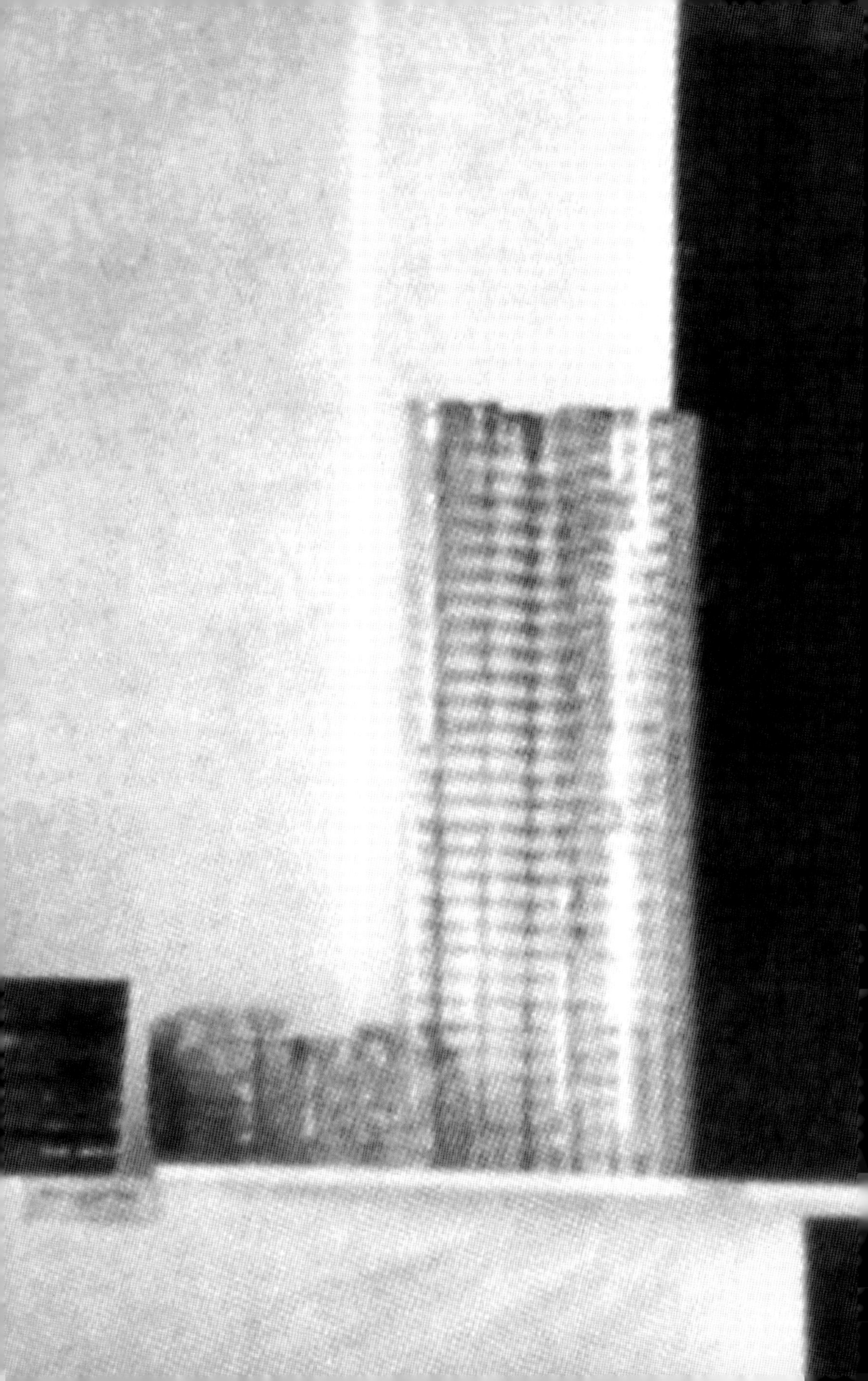

hintangesetzt. «Der Stilbegriff läßt zwar vieles auf der Seite, aber die Form verteufelt er nicht.»[33] Alfred Barr hat im Vorwort zu «The International Style: Architecture since 1922» die hauptsächlichen, im Ästhetischen und in der Sehnsucht nach einem einheitlichen Stil gründenden Motive für Ausstellung und Publikation genannt. Wolkenkratzer, so Barr, würden in den USA bewundert, «ganz gleich ob romantisierend, im Mayastil oder in Renaissance, ob in assyrischem, aztekischem, gotischem oder besonders modernem Baustil, ob mit Wasserspeiern aus rostfreiem Stahl auf dem Chrysler Building oder mit dem phantastischen Ankermast für Luftschiffe auf dem Empire State Building. Kein Wunder, daß sich einige von uns, erschreckt durch dieses Chaos, mit größtem Interesse hoffnungsvoll dem Internationalen Stil zuwenden.»[34] Barr, Hitchcock und Johnson stellen zudem die zumindest nach den Verlautbarungen der europäischen Moderne zerrissene Kontinuität der Geschichte wieder her, indem sie die Wurzeln dieses neuen internationalen Stils aufzeigen. Die Moderne wird historisch, wie es Hitchcock schon 1929 in seinem Buch «Modern Architecture. Romanticism and Reintegration» erklärt hatte. (Für Johnson waren nach eigener Aussage die Propyläen-Kunstgeschichte und besonders das Buch «Die Baukunst der neuesten Zeit» von Gustav Platz wichtige Quellen der Anregung und Information.) Im Herbst 1930, kaum ein Jahr nach der Eröffnung des New Yorker Museum of Modern Art, hatten Barr, Johnson und Hitchcock die Idee entwickelt, das für das Buch «International Style» gesammelte Material für eine Ausstellung in diesem Museum zu verwenden. Auf Barrs Bitte hin verfasste Johnson im Dezember 1930 ein Konzept für eine solche Ausstellung, das die Treuhänder des Museums überzeugen sollte. Vorgesehen war auch, dass Ludwig Mies van der Rohe die Ausstellungsleitung übernehmen sollte. Es waren wohl vornehmlich Probleme politischer Natur, die Mies zu diesem Zeitpunkt als Bauhausdirektor hatte, welche ihn davon abhielten, die Leitung der Ausstellung zu übernehmen.[35] So fiel vor allem Johnson die Aufgabe zu, die Ausstellung zu konzipieren. Er stellte das Werk Mies van der Rohes in den Vordergrund, der für ihn der wichtigste zeitgenössische moderne Architekt war. Schon bei seinem ersten Treffen mit Mies in Deutschland hatte ihn Johnson gebeten, sein Apartment in New York zu gestalten. Das Projekt wurde 1930 realisiert und war mit Fotografien sowohl in der Ausstellung als auch im späteren Buch vertreten. Johnsons Mitstreiter hatten andere Präferenzen: Hitchcock bevorzugte J. P. Oud, Barr Le Corbusier.[36] Die Ausstellung «Modern Architecture: International Exhibition» gliederte sich in drei Sektionen. Sektion eins, «Modern Architects», präsentierte Arbeiten jener Architekten, die Hitchcock und Johnson als die herausragenden betrachteten. Einige von ihnen wurden gebeten, ein Modell ihrer Arbeit nach eigener Wahl zu senden. Gropius entschied sich für das Bauhausgebäude, Mies für das Tugendhat-Haus, Le Corbusier für die Villa Savoye und Oud für das Pinehurst-Projekt. Diese Modelle, umgeben von großformatigen Fotografien anderer Projekte, wurden in den Haupträumen gezeigt. Sektion zwei trug den Titel »The Extent of Modern Architecture». Kleinere Fotografien zeigten das Werk von 39 Architekten aus 16 Ländern. Diese Abteilung wurde erst wenige Monate vor Ausstellungseröffnung konzipiert, so dass sich die präsentierten Arbeiten auf das beschränkten, was bis zu diesem Zeitpunkt eingesandt worden war.[37] Die Streamline-Moderne und den Art déco hatten die Ausstellungskuratoren ganz bewusst nicht aufgenommen, wie Johnson später erklärte: «In the world of Industrial Design, the accepted style was the Moderne of the teardrop shape, applied even to toasters and refrigerators – not the Bauhaus machine art we at the museum favoured.»**38** Diese Stile waren besonders für Alfred Barr «halbmoderne» oder «modernistische» Kompromisse, er verabscheute sie als «oberflächlich modern». Doch die Kuratoren mussten auf Druck der Treuhänder des Museums auch amerikanischen Architekten Raum geben. Dem kamen Barr, Hitchcock und Johnson nur mit Zähneknirschen nach: «Out of misbegotten nationalism or, rather, a desire to encourage lagging American design, we arbitrarily decided to include four Americans.»**39** So gelangten folgende amerikanische Architekten in die Ausstellung: Frank Lloyd Wright, der ursprünglich aus Österreich stammende Richard Neutra (nach Johnsons Meinung der einzige dem International Style zuzurechnende US-Architekt), Raymond Hood, die Bowman Brothers und Howe & Lescaze. ▬ Eine dritte Sektion war dem «Housing» gewidmet (im Buch verwendeten die Autoren dann das deutsche Wort «Siedlungen»). Sie wurde von Lewis Mumford und Catherina Bauer gestaltet, die, im Vergleich zu den eher rechtsliberalen Positionen von Barr, Hitchcock und vor allem Johnson, politisch deutlich links einzuordnen waren. Der Katalog zur Ausstellung war ebenso nach den drei Prinzipien zum Volumen, zur Regularität und zur Vermeidung aufgesetzter Ornamente gegliedert, doch wich er in vielen Punkten vom späteren Buch ab, da er vor allem Architektenmonographien enthielt, ergänzt durch Chronologien und Bibliographien. ▬ Bisher ist selten wahrgenommen worden, welche Sprengkraft in der Ausstellung lag und wie sich diese bei einem Symposium während ihrer Laufzeit in New York entlud. Auf diesem Symposium wurden nämlich überhaupt keine vordergründig ästhetischen Fragen erörtert, sondern vielmehr Grundlegendes zur gesellschaftlichen Lage und zu den sozialen Aufgaben von Architektur. Es entstand hier in der Tat so etwas wie eine Momentaufnahme der modernen Architektur der USA jener Jahre – etwas, was Ausstellung und Buch nicht leisteten. Kenneth Frampton hat das 1992 mit aller Schärfe formuliert: «Im demokratischen Amerika zerbrach die Idee einer internationalen modernen Architektur gewissermaßen im gleichen Augenblick, in dem sie entstand, nämlich bei einem Symposium zu diesem Thema, das am 19. Februar 1932 im Museum of Modern Art veranstaltet wurde, und in den nachfolgenden polemischen Bemerkungen in der April-Ausgabe 1932 der Zeitschrift ‹Shelter›.»**40** Frampton hat auch die ideologischen und sozialen Hintergründe der Akteure aufgedeckt: «Mit Ausnahme von Mumford und Bauer hatten alle Beteiligten ihre Ausbildung in Harvard erhalten, wo sie entweder Kunstgeschichte oder Philosophie studiert hatten. Als die neuen Ästheten und Intellektuellen der herrschenden Elite nahmen sie für sich das Recht in Anspruch, Vorhersagen über die Zukunft der Gesellschaft zu treffen und sogar Vorschriften darüber zu formulieren, welche Mittel eingesetzt werden sollten, um die soziologischen Spannungen, die durch die Modernisierung verursacht wurden, zu lösen.»**41** ▬ Es lassen sich dabei, vor allem nach weltanschaulich-politischen Gesichtspunkten, vier verschiedene Positionen ausmachen. Da war zunächst die Gruppe derjenigen, die einem freiheitlichen, das Individuum in den Mittelpunkt stellenden Ideal der amerikanischen Gesellschaft anhingen, frei von staatlichen und einseitig profitorientierten privatkapitalistischen Beschränkungen. Es war insbesondere Frank Lloyd Wright, der, ausgehend von solchen Vorstellungen, seinem Zorn Luft machte seinem Zorn auf alle Ausstellungsmacher, sowohl auf die «Liberalen» Barr, Hitchcock und Johnson als auch auf den «linken» Mumford, den er kommunistischer Neigungen bezichtigte. Die Ausstellung, so sein Vorwurf, würde nicht, wie er, Wright, es tue, auf eine «Architektur für das Individuum» hinarbeiten, sondern «zahm und willfährig die Senilität in Gestalt einer neuen

Erfindung» akzeptieren – den «so genannten Internationalen Stil».[42] ■ Dann gab es die an der Ausstellung beteiligte Gruppe linksorientierter Historiker, der Lewis Mumford und Catherina Bauer zugehörten. Mumford verteidigte auf dem Symposium Positionen, wie sie ähnlich auf dem CIAM-Kongress von 1929 vertreten worden waren. Er forderte den «amerikanischen Architekten» auf, «alle Faktoren, die seinen Entwurf beeinflussen und in die endgültige Lösung integriert werden müssen, zu berücksichtigen. Solange er sich darauf beschränkt, nur an wohlhabende Klienten zu denken, die einen teuren Geschmack besitzen ... kann er nichts dazu beitragen, das Problem des modernen Wohnungsbaus zu lösen.»[43] Die dritte Gruppe, die man die Technokraten nennen könnte, wurde von Richard Buckminster Fuller vertreten. Er stellte seinen Ansatz einer streng wissenschaftlich-technischen Methode in Verbindung mit dem Großkapital vor, wie er sie bald danach in seinem «Dymaxion»-Prinzip formulierte. Die vierte Gruppe schließlich war die der «Ästheten» Barr, Hitchcock und Johnson. ■ Die Wirkung der Ausstellung und des Kataloges beschränkten sich, bis auf eine eher stille Rezeption in europäischen Fachkreisen, auf die USA. Folglich war das Buch «The International Style: Architecture since 1922» für eine weitere Verbreitung gedacht, gerade auch in Deutschland, der Hochburg des Funktionalismus. Es sollte in der deutschen Ausgabe den Titel «Also doch ein Baustil» tragen (eine deutsche Ausgabe erschien dann allerdings erst 1985). Philip Johnson bemerkte dazu: «Our whole aim – Hitchcock's and mine was to beat out the functionalists. The whole point of the book. While to Alfred Barr it was to illustrate this great new movement which he was going to be one of the propagandizers of. And so he insisted on International style. So we bought it. Well I bought it first and then Hitchcock did.»[44] Im Vorwort von 1932 ging Barr auch darauf ein: «Die Trennungslinie zum Funktionalismus sollte nach meinem Gefühl von besonderem Interesse für amerikanische Architekten und Kritiker sein. Der Funktionalismus als bestimmendes Prinzip hatte seinen Höhepunkt bei den wichtigen europäischen Architekten vor einigen Jahren erreicht. Wie wir vermuten, haben nicht wenige amerikanische Architekten erst kürzlich die ‹Nützlichkeit-und-sonst-nichts-Theorie› für ihre Architektur mit asketischem Eifer übernommen. Sie scheinen nicht zu bemerken, dass Le Corbusier trotz seines Slogans vom Haus als ‹machine a habiter› mehr mit Stil befasst ist als mit ausschließlich gebrauchsbezogenem Planen und Installieren, und der eleganteste der modernen deutschen Architekten, Mies van der Rohe, löste vor über einem Jahr Hannes Meyer, einen fanatischen Funktionalisten, in der Leitung des Bauhauses ab. ‹Postfunktional› wurde sogar als eine Bezeichnung des neuen Stils vorgeschlagen; sie ist präziser und beschreibt die Entwicklung besser als der Terminus ‹international›.»[45] Den Terminus «international» habe man gewählt, so Barr, um der gleichzeitigen Entwicklung dieser Architektur in verschiedenen Ländern der Welt gerecht zu werden. Dazu gäbe es eine historische Parallele mit der Gotik, als Architektur, Malerei und Plastik in großer Einheitlichkeit in weiten Teilen Europas verbreitet waren.[46]

PRINZIPIEN UND MERKMALE DES INTERNATIONAL STYLE

Hitchcock und Johnson beginnen ihr Buch mit grundlegenden Bemerkungen zum International Style. Er habe «wenige, aber breit wirksame Prinzipien»: «Sie beinhalten nicht nur Proportionsregeln, wie bei der Unterscheidung der dorischen von der ionischen Ordnung, sie sind fundamental, wie zum Beispiel die organische Vertikalität der Gotik oder

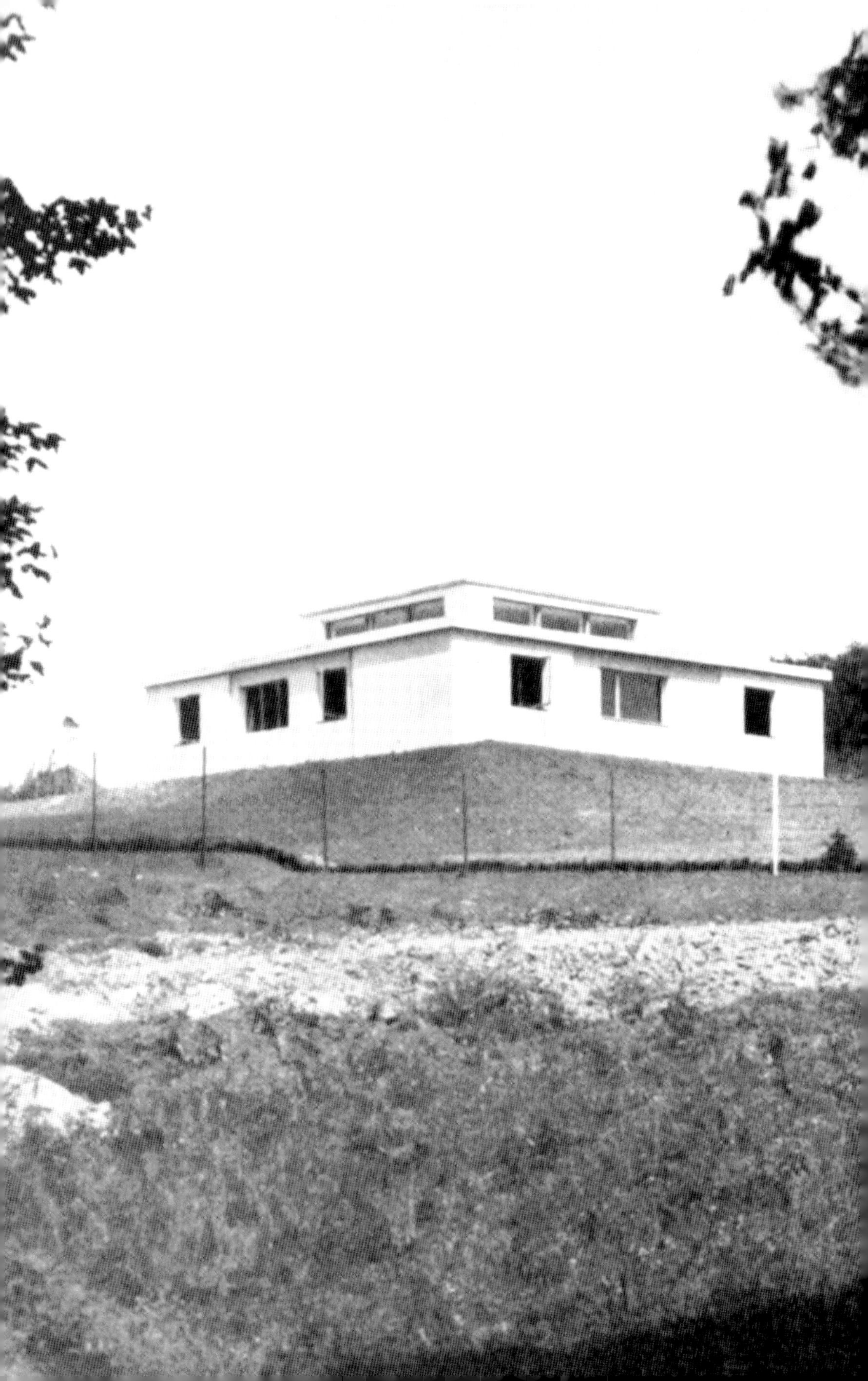

die rhythmische Symmetrie des Barock. Dazu gehört, erstens, das neue Verständnis von Architektur mehr als Raum denn als Masse. Zweitens dient modulare Regelmäßigkeit anstelle von axialer Symmetrie als ordnendes Gestaltungsmittel. Diese beiden Prinzipien kennzeichnen zusammen mit einem dritten, das willkürliche Ornamentierungen verbietet, die Produkte des Internationalen Stils. Dieser neue Stil ist weder international in dem Sinne, daß die Errungenschaften eines Landes genau denen eines andern gleichen, noch ist er so rigide, daß die Werke verschiedener führender Köpfe sich nicht klar unterscheiden ließen.»[47] ▪ Die Autoren verneinen durchaus nicht wirtschaftliche und andere nichtästhetische Bedingungen und übersehen auch nicht die individuellen Spielräume «paralleler Experimente». Es geht ihnen aber immer um die stilistische Wirkung und Einordnung gebauter Architektur, unabhängig von programmatischen und anderen Ausgangspositionen. Im Bildteil sind den Fotografien Grundrisse, manchmal auch Lagepläne und Schnitte beigefügt – etwa bei komplexeren Bauten wie der Van Nelle-Fabrik von van der Brinkmann und Vlugt und bei Siedlungen wie der Rothenberg-Siedlung in Kassel von Otto Haesler oder der Stockholmer Coop-Siedlung von Eskild Sundahl. ▪ Ihre Kernthesen zu den drei Prinzipien sind so knapp und klar, dass sie in Auszügen hier zitiert werden sollen. Zum ersten Prinzip, «Architektur als umschlossener Raum», bemerken Hitchcock und Johnson: «Grundrisse können jetzt mit weit größerer Freiheit behandelt werden als in der Vergangenheit ... Die Zeichen moderner Grundrisse haben sich symbolhaft zu Punkten, die Stützen darstellen, und zu Linien als Trennwände und Wetterschutz reduziert ... Der Grundriß kann fast gänzlich nach den Bedürfnissen, die er erfüllen soll, geplant werden.» «Die Wirkung der Masse ... ist verschwunden; an ihre Stelle tritt die Wirkung reiner Körper – oder genauer, von glatten Flächen, die einen Raum umschließen ... Die Klarheit der Erscheinung des reinen Volumens wird durch jede Art Störung gemildert. Das reine Volumen wird als immateriell und gewichtslos empfunden, als geometrisch bestimmter Raum ... Der allgegenwärtige Putz, der noch als Kennzeichen des Neuen Stils fungiert, hat den ästhetischen Vorteil, eine kontinuierliche, ebene Oberfläche zu bilden.» ▪ Zum zweiten Prinzip, «Bemühung um modulare Regelmäßigkeit», schreiben Hitchcock und Johnson: «Stützen von Skelettkonstruktionen sind in der Regel in gleichen Abständen angeordnet, um keine unterschiedlichen Spannweiten zu bekommen ... Außerdem legen wirtschaftliche Erwägungen die durchgängige Verwendung standardisierter Teile nahe.» Hier gehen die Autoren auch auf die neuen technischen Möglichkeiten ein und leiten ein ganz wichtiges kompositorisches Prinzip daraus ab: «Moderne Standardisierung ergibt von selbst einen hohen Grad von Stimmigkeit der einzelnen Teile. Darum benötigen moderne Architekten nicht die Disziplin der Spiegelgleichheit oder Axialsymmetrie, um ästhetische Ordnung zu erzielen. Heute sind asymmetrische Entwurfsordnungen sowohl aus ästhetischen als auch aus technischen Gründen zu bevorzugen. Denn Asymmetrie steigert mit Sicherheit die allgemeine Attraktivität der baulichen Komposition. Und die Funktion drückt sich bei den meisten zeitgenössischen Bautypen deutlicher in asymmetrischen Formen aus.» ▪ Hitchcock und Johnson gestatten sich auch einen Blick auf aktuelle – natürlich stilistische – Tendenzen: «Was Regelmäßigkeit betrifft, sind Architekten dabei, die Elastizität der gegenwärtig gültigen Ordnungen zu erforschen ... Diese Entwicklung der ästhetischen Möglichkeiten des heutigen Stils wird in der Verwendung runder und schräger Formen in Grundrissen und Ansichten deutlich.» Und gerade an den wenigen Beispielen für Wolkenkratzer in ihrem Buch zeigen die Autoren die Bedeutung der horizontalen Gliederung für moderne Bauten auf: «Mehrstöckige Bauweisen führen ganz natürlich zu Horizontalität. Die meisten Funktionen verlangen darüber hinaus eine ausgedehnte Entwicklung auf einer Ebene – die horizontale Entwicklung ist wichtiger als die vertikale.» ▬ Dann kommen Hitchcock und Johnson zum dritten Prinzip, zur «Vermeidung aufgesetzter Dekorationen»: «Das architektonische Detail ... sorgt in der zeitgenössischen Architektur für eine gewisse Ausschmückung ... Die Tatsache, daß es heute so wenige verschiedene Details gibt, steigert die dekorative Wirkung derer, die vorhanden sind.» Die Moderne kennt nun neue Arten des Details: «Brüstungen und Geländer haben für die heutige Architektur eine gleich große Bedeutung wie Balustraden für die Architektur des 17. und 18. Jahrhunderts.» Im dritten Punkt wird auch etwas zum Verhältnis von moderner Architektur und bildender Kunst ausgesagt: «Neben dem architektonischen Detail bieten passende Werke der Skulptur und Malerei die Gelegenheit, zeitgenössische Bauten angemessen zu schmücken, ohne in bloßes aufgesetztes Ornamentieren abzugleiten. Wandgemälde sollten die Wand als Fläche nicht unterbrechen ... Bildhauerische Arbeiten sollten ebenfalls nicht mit der Architektur verbunden oder verschmolzen werden.» Hier wird auch ein Klischee über die moderne Architektur geboren, nämlich dass «bei der Anwendung von Farbe ... Zurückhaltung die allgemeine Regel» sei. In vielen Kommentaren der Autoren zu den ausschließlich schwarzweißen fotografischen Abbildungen ihres Buches werden allerdings Bemerkungen zur farbigen Behandlung von Flächen und Details gemacht, die alles andere als zurückhaltend sind: «zitronengelbe» Wände bei Tucker und Howells Biologischem Institut in North Carolina, «hellblaue» und «leuchtend rote» Ebenen bei Stam und Mosers Altenwohnheim in Frankfurt am Main oder «dunkelgrüne» Verkleidungen am McGraw-Hill Building von Hood. ▬ Hitchcock und Johnsons «International Style» hat mit seinem typologischen Stilbegriff – ein «lang erprobtes, verfügbares und häufig verwendetes kunsthistorisches Konstrukt»[48] – ohne Zweifel Geschichte gemacht. «Der Stilbegriff ... von Natur aus tautologisch, entbindet ... von einer tiefergehenden Ursachenforschung, er bleibt beim ‹Phänomen› stehen! Die, die so zögerlich und vorsichtig mit dem Formbegriff umgehen wollten, sie hatten insofern recht. Umgekehrt, ‹International Style› war vom ersten Tag an ein ‹Label›, ein sehr erfolgreiches ‹Label›.»[49]

INTERNATIONAL STYLE – EIN NOCH MODERNER BEGRIFF?

Die Diskussion blieb zwar über Jahre hinweg fast ausschließlich auf die USA beschränkt. Doch kann zum Beispiel Walter Gropius' Aufsatz «Bilanz des Neuen Bauens» von 1934 als Antwort auf den International Style verstanden werden, obgleich er den Begriff selbst nicht verwendet. Gropius thematisierte die Verwirrung der Begriffe, zu denen auch «Neues Bauen» und «Bauhausstil» gehörten.[50] Die Protagonisten des International Style, Barr, Hitchcock und Johnson, haben in den Jahrzehnten danach immer wieder auf ihren begrifflichen «Schöpfungsakt» und seine weitere Genese zurückgeschaut und ihn unterschiedlich reflektiert.[51] ▬ Nur auf zwei Ereignisse sei in diesem Zusammenhang verwiesen. Da ist zunächst das vom Museum of Modern Art herausgegebene Buch «In USA erbaut. 1932–1944» aus dem Jahre 1944.[52] Es knüpfte nicht nur vom Datum, sondern auch vom Aufbau her direkt an Ausstellung und Buch von 1932 an und zeigte, wie aus dem International Style ein von den USA dominierter Architekturstil geworden war: «Das Museum hat zwar zuerst die neue europäische Architektur hier verkündet..., aber es hat

■ Alfred und Martha Barr mit Philip Johnson (Mitte) in Cortona, Italien, 1932

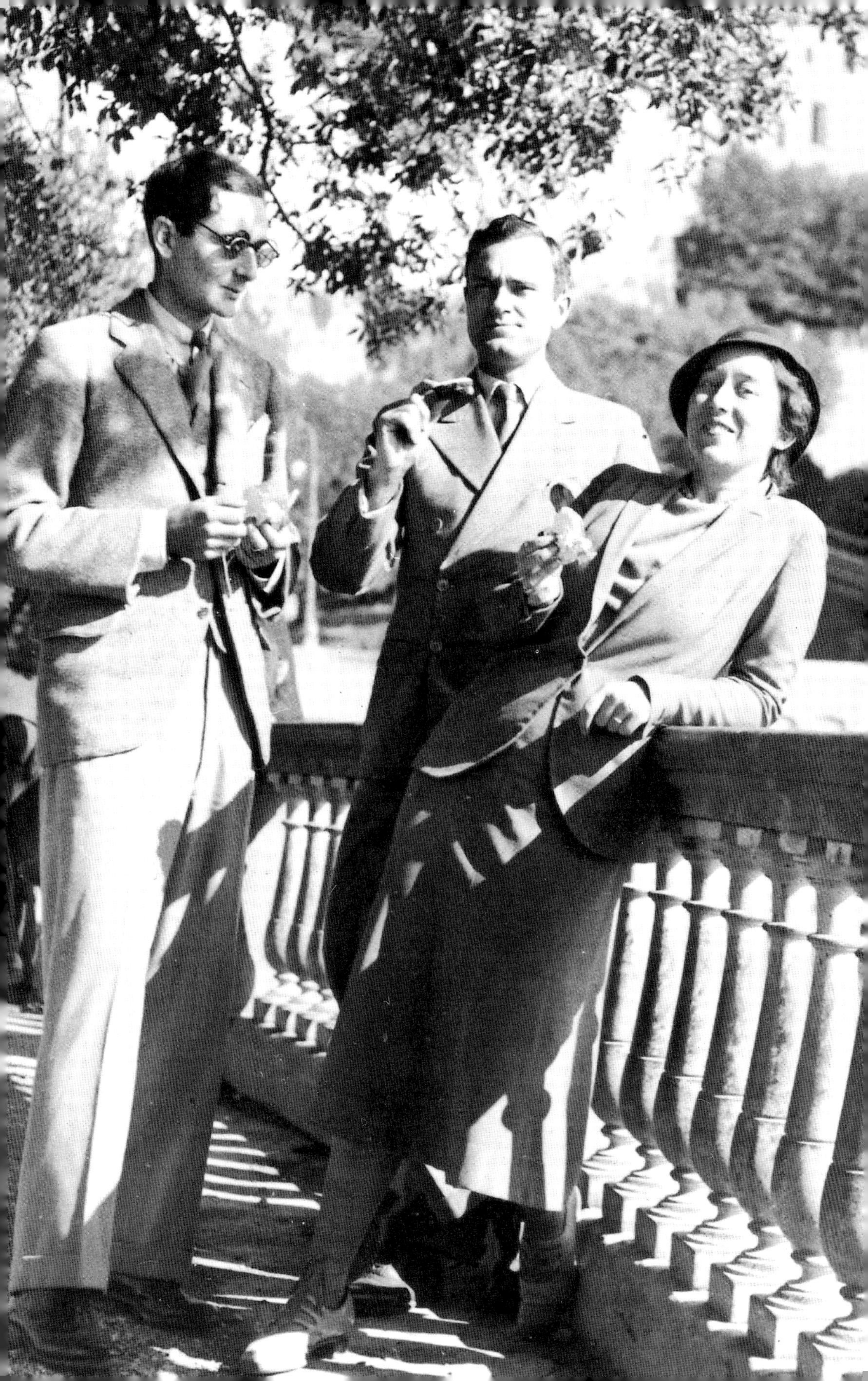

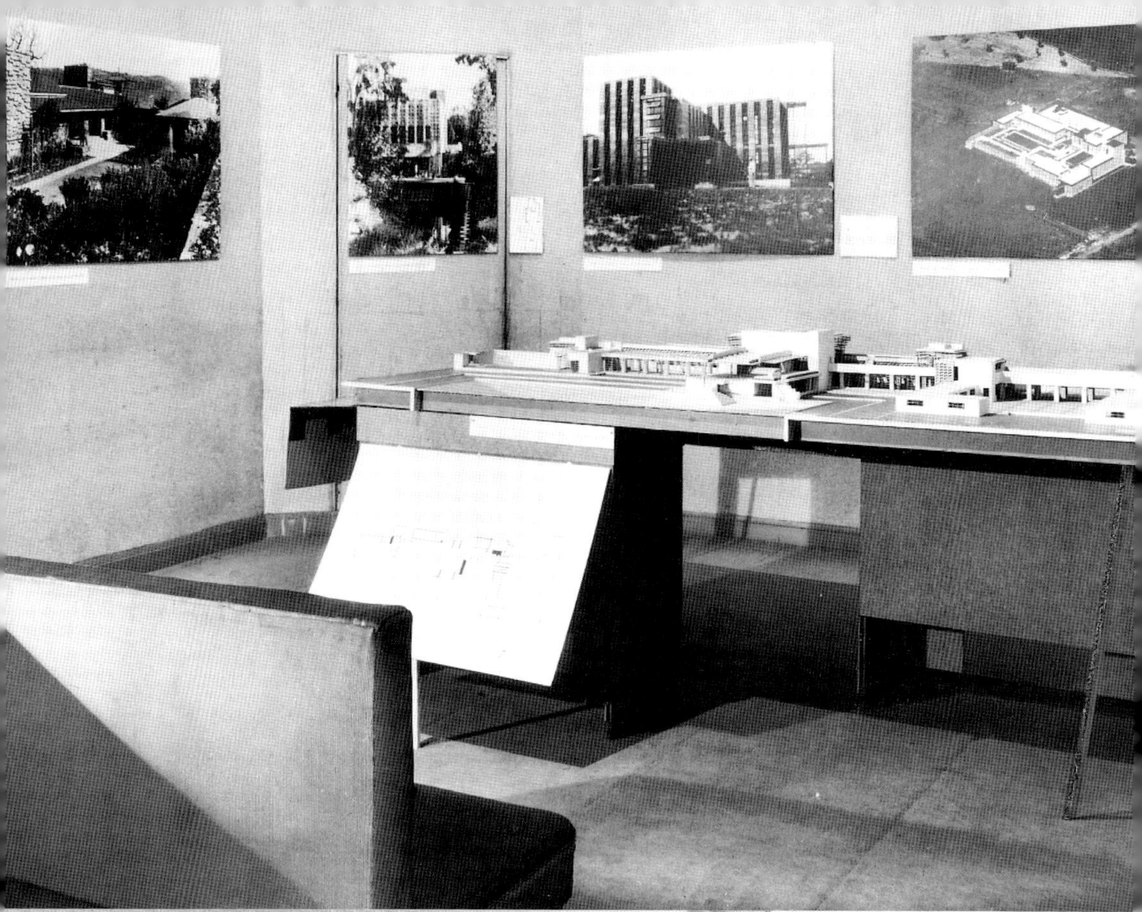

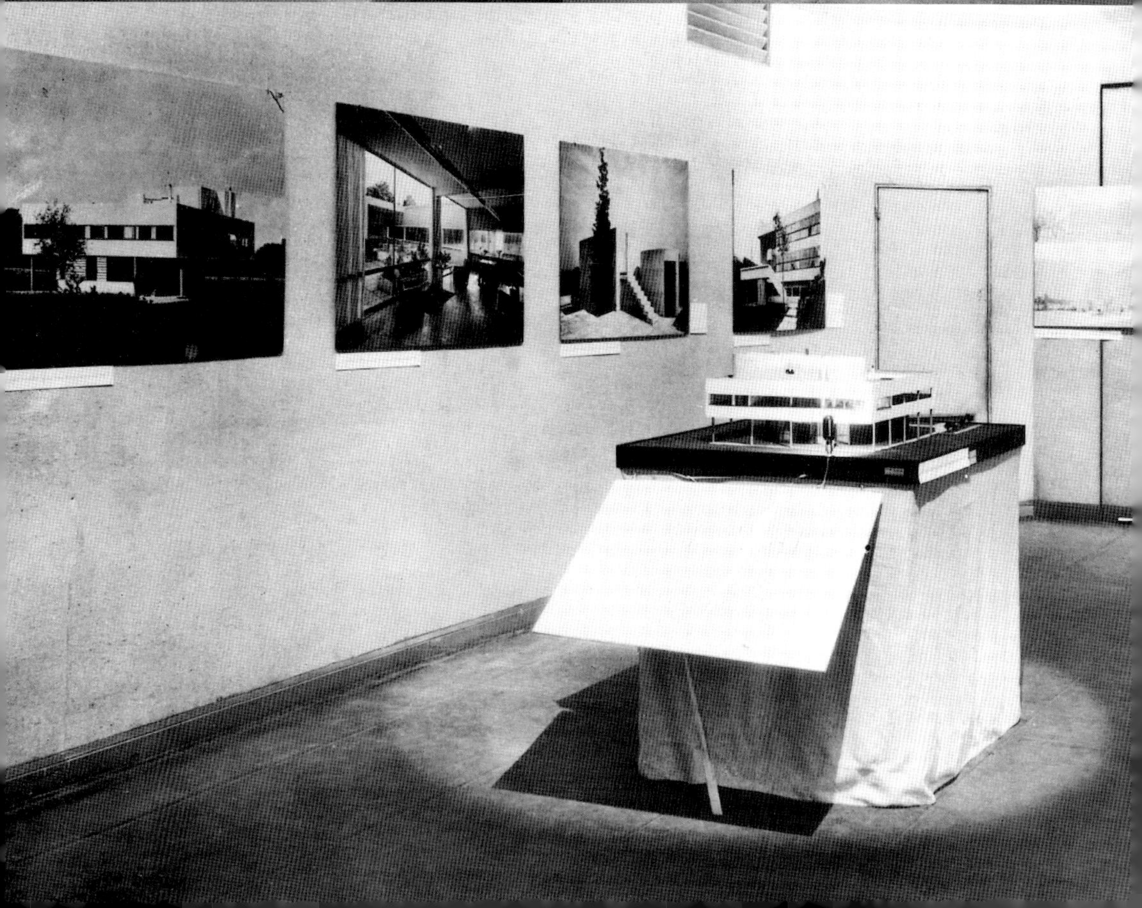

auch zuerst das Entstehen und Wachsen eines echt amerikanischen modernen Baustils, seine Verwandtschaft mit der amerikanischen Landschaft und seine Dankesschuld gegenüber dem ‹Internationalen Stil› ... gezeigt.»[53] Die stilistische Zielrichtung von 1932 war also 1944 – beziehungsweise 1948, als die deutsche Ausgabe dieses Buches unter der Kontrolle der US-Militärregierung erschien – gleich geblieben: «Der große Wert, den man auf Ästhetik setzte, war damals sehr heilsam, da er bewußt im Gegensatz zu der übertriebenen materialistischen Theorie der ‹reinen Sachlichkeit› stand.»[54] Nach 1945 galt der Kampf weiterhin «alten Stilarten» und «stromlinienhaftem Modernismus», doch ansonsten konnte Alfred Barr für die USA verkünden: «Der Kampf ist in unserem Land siegreich beendet.»[55] Nun galt es, Europa und insbesondere Deutschland die ästhetische Moderne unter amerikanischer Führung wieder zurückzubringen. ■ Das zweite Ereignis betrifft die Verwendung des Begriffs «International Style» als historische Kategorie. Denn erstaunlicherweise erlebt der International Style in Büchern zur Architekturgeschichte des 20. Jahrhunderts – und hier vor allem in deutschen Publikationen – seit 1990 eine regelrechte Renaissance als Bezeichnung für die Haupttendenz der internationalen Architekturentwicklung in den Jahren von 1920 bis circa 1970.[56] Die Frage ist, ob er, nachdem das ehemals Moderne nun auch losgelöst von Geschichte, eben historistisch, beerbt wird, als Begriff lediglich Formtendenzen einer Epochenströmung zu bezeichnen vermag oder ob das Kapitel International Style, wie einige Kritiker meinen,[57] im Sinne kritischer Neubewertung nicht abgeschlossen ist.

ANMERKUNGEN
1 Le Corbusier, Ausblick auf eine Architektur (1922). Braunschweig 1982, S. 46. Le Corbusier wertet dort auch «Stile» (bewusst in Anführungszeichen), die nicht mehr mit dem «neuen Geist» verbunden sind, als Lüge. Der neue Stil wäre zwar schon da, aber noch nicht von der Gesellschaft wahrgenommen: Ein solcher wahrer Stil ist «Wesens-Einheit, die alle Werke einer Epoche durchdringt und aus einer fest umrissenen Geisteshaltung hervorgeht» (a. a. O., S. 22 f.). **2** H. Ferris, Power of America, Pencil Points 13, Juni 1924, zit. n. M. Kentgens-Craig, Bauhaus-Architektur. Die Rezeption in Amerika 1919–1936. Frankfurt/M. 1993, S. 25 **3** S. G. Kantor, Alfred H. Barr, Jr., and the Intellectual Origins of the Museum of Modern Art. Cambridge/MA, London 2002, S. 155 **4** Ebd., S. 159 **5** Ebd., S. 152 **6** Ebd., S. 212 **7** Ebd., S. 191 ff. Das Museum of Modern Art konzentrierte sich bei seinen ersten 14 Ausstellungen auf die bildende Kunst. 1932 entstand die Architekturabteilung, 1935 die Filmbibliothek, die «industrial arts» kamen 1933 dazu, später auch Abteilungen für Zeichnungen und Druckgraphik und Fotografie. **8** Ebd., S. 246 **9** Ebd., S. 251 **10** Ebd., S. 253 **11** Ebd. **12** Ebd., S. 280. Hitchcock hatte den Begriff in einem anderen Zusammenhang schon im Jahre 1928 benutzt. **13** Ebd., S. 281 **14** Ebd., S. 282 **15** Ebd., S. 283 **16** Ebd. **17** Kentgens-Craig 1993, a. a. O., S. 70 **18** Ebd., S. 261. Hitchcock sah die ersten Resultate der modernen Architektur in den USA vor allem im Werk seines Freundes Peter van der Meulen Smith, der in Paris bei Lurcat arbeitete und Kontakt zu Le Corbusier unterhielt. Sybil Gordon Kantor vermutet, dass Smith Hitchcock in das Werk von Lurcat und Le Corbusier eingeführt haben könnte. Smith starb schon 1928; Hitchcock widmete ihm sein Buch «Modern Architecture. Romanticism and Reintegration» von 1929. **19** R. Sexton, American Commercial Buildings of Today. New York 1928, zit. n. M. Kentgens-Craig 1993, a. a. O., S. 26 **20** C. Wolsdorff, in: Bauhaus-Archiv Berlin (Hg), Experiment Bauhaus. Berlin 1988, S. 267 **21** H.-R. Hitchcock/P. Johnson, Der Internationale Stil 1932. Braunschweig 1985, S. 23 **22** Debatte zwischen W. Riezler und L. Mies van der Rohe, in: Die Form, Heft II/1927, S. 59 **23** H. Meyer, Die Neue Welt. In: Das Werk, Heft 7/1926, S. 222 **24** Zur KURI-Gruppe vgl. E. Bajkay-Rosch, Die KURI-Gruppe. In: H. Gaßner (Hg), Wechselwirkungen. Ungarische Avantgarde in der Weimarer Republik. Marburg 1986, S. 260–270 **25** W. Gropius, Wohnmaschinen. Weimar 1922, unveröffentlichtes Manuskript, Bauhaus-Archiv Berlin (19/694–19/697) **26** M. Siebenbrodt, Das Haus «Am Horn» – ein Versuchshaus des Bauhauses in Weimar 1923 und Weltkulturerbe der UNESCO. In: Sparkassen-Kulturstiftung Hessen-Thüringen (Hg), Das Haus «Am Horn», Frankfurt/Main 1999, S. 10-23 **27** F. Jaeger, Vorwort zu Hitchcock/Johnson 1985, a .a. O., S. 10 f. **28** Ebd., S. 11 **29** W. Gropius, Vorwort. In: W. Gropius (Hg), Internationale Architektur. Bd. 1 der Bauhausbücher (1. Auflage). München 1925, S. 7 **30** W. Gropius, Vorwort zur zweiten Auflage (Dessau, Juli 1927). In: W. Gropius, Internationale Architektur. München 1927, S. 9 **31** W. C. Behrendt, Der Sieg des neuen Baustils. Stuttgart 1927, zit. n. F. Jaeger, Vorwort zu Hitchcock/Johnson 1985, a.a. O., S. 10 **32** W. Oechslin, Mainstream-Internationalismus oder der verlorene Kontext. In: V. Lampugnani (Hg), Die Architektur, die Region und der Ort. Regionalismen in der europäischen Stadt. München 2000, S. 98 **33** Ebd. **34** A. Barr, Vorwort zu

Hitchcock/Johnson (1932) 1985, a. a. O., S. 21 **35** Vgl. Kentgens-Craig 1993, a. a. O., S. 284–285 **36** Ebd., S. 291. Die Ausstellung «Modern Architecture: International Exhibition» fand vom 10. Februar bis zum 23. März 1932 im Museum of Modern Art in New York (damals noch im Heckscher Building an der 5th Avenue beheimatet) statt und hatte 33.000 Besucher. Sie tourte danach noch bis Dezember 1933 durch die USA, mit Stationen in 14 Städten (unter anderen Philadelphia, Chicago, Los Angeles, Cleveland und Cambridge/MA), wo sie vor allem in Kaufhäusern gezeigt wurde. **37** Zur Ausstellung vgl. T. Riley, The International Style: Exhibition 15 and The Museum of Modern Art. New York 1992. Dort finden sich auch genaue Angaben zu den ausgestellten Exponaten und zum Werdegang der Ausstellung. Ebenso aufschlussreich ist folgendes Buch: M. A. Staniszewski, The Power of Display. A History of Exhibition Installations at the Museum of Modern Art. Cambridge/MA/London 2001 **38** Ebd., S. 298 **39** Ebd. **40** Ebd., S. 299 **41** K. Frampton, Der Schatten der Aufklärung, In: Arch+, Heft 122/1992, S. 14 **42** Ebd., S. 12. Wright wurde dann von Hitchcock und Johnson nicht ins Buch aufgenommen. Und Rudolf Schindler bemühte sich ebenfalls vergeblich, an einer der Folgestationen der Ausstellung partizipieren zu können. **43** Ebd., S. 14. **44** Vgl. Kentgens-Craig 1993, a. a. O., S. 292 **45** A. Barr, Vorwort zu Hitchcock/Johnson (1932) 1985, a. a. O., S. 22 **46** Ebd., S. 293 **47** Vgl. Hitchcock/Johnson (1932) 1985, a. a. O., S. 26 ff. Die im Text nachfolgenden Zitate entstammen der gleichen Quelle. **48** Vgl. W. Oechslin 2000, a. a. O., S. 94 **49** Ebd., S. 102 **50** W. Gropius, Bilanz des neuen Bauens (Vortrag am 5.2.1934 in Budapest). In: H. Probst/C. Schädlich, Walter Gropius. Bd. 3, Ausgewählte Schriften. Berlin 1987, S. 152–165 **51** Vgl. K. Frampton 1992, a. a. O., und W. Oechslin 2000, a. a. O. **52** E. Mock (Hg), In USA erbaut. 1932–1944 (New York 1944). Bremen, Januar 1948 **53** Ebd., Vorwort von P. L. Goodwin, S. 5 **54** Ebd., E. Mock, S. 12 **55** Ebd., Vorwort von P. L. Goodwin, S. 8 **56** Aus einer Vielzahl von Publikationen seien genannt: G. Leuthäuser/P. Gössel, The International Style. Funktionale Architektur. Le Style International 1925–1940. Köln 1990. Das Buch übernimmt unkommentiert den kompletten Text von Hitchcock und Johnsons «The International Style» von 1932. Ebenfalls von Leuthäuser/Gössel: Architektur des 20. Jahrhunderts. Köln 1990; K. Frampton, Die Architektur der Moderne. Eine kritische Baugeschichte. Stuttgart 1991. Frampton datiert hier den International Style von 1925 bis 1965. P. Nuttgens, Die Geschichte der Architektur, Berlin 2002. International Style dient hier zur Bezeichnung der gesamten modernen Architektur bis in die sechziger Jahre. H.-U. Khan, International Style. Architektur der Moderne von 1925 bis 1965, Köln 1998. **57** Vor allem K. Frampton 1992, a. a. O., S. 16 f.

■ Buchtitel «In USA erbaut. 1932–1944», Museum of Modern Art, New York 1944 (deutsche Ausgabe 1948). Abgebildet ist die Saving Bank von Howe und Lescaze in Philadelphia, 1931

IN USA ERBAUT

1932 1944

METOPEN-VERLAG

STUTTGART–WEISSENHOF
DESSAU-TÖRTEN
TOKYO·MONTREAL·WIEN·ROTTERDAM·FRANKFURT·D

REPORTAGEN

.U·BERLIN·OTTAWA·SALZBURG

EINE QUADRATISCHE AFFÄRE
DIE STUTTGARTER WEISSENHOFSIEDLUNG. KANN MAN IN IDEEN ZU HAUSE SEIN?
KERSTIN DECKER

WIE SOLL DER MODERNE GROSSSTADTMENSCH WOHNEN? – 1927 VERSUCHTE DIE ARCHITEKTUR-AVANTGARDE MIT DER STUTTGARTER WEISSENHOFSIEDLUNG DIE ANTWORT. KANN MAN IN IDEEN ZU HAUSE SEIN? – EIN MIETERBERICHT NACH FÜNFUNDSIEBZIG JAHREN.

Uwe Krümmel öffnet mit leicht verhangenem Mittagsruhe-Blick. Nein, eigentlich sei er jetzt gar nicht auf Besuch gefasst. Zeitung? Aus Berlin? Bei dem letzten Wort geht ein Ruck durch den Scharoun-Hauptmieter und Zehlendorfer Uwe Krümmel. Weil Sie aus Berlin sind, sagt er, und bittet hinein. ▪ Als Uwe Krümmel vor 22 Jahren auf der Bundesliste der Stuttgarter Wohnungssuchenden stand, weil er in der städtischen Oberfinanzdirektion anfangen sollte, bot man ihm das Scharoun-Haus an. Das Scha...was-Haus? Nie gehört. Andere Beamte hatten schon abgelehnt. Der Mensch besitzt schließlich Möbel. Aber an Möbel scheint der Architekt dieses Hauses nicht gedacht zu haben. Überall Fenster. Und eine Stahlsäule im Wohnzimmer! Für normal empfindende, schrankwandbesitzende Beamte, die keine Metallsäulen in ihren Wohnzimmern gewohnt sind, war das wirklich nichts. – Aber wir hatten damals schon lauter flache Möbel!, triumphiert Ellen Krümmel. Ellen Krümmel ist Holländerin, sie spricht auch so, und in Holland ist auch alles eher flach. Jedenfalls wusste sie sofort, dass sie hier einziehen wollte, auch wenn die Weißenhofsiedlung mehr wie ein städtisches Notquartier aussah. ▪ Vor 22 Jahren war sie gerade der Beton gewordene Beleg für die Vermutung Ernst Blochs, die neue Architektur könne nicht in Würde altern, sondern nur verrotten, und das spreche am meisten gegen sie. Damals wie heute besaß der Bund die Weißenhofsiedlung, und er scheint nicht der größte Anhänger moderner Architektur zu sein. ▪ Kann man in Ideen wohnen? ▪ Im Sommer 1927 hingen überall in Stuttgart merkwürdige Plakate. Darauf begegnete der gehobene Durchschnittsstuttgarter seiner eigenen gehobenen Durchschnittswohnung. Stuckdecke mit Kronleuchter, Kamin, Zimmerpalme, Perserteppich und Biedermeiermöbel – ein Zimmer mit allem, was uns noch heute als Inbegriff von Luxus gilt. Doch quer über Stuckdecke, Perserteppich und Kronleuchter lief ein dickes rotes Kreuz: durchgestrichen der ganze Luxus, und darunter stand: «wie wohnen? Die Wohnung Werkbundausstellung Juli-Sept 1927 Stuttgart» 17 Architekten hatten am Stuttgarter Killesberg 21 Häuser erbaut lauter ultimative Stuckdecken-Kronleuchter-Gegenentwürfe. Eine Vollversammlung der Avantgarde. Ideen in Stahlbeton. Und eine halbe Million Menschen aus aller Welt kam, sie anzusehen. Keine große internationale Zeitung, die nicht über die Stuttgarter Weißenhofsiedlung berichtete. ▪ Das Scharoun-Haus ist vielleicht das schönste der Siedlung. Halb Haus, halb Schiff. Als wolle es jeden Augenblick hinausfahren aufs offene Meer. Dabei hätte der Stuttgarter Gemeinderat Scharoun beinahe nicht bauen lassen «wegen der in künstlerischer Beziehung besonders eigenartigen Einstellung des Architekten». ▪ Um 1980 beschloss der Bund, seine marode Avantgarde zu sanieren, und Krümmels Haus war das erste. Plötzlich sahen sie sich umstellt von Denkmalschützern und Innenarchitekten, dabei hatten sie nur ein Haus gemietet. Als der Denkmalschutz dem Oberfinanzdirektionsjuristen und seiner Frau mitteilte, dass ihre Decke um jeden Preis ziegelrot gestrichen werden müsste, weil das Hans Scharoun auch schon so gemacht hatte, sagten beide bedenkenlos ja. Als der Innenarchitekt vorschlug, man brauche von Ellen Krümmels Biedermeier-Kommode nur die Hinterbeine abzusägen, dann passe sie perfekt auf die Stufen im Wohnzimmer, dachte Ellen Krümmel kurz nach, dann beschloss sie: Ja, ich opfere die Hinterbeine dem Genius des Architekten. Nur wenige Tage hatte die Holländerin gebraucht, um Hans Scharoun zu lieben. Es war ja, als lebe man draußen. Inmitten von

Licht. Und oben die vier Schlafzimmer führen alle hinaus auf eine riesengroße Terrasse. Auf Terrassen frühstücken! Ellen Krümmel vertraute Hans Scharoun blind. ▬ Ellen und Uwe Krümmel finden genau wie die Südamerikanerin ihr eigenes Haus am allerschönsten in der ganzen Siedlung. – Es ist doch fast normal, nicht wahr?, fragt Ellen Krümmel am Wohnzimmertisch, der genau dort steht, wo schon Hans Scharoun den Wohnzimmertisch hingestellt hatte. – Die anderen Häuser, ergänzt ihr Mann schnell, irritiert durch den plötzlich fragend gewordenen Blick seiner Besucher, die anderen Häuser sind doch irgendwie extrem, finden Sie nicht? Diese Architekten wollten doch die Welt verändern. – Spricht jetzt der pensionierte Oberfinanzdirektionsbeamte Krümmel? Pensionäre und Beamte sind per se die Gegentypen der Weltveränderer. Mies van der Rohe hatte sein Tätigkeitsfeld einst so beschrieben: «Wir haben neue Werte zu setzen, letzte Zwecke aufzuzeigen, um Maßstäbe zu gewinnen.» Denn Sinn und Recht jeder Zeit sei es, dem Geist Existenzmöglichkeiten zu schaffen. Dem Geist? Nicht dem Mieter? Vielleicht haben die Funktionalisten eins nicht bedacht: Sogar Weltveränderer, wenn sie erst zu Hause in ihren Wohnzimmern sind, wollen gar nicht mehr die Welt verändern, sondern nur noch ihre Ruhe. Das Wohnen an sich ist eine stockkonservative Tätigkeit. ▬ Und das Wunderbare an Scharoun ist eben, dass man ihm sein Weltveränderertum nicht sofort anmerkt. Wenn plötzlich achtzig Augenpaare über die niedrige Mauer der Krümmels durch die gardinenlose Glasfront in ihr Wohnzimmer sehen, schauen sie jedesmal mit festem Blick zurück. Wenn einer herüberschreit: Wann ziehen Sie aus?, dann ruft Frau Krümmel zurück: Niemals! – Aber heute stand nur eine Südamerikanerin da mit einem tiefen «Oh, Casalina!». Sie wiederholte es vor allen Häusern. Die Bewohner der Weißenhofsiedlung wissen, dass sie in einem inoffiziellen Freilichtmuseum leben. Darum hat ein Mies-van-der-Rohe-Bewohner ein winkendes Skelett ans Fenster gestellt. So etwas würden die Krümmels nie tun. ▬ Es gibt ein Bild des Krümmel-Scharoun-Hauses, darauf lagern zwei große träge Löwen genau vor Krümmels Haustür, und daneben steht ein Kamel nebst einer Gruppe turbanbekränzter Araber. Das Bild ist von 1933 und stellt nicht unbedingt eine Paradiesvision dar: Raubtiere und Kamele, Scharoun und die Araber in tiefster Eintracht. Nein, es ist böse gemeint: die Weißenhofsiedlung als Araberdorf. ▬ Mies van der Rohe hatte nämlich den Fehler gemacht, die stadtwichtigsten Architekten Stuttgarts bei der Auswahl der Weißenhof-Erbauer zu übergehen. Der eine hatte gerade den trutzigen Stuttgarter Hauptbahnhof errichtet mit kühnen Recken am Portal und befand, dass die geplante Weißenhofsiedlung aussehe wie eine Vorstadt Jerusalems. Die Nationalsozialisten merkten sich das und druckten 1933 die Fotocollage mit wilden Tieren und Arabern. Gleich nebenan auf dem Killesberg errichteten sie den architektonischen Gegenentwurf zum Weißenhof – die Holzwurmsiedlung, sagt voll stiller Verachtung Uwe Krümmel. Fast alle Häuser sind aus Holz gebaut. Die Weißenhofhäuser aber wurden 1938 an das Deutsche Reich verkauft – als Bauplatz. Die Wehrmacht wollte ihr Generalkommando V hier errichten. Weil der Krieg früher ausbrach als das Generalkommando V dachte, weil er länger dauerte und anders endete, wurden die Militarierpläne nie verwirklicht. Bei Bombenangriffen traf es die Nachbarn des großen Le-Corbusier, Gropius und Hilberseimer, und in den fünfziger Jahren machten die Stuttgarter dort weiter, wo der Krieg aufgehört hatte. Die Bruno- und Max-Taut-Häuser traf die Abrissbirne zuerst, dann stand man vor dem kleinen Le-Corbusier, als im letzten Augenblick die Entscheidung fiel: Denkmalschutz. ▬ Unser Sohn ist ganz begeistert vom Le-Corbusier, besonders vom großen, erklären mit elterlicher Milde die Mieter des schönsten Hauses der Weißenhofsiedlung. Ellen und Uwe Krümmels Sohn, aufgewachsen im Hans-Scharoun-Haus, ist lange schon infiziert mit dem Weltveränderungsvirus. Er ist Architekt geworden. ▪ Der Le-Corbusier-Vorgarten sieht aus, als hätte er eine Unabhängigkeitserklärung abgegeben. Freies Wachstum für Jederstrauch und Jederkraut! Die Offerte eines Pizza-Service klemmt draußen im Briefkasten. Der Ikea-Katalog wellt sich vor Langeweile auf den steilen Le-Corbusier-Betontreppen. Hier holt keiner mehr die Post. Hier wohnt keiner mehr, der Pizza essen oder einen Möbelkatalog brauchen könnte. Und wenn doch – Ikea nie. Weiß der große Inneneinrichtungs-Schwede denn nicht, dass Le Corbusier seine Möbel selbst entworfen hat? Betonschränke! Betonschränke, in die man unten die Betten reinrollen kann. Das ist Avantgarde. Da muss Ikea erst mal hinkommen. Und das war vor genau fünfundsiebzig Jahren. ▪ Auch nach einem Dreivierteljahrhundert steht das gerade unbewohnte Le-Corbusier-Zweifamilienhaus da, als hätte es noch alles vor sich. Vor allem Menschen, die es begreifen. Denn wer versteht ohne Vorbereitung ein zweimal durchgeschnittenes Rechteck auf neun Beinen, das innen eingerichtet ist wie ein Schlafwagen? Flurbreite internationaler Schlafwagenstandard: 70 Zentimeter. Das Nachbarhaus scheint zu lächeln. Es ist ein Biedermann. Satteldach, Gardinen vor den Fenstern und mehrheitsfähige Blumen im Garten statt Pflanzenkommune. Bestimmt hat es auch viel breitere Flure. ▪ Den großen Le-Corbusier hätten wir auch haben können, sagt beiläufig Doris Steinfelder, geborene Kreuzbergerin, wohnhaft seit 1985 im Mart-Stam-Haus. Doris Steinfelder aus Kreuzberg hatte sich in einen Stuttgarter verliebt, und der führte sie schon beim ersten Stuttgart-Besuch in die Weißenhofsiedlung. Hier, sagte er, hier müsste man wohnen. Dann wurde die Bundesbedienstete Doris Steinfelder nach Stuttgart versetzt, und der Traum ihres Mannes ging in Erfüllung. Aber der Corbusier, nein, der ist viel zu unpraktisch, entschied Frau Steinfelder und hat ihre Mart-Stam-Entscheidung noch nie bereut. Der ziemlich linke Holländer Mart Stam war der geistige Vater des DDR-Plattenbaus, sagt die bekennende Mart-Stam-Mieterin entschuldigend, aber das hier – sie umfasst mit einer Handbewegung das ganze Haus –, das hier hat er doch wunderbar gemacht. ▪ Auch Doris Steinfelder hat einen Metallpfeiler in ihrem Wohnzimmer. Sie mag ihren blauen Pfeiler und hat noch viel mehr davon, im ganzen Haus verteilt. Aber Doris Steinfelders Nachbarn, die im zweiten Mart-Stam-Reihenhaus wohnen, viel länger schon als Steinfelders, konnten den Pfeiler nie als legitimes Familienmitglied annehmen. Was haben sie schon alles versucht! Sie haben ihn verkleidet und tapeziert. Tausend Schliche, ihn unsichtbar zu machen. Alles umsonst. Er blieb da. Überhaupt begreifen Doris Steinfelders Nachbarn nicht, was an ihrer Wohnstatt Besonderes sein soll. Im Gegenteil, welche Mühe mussten sie aufwenden, um wieder ein halbwegs richtiges Haus daraus zu machen! Haben richtige Häuser etwa überall blaue Schiebetüren? Ja, genau genommen besteht das Mart-Stam-Haus innen nur aus blauen Schiebetüren. Ganze Wände sind Türen. Kein normaler Mieter muss wie Doris Steinfelders Nachbarn selber neue Wände setzen, nur weil ein unfähiger Architekt das Wesen einer Tür nicht von dem Wesen einer Wand unterscheiden konnte. Der Dadaist Kurt Schwitters hat 1927 bei seiner ersten Besichtigung der Weißenhofsiedlung schon solche Komplikationen vorausgeahnt: «Es kann vorkommen, dass dann die Einwohner nicht so reif und so frei sind wie ihre eigenen Türen.» Allerdings meinte Schwitters nicht Mart Stams Schiebetüren, sondern Mies van der Rohes wandhohe Zimmertüren. Denn Mies van der Rohe hatte auch seine Wand-Tücken.

Moderne Wände, meinte der Architekt, müssen grundsätzlich verstellbar sein. Unverrückbare Wände fand er hinterwäldlerisch. Ob Doris Steinfelders Nachbarn von Mies van der Rohe wissen? ▄ Der Himmel zieht hinein in Doris Steinfelders Wohnzimmer. Doris Steinfelder hat sich daran gewöhnt, mitten in den Wolken zu leben. Sie kann sich nicht vorstellen, jemals wieder in einem Haus wohnen zu müssen, wo draußen nicht drinnen ist und drinnen nicht draußen. Mart Stam hatte gesagt, das individuelle Haus, die Villa, sei etwas, das überwunden werden muss, aber ist das hier etwa keine Villa? ▄ Für dieses Haus, denken wir, müssen wir Mart Stam sogar die ideelle Mitschuld an den DDR-Plattenbauten vergeben. Wer einst den Verfallsformen des DDR-Funktionalismus entkommen ist, hält sich für weitgehend Funktionalismus-resistent. Provisorisches Wohnen in Beton, Vermassung – das ist aus der Utopie des neuen Bauens geworden. Am Alexanderplatz, diesem Sinnbild des Spätfunktionalismus, der Abwesenheit des Menschen in der Architektur, haben wir es nie ausgehalten. Wir registrierten mit bitterer Genugtuung, dass schon die Sprache diesen Bauten das Wort Haus verweigerte. Keine Häuser, Blocks. Also flüchteten wir in die alten, verfallenden Häuser, und die alten Möbel, die unsere Eltern wegwarfen, um sie durch funktionalistische Schrankwände zu ersetzen, nahmen wir mit. Je mehr Ornament, desto besser. ▄ Aber kein Mensch versteht das neue Bauen, wenn er nie dessen Abscheu vorm Zierrat empfunden hat, den Ekel vor den Gründerzeithäusern, die aussehen wie Torten oder Ritterburgen. Adolf Loos fasste diese Anti-Emotion in die These: Ornament ist Verbrechen! ▄ Ornament ist Verbrechen? Inge Göggerle aus dem Pankokweg möchte das nicht beurteilen. Sie kennt ja keine Ornamente, keine Stuckdecken, keine Putten, gar nichts. Inge Göggerle ist im dritten der fünf J.-J.-P.-Oud-Häuser groß geworden, und dort lebt sie immer noch. Sie kann sich gar nichts anderes vorstellen. Nach Süden der kleine Garten, nach Norden der Lieferanteneingang mit Lieferantenhof. Wie luxuriös die Altfunktionalisten damals vom Menschen gedacht haben! Heute ist jeder sein eigener Lieferant, Inge Göggerle auch. Sie steht am Lieferanteneingang, öffnet die Tür ein Stück weit zum Lieferantenhof. Ob sie weiß, dass Oud für seine Häuser und ihre Übersichtlichkeit auch mit «Erleichterung der polizeilichen Aufsicht» geworben hat? ▄ Aber nicht dafür hat Inge Göggerle J. J. P. Oud schon stille Vorwürfe gemacht. Sondern für das Klo. Das einzige Klo oben im ersten Stock. Und dahin kommt man nur über eine steile Treppe. Einmal hat der Sohn J. J. P. Ouds Inge Göggerle besucht. Nachdenklich sah er die steile Trepe und das einzige Klo. Jetzt schien er zu verstehen, was es bedeutete, wenn sein alter Vater in Holland saß und öfter zu sich selber sprach: «Ich habe Fehler gemacht. Oh, ich habe Fehler gemacht!» Oder meinte er den kleinen vorderen Balkon, dessen Tür nach außen aufgeht, so dass Inge Göggerle längst den schwierigen Versuch aufgegeben hat, einen Stuhl hinauszustellen. – Aber sehen Sie die Balkone da drüben, am Mies-van-der-Rohe-Haus, fragt Inge Göggerle und lächelt. Sie hat recht, gegen die Mies-van-der-Rohe-Balkone ist ihrer geradezu eine Terrasse. Trotzdem hat es ein Wohnkünstler fertiggebracht, zwei winzig kleine Stühle, einen winzig kleinen Tisch und zwei winzig kleine Blumenkästen auf einen Mies-van-der-Rohe-Balkon zu stellen. ▄ Unten im Mies-van-der-Rohe-Haus ist ein kleines Weißenhof-Museum. Darin arbeitet gerade Valerie Hammerbacher, eine Art Sahra Wagenknecht der Avantgarde. Genauso schön, genauso prinzipiell. Sie hat gerade ein neues Buch über das Viertel geschrieben. Valerie Hammerbacher erklärt den «Akzidentismus» des Josef-Frank-Hauses, die Achsen der Gropius-Häuser und den Expressionismus der Taut-Brüder.

Hätten sie sonst ihre Wände so bunt angemalt, dass Le Corbusier sie für farbenblind hielt? Le Corbusier. – Die jugendliche Anwältin der Alt-Moderne hält inne: Wollen wir da mal rüber? Sie hat den Schlüssel zum verlassenen Schlafwagenhaus. Die Stadt will bald ein Museum daraus machen. ▬ Die Stufen hinauf zum Le-Corbusier können auch nicht steiler sein als die Inge Göggerles zum Klo, überlegen wir. Wir betreten das Wunderhaus, und jetzt steht es wieder vor uns, das ewige Hauptargument gegen den Funktionalismus: zu niedrige Decken. Wer so niedrige Decken baut, denkt der nicht niedrig vom Menschen? Aber so was wie hier haben wir noch nie gesehen. An Menschen mit einer Körpergröße über 1,80 Meter hatte der Architekt offenbar nicht gedacht. Jedenfalls nicht im Erdgeschoss. Oben, in der Etage mit Schlafwagenflur und Betonschränken, wird es besser. Die Mart-Stam-Mieterin Doris Steinfelder hat braunrote, gelbe oder graue Mart-Stam-Originalwände, für die sie Bekannte oft heftig bemitleiden: «Nein, Doris, wie kannst du das nur aushalten?» Le Corbusier hat blaue und gelbe Wände. Und der Himmel über Stuttgart zieht gleich von allen Seiten ins Haus. Wo andere Häuser Fenster haben, hat dieses ein Fensterband. Von Le Corbusier aus gesehen, liegt einem Stuttgart zu Füßen, egal ob man in der Badewanne sitzt oder oben auf der Dachterrasse. ▬ Als wir wieder hinunterkommen, sind wir dem Corbusier schon verfallen. Augenblicklich begreifen wir auch, was es mit der Zimmerdeckenhöhe im Erdgeschoss auf sich hat. Der Dienstmädchentrakt! Fast alle Avantgarde-Architekten haben Mädchenzimmer in ihre hochmodernen Häuser gebaut. Ziemlich links waren sie ja, aber wie ohne Dienstpersonal menschenwürdig leben? Wunderbare Schranke des utopischen Blicks. ▬ Valerie Hammerbacher nimmt den verblichenen Ikea-Katalog von der Treppe. Möchte sie hier wohnen? Um Gottes willen, antwortet die mutmaßliche Sahra Wagenknecht der Avantgarde, leben möchte sie hier nicht. Sie sei doch eher ein postmoderner Typ.

ERSTVERÖFFENTLICHUNG
Der Tagesspiegel, 3. November 2002, Nr. 17933, S. 5

WEISSENHOF-
SIEDLUNG 1927

ARCHITEKT
PETER BEHRENS

12

Hölzelweg

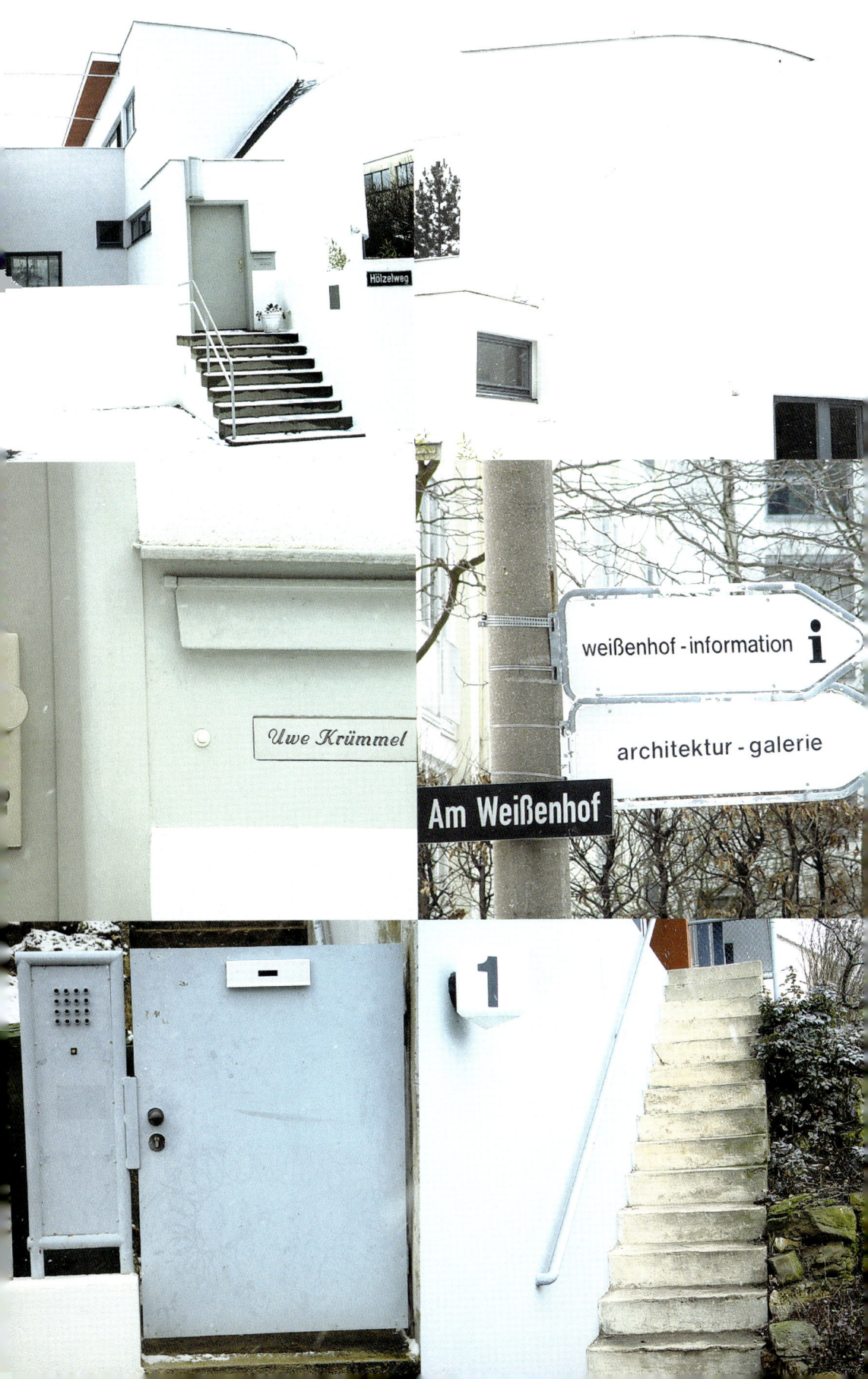

Uwe Krümmel

weißenhof - information i

architektur - galerie

Am Weißenhof

1

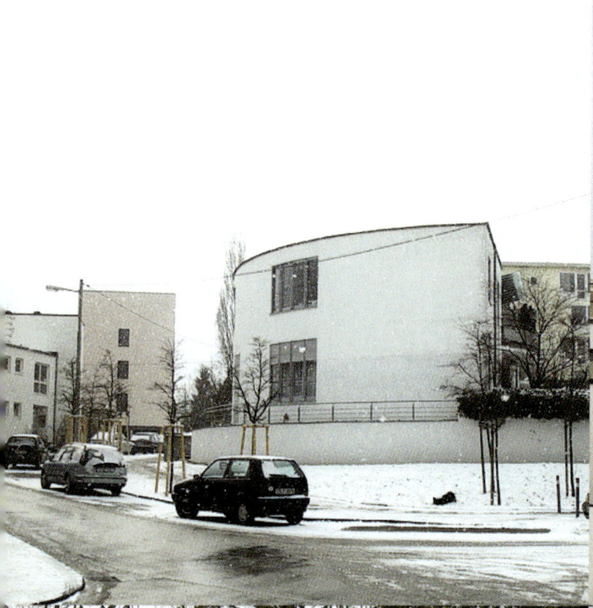
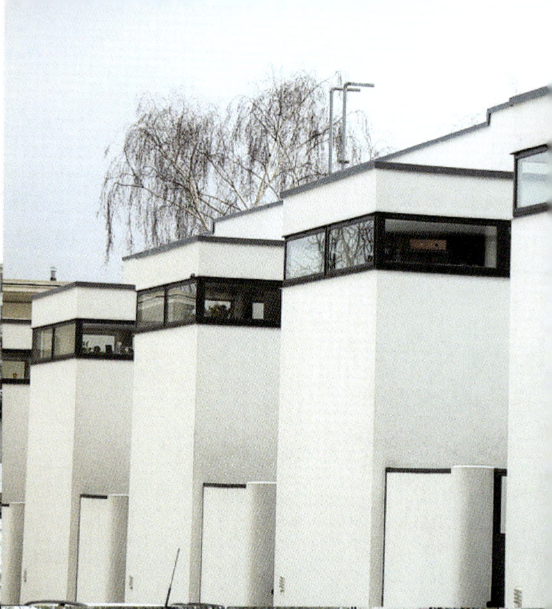
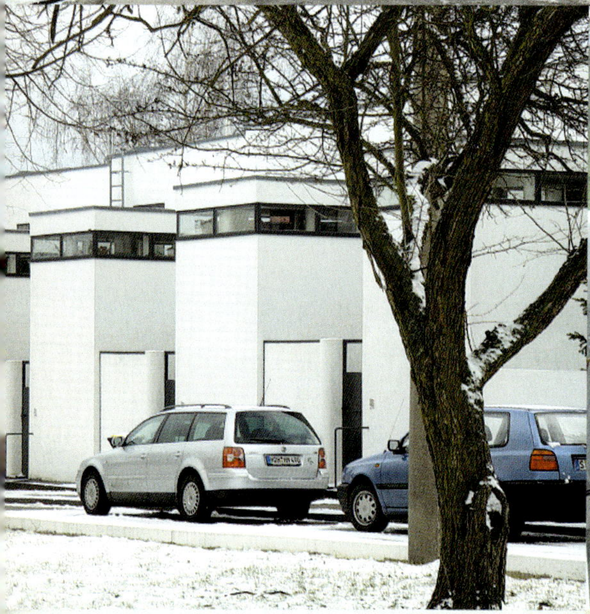
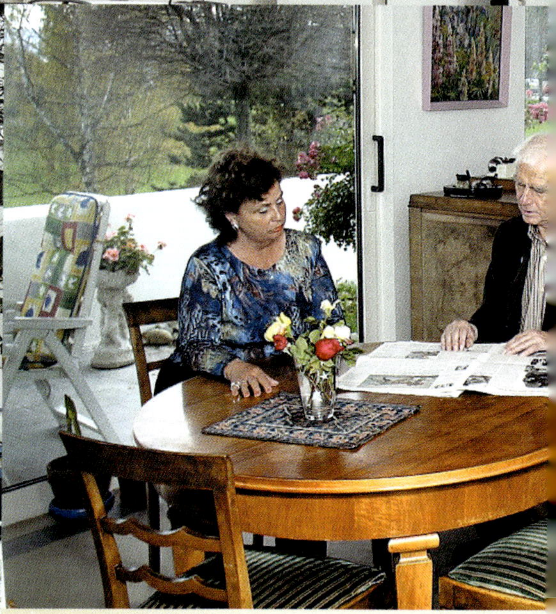
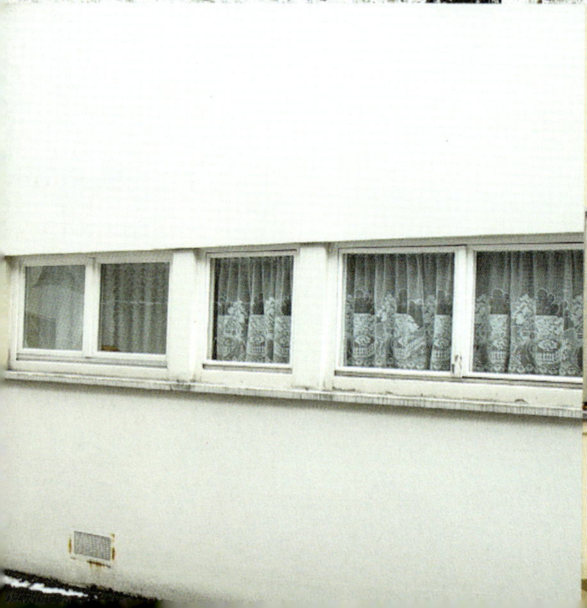
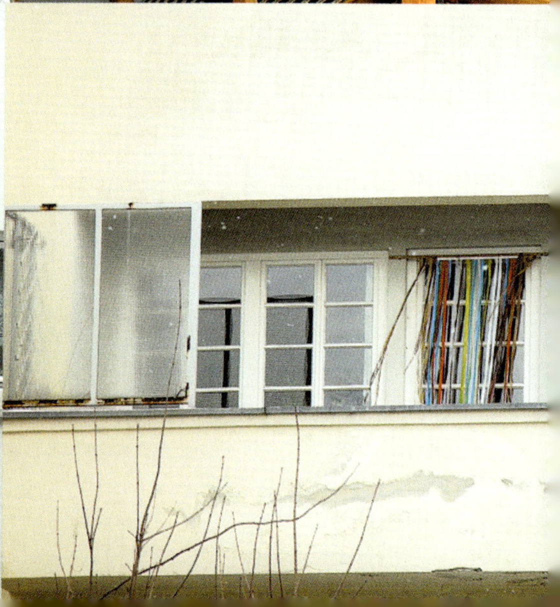

weißenhof - information i

architektur - galerie

Am Weißenhof

LEBEN MIT WALTER – KLEINES GLÜCK IM GROSSEN PLAN
75 JAHRE WOHNEN IN DER SIEDLUNG TÖRTEN
KATJA HEINECKE, REINHARD KREHL, SILKE STEETS

Wenn Sie nach Dessau kommen, und sei es nur für einen Tag, dann wollen und müssen Sie das Bauhaus besichtigen. Sie müssen die Ikone der klassischen Moderne bestaunen. Und Sie können sich ihr hingeben. Denn Sie sind von nichts Geringerem begeistert als von einem Weltkulturerbe. ▪ Doch es wird nicht beim Bauhaus bleiben, Sie werden selbstverständlich, wie fast jeder andere Besucher, auch die Meisterhäuser genießen. Nüchternheit, Sachlichkeit, Strenge, Funktion und Eleganz, ein Tag scheint viel zu kurz für die vielen Eindrücke. Stilgerecht werden Sie sich später entscheiden, den Tag im Kornhaus ausklingen zu lassen, einer weiteren klassischen Bauhausarchitektur, die heute ein feines Restaurant beherbergt. ▪ Wenn Ihr Tag so verläuft, dann haben Sie eines nicht gesehen: die Siedlung Dessau-Törten, die Walter Gropius von 1926 bis 1928 im Auftrag der Stadt im Süden von Dessau gebaut hat. In dieser Arbeitersiedlung ist es bis heute ruhig geblieben, und viele sind froh darum. Die Ruhe lässt die Siedlung unaufdringlich, normal, fast durchschnittlich wirken. Doch das ist sie keinesfalls. Sie ist ihrer ursprünglichen Bestimmung offenbar stets treu geblieben: Sie sollte nie Perle sein, sondern billigen Wohnraum bei einem Maximum an Qualität und Ästhetik bieten. ▪ Dazu wurde mit viel Verstand und Einfallsreichtum experimentiert. Törten war eine Versuchssiedlung, in der Art der Herstellung wie auch der benutzten Baustoffe. Durch eine radikale Rationalisierung der Bauabläufe, organisiert nach der neuesten Technik des kurz zuvor erfundenen Fließbandes, sollten neue Erkenntnisse über das rationale Bauen gewonnen werden. Gropius ging es darum, Häuser für das «Existenzminimum» zu entwerfen, die zwar kleine Räume und darin funktionalisierte Lebensabläufe voraussetzten, andererseits aber über raffinierte Grundrisse und große Gärten verfügten. Außerdem sollte der Erwerb der Häuser auch für Arbeiter finanzierbar sein. 314 Einfamilienhäuser in drei verschiedenen Haustypen (sietö I, sietö II und sietö IV) entstanden in außerordentlich kurzer Zeit. Im Sinne der Selbstversorgung waren ihre großen Gärten zur Obst- und Gemüseproduktion und für die Kleintierhaltung gedacht. ▪ Daniela Landsberger,[1] heute 67 Jahre alt, wurde in einem dieser Häuser geboren und hat hier mit ihren Eltern und Großeltern, später mit ihrer Tochter, gelebt. Allmonatlich finden in ihrem Wohnzimmer die Parteiversammlungen der PDS-Ortsgruppe statt. Schlagartig nimmt das Haus dann die zwanzigfache Menge der sonst hier lebenden Personen auf. «Ich bin die Einzige, die so viele Stühle hat», sagt Frau Landsberger, «die hol' ich dann jedes Mal aus dem Stall, wo sie gelagert sind.» Aber natürlich hat sie auch ein großes Wohnzimmer, in dem sie all die Leute unterbringen kann. ▪ Das Stühlelager befindet sich im ehemaligen Hühner- und Kaninchenstall, der inzwischen zum Heizraum geworden ist. Und dass Daniela Landsberger die vielen Stühle für ihre Parteigenossen im Wohnzimmer unterbringen kann, verdankt sie ihren Großeltern. Die hatten den Balkon, der ursprünglich das Flachdach des Stalls war, gemeinsam mit dem davorliegenden Zimmer zu einem großen Raum ausgebaut. «Mein Opa hat den Balkon wegreißen lassen, als meine Eltern geheiratet haben, damit da oben ein etwas größerer Raum war. Es musste ja irgendwo gefeiert werden.» So wanderte das Wohnzimmer vom unteren in den oberen und das Schlafzimmer vom oberen in den unteren Stock. Was für sie einen weiteren Vorteil brachte, denn das Schlafzimmer ist seither nach Osten ausgerichtet. «Schlafzimmer sollte man immer nach Osten machen», sagt sie, «da ist die Sonne dann abends weg, da ist es nicht mehr so warm. Oben war es im Sommer immer sehr heiß, da war nur immer die Sonne drauf.» ▪ Diesen logischen Pragmatismus kann man in der Familie wie in der Organisation des Hauses erkennen. Da Daniela Landsberger nie mit einem Mann zusammengelebt hat und ihr Vater nach dem Krieg nicht wiederkam, musste sie vieles selbst in die Hand nehmen. Was sie nicht selber kann, organisiert sie über Freunde und Bekannte. Bemerkenswert ist dabei ihre Entschlossenheit, die Dinge anzupacken. ▪ «Die Wand hab' ich versetzt, weil ich einen Flur haben wollte. Denn wir hatten ja keinen Flur, aber du brauchst doch was für die Klamotten.» Sie hat ihre Garderobe dort aufgebaut, den Schuhschrank, eine Ablage. Wofür aber ist die Wäscheleine, die sich über die gesamte Länge des Flurs spannt? «Na, wenn ich werte Gäste kriege, und es ist nass draußen, dann kann man gleich hier was zum Trocknen aufhängen.» Und pragmatisch geht es weiter: «An der Treppe war ein Geländer dran, das ist jetzt hier drüben auf der anderen Seite, weil hier kommt man besser um die Ecken rum. Früher mussten wir das Geländer immer abschrauben, wenn wir Möbel raufbringen wollten. Und die Wand hab' ich auch gleich versetzt, damit es ein bisschen breiter ist.» Gropius hatte das Treppenhaus mit einem durchgehenden vertikalen Lichtband aus Prismen-Glasbausteinen offen über die beiden Stockwerke gebaut. Die praktisch tätige Hausfrau Daniela Landsberger hingegen bemerkt: «Schräge Decken haben wir auch drangemacht. Man kam ja nicht an die Spinnweben, die Schräge war nicht. Damit man besser sauber machen kann und auch wegen der Wärme.» ▪ Nach und nach bemerken wir, dass in diesem Haus die gesamte Raumorganisation ins Rotieren geraten ist. Zumindest aber in einem Punkt deckt sich die Landsberger'sche Logik mit der von Gropius: «Man soll die Küche immer dahin bringen, wo das Wohnzimmer ist.» Nur ist das Wohnzimmer, wie wir ja wissen, in den Zeiten von Opa Landsberger nach oben gewandert. Also? Richtig: Daniela Landsberger will die Küche demnächst nach oben verlegen. Im Zuge dessen wird das kleine Zimmer oben zum Gästezimmer werden. Eine Extratoilette will sie auch noch bauen, unten beim Heizraum. Und die Garage, die baufällig ist, muss abgerissen oder erneuert werden. Und der Garten ist auch zu machen. Und die nächste Parteisitzung, der Interessenverein der Gropius-Siedlung, das Frauenturnen… Wo nimmt diese Frau nur die Power her, fragen wir uns. ▪ Sehr wahrscheinlich hat sie sie von der Großmutter geerbt. Denn die hat damals das Häuschen gekauft. «Oma war immer fürs Moderne. Der Opa war auf Montage, da hat sie einfach das Haus hier alleine gekauft. Als er kam, hat ihm das gar nicht gefallen. Aber es war zu spät, und die Oma war glücklich. Meine Oma hatte sowieso die Hosen an.» Man hat durchaus den Eindruck, Enkelin Landsberger ist es auch, denn für einen unschätzbaren Vorteil dieses Hauses lobt sie Gropius gerne: «… weil hier so Balken langgehen, und da der Stützbalken. Demzufolge kann man alle Wände rausreißen, da passiert gar nichts.»

ICH STEH' AUF GROPIUS!
Die Nachfrage nach den neuen Häusern war groß, so groß, dass bei der Vergabe nur ein kleiner Teil der Bewerber berücksichtigt werden konnte. Die Häuser waren beliebt, weil sie preiswert und mit einer modernen Infrastruktur ausgestattet waren. Am Optimismus der Neusiedler änderte auch der Spott der Kritiker nichts, die nicht nur die Funktionalität des Flachdachs anzweifelten, sondern gleich den Fortbestand der ganzen Konstruktion für fraglich hielten. «Es wurde oft gesagt: ‹Die Häuser fallen sowieso bald ein› und so was», berichtet Klara Amberg, eine Erstbewohnerin. Im Alter von 21 Jahren ist sie mit ihrer Familie aus Dessau in die Siedlung Törten gezogen. «Ich steh' auf Gropius, ich lasse nichts auf die Bauweise von damals kommen», betont sie. Waren es vor allem die Frauen,

die an Törten Gefallen fanden? ■ Eine ganz große Sache sei es gewesen, meint Klara Amberg, das kleine Siedlungshäuschen mit dem Flachdach und den komischen Fenstern zu beziehen. Alles nagelneu, alles gestrichen, die Decke anders als die Wände. «Gut, wir haben später eine Tapete drangemacht, so modern waren wir halt noch nicht. Aber es war wunderschön, als ob man in ein Schloss zieht.» Klara Amberg spricht von Törten, als hätte sie mit dem kleinen Häuschen auch einen Teil der großen Erzählung der Moderne gekauft. In dieser Erzählung steht Törten für eine neue Lebensweise: die des modernen Menschen, der das Maschinenzeitalter bejaht, dessen Alltag vom rhythmischen Takt des Fließbandes bestimmt ist und der sein Leben rational lenkt. Dass das Siedlungshaus für die Arbeiterklasse gleichzeitig Ort der Befreiung von den düsteren Hinterhöfen und Mietskasernen des 19. Jahrhunderts war, kommt noch hinzu. ■ In einem Aufsatz von 1924 denkt Walter Gropius über die «soziologischen Grundlagen der Minimalwohnung für die städtische Industriebevölkerung» nach. Dabei betont er die «fortschreitende Verselbständigung der Frau», die sich gegen «geistige Enge und Unterordnung» wehrt, aus ihrer angestammten Rolle als Hausfrau ausbricht und erwerbstätig wird. Dort angekommen zeige ihr die «Wirtschaft, (die) durch die Maschine auf eine grundlegend neue Basis gestellt (wird), ... das Unrationale ihrer häuslichen Detailarbeit.»[2] Der nächste Schritt ist klar: Die moderne Frau braucht auch einen betriebstechnisch richtig organisierten Haushalt, der sie von der unnötigen Last vieler häuslicher Arbeiten erlöst. Dieser Idee hat Gropius in Törten Gestalt verliehen und sich damit offensichtlich die Bewunderung so mancher Frau gesichert. Klara Amberg und Oma Landsberger «war'n fürs Moderne». ■ Wie sieht sie aus, die Minimalwohnung, die billig sein und doch richtig funktionieren sollte? Walter Gropius: «die frage nach dem wohnungsminimum ist die nach dem elementaren minimum an raum, luft, licht, wärme, die der mensch braucht, um bei der vollentwicklung seiner lebensfunktionen durch die behausung keine hemmungen zu erfahren, also ein ‹minimum vivendi› anstelle eines ‹modus non moriendi›.»[3] Aufgabe des Architekten war es daher, nach wissenschaftlichen Erkenntnissen die räumliche Mindestausstattung für eine freie Lebensentfaltung zu definieren und diese bestmöglich anzuordnen. Resultat dieser Arbeit sollte ein Optimum sein, das als Standard analog der industriellen Warenproduktion beliebig oft reproduzierbar war. Darin sah Gropius eine soziale Notwendigkeit, nämlich die Lösung der Wohnungsfrage. ■ Dass er gleichzeitig den Traum eines Ästheten träumte, der vom Pathos der nackten Vernunft beseelt war und im fabrikgefertigten Haus die Reinheit des unverfälschten Industrieprodukts sah, wird oft vergessen. Deshalb war Törten für Gropius nicht nur die Lösung einer sozialen Frage. Es ging auch darum herauszufinden, ob man Häuser tatsächlich wie Autos bauen kann, mit derselben Genauigkeit und mechanischen Perfektion der Maschine, die Gropius so faszinierte. ■ Die Methoden der Vorfertigung, wie Ernst May sie erfolgreich in Frankfurt anwendete, waren – symbolisch gesprochen – völlig unakzeptabel. Gilbert Herbert schrieb: «Nichts erwies sich als weiter vom Maschinenbild entfernt als der rohe, unsaubere Prozess des Gießens vorgefertigter Betonstützen, Träger und Platten; die Annäherungen und Unexaktheiten der Verbindungssysteme; der Materialüberschuss und die Notwendigkeit von viel Arbeit vor Ort, nicht nur beim Ausbessern und Flicken, sondern auch beim Auftragen des Estrichs auf die rohen Flächen, bei integrierenden Leistungen mit Konstruktionen.»[4] Gropius hat die Produktionsmethode von Törten übrigens nie wieder angewandt.

FÜR EINE FAMILIE OHNE KINDER REICHT'S

«Dann haben wir uns mordsmäßig mit der Wärmedämmung auseinander setzen müssen», erläutert uns Werner Schneider. Auch er ist wieder am Bauen. Und er erklärt: «Ich bin 1956 hier geboren und hier aufgewachsen, da haben Sie die ganze Entwicklung gesehen, positiv wie negativ.» Er spricht von den verschiedenen Hausverkleidungen, von vorgemauerten Wänden, den veränderten Fenstern, davon, dass «das auch was mit Geschmack zu tun hat, weil es einfach nicht passt». Deshalb sieht sein Projekt so aus: «Wir wollen zeigen, dass man in dieser Architektur auch heute noch wohnen kann, ohne viel zu verändern.» Dazu renoviert er sein Haus nach den Originalplänen. ▄ Das, was nicht passt, verursacht aber zunächst einmal ziemlich viele Schwierigkeiten. «Sie sehen ja, dass wir hier viel gemacht haben. Der Fußboden, der musste raus. Der Steinholzboden ist gerissen. Einen neuen Steinholzboden zu machen käme viel zu teuer, weil das heute keiner mehr herstellt.» Praktischerweise bot sich ihm dadurch die Möglichkeit, eine Fußbodenheizung einzubauen. «Das mit den Fenstern war ein Kraftakt.» Die werden in Einzelfertigung mit Metallrahmen, Griffen und Isolierglas extra für ihn hergestellt. «Ich bin immer der Meinung, die Fenster wurden nur durch das Dritte Reich schlecht gemacht. Bisher gibt's keine Probleme.» ▄ Probleme gab es viel eher mit der Hellhörigkeit. «Ich habe bloß das Glück, dass sie links und rechts ein bisschen was gemacht haben. Und wenn Sie dann selber ein Stück Trockenbauwand davorsetzen, weil das der Nachbar nicht gemacht hat, so kann man sich da schon einig werden. Der eine macht das, ich mach' dann die andere Sache.» ▄ Als wir in den Keller gehen, stoßen wir auf ein paar weitere Probleme: zunächst die geringe Höhe der Treppe, weshalb Werner Schneider, wie übrigens manch anderer in der Siedlung auch, die Deckenkante abgeschlagen hat, damit man sich den Kopf nicht anschlägt. Und dann die Raumhöhe des Kellers: In den ursprünglich gebauten 1,80 Metern kann heute die Hälfte der Menschen gar nicht mehr aufrecht stehen. Werner Schneider hat hier den Brenner seiner Heizung untergebracht; bei Gropius war dieser Raum die Waschküche, also ein viel besuchter Arbeitsraum für die Hausfrau. Schneider hat diesen, wie den nebenan liegenden ehemaligen Kohlenkeller, tiefer gelegt, um auf eine normale Raumhöhe zu kommen. Da der Kohlenkeller heute als solcher nicht mehr benötigt wird, will er hier zusätzlichen Wohnraum schaffen. Aus diesem Grunde hat er die Zwischenwand entfernt. Der ehemals fensterlose Kohlenkeller bildet nun zusammen mit dem durch das Fensterband belichteten Heizraum einen vergleichsweise großzügigen hellen Raum. Die Heizung muss dafür aber wiederum in eine Gasheizung umgewandelt werden, die sich in den Wohnraum integrieren lässt. ▄ Werner Schneider ist zu DDR-Zeiten nicht in diesem Haus der Siedlung aufgewachsen, sondern in einem Haus baugleichen Typs, ein Stück die Straße weiter runter. Auch dort hat er, wie ja fast alle hier, angebaut, umgebaut, ausgebaut, drangebaut. Und warum? «Weil es zu klein war, natürlich», sagt er. Aber er fügt gleich hinzu: «Für eine Familie, die keine Kinder hat, reicht das vollkommen.» Darüber hätte er mal mit Gropius diskutieren sollen. Aber Werner Schneider betont auch immer wieder: «Ein bisschen was müssen Sie schon verändern.» ▄ Er weiß noch nicht, wann er mit seiner «Modell-Renovierung» fertig sein wird. Das liegt, trotz des riesigen Anteils an Eigenarbeit, vor allem an den Kosten. So macht er eben alles Stück für Stück und mit den Mitteln und Methoden, die er leisten kann. Dass er dabei sogar eine Farbanalyse des Originalzustands vornehmen ließ, scheint fast schon irrwitzig. Ein Forschungsprojekt der Stiftung Bauhaus Dessau unterstützte ihn dabei maßgeblich. Gerne hätte er sogar noch mehr gewusst, aber das konnte er unmöglich selbst bezahlen. «Und einen Originalnachbau der Lichtschalter wollte ich, aber das können sie nicht ... Jetzt hab' ich einen in Schwarz, die schwarze Farbe, wie das Original war. Man soll sich immer ein bisschen anlehnen, wie das Original war, das ist auch okay.» Manche Nachbarn finden übrigens, dass er «'ne Macke» hat. «Stimmt», sagt er und nennt sich selbst einen Idealisten.

KRUMM UND SCHIEF NACH FEIERABEND
Simone Schuster und Horst Etzold sind Rentner. Vor wenigen Jahren haben sie sich ihren gemeinsamen Wohnsitz im Elternhaus von Simone Schuster eingerichtet, das ursprünglich Haustyp sietö IV entsprach. Haustyp sietö IV ist der kleinste in Törten. Ganze 57 Quadratmeter verteilte Gropius dort auf fünf Zimmer. Und das durchaus pfiffig, denn er sparte das Treppenhaus ein. Der Wohnraum gliedert sich in zwei Halbgeschosse und den Keller, verbunden über jeweils sechs Stufen. ▬ Heute umfasst das Haus von Frau Schuster und Herrn Etzold inklusive Keller 131 Quadratmeter. Was Gropius in den zwanziger Jahren als «minimum vivendi» bezeichnete, wurde sukzessive ergänzt, hier und da verbessert und dabei völlig neu organisiert. «Insgesamt ist hier alles so ein bisschen krumm und schief nach Feierabend, aber wir sind glücklich», erzählt Simone Schuster. «Krumm und schief» bezieht sich dabei vor allem auf den Fußboden. «Passen Sie auf, hier ist eine Schwelle und dort auch», warnt sie neue Besucher des Hauses gleich an der Tür. Jedes Zimmer hat praktisch sein eigenes Bodenniveau. ▬ Der Beginn der Umbaumaßnahmen im Hause Schuster war kriegsbedingt. Als eines von 25 Häusern der Siedlung Törten wurde es im Januar 1945 von einer Bombe getroffen. Mutter Schuster überlebte im Keller, doch weg war das Wohnzimmer. Nach und nach, mit zusammengetragenen Ziegelsteinen, begann man das Haus zu flicken. Das zerstörte Wohnzimmer blieb zunächst: «Meine Mutter hat in diesem Haus sehr gefroren. Das ursprüngliche Wohnzimmer ging nach Norden, und die Küche, die daneben war, auch. Und Sie kennen ja die Beton-Rapidbalken, die die Decke darstellten. Sowie Sie geheizt haben, ging die Wärme nach oben raus. Darum hat meine Mutter damals gesagt: Also so wird nicht wieder aufgebaut!» ▬ Zu geringe Wärmedämmung war in dem Versuchshaus fraglos ein zentrales Problem. Im Winter fror das Kondenswasser an den einfach verglasten Scheiben der Stahlfenster. Es zog durch die Rahmen, die Heizung war unterdimensioniert. Um wenigstens punktuelle Verbesserungen zu erreichen, häkelten die weiblichen Familienmitglieder im Winter wollene Überzieher für die Stahlklinken der modernen Zimmertüren. Gropius' Gesicht mag man sich vorstellen, hätte er diese aus der Not geborenen kunsthandwerklichen Improvisationen gesehen. Doch er verschwand 1928 schon aus Dessau und hat seine Törtener Versuchssiedlung nie ernsthaft evaluiert. ▬ Nach dem Krieg wurde das Wohnzimmer also völlig neu konstruiert, dort, wo vor dem Bombeneinschlag Stall und Trockenklo gewesen waren. Neu und natürlich größer, dazu mit einer besseren Boden- und Dachisolierung ausgestattet und mit einem Grundofen. Gemütlich und warm, so wollte es die Mutter haben. Der neue Komfort war auch nach außen sichtbar. Während im Winter woanders der Schnee auf den Dächern schmolz, blieb er über Schusters Wohnzimmerdecke liegen. Wer von Wärme spricht, sollte vielleicht nicht an der Dachisolierung sparen. ▬ Dennoch: «Nachdem das Haus nun so umgestaltet war, haben wir erst einmal gemerkt, wie funktionell das bei Gropius war. Im Mittelpunkt des Hauses musste sich die Familie

treffen. Man kam von der Straße in dieses Wohnzimmer, vom Wohnzimmer aus war nur die Türe zur Küche, es war die Treppe nach oben, wo die Kinderzimmer untergebracht waren. Meistens hatte es ja ein, zwei Kinder, die mussten aber immer alle durch das Wohnzimmer, egal, ob sie in ihr Zimmer wollten oder in die Küche oder zur Straße. Man musste durch den Mittelpunkt des Hauses, durch das Wohnzimmer. Heutzutage haben wir hier ein bisschen mehr Platz. Mein Mann sitzt hier hinten, und ich bin dort in der Küche. Da ist das Zusammensein gestört. Wenn ich was von ihm will, muss ich immer rufen: Horst!» Wie sagte Gropius? Bauen ist die Organisation von Lebensabläufen. ▪ «Hinten», wo Horst Etzold meist sitzt, ist heute der schönste Raum. Als Erweiterung des Wohnzimmers in den Garten hat sich das Paar 1999 einen Wintergarten anbauen lassen. Ohne ideologischen Überbau ist hier verwirklicht, was Architekturtheoretiker den Entwürfen der Moderne zuschreiben: ein lichtdurchfluteter Raum, in dem Innen und Außen ineinander übergehen. «Es kommt einem vor, als ob man draußen im Garten sitzt. Das ist unser kleines Paradies.» Die richtige Dosierung von Licht, Luft und Wärme ist nicht nur lebenserhaltend, sondern macht auch noch glücklich! ▪ Die nächste Törtenerin, die wir besuchen, holt sowohl schwärmerische Architekturtheoretiker als auch romantisierende Gartenstädter auf den Boden der Tatsachen zurück: «Auf gut Deutsch gesagt, es waren Billighäuser.» Und Hanna Klingler weiß, wovon sie redet, denn sie ist hier 1926 geboren und wohnt seither auch hier. «Es war ja alles aus Hohlblocksteinen, aber ist alles 'ne billige Herstellung gewesen. Die Häuser haben damals 9000 Reichsmark gekostet. Das konnte man abzahlen, das fiel den Arbeitern damals leicht.» Stolz holt sie die Originalrechnung und zeigt uns die Ratenliste. «Sehen Sie, am 1.10.1927 musste mein Vater dann ans Abzahlen, und dann geht das aber bis – wann hab' ich den Rest abgezahlt? Vor der Wende.» Am 1.4.1996 wäre die reguläre Ratenzahlung zu Ende gewesen. Die Finanzierung lief, bei einer Anzahlung von 1000 Reichsmark, mit halbjährlichen Raten von etwa 40 Reichsmark über 70 Jahre. ▪ «Hier ist keiner ausgezogen», sagt Hanna Klingler, «die sind hier drin gestorben, und entweder die Kinder haben's genommen, oder die Kinder sind woanders hingezogen.» Dass die Häuser von Anfang an den Bewohnern selbst gehörten, machte es möglich, selbstbestimmt bauliche Veränderungen vorzunehmen, und das bis heute. Auch sie hat nach der Wende hinten einen Wintergarten anbauen lassen; einen aus Panzerglas, damit niemand einbrechen kann. Das war eben kurz nach der Wende, als man sich zum ersten Mal etwas leisten konnte. Und da hat sie sich das Panzerglas aufschwatzen lassen. «Jeder macht ja jetzt besser», erklärt sie, «das muss jetzt. Zum Beispiel die Nachbarn ein paar Häuser weiter, die verdienen beide gut. Also die haben seit der Wende, wo die D-Mark gekommen ist, das dritte Mal das Haus umgebaut. Aber sehr schön. Unten einen Riesenraum.» ▪ Und so sind die Häuser heute meist nicht mehr zu verkaufen, weil niemand die vielen materiellen Leistungen und Arbeitsstunden für Um- und Anbauten zahlen würde, die sie verändert und individualisiert haben. Zudem sind sie vor allem nach hinten hin solch eigenwillige Unikate geworden, dass es sehr schwerfallen dürfte, einen echten Liebhaber zu finden, der bereit wäre, dies mit Geld zu würdigen. Wahrscheinlich würde er sowieso wieder alles grundlegend umbauen wollen. ▪ Gropius ging es bei seinen Versuchen zum standardisierten Wohnungsbau in Törten nicht nur um eine technische Dimension, sondern ebenso um eine kulturell-zivilisatorische. «Die Existenz von Standardprodukten kennzeichnet immer den Hochstand einer Zivilisation ... (und) die grundlegende Bedeutung des Begriffes Standard als einen kulturellen Ehrentitel...» «Ein Standard zeigt immer ... die Auslese des Besten, die Abscheidung des Wesenhaften und Überpersönlichen vom Persönlichen und Zufälligen. Heute ist noch die Meinung vertreten, dass durch die ‹Tyrannei der Typisierung› das Individuum vergewaltigt werde. Dies ist aber eine längst widerlegte Fabel...»[5] ▬ Aber vielleicht ist auch das nur ein Märchen. In Törten haben sich die Bewohner jedenfalls sehr schnell um andere Dinge gekümmert als um die Abscheidung des Überpersönlichen vom Persönlichen und Zufälligen. Mit großer Leidenschaft waren und sind sie nicht um Standardisierung bemüht, sondern um Individualisierung, um die Verwirklichung ihrer persönlichen Träume. Auch das scheint ein Grundbedürfnis zu sein, gerade wenn es um Wohnungen für das Minimum geht. Dafür ist Törten eines der besten Beispiele. ▬ Wie sagte Horst Etzold hinten in seinem zum Wohnzimmer ausgebauten Wintergarten? «Das ist unser kleines Paradies.»

ANMERKUNGEN
[1] Alle Namen wurden von den Autoren geändert. [2] W. Gropius, Die soziologischen Grundlagen der Minimalwohnung für die städtische Industriebevölkerung. In: Architektur. Wege zu einer optischen Kultur. Frankfurt 1956, S. 88 [3] Ebd., S.90 [4] G. Herbert. Fabrikgefertigte Häuser oder industrialisierte Massenunterkünfte. Das Gropius-Wachsman-Paradox. In: Stiftung Bauhaus Dessau u. a. (Hg), Zukunft aus Amerika. Fordismus in der Zwischenkriegszeit: Siedlung, Stadt, Raum. Dessau 1995, S. 242 [5] W. Gropius, Meine Konzeption des Bauhaus=Gedankens. In: Architektur. Wege zu einer optischen Kultur. Frankfurt 1956, S. 22

Gemeindeverwaltung Sachsendorf
Öffnungszeiten

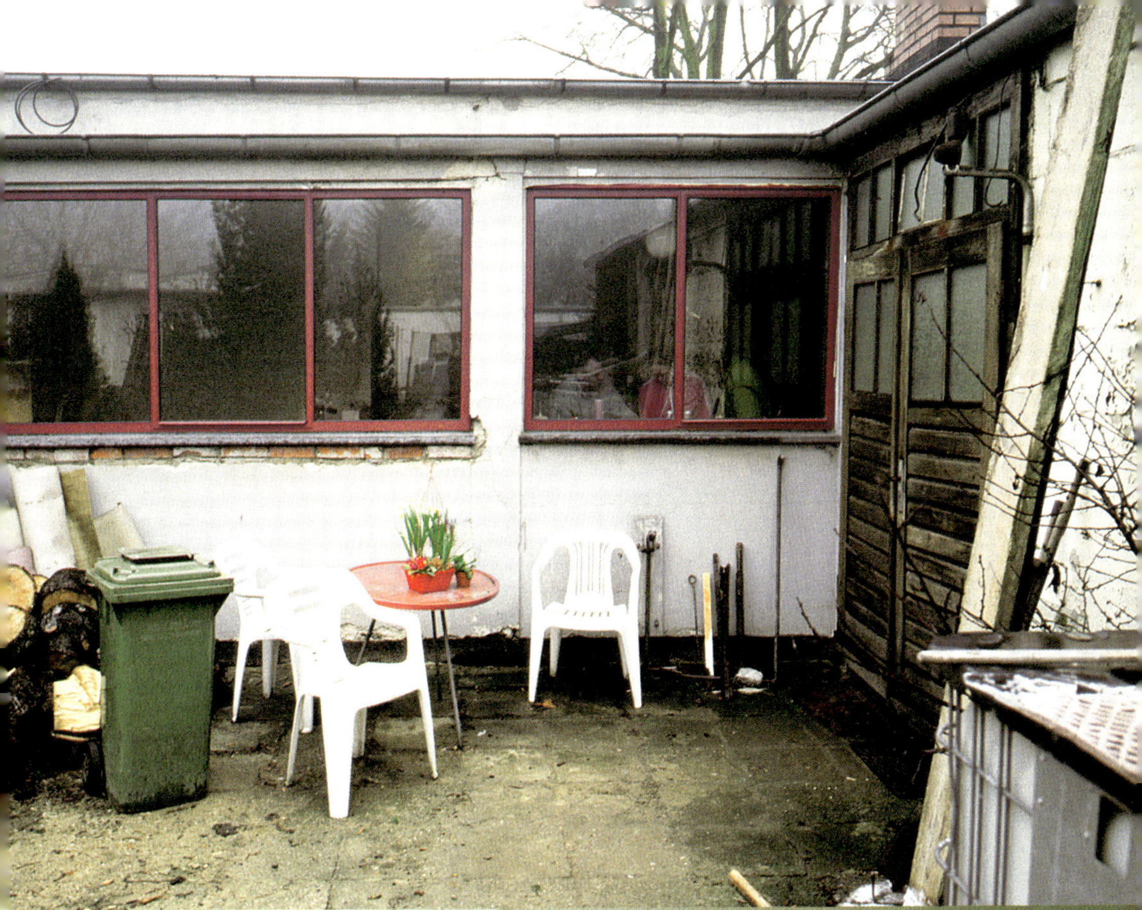

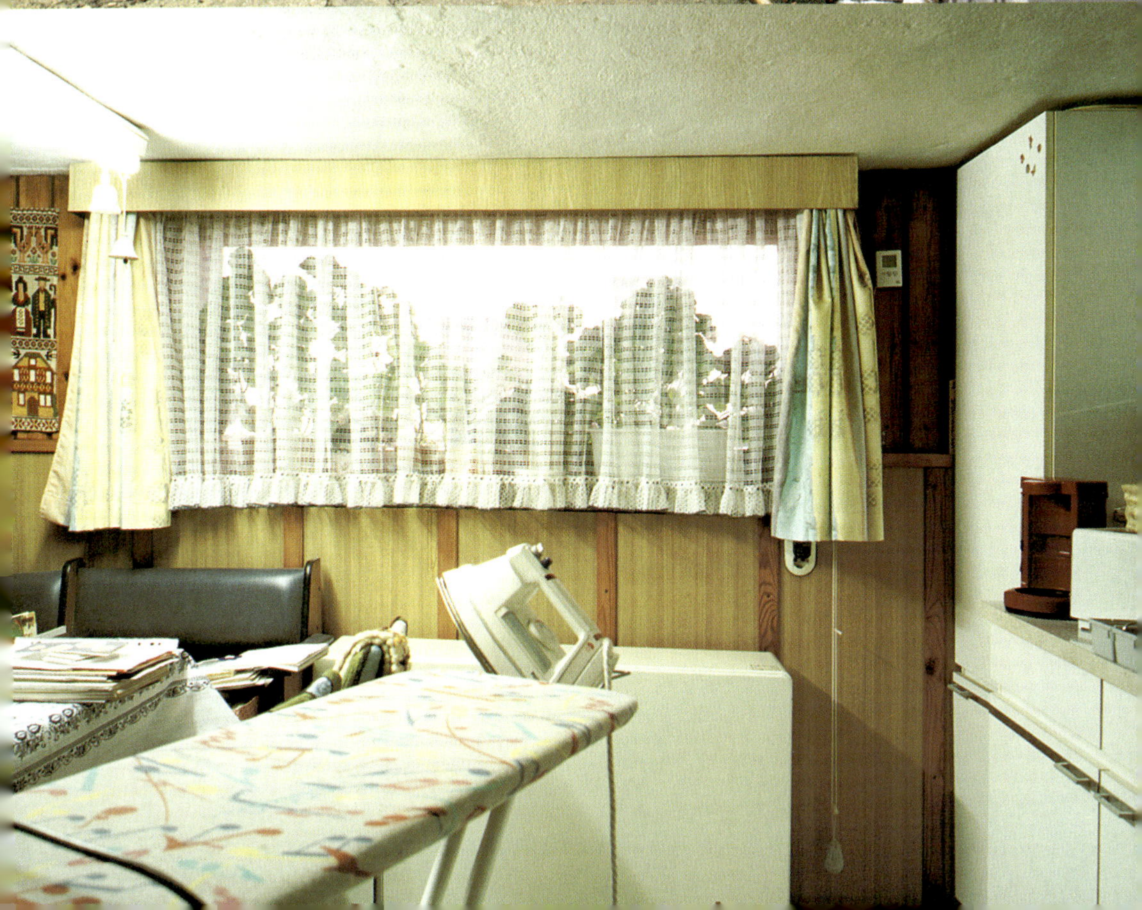

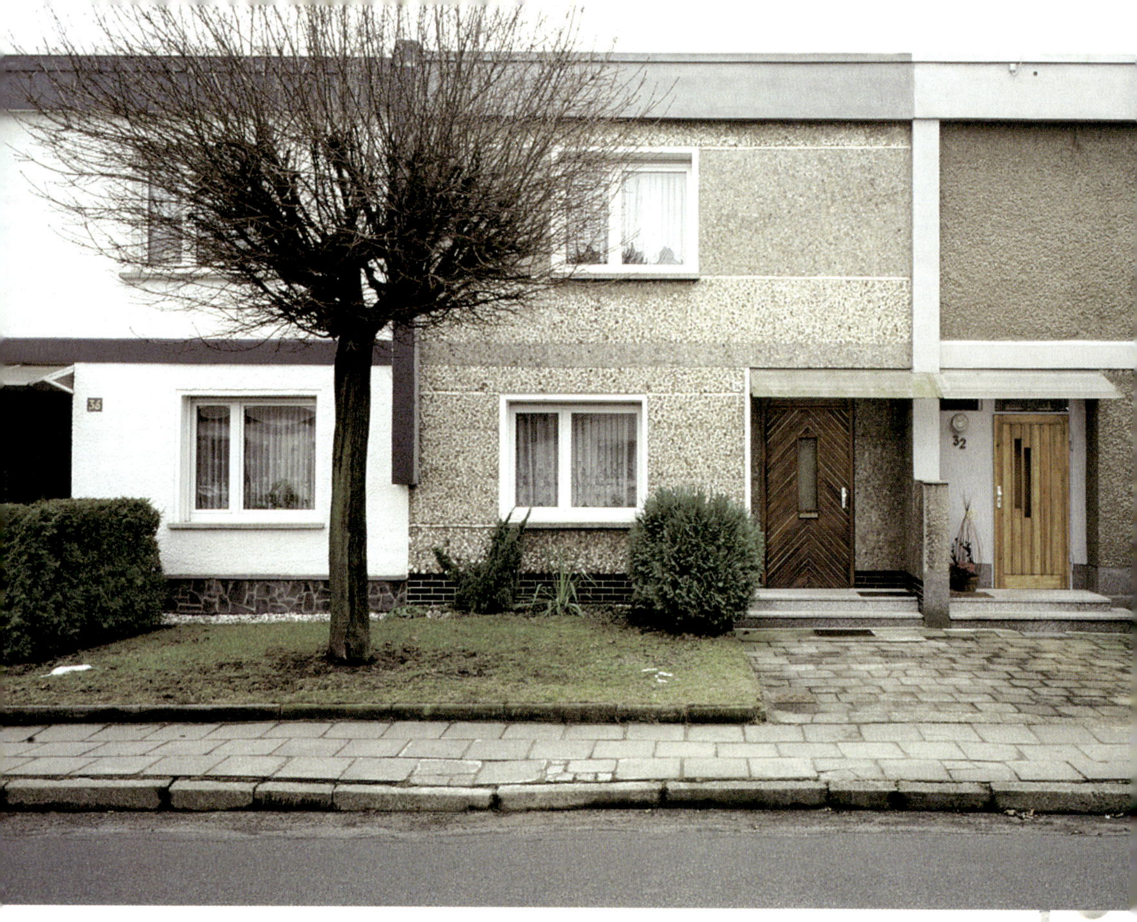
36
32

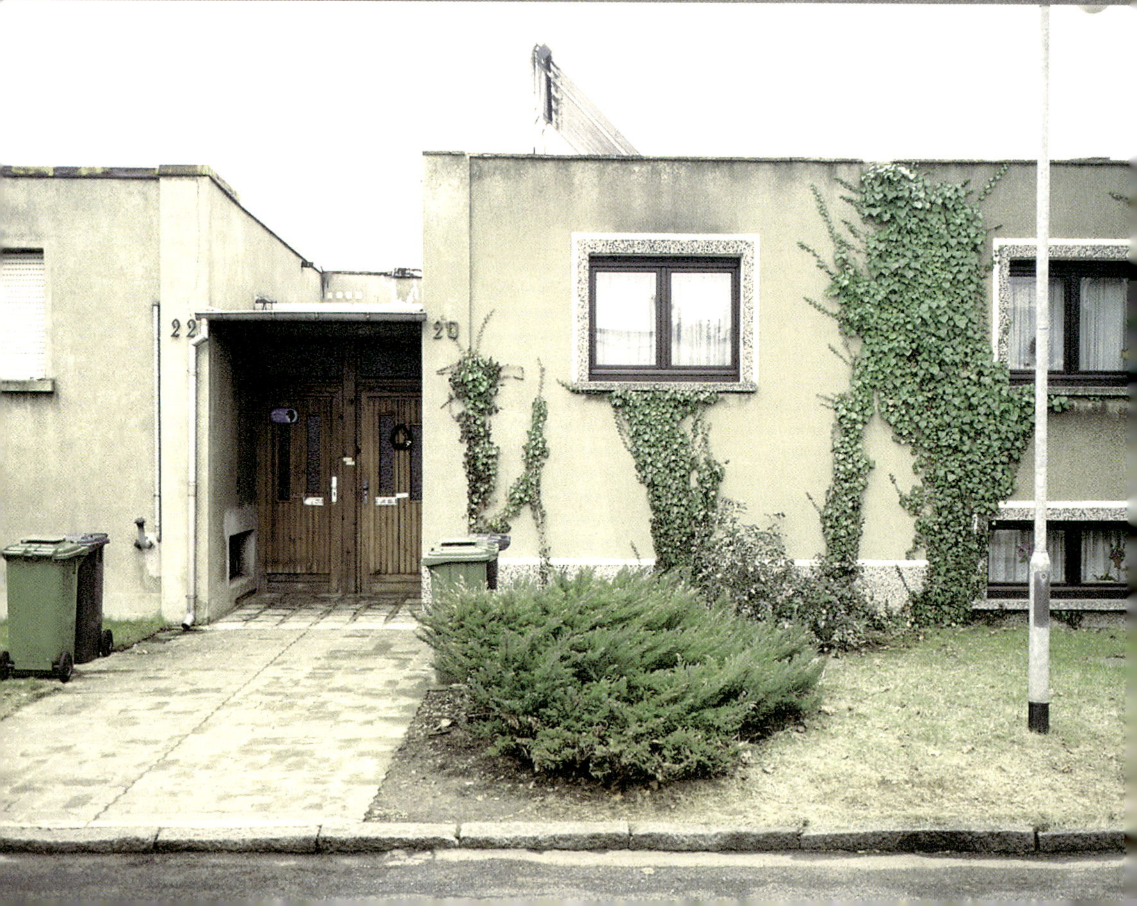
22
20

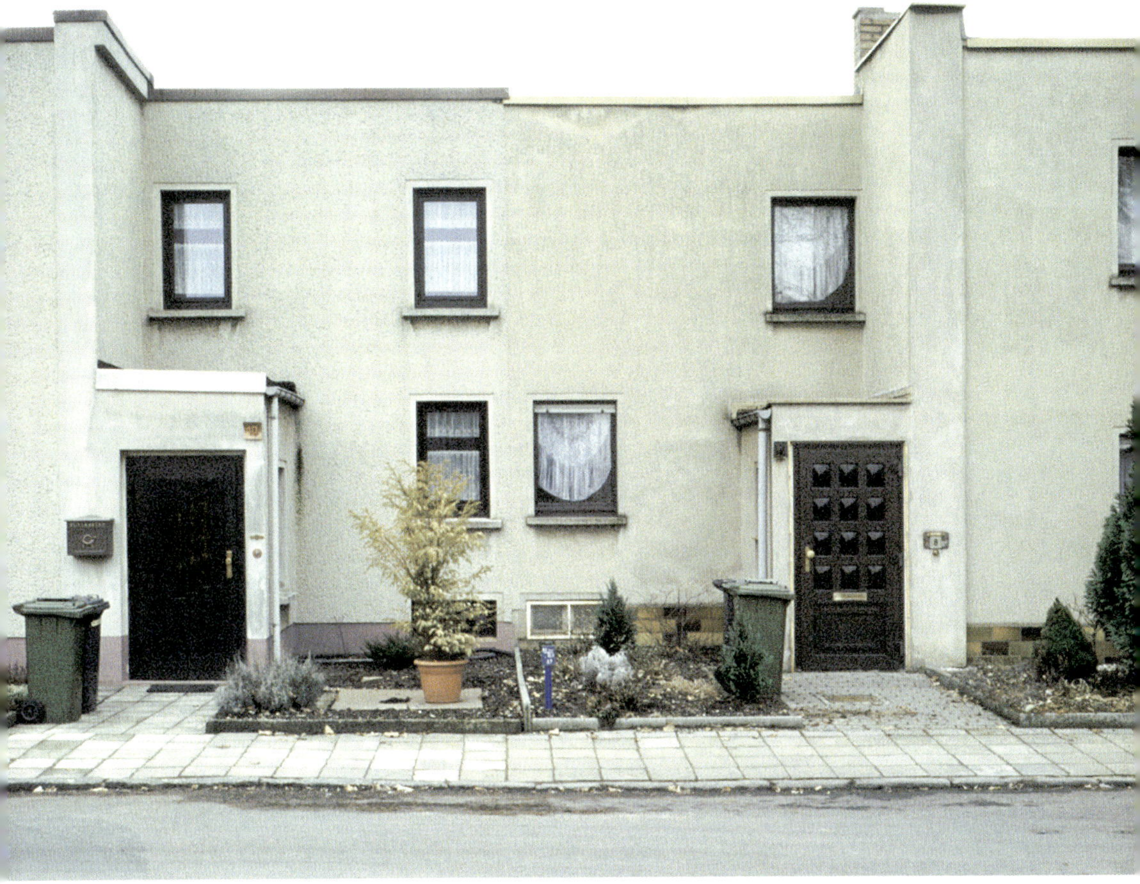

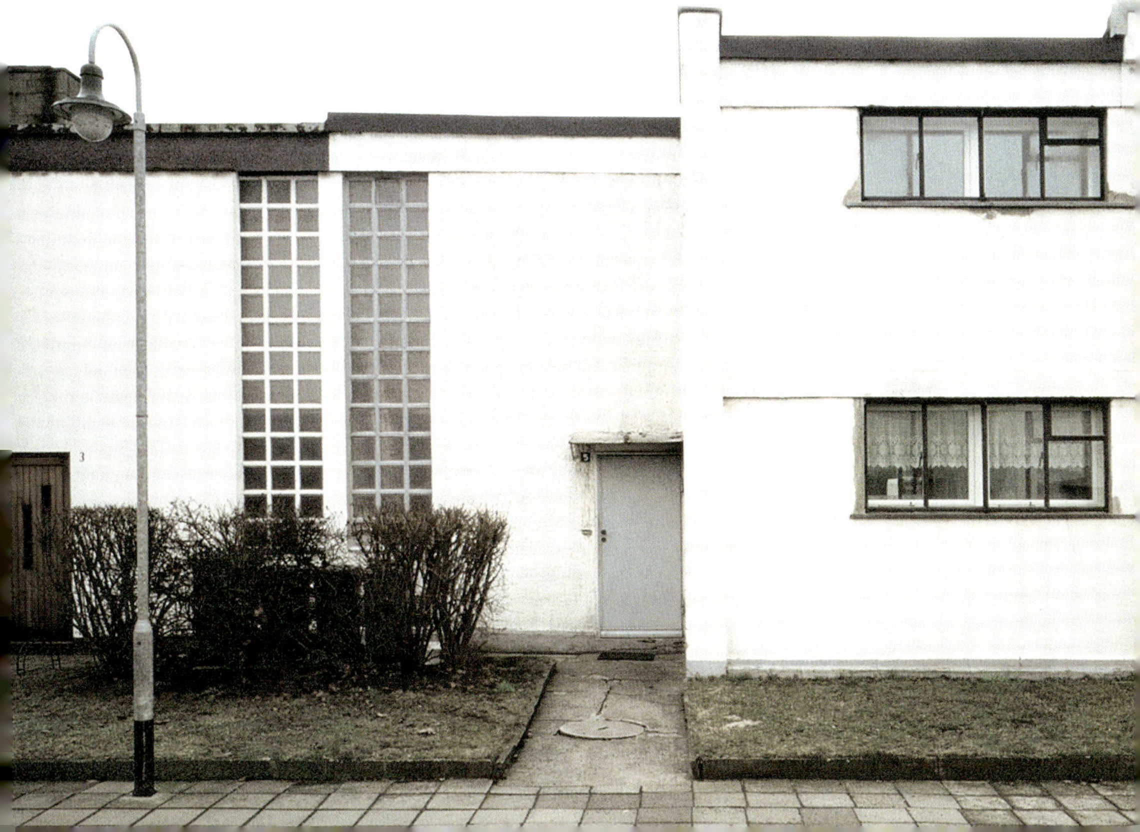

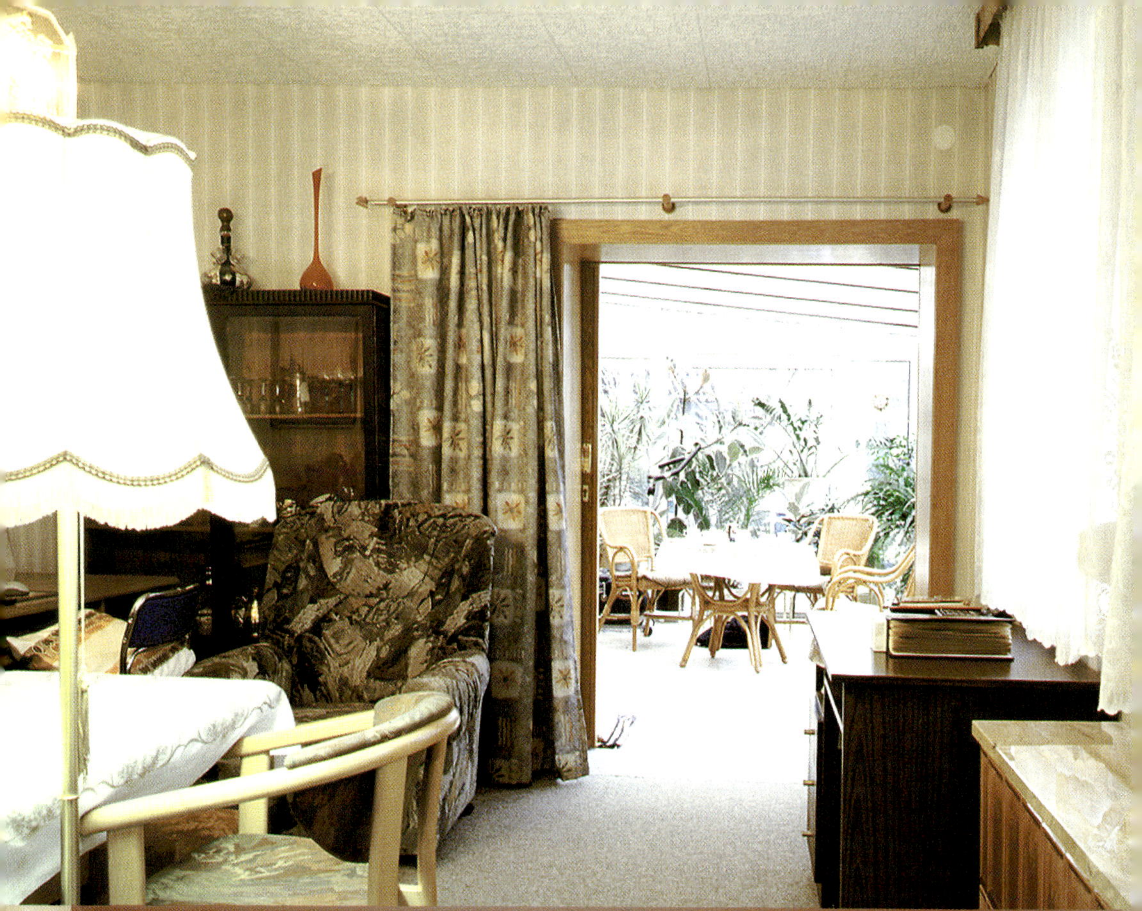

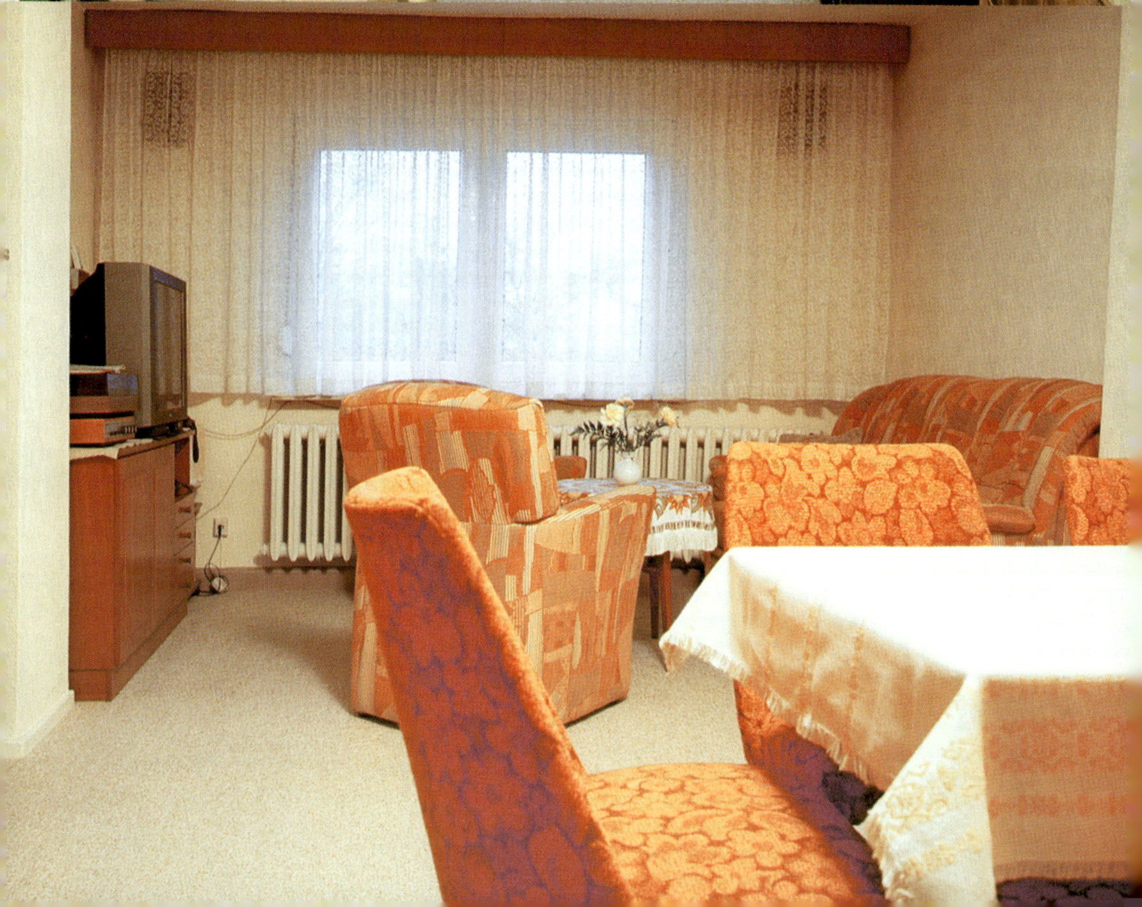

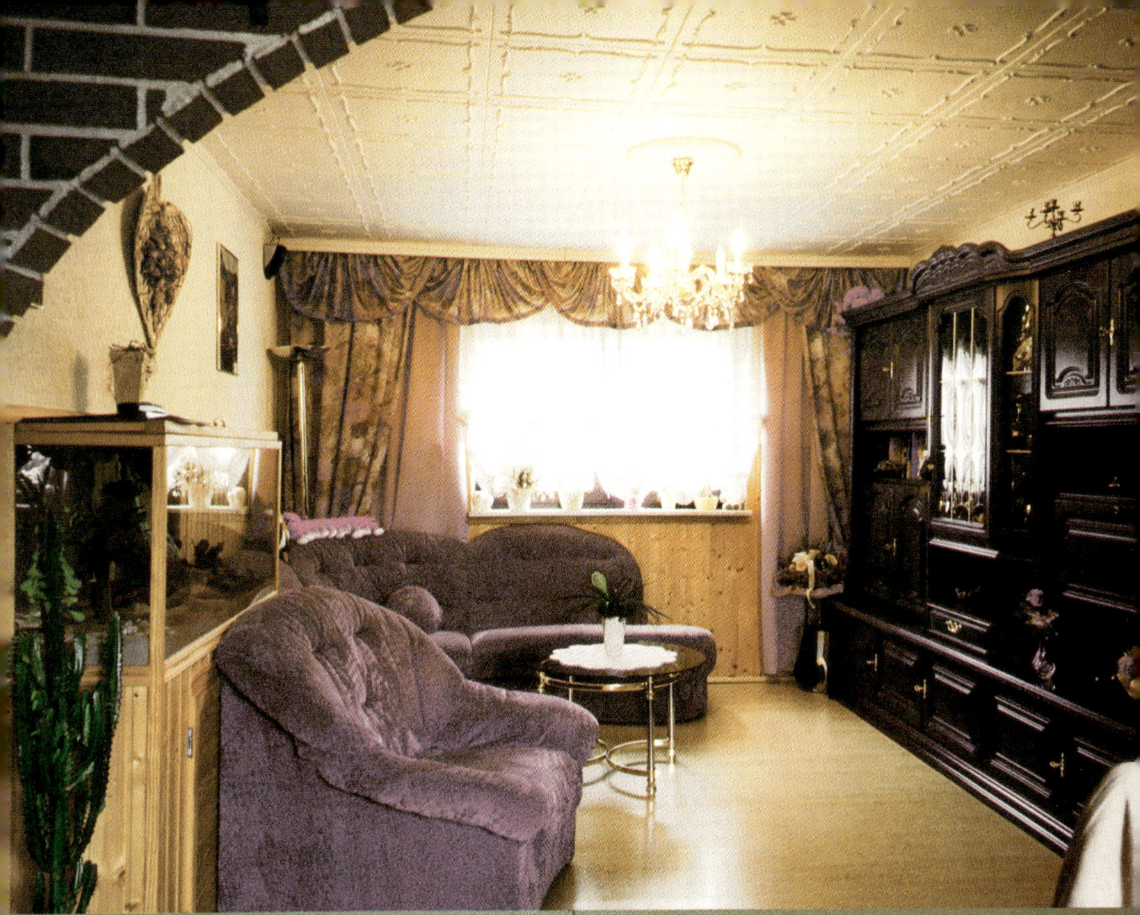

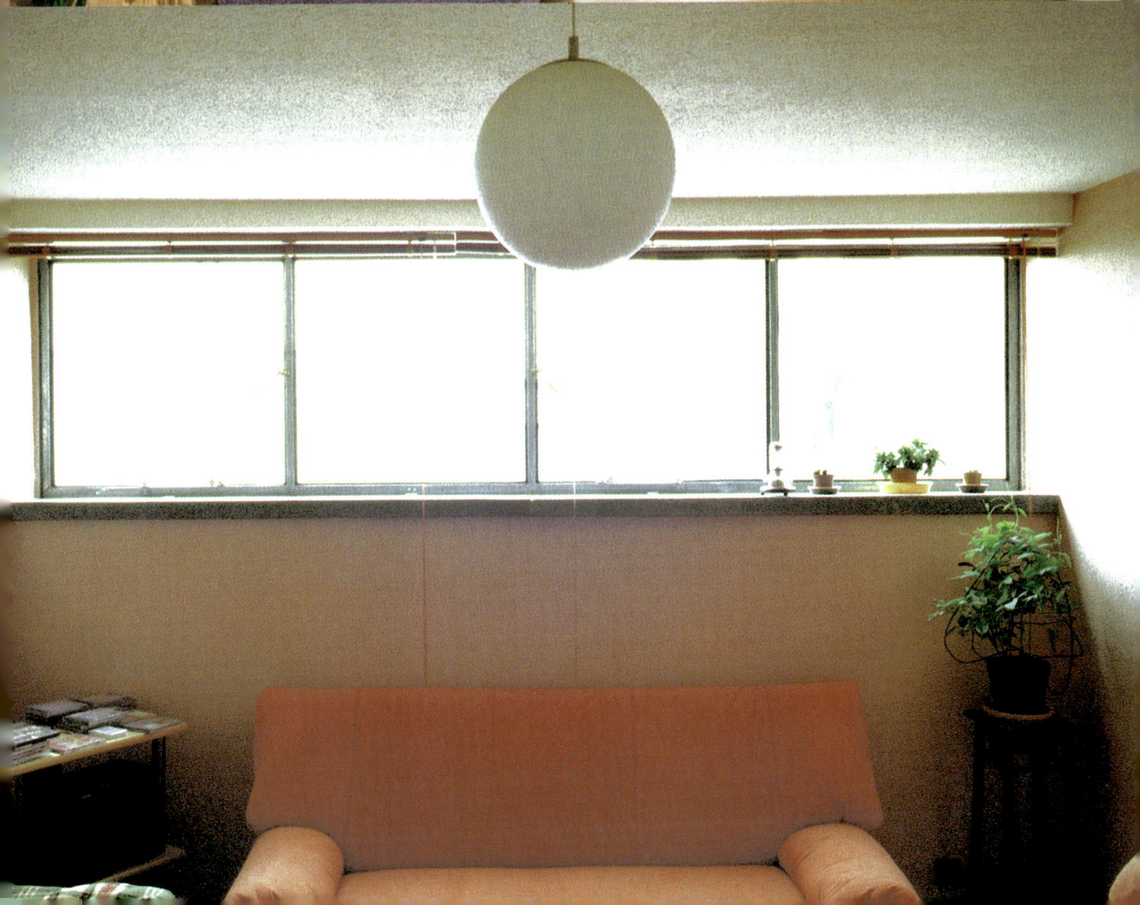

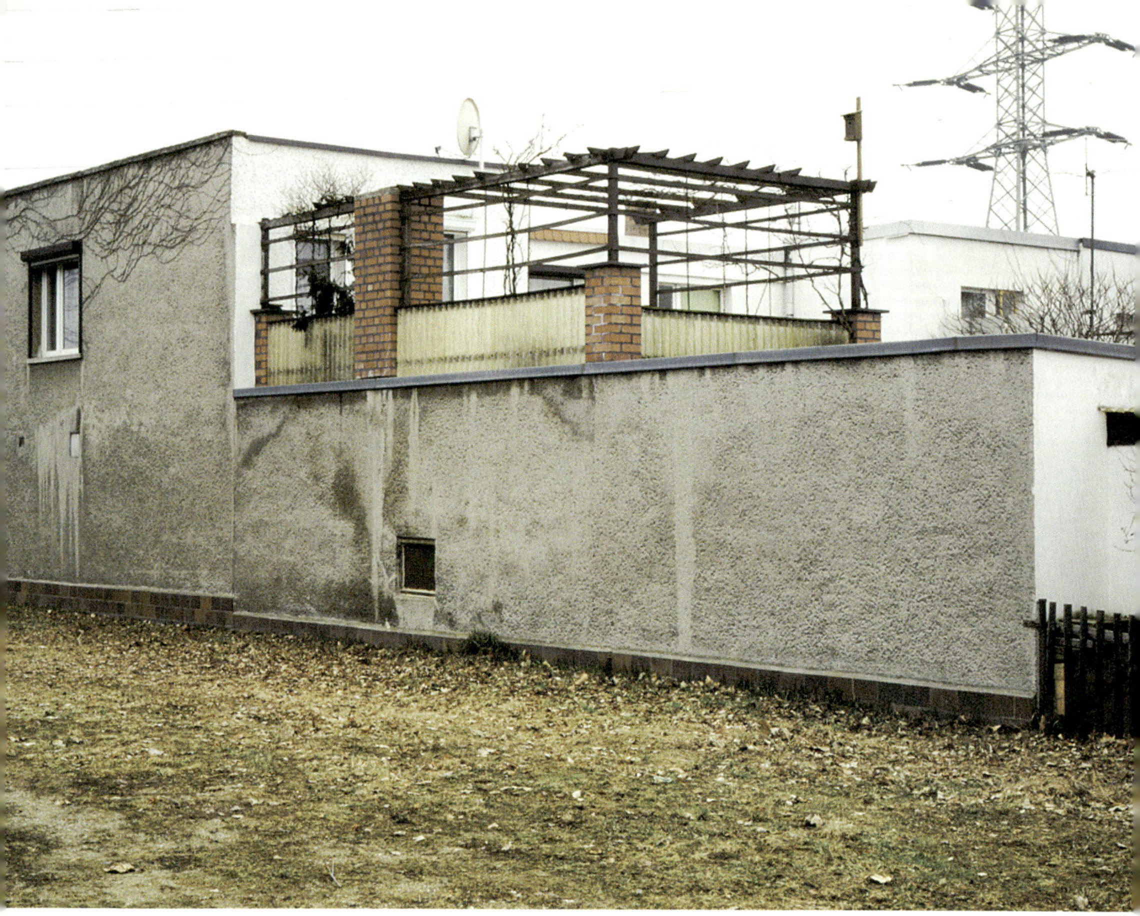
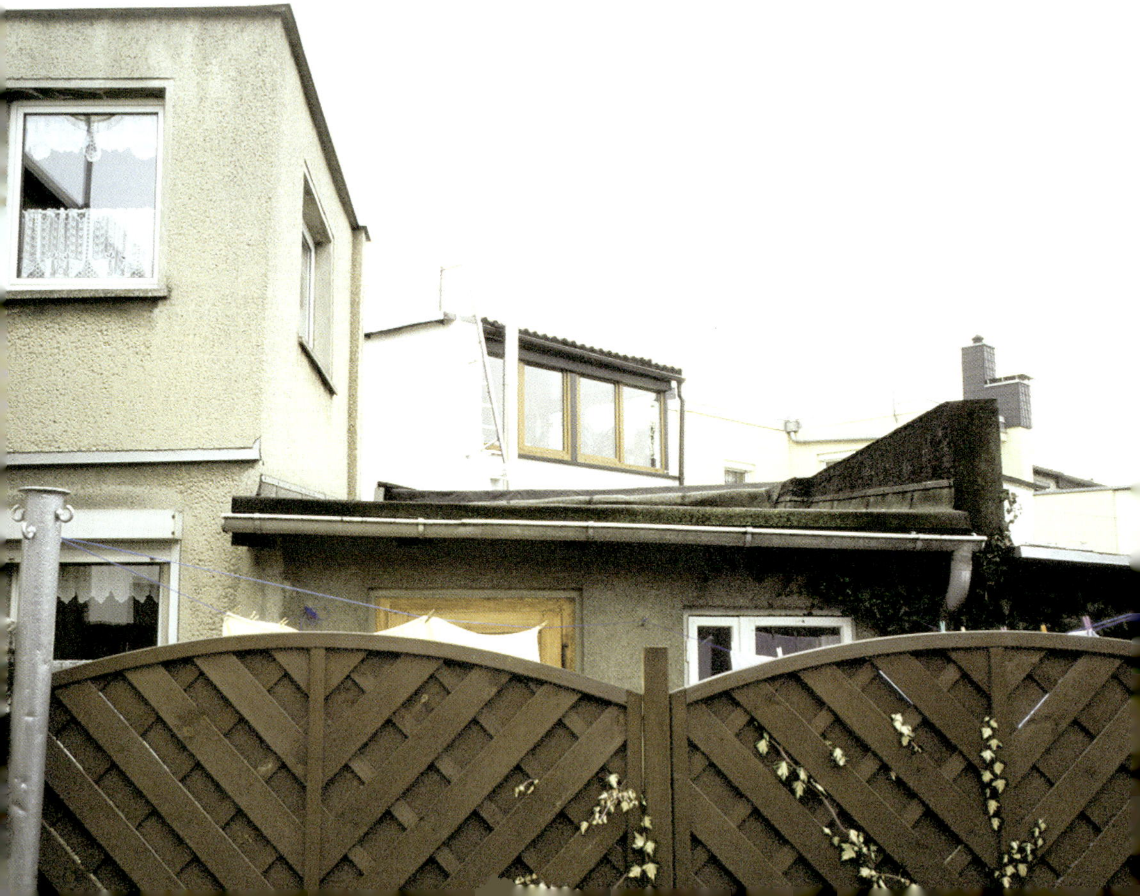

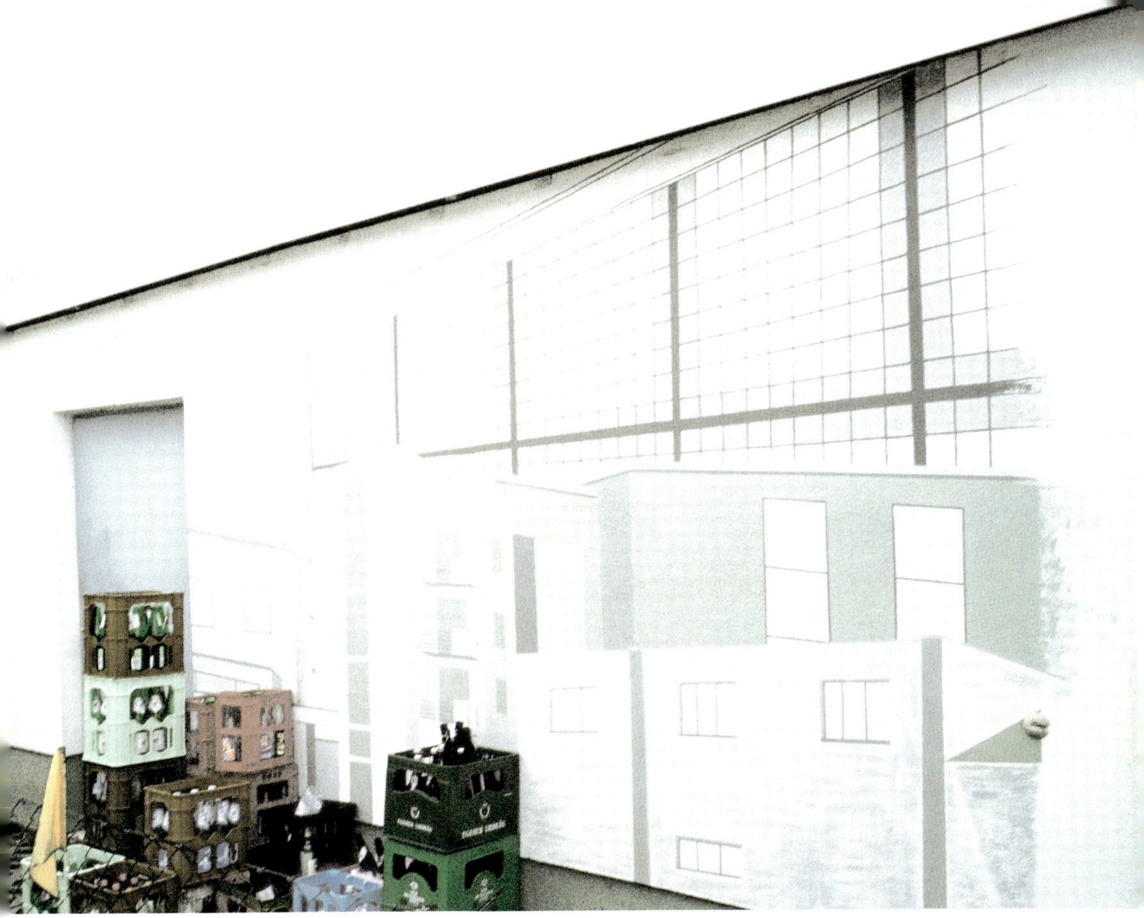

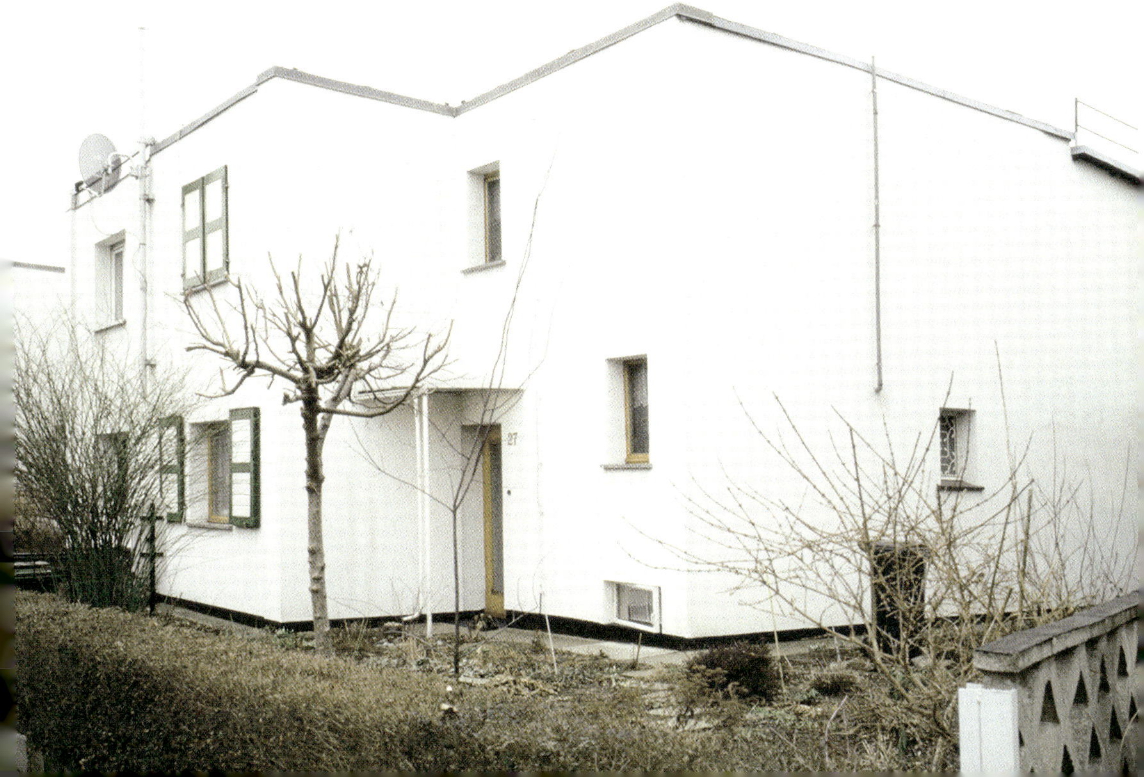
27

FUNDSTÜCKE
TOKYO | MONTREAL–WIEN | ROTTERDAM–FRANKFURT AM MAIN | DESSAU–ROTTERDAM |
BERLIN–BERLIN | MONTREAL–MONTREAL | ROTTERDAM–OTTAWA | SALZBURG–SALZBURG

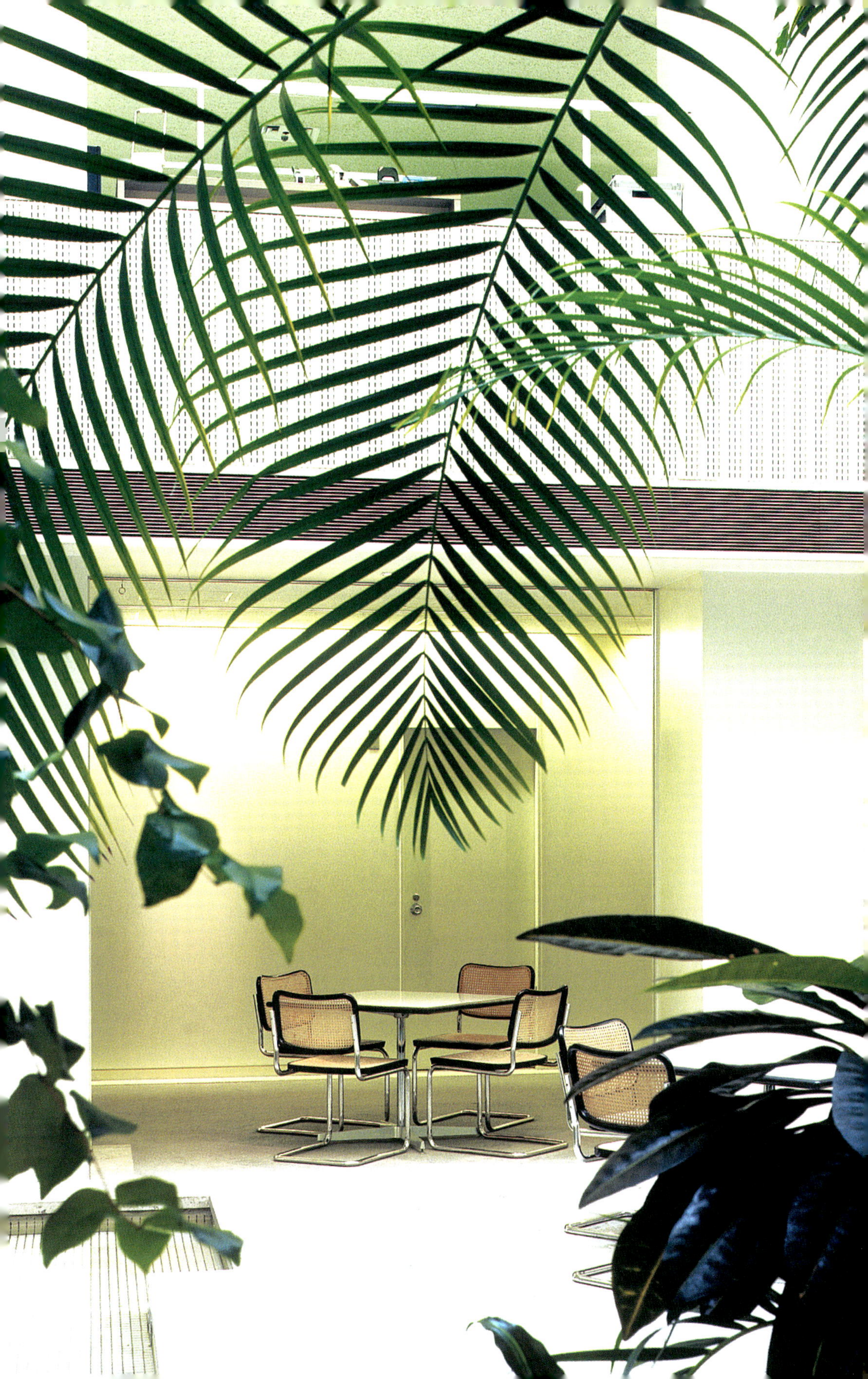

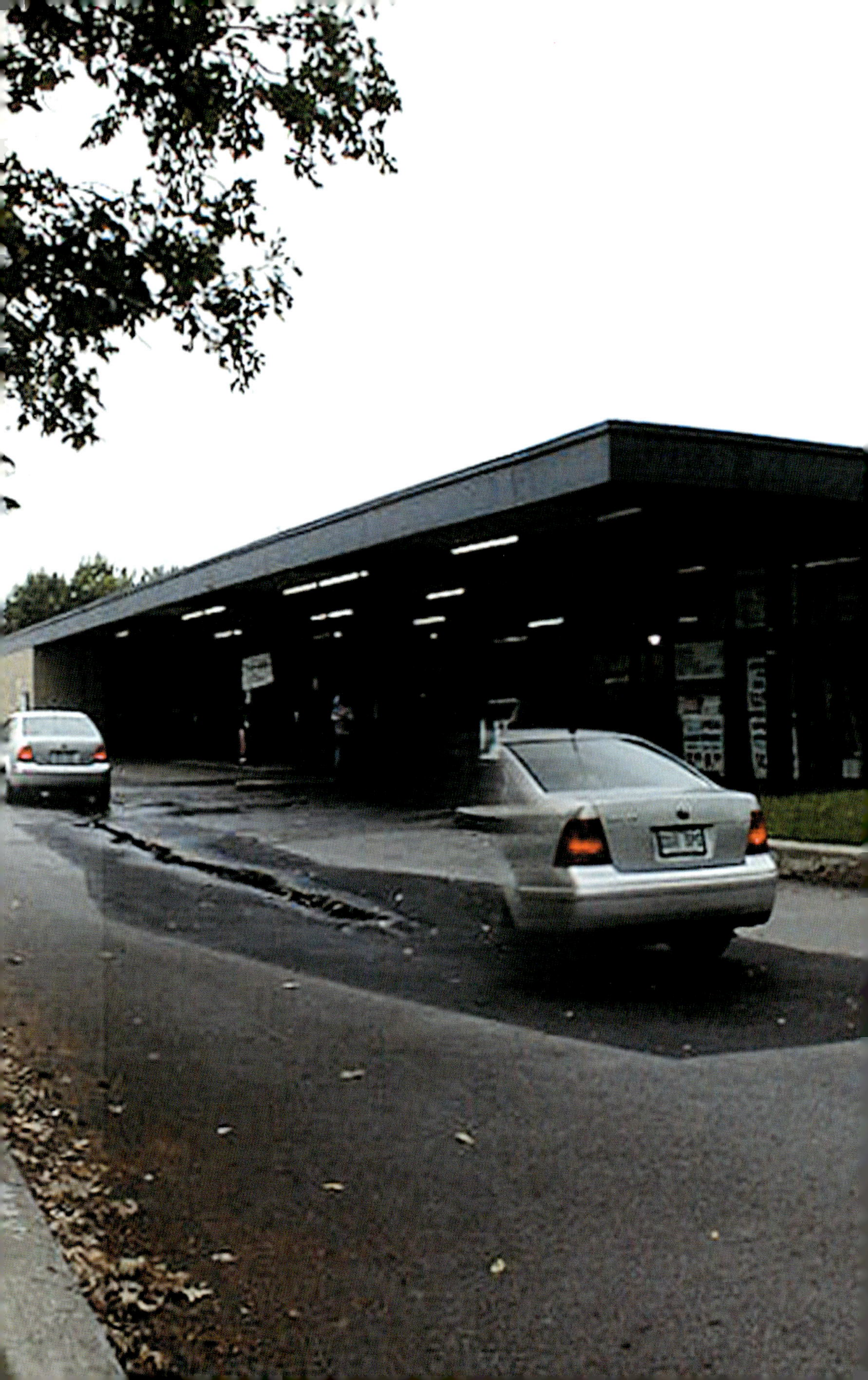

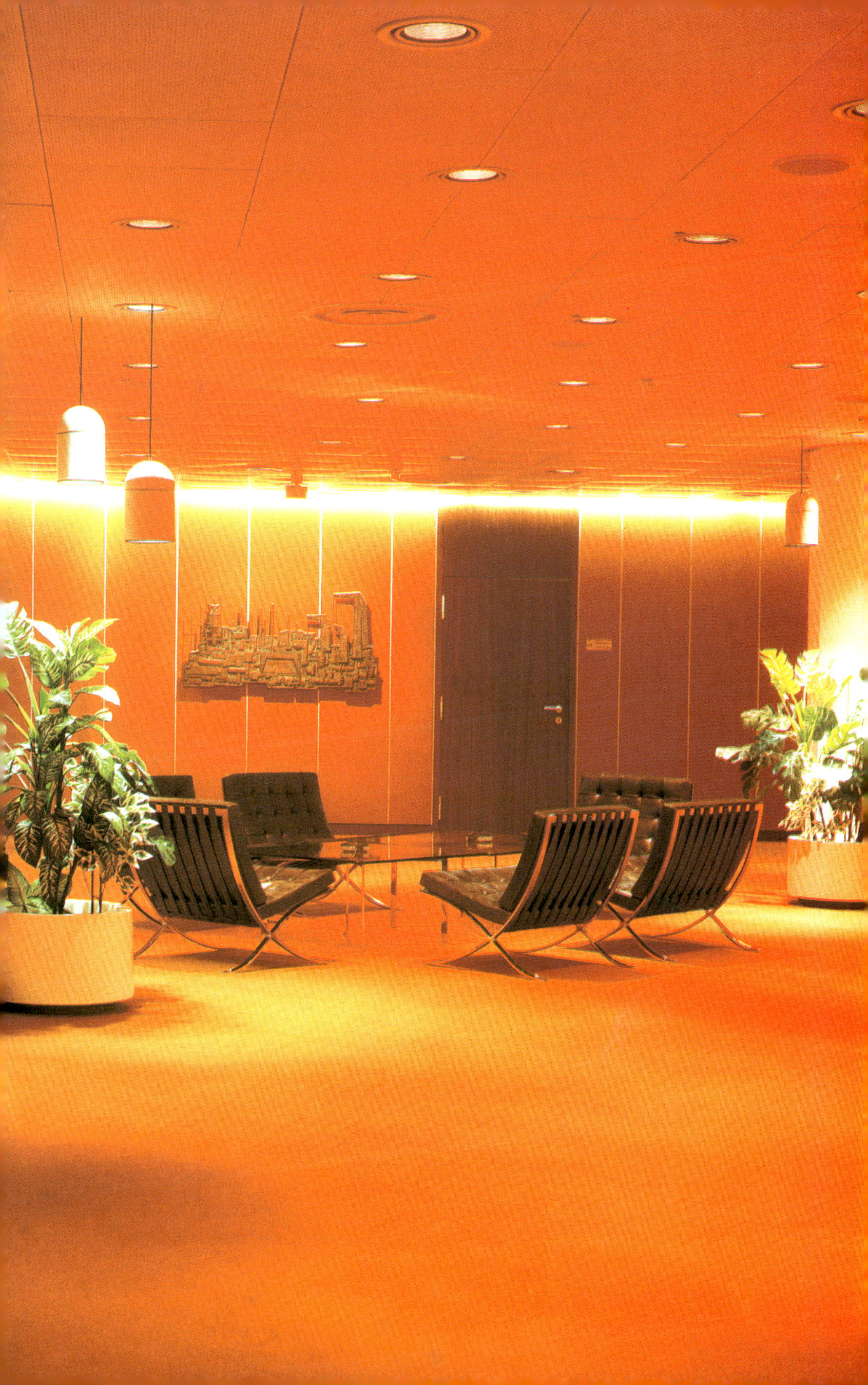

Gewerberaum
für jeden Anspruch

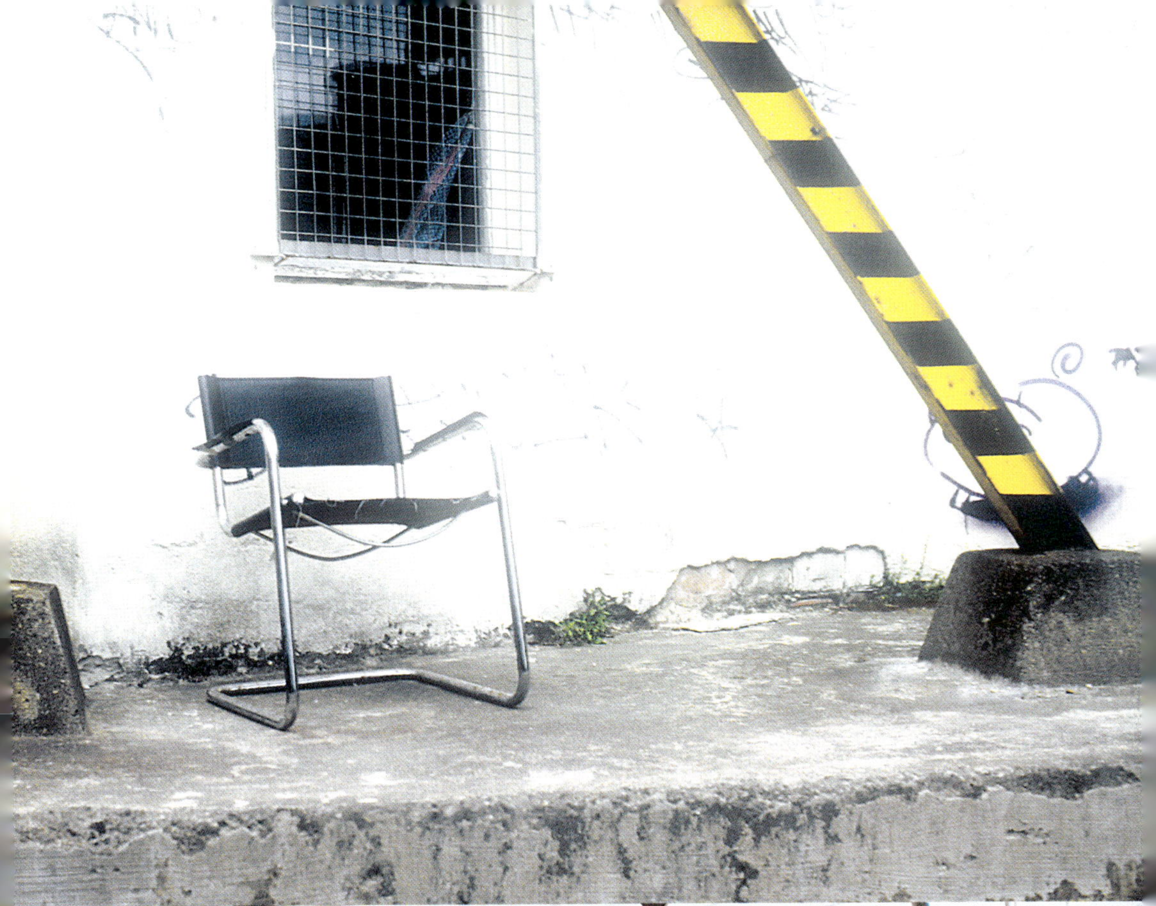

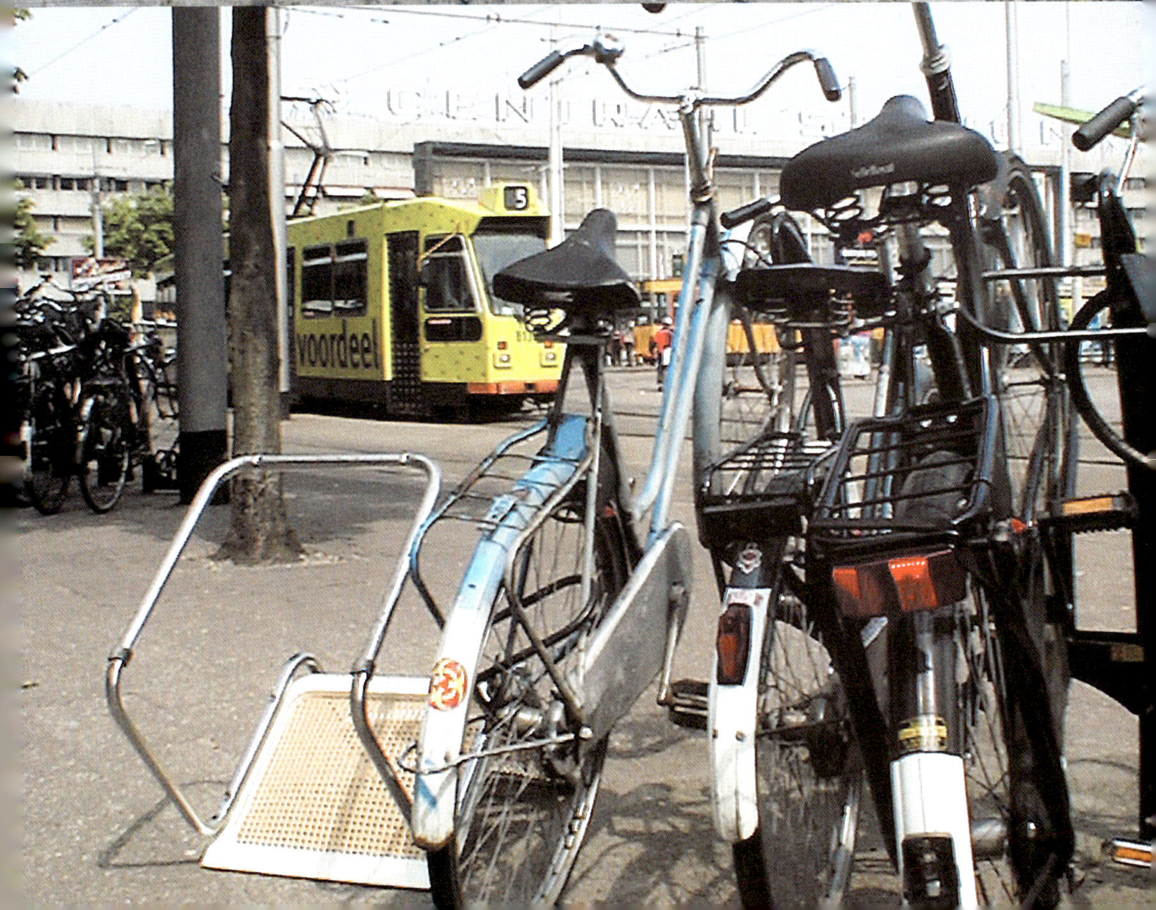
5
voordeel

Zum Fahrradsta[nd]

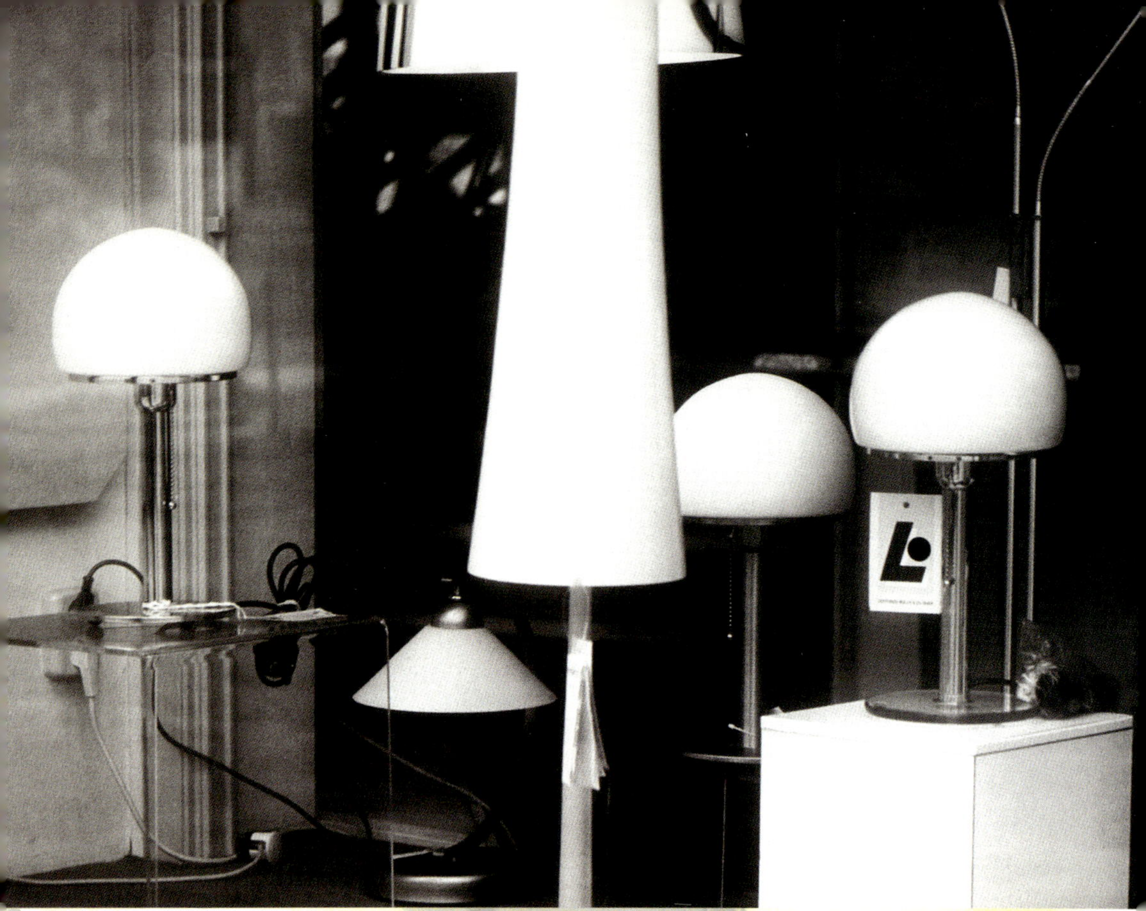

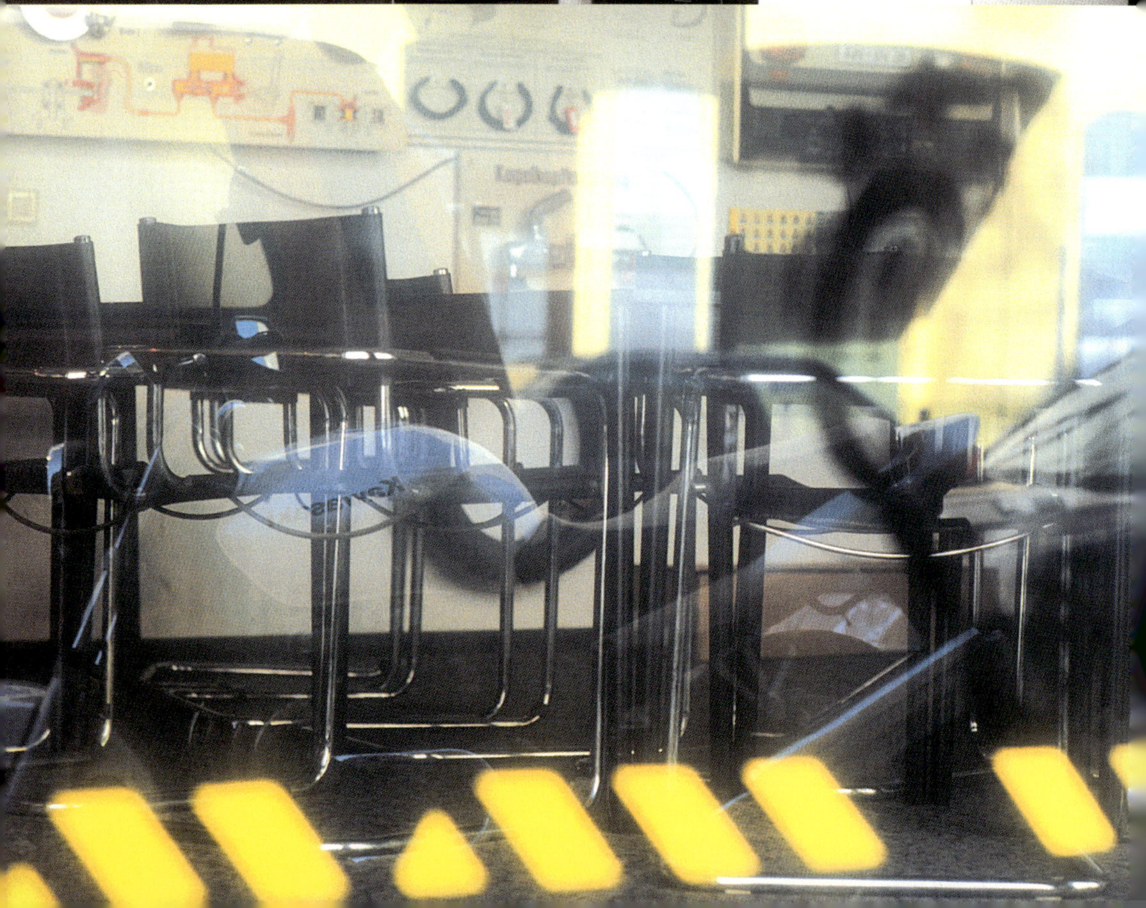

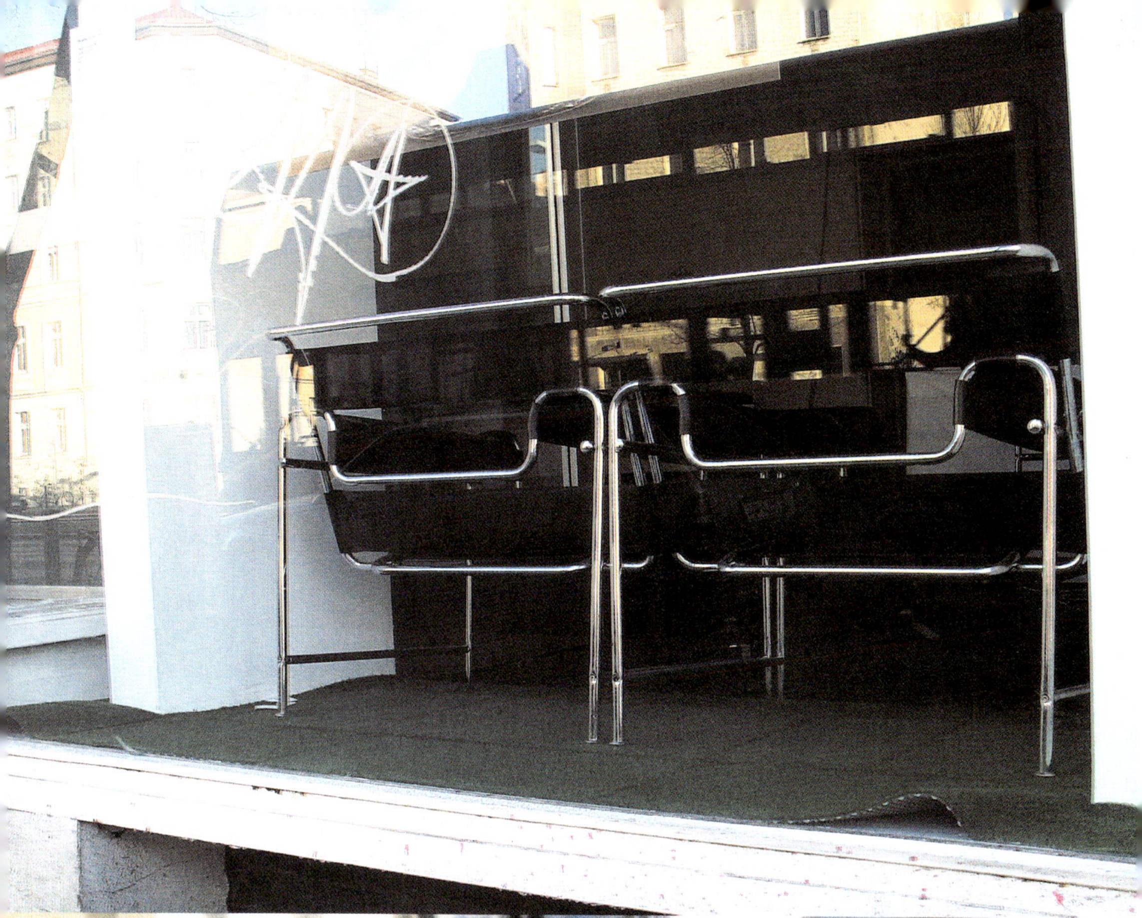
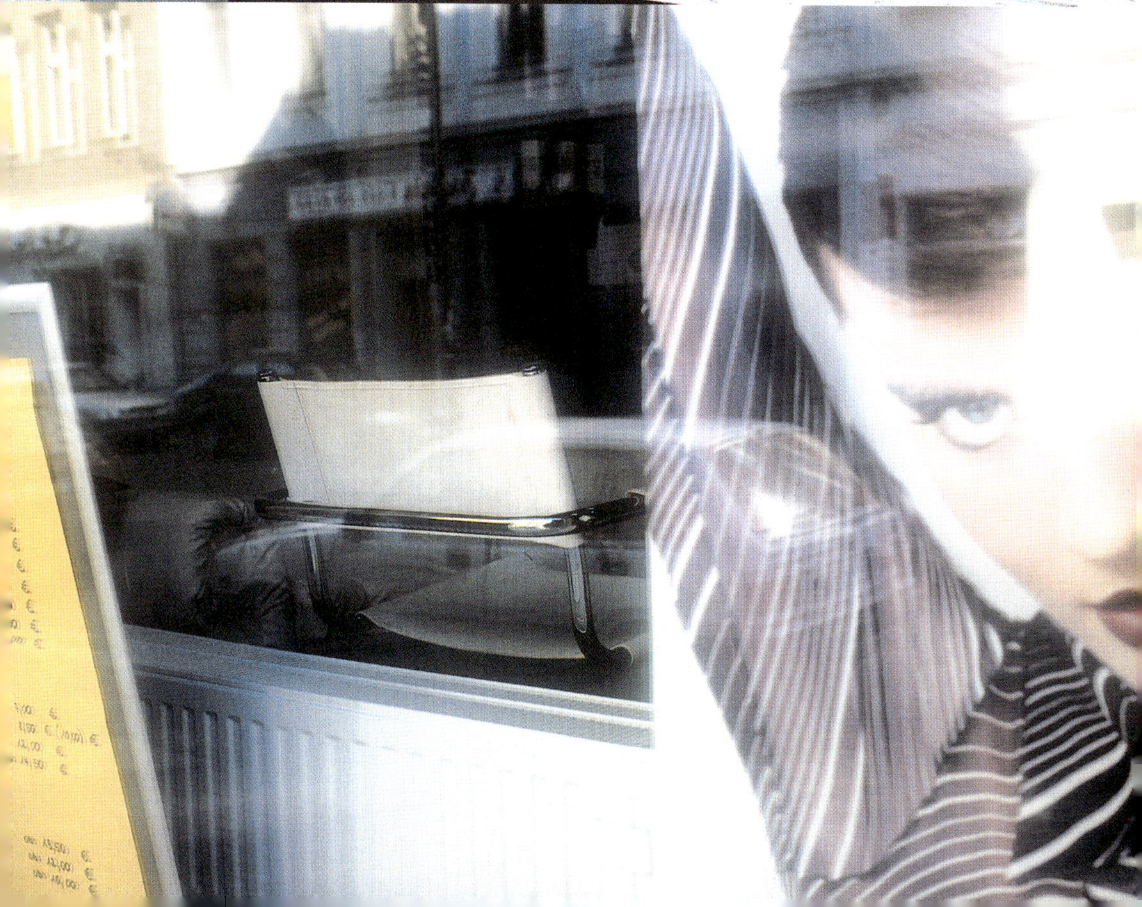

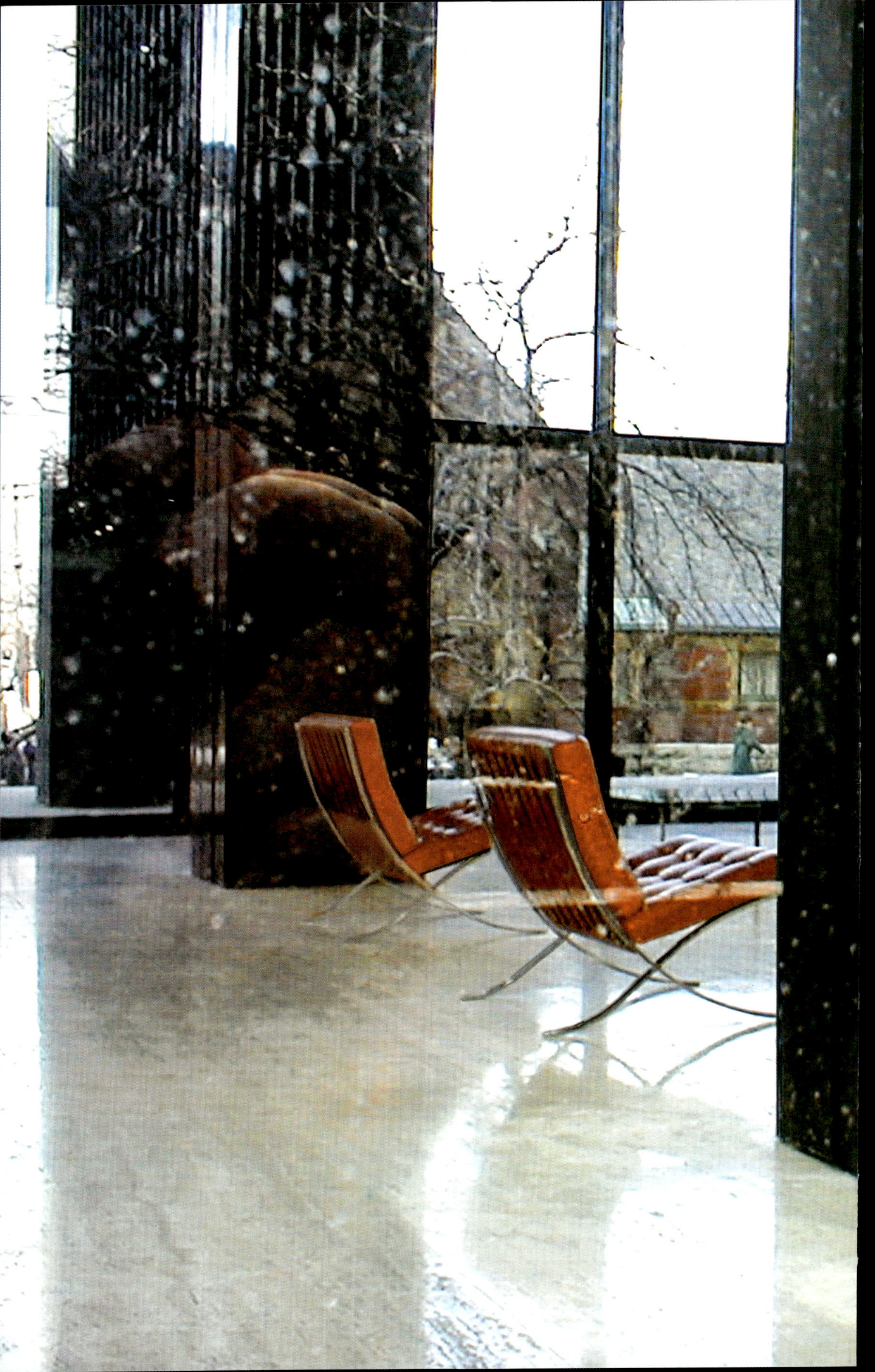

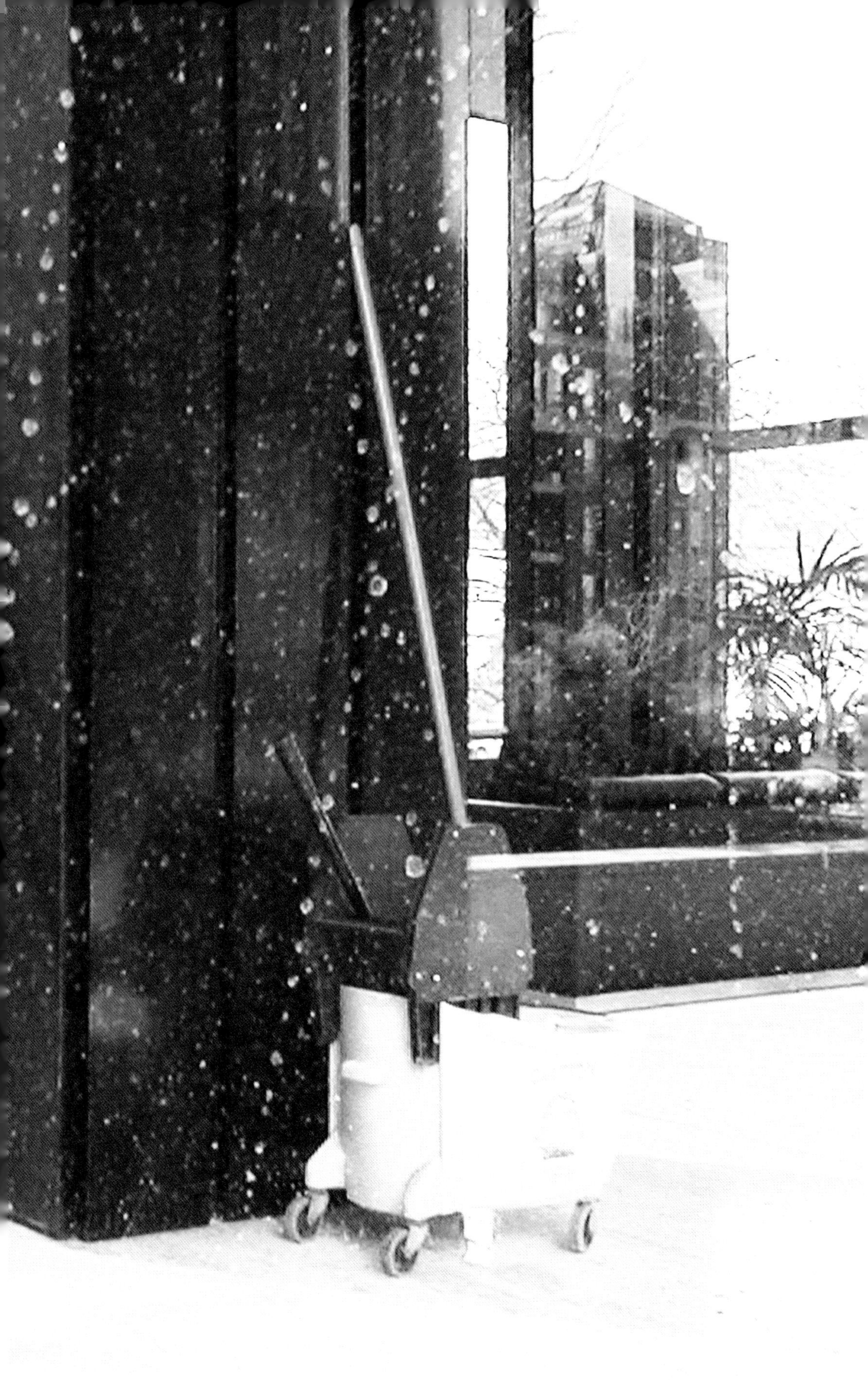

Groene Kaart Rotterdam met omgeving

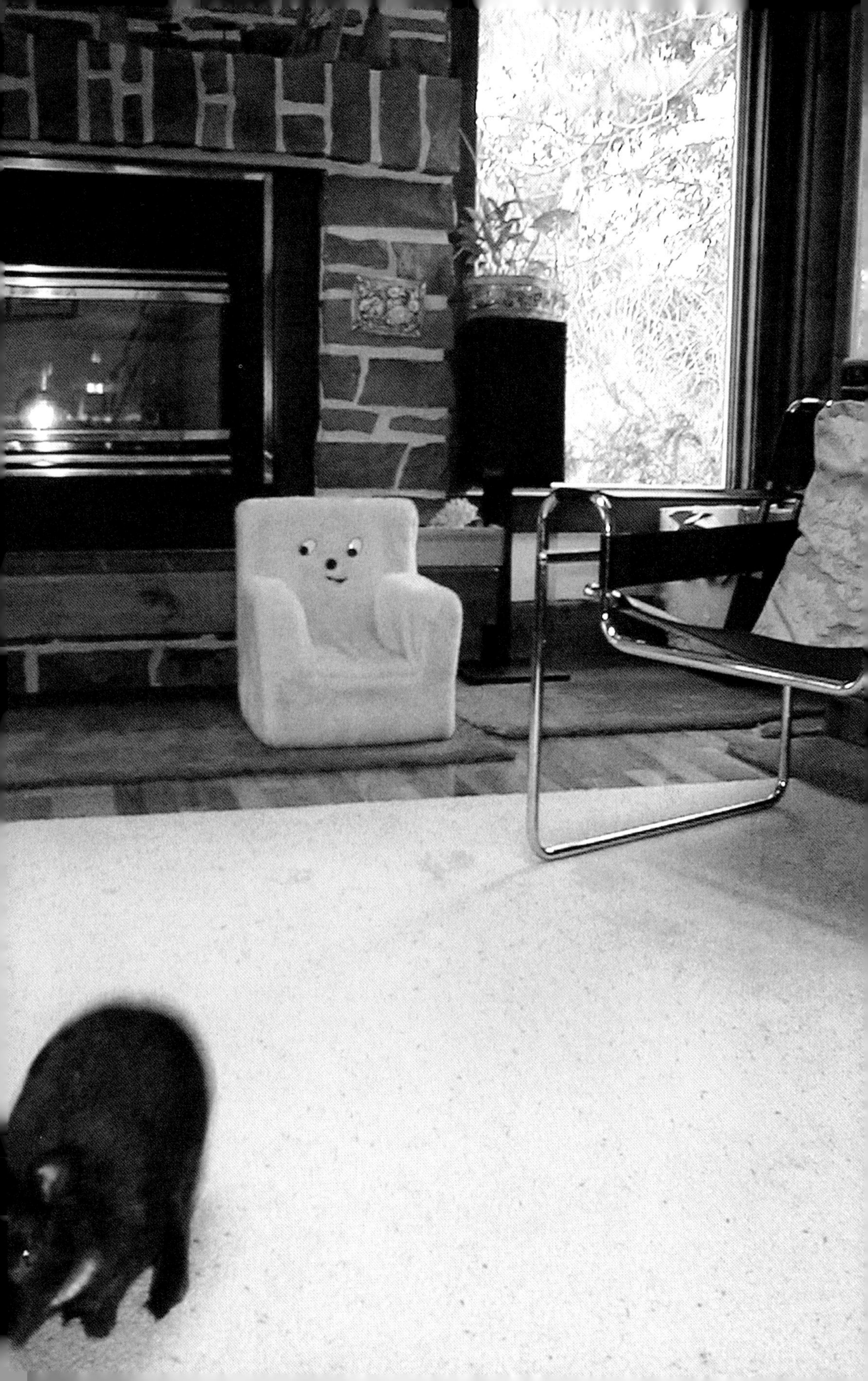

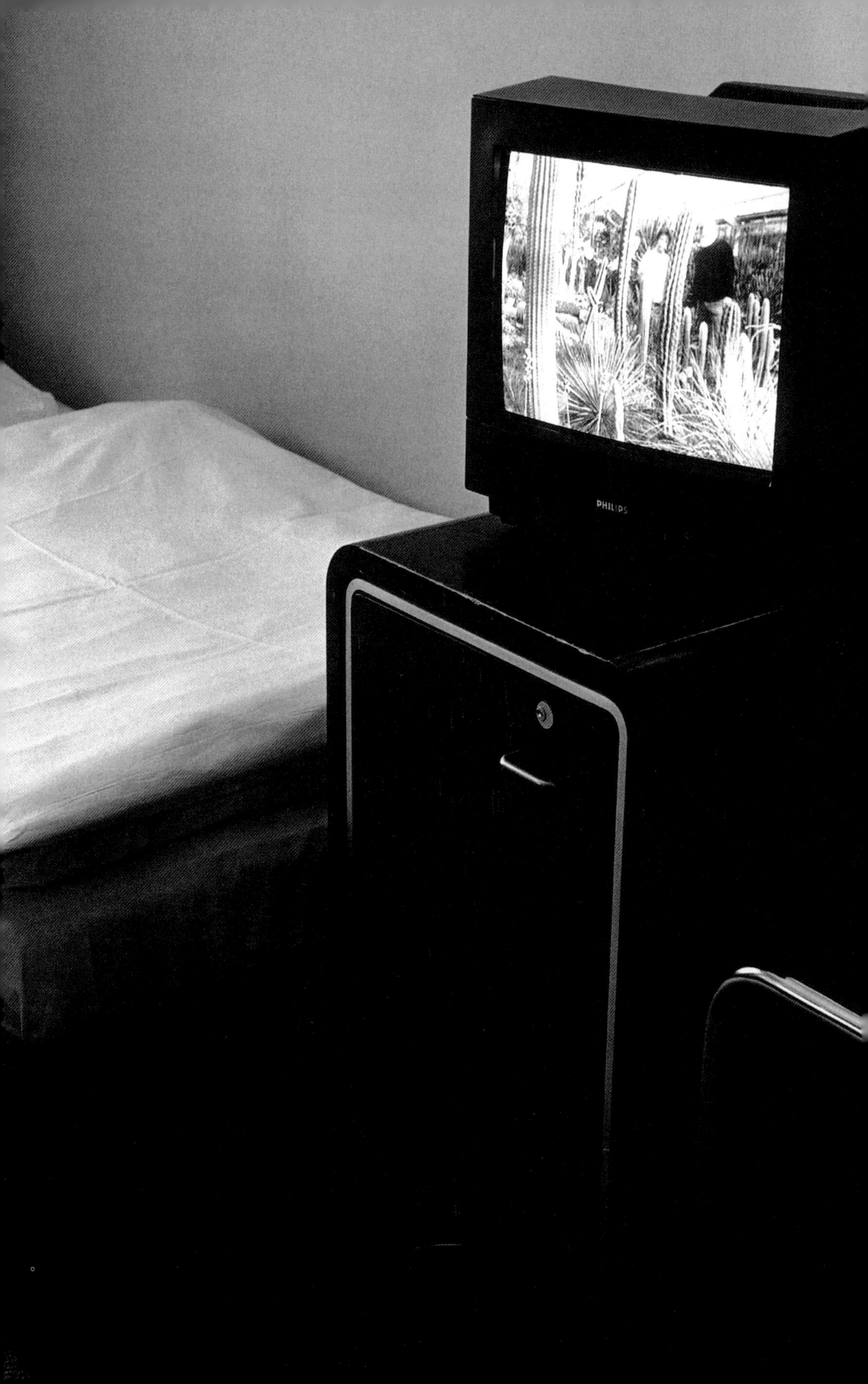
PHILIPS

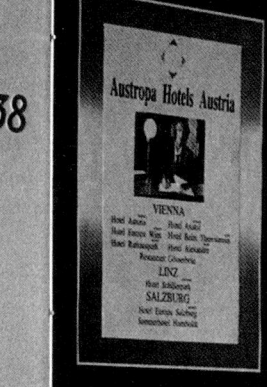

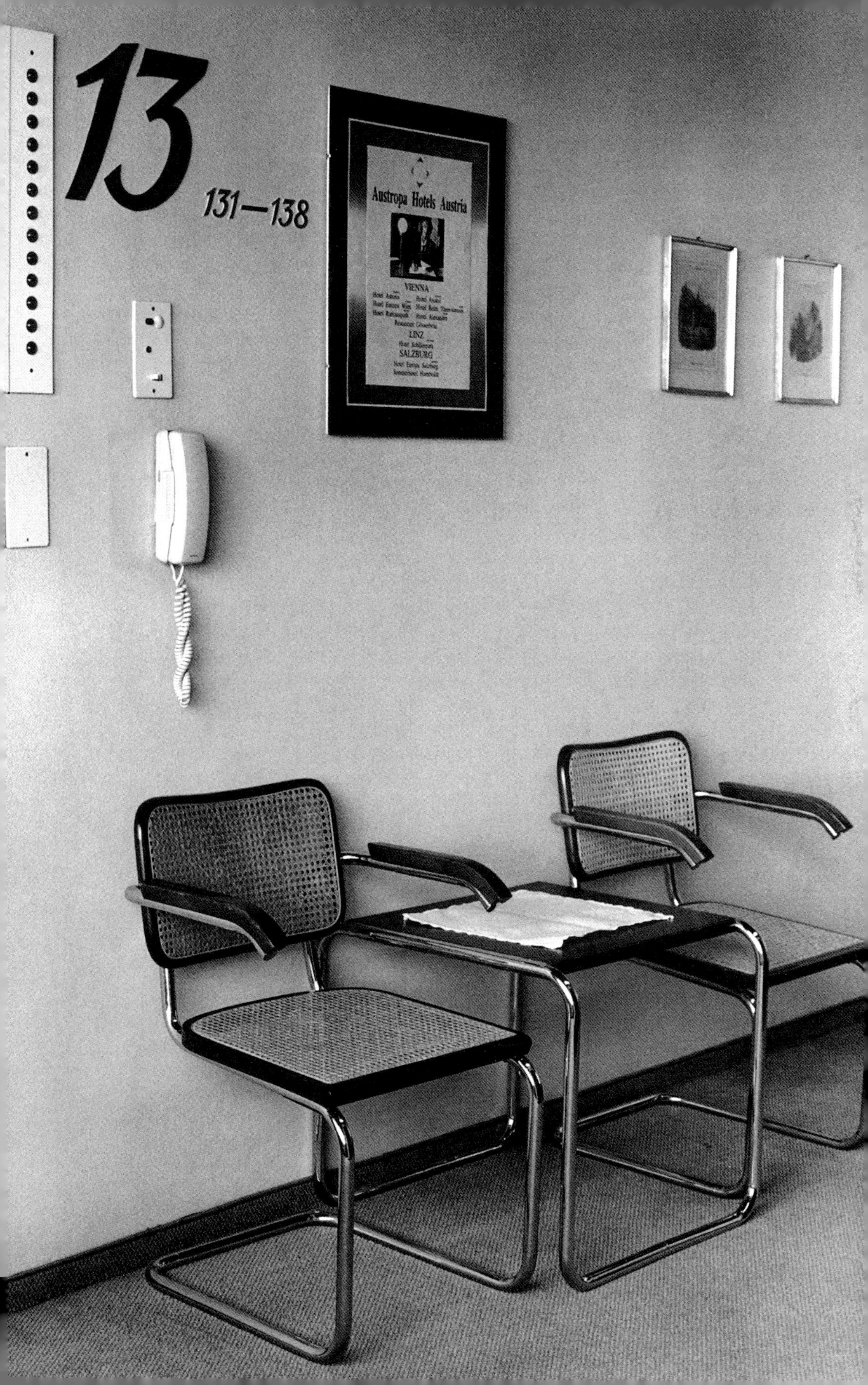

13

131—138

Austropa Hotels Austria

VIENNA

LINZ

SALZBURG

BAUHAUSSTIL? GESTALTETER RAUM!
IN AMERIKA DENKT MAN ANDERS
MAINSTREAM-INTERNATIONALISMUS
VOM BAUHAUSKLASSIKER ZUR WARENIKON
PLAYTIME

DEBATTE

BAUHAUSSTIL? GESTALTETER RAUM![1]
WARUM HAT GROPIUS DEN BEGRIFF «BAUHAUSSTIL» ABGELEHNT?
ANDREAS HAUS

Mit Walter Gropius' Tod 1969 endete die fast bedingungslose Gropius-Verehrung der Nachkriegszeit. Die von Hans Maria Wingler noch mit Gropius gemeinsam konzipierte Ausstellung «50 Jahre Bauhaus» (Stuttgart 1968), die auf seltsame Weise mit dem ersten Höhepunkt der Studentenbewegung und der intellektuellen Popularisierung der «Kritischen Theorie» zusammenfiel, hatte das Bauhaus und seinen Gründer fast hagiographisch zum historischen Monument gefestigt, aber damit zugleich auch unfreiwillig der Kritik freigegeben.[2] Es mochte damals generationsmäßig und auch politisch-ideologisch viele gute Gründe für scharfe Revisionen des Bauhausmythos gegeben haben, und bis heute gehört es zum guten Ton, Gropius' Bedeutung in Bedenken zu ziehen. Nur die Einfallslosen halten sich dabei zwar noch an das Buch von Tom Wolfe.[3] Aber es ist doch auch möglich gewesen, dass die schon in ihrer Hitzigkeit verräterische, einst von Rudolf Schwarz begonnene Abrechnung mit Gropius vierzig Jahre später unter dem Titel «Bauhausdebatte 1953» auch bei fortschrittlichen Kunsthistorikern aufnahmebereites Interesse gefunden hat.[4] ▄ Schwarz stellte 1953 sein Pamphlet unter den Titel «Bilde Künstler rede nicht» und verbrämte so das (schon von den Völkischen bereitete) Muster: «Das Schlimme am Bauhaus war überhaupt nicht sein Versagen im Technischen, sondern seine unverträgliche Phraseologie.»[5] Dieser demagogische Zwangsverbund, in dem sich Ideen und Praxis gegenseitig strangulieren, ist eigentlich bis heute nicht aufgelöst worden. Noch immer wird auch, wie Schwarz es tat, Bauhaus mit «Funktionalismus» und «Materialismus» gleichgesetzt. «So widerlich seine Ideologien waren, den Literaten mundeten sie wie Honigmilch.»[6] Schwarz war sogar zu dem Satz fähig: «Was diese Literaten schrieben, war kein Deutsch, sondern der Jargon der Komintern.»[7] Es ist an der Zeit, diese Entgleisungen als solche aufzuzeigen und den im Vergleich dazu luziden Gehalt von Gropius' Textsprache hervorzuheben. Dass Gropius ein Propagandist von beträchtlichen Graden war, hat schon Winfried Nerdinger dargestellt.[8] Dessen scharfer Schlag hat durchaus Wirkung getan und braucht nicht in gleicher Richtung fortgeführt zu werden. Eine weniger ideologiekritische als gedankliche Analyse der Texte und Theorien wäre nötig, und dabei wohl vor allem die Entflechtung von propagandistischer, eigennützig instrumentierter und angepasster Floskelhaftigkeit von den möglicherweise tiefer verankerten Konstanten einer künstlerischen Überzeugung, die unter wechselnden äußeren Zusammenhängen Ausdruck suchte. Denn dass Gropius sich mit einer äußeren Schicht der Rede den jeweiligen Diskursen der Zeit anpasste, ist offenkundig. «Funktionalität» ist zum Beispiel seit Werkbundzeiten zunehmend das Argument jeder modernen Gestaltung; Akzeptieren der technischen Produktionsweise liegt in der allgemeinen industriellen Entwicklung der zwanziger Jahre und ist Mainstream der Avantgarde sowieso. Hierfür brauchte es keine «Kämpfe», und dass es des Bauhauses dabei bedurft hätte, wäre in der Tat ein Mythos. Es wird wohl Gropius, wenn man seine Texte exakt liest, im Grunde darum gegangen sein, diesem generellen Aufkommen industrieller Zweckgestaltung, an dem er partizipierte, ein künstlerisches, ästhetisches, letztlich kulturelles Potential zu bewahren oder neu zuzumessen und es als Element des Neuen ohne Camouflage in die Lebenswelt einzuformen. ▄ Mittlerweile ist «Bauhausstil» weltweit Synonym für eine ganze, oft umstrittene Richtung der Design- und Architekturmoderne geworden. Man trifft den Begriff bis heute nicht nur in Einrichtungshäusern und Lifestyle-Prospekten, sondern auch in Architekturführern[9] und allgemeineren Kunsttexten, wo er immer noch gerne mit dem anspruchsvoller klingenden Begriff «Funktionalismus» gleichgesetzt oder als dessen pars pro toto verwendet wird. ▪ Es ist erstaunlich: Welcher Kunstschule außer dem Bauhaus ist es gelungen, in einer kaum anderthalb Jahrzehnte währenden Tätigkeit einen Stilbegriff zu begründen, der noch nach achtzig Jahren sogar international eine allgemeine Vorstellung erwecken kann und dauerhaft in das kulturelle Gedächtnis der westlichen Zivilisation eingegangen ist? ▪ Eine scheinbar positive Bilanz, wäre da nicht die Tatsache, dass Walter Gropius, der sich mit dem Bauhaus als dessen Gründer und erster Direktor lebenslang öffentlich identifiziert hat, immer auch vehement und obstinat gegen den Begriff «Bauhausstil» vorgegangen ist. Tatsächlich hat der «Stil»-Begriff – auf das Bauhaus angewendet – heftigste Meinungsstreite hervorgerufen. Er muss also eine erhebliche kritische Bedeutung besessen haben. Geht man nach Gropius, so ist «Stil» durch den innovativen Ansatz, den das Bauhaus beanspruchte, eben gerade überholt worden. Eine Anwendung des Stilbegriffs auf das Bauhaus wies Gropius als falsch zurück. ▪ In der vorliegenden Abhandlung möchte ich «Bauhausstil» versuchsweise als kritischen Terminus in einem bis heute fortdauernden architekturideologischen Diskurs untersuchen, umso mehr, als sich hier auch spezifische Auffassungen des künstlerischen Schaffensprozesses am Bauhaus bis zu einem gewissen Grad freilegen lassen. Es scheint mir sogar, dass eben das Element des produktiven Gestaltens eine gewisse Klärung in diesen Diskurs bringen könnte. Ich verbinde damit auch ein wissenschaftskritisches Anliegen: Denn immer wieder ist das Bauhaus gerade unter Benutzung des Stilbegriffs attackiert und bis in neueste Zeit beinahe systematisch einseitig interpretiert worden: Zum einen mit dem Vorwurf der Stillosigkeit, zum anderen, und genau im Gegensatz dazu, mit dem Vorwurf, das Bauhaus habe statt echter Funktionalität einen bloß stilisierenden Formalismus hervorgebracht. ▪ Unter dem Begriff des «Stils» erfuhr das Bauhaus sowohl positive wie negative Interpretationen, doch nie zu seinen Gunsten. In seinem Buch «Die Kunst von heute als Siegel der Zeit. Schriften zur deutschen Lebenssicht» setzte sich Hans Weigert 1934 sogar für das von den Nazis bereits geschlossene Bauhaus ein, nannte es das «deutsche Bauhaus» und meinte: Der neue Stil in der Architektur (der Funktionalismus) sei «ein deutscher Stil, weil er ein Arbeitsstil ist, sachlich und ernst. Die neue Baukunst hat Deutschland aus sich selber geschaffen.»[10] Bis zu einem gewissen Grad ist diese Übernahme des Bauhauses als «deutscher Stil» nach 1933 sogar erfolgt, wenn man die Gattung der Industriearchitektur und bestimmte Sparten des Designs betrachtet.[11] Schmähung und Usurpation des Bauhauses durch die falsche Seite erfolgten zu einem guten Teil über die Bewertung des Bauhauses nach dem Begriff des Stils. ▪ Ohne hier eine generelle Systematisierung anzustreben, darf gesagt werden, dass das Bauhaus zweifellos der Schlussphase einer seit dem 19. Jahrhundert entwickelten «Weltanschauung» des kunstwissenschaftlichen Stilbegriffs zugehört. Weltanschaulich wurde der Stildiskurs in der Folge einer sprunghaft wachsenden Industrialisierung auch künstlerischer Güterherstellung. Nach der traditionellen Rückbindung von Kunststilen an Natur, Religion, Geschichte und an die romantische Vorstellung von Volksseele und Volksgeist ist im 19. Jahrhundert der Begriff der «Arbeit» zu einem wesentlichen Parameter der Stilbegriffe geworden. Mit dem Zuwachs der maschinellen Massenproduktion wurde die gesellschaftliche Form der materiellen Arbeit als eine der mächtigsten Potenzen in der menschlichen Geschichte deutlich und als Kulturfaktor selbst anerkannt. Die bildenden Künste als materiell produzierende sind dieser Sphäre natürlicherweise am nächsten. Sie kamen zunehmend in die Situation, der bürgerlichen Gesellschaft symbolischen Ausdruck und sinngebenden Kommentar auch über die realen Aspekte ihrer materiellen Produktionsbasis zu vermitteln. Vor allem in der Architektur und in der Kunstindustrie wurden diese Fragen unter dem Begriff des «Stils» zu einem generationenlangen Dauerthema. Arbeit am Stil erschien als Kulturarbeit. Dabei ging es meist um die Sprache der Dekoration und darum, wie diese zu einer stilvollen Gestaltung des individuellen Gegenstands eingesetzt werden könnte. Man hatte vor allem gespürt, wie die bisherige Identität des Werks als persönliche Arbeitsleistung von Individuen verloren ging und das Produkt «seelenlos» wurde, wie es zumeist hieß. Höchst gelehrte Anschauungen wurden darüber entwickelt, wie den produzierten Erzeugnissen einer immer anonymeren Produktion individuelle Anmutung zurückgegeben werden könnte. Hier begann die starke Vorherrschaft einer Stilkategorie, die man «Objektstil» nennen kann. Individualität des einzelnen Objekts wurde erstrebt: meist durch Aufprägen eines handwerklich anmutenden Stilgewandes. Nach Erscheinen von Gottfried Sempers epochalem Werk «Der Stil in den technischen und tektonischen Künsten – Praktische Ästhetik» (1860–63) wurde die von Semper geistvoll dargelegte «Bekleidungstheorie» zu einer gewerblichen Stil-Lehre verallgemeinert, deren wissenschaftlicher Anspruch sich in nächster Nähe zur Kunstgeschichte ausbildete. Ihr Thema ist die Bekleidung einer Konstruktionsform mit Kunstformen, die das Wesen des Gegenstandes, sein Material, seinen Zweck und seine Konstruktion durch symbolische Formen anschaulich vermitteln. ▬ Für lange Zeit blieb dabei der Einzelgegenstand, die Individualität des Objektes, vorrangiges Ziel der Gestaltung.[12] Wenn man die vielen Kunstgewerbelehren der Gründerjahre liest, so bleibt die Conclusio stets mehr oder weniger gleich: Man müsse Naturformen künstlerisch so zu Ornamenten umarbeiten, dass sie in der Lage seien, die konstruktiven und stofflichen Verhältnisse des Gegenstandes zu veranschaulichen: «Ein künstlerisches Erzeugnis hat demnach Stil, wenn es ein eigentümliches Gepräge seines Formeindrucks besitzt, wenn es solche Merkmale wahrnehmen läßt, welche eine innige Übereinstimmung seines Wesens mit seiner Erscheinung – seines Stoffes mit seiner Form kundtun.»[13] Solche wesenhaft gesteigerte Individualisierung des Gegenstandes verlangte auch Ich-Steigerung des Betrachters und provozierte aufgeladene Subjekt-Objekt-Bezüge – Phänomene, die uns mittlerweile eher lästig erscheinen. ▬ Als entscheidend wird immer jene Wende empfunden, die den kunsthistorischen Stilbezug, der bis etwa 1890 die Stilisierungsarbeit im Kunstgewerbe flankierte, aufgab und der Lösung der «Stil-Frage» primär die elementare Konstruktion des Einzelgegenstandes zugrunde legte. Bei Henry van de Velde fehlt die «symbolische» Ornamentschicht. Die Geräteform selbst ist die sprechende Form, und eine dualistische Unterscheidung zwischen Stoff und Form, die bislang die «künstlerische Gestaltungsaufgabe» leitete, ist nicht mehr spürbar thematisiert. Das Wesen des Stuhles erscheint als «Entelechie» im Sinne eines unhinterfragbaren, bezwingenden «So und nicht anders». Der Stuhl wird sozusagen zu einem «Symbol» seiner selbst mit einer integralen Kohärenz aller Bestimmungen, die sämtlich auf den Gegenstand als geschlossene, quasi zeitlose Identität zurückverweisen. Alle Rückbindungsinstanzen für den «Stil» menschlicher Gestaltungsarbeit – Natur, Religion, Geschichte, Arbeit, Stoff, Konstruktion – fließen in eins. Die subjektive, wählerische Freiheit der Form, die die historische Stilauswahl bot, hat gegenüber van de Veldes neuer und unauflösbarer «Gestalthaftigykeit» ihren Anspruch verloren. Gelegentlich sprach van de Velde von einem «Neuen Fatalismus» – nicht nur der Form, sondern durchaus auch der Lebensauffassung. 1907 erläuterte er in seinem Buch «Vom Neuen Stil»: «Die einzige Hoffnung auf Erlösung, die für die Industriellen noch möglich ist, ist die, daß wir bald einen «Stil» haben, der ihnen vergönnen wird, etwas Geistesruhe zu genießen ... Der Gedanke der Einführung eines neuen Stils ist befreiend. Er wird uns von dem Druck der unaufhörlichen, rastlosen Aufeinanderfolge der Moden befreien, durch die das Publikum das Gefühl für guten Geschmack und für Schönheit verloren hat.» ▄ Und dann folgen Sätze, die van de Velde als sein «Credo» des Neuen Stils bezeichnet hat (und die eher an die Diktion der Zehn Gebote erinnern): «Du sollst die Form und Konstruktion aller Gegenstände nur im Sinne ihrer elementaren, strengsten Logik und Daseinsberechtigung erfassen. Du sollst diese Formen und Konstruktionen dem wesentlichen Gebrauch des Materials, das du anwendest, anpassen und unterordnen.»[14] ▄ Ein solches Stilpostulat lässt auch eine Hinwendung zu zeittypischem naturlogischem und biologistischem Denken erkennen – Züge eben jener monistischen «Moderne», die alle historischen Kulturbezüge zugunsten einer tendenziell zeitlosen, elementaren Sachlogik aufkündigte. Es ist dies der avancierteste Teil einer großen Stil-Bewegung, die vor allem im Deutschen Werkbund vor dem Ersten Weltkrieg eine Rolle spielte, dem sowohl van de Velde als auch der junge Architekt Walter Gropius angehörten. An die Fürsprache des Direktors der Weimarer Kunstgewerbeschule van de Velde zugunsten des späteren Bauhausgründers Gropius darf, wenn nun der Bauhausstil zur Debatte steht, erinnert werden. ▄ Nach seiner Gründung 1919 war das Bauhaus mehrere Jahre von Ideen durchzogen, die sich als eine neuromantische, sozialutopische Gegenbewegung gegen die genannte Werkbundästhetik der Vorkriegszeit richteten. Diese wurde in ihrer industriebezogenen, material- und zweckgerichteten Argumentation nun als imperialistischer Machtausdruck des Deutschen Kaiserreichs eingeschätzt und stieß bei den Eliten des Neubeginns, zum Beispiel dem «Arbeitsrat für Kunst», welchem Gropius in leitender Funktion angehörte, auf vehemente Ablehnung. Bunte, kunstgewerbliche, zuweilen fast dadaistisch anmutende Arbeiten mit Lust an folkloristischen und «barbarischen» Zügen kennzeichnen die Frühphase des Weimarer Bauhauses. Experimente eines anarchischen Lebensgefühls werden hier kenntlich, die keinen «Stil» anstrebten und mit dem gängigen Begriff «expressionistisches Bauhaus» wohl nicht ganz zu fassen sind. ▄ Eine klare Abkehr von diesen romantischen, kunsthandwerklichen Anfängen wurde 1923 vollzogen, als Gropi-

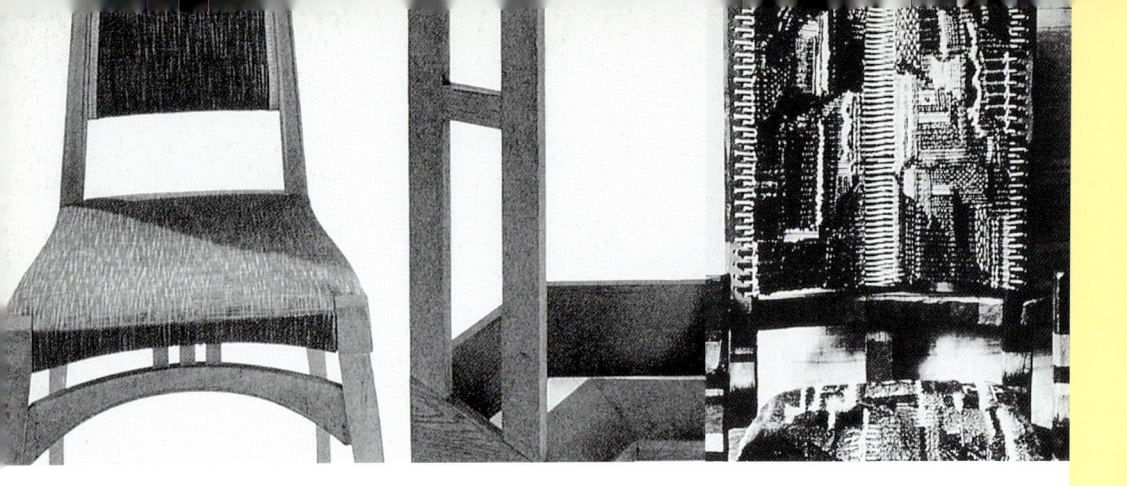

▪ Henry van de Velde, Möbel für das Nietzsche-Archiv Weimar (Stuhl 1903, Pult 1907) ▪ Marcel Breuer, Stuhl, 1921

Walter Gropius, Direktorzimmer, Weimar 1923 ■ Piet Mondrian, Komposition, 1921

us das neue Leitbild: «Kunst und Technik – eine neue Einheit» verkündete. Erst danach ist eine Vereinheitlichung von Gestaltungsmustern erkennbar, die eindeutig hin zu technisch-industriellen Formen strebt. Die anarchischen und subjektiven Aspekte gehen zurück. ▄ Eine allgemeine Rücknahme des Ausdrucks künstlerischer Subjektivität zugunsten einheitlicher Stilform hatte zuvor, spätestens seit 1917, die holländische «Stijl»-Bewegung eingeleitet.[15] Piet Mondrian und Theo van Doesburg, die namhaftesten Begründer dieser Bewegung für eine «Neue Gestaltung», hatten früh eine «universalistische» Kunstauffassung gegen eine «individualistische» abgehoben, und Mondrian hat unermüdlich betont, dass durch den Kampf des Individuellen mit dem Universellen eine «tragische» Auffassung in die Kultur gekommen sei. «Dieses Bestimmte (das Individuelle) in der Gestaltung möglichst auszulöschen ist die Aufgabe der Kunst, ist der Inhalt jeder Stilbildung.»[16] ▄ Ich möchte annehmen, dass Mondrian hier 1917 – neben einer allgemeinen Kritik des bürgerlichen Individualismus – als einen Repräsentanten des tragischen Konflikts des Individuellen mit dem Universellen in künstlerischer Hinsicht den damals international virulenten Futurismus im Blick hatte und partiell damit auch den deutschen Expressionismus: Kunstbewegungen, die das heroische und tragische Pathos des Ich im Gegensatz zum Allgemeinen (als konflikthafte Zuspitzung und spätbürgerlichen Abgesang eben jenes Individualismus) zum Thema machten. Dagegen setzte De Stijl die «Neue Gestaltung» eines allgemeinen harmonischen Ausgleichs. Vieles spricht dafür, dass die Wende des Bauhauses 1923 unter dem Einfluss der Stijl-Bewegung vollzogen wurde. Theo van Doesburg hatte sich 1922 in Weimar niedergelassen und eigene Kurse abgehalten in der Hoffnung, als Lehrer ans Bauhaus aufgenommen zu werden. Gropius lehnte dies allerdings ab. Das erscheint zunächst merkwürdig, denn wenn man Gropius' programmatischen Text «Idee und Aufbau des Staatlichen Bauhauses» im Katalog der ersten Weimarer Bauhausausstellung 1923 liest, so klingt manches den Aussagen des Stijl nahe verwandt. Der Text beginnt mit den Worten: «Die Idee der heutigen Welt ist schon erkennbar ... Das alte dualistische Weltbild – das Ich im Gegensatz zum All – ist im Verblassen, der Gedanke an eine neue Welteinheit, die den absoluten Ausgleich aller gegensätzlichen Spannungen in sich birgt, taucht an seiner Statt auf. Diese neuaufdämmernde Erkenntnis der Einheit aller Dinge und Erscheinungen bringt aller menschlichen Gestaltungsarbeit einen gemeinsamen, tief in uns selbst beruhenden Sinn. Nichts besteht mehr **an sich,** **jedes** Gebilde wird zum Gleichnis eines Gedankens, der aus uns zur Gestaltung drängt, **jede** Arbeit zur Manifestation unseres inneren Wesens. Nur solche Arbeit behält geistigen Sinn, mechanisierte Arbeit ist leblos und Aufgabe der toten Maschine ...»[17] Die Ideen des Universellen und der Verbindung des Ich zum All, der Ausgleich der Gegensätze und Spannungen – das klingt zunächst nach Stijl-Universalismus. Doch dann betont Gropius die Arbeit als «Manifestation unseres inneren Wesens» – und damit doch einen individuellen Anteil. Die «menschliche Gestaltungsarbeit» wird für ihn zum Medium der neuen Welteinheit – aber nicht, wie bei De Stijl, indem sie universale Harmonie darstellend zur Erscheinung bringt, sondern indem sie aus einem gemeinsamen menschlichen Sinn heraus geschieht. Arbeit und Produktion unter einem gemeinsamen Gedanken sind bei Gropius das Agens der Welteinheit, nicht ein höheres Prinzip der Form. Den Begriff der «Form», den der Deutsche Werkbund ab Oktober 1925 sogar zum Titel seiner Zeitschrift erhob, findet man bei Gropius am Bauhaus ebenso wenig mehr wie den Begriff «Stil». Offenbar, so lautet meine Schlussfolgerung, hatte sich Gropius vorgenommen, diese Gestaltungskategorien, für die De Stijl noch einstand, zu überwinden und zu erneuern. Diese Differenz verrät sich auch hinsichtlich weiterer Aussagen im schon zitierten ersten Band der Zeitschrift «De Stijl». Mondrian argumentierte malerisch, indem er eine Gestaltung in Gleichgewichtsbeziehungen von rechteckigen Farbflächen anstrebte, wobei diese Flächen imstande sein sollen, allein durch Beziehungen untereinander «Raum» zu schaffen.[18] Bart van der Leck vertiefte das, indem er betonte: Baukunst sei bisher Raum-Begrenzung. In der modernen Malerei aber sei durch Farbe und Beziehung Licht- und Raumgestaltung möglich geworden. «Wenn die Baukunst Raumbeschränkung darstellt, so vollendet Farbe und räumliche Beziehungsgestaltung den kosmischen Charakter der Baukunst.»[19] Der Architekt Johan Jacob Pieter Oud fragte in der gleichen Stijl-Nummer unter dem Titel «Kunst und Maschine»: «Muss sich in dieser Zeit der Geist durch die Arbeit der Hand realisieren? – natürlich nein: ... Kunst wird sich in Zukunft der Maschine bedienen, wegen ihrer Fähigkeit zu reiner und bestimmter Form.»[20] Wir fühlen in diesen Stijl-Aussagen die Vision eines von der individuellen, praktischen Gestaltung abrückenden, zunehmend universalistischen Prinzips, nach welchem Ausgleich, Harmonie, Erlösung (vom Tragischen) und moderne Industrieproduktion eine höhere, letztlich kosmische Stil-Einheit bilden sollten – eine Wendung der biologistischen Romantik des Jugendstils ins Technische. Offenkundig ging Gropius auf diese Stijl-Gedanken ein, freilich kritisch: einmal in seiner Bezeichnung der Maschinenarbeit als «toter Arbeit» und zum anderen, indem er für den architektonischen Zauberbegriff jener Jahre – den Raum – eine eigene Dimension entwickelt: «Alle bildnerische Arbeit will Raum gestalten. Soll aber jedes Teilwerk in Beziehung zu einer größeren Einheit stehen – und dieses muss das Zeichen des neuen Bauwillens sein–, so müssen die realen und geistigen Mittel zur räumlichen Gestaltung von **allen** am gemeinsamen Werk Vereinten gekonnt und gewusst werden ...» «Den bewegten, lebendigen, **künstlerischen Raum** vermag nur der zu erschaffen, dessen Wissen und Können allen natürlichen Gesetzen der Statik, Mechanik, Optik und Akustik gehorcht und in ihrer gemeinsamen Beherrschung das sichere Mittel findet, die geistige **Idee**, die er **in** sich trägt, leibhaftig und lebendig zu machen. Im künstlerischen Raum finden **alle** Gesetze der realen, der geistigen und der seelischen Welt eine gleichzeitige Lösung.» «Der beherrschende Gedanke des Bauhauses ist ... die Idee der neuen Einheit, die Sammlung der vielen ‹Künste›, ‹Richtungen› und Erscheinungen zu einem unteilbaren Ganzen, das im Menschen selbst verankert ist

und erst durch das lebendige Leben Sinn und Bedeutung gewinnt.»[21] Ich will Gropius'
Begriff des Raums als «künstlerischer Raum» hier festhalten: Er wäre zu interpretieren
als nach einer geistigen Idee aktiv **gestalteter** Raum. Hier lässt sich wohl enthüllen, warum Gropius den Begriff «Stil» vollkommen vermeidet. Denn «Stil» ist nicht zuletzt
durch De Stijl mit dem Begriff einer universalen Ruhe und prästabilierten Harmonie
konnotiert, die der «Gestaltung» die Aufgabe zuweist, in der Form und Komposition der
Werke den harmonischen Ausgleich sozusagen «darzustellen». In den Ausführungen
von Gropius erweist sich dagegen die gestaltende Anteilnahme des Einzelnen an einem
Gesamtwerk als der tragende Gedanke. Zeitliche Prozesse des Schöpferischen stehen
im Vordergrund. Der «Raum» erscheint nicht zuständlich als zur Anschauung gebrachte
kosmische Einheit, sondern, auf das Bauhaus bezogen, als ein Phänomen des Vollzugs,
verwirklicht im Prozess gemeinsamen lebendigen Arbeitens und sinnlichen Erlebens.
So heißt es bei Gropius auch: «Wir erleben wohl den unendlichen Raum kraft unserer
Zugehörigkeit zum All, aber wir vermögen Raum nur mit endlichen Mitteln zu gestalten.
Wir empfinden den Raum mit unserem ganzen unteilbaren Ich, zugleich mit Seele, Verstand und Leib, und also gestalten wir ihn mit allen leiblichen Organen.»[22] Diese Emphase des konkret gestaltenden und erlebenden Ich – ein Stück Lebensphilosophie ist
wohl noch spürbar – und der Begriff der «gestaltenden Arbeit» erscheinen mir als die
stärkste Abgrenzung gegenüber dem kontemplativeren, formaleren, eigentlich konventionelleren und eben «stil»-haftern Konzept des «De Stijl» von einer gestalteten Harmonie. Gropius' starke Hervorhebung des lebendigen Vollzugs in Produktion und Rezeption (**Gestalten und Empfinden**) gegenüber dem Begriff der gestalteten Form geht über
De Stijl hinaus. Das macht verständlich, warum er die «Idee» des Bauhauses offenbar
vom Begriff des «Stils» freizuhalten suchte, den er 1916 letztmalig und fortan nicht mehr
gebrauchte.[23] In der allgemeinen Architekturdiskussion der Zeit wimmelte es freilich im
alten Werkbundton weiterhin von Stilpostulaten. «Kampf um den Neuen Stil» hieß etwa
1920 ein Buch von Walter Curt Behrendt, welcher dann 1927 einem weiteren Buch den
Titel gab: «Der Sieg des neuen Baustils» und dort durchaus auch auf die Leistungen des
Bauhauses verwies. Gustav Adolf Platz stellte in der Propyläen-Kunstgeschichte 1927
ein ganzes Kapitel unter die Überschrift «Elemente der Stilbildung». Er beginnt mit dem
Satz «Stil ist, vom historischen Standpunkte betrachtet, Niederschlag und Ausdruck des
Lebens eines Kulturkreises, einer Epoche», eröffnet einen langen Einblick in die Stildebatte der Zeit, erörtert die Zusammenhänge von Zeitstil, Personalstil, Objektstil,
schreibt schließlich: «Wäre somit der überkommene Stilbegriff nicht eine fromme Täuschung? Ist auch das Einordnen Sache des suchenden und verstehenden Menschen, so
darf er nicht vergessen, dass alles Lebendige fließt, dass man Geschichte nur fassen
kann als ewigen Wandel, dass nichts feststeht als die Idee. Allein von dieser Warte erfasst kann eine ästhetische Definition des Stils in den bildenden Künsten befriedigen.»[24]
Im Bauhaus blieb die noch ungesicherte Grenze zum konventionellen Stildenken spürbar. Der Konstruktivist Naum Gabo, der eine kurze Gastrolle am Bauhaus gab, schrieb
für die Zeitschrift «Bauhaus» 1928 einen Beitrag, in dem er den von De Stijl bevorzugten
Begriff «Gestaltung» (den auch das Bauhaus, vor allem aber die Avantgarde um die
Zeitschrift «G» verwandte) kritisch angriff: «gestaltung ist ein modewort und dem bewussten stil verwandt. nichts liegt der konstruktiven idee ferner als der vorbedacht, unserem leben künstlich einen neuen stil zu schaffen. die allgemeinen gebrauchsgegen-

stände sind nicht dazu da, um bewundert, sondern um benutzt zu werden ... sonst laufen wir gefahr, aus dem gegenstand einen götzen zu machen...»[25] ▪ Mit dem «Götzen» ist ein deutliches Wort gegen die Fetischisierung der «Form»-Gestaltung gefunden, das zudem deren Nähe zu dem marxistischen Begriff des «Warenfetischs» nicht verleugnet. ▪ Die scharfe Ablehnung des Stilbegriffs am Bauhaus wäre vielleicht eher den intellektuellen und ideellen Interna des Bauhauses zuzurechnen, wäre dieses nicht nach und nach auch zu einem Produktionsbetrieb geworden, der seine Entwürfe in Lizenzen vermarktete. Das rief die Konkurrenten des Marktes auf den Plan, die diese Produkte im Zusammenhang mit dem Massengeschmack kritisierten, und ebenso Konkurrenten der Kunst, die diese Vermarktung kritisch beäugten und nicht ohne Neid eine Art billige Image-Politik in Form eines expandierenden Bauhausstils witterten. Ernst Kallai, ein etwas aufsässiger ehemaliger Bauhäusler, später einflussreicher Kunstkritiker, schrieb 1929/30 in seinem Artikel «10 Jahre Bauhaus» in der «Weltbühne»: «Heute weiß jeder Bescheid. Wohnungen mit viel Glas- und Metallglanz: Bauhausstil. Desgleichen mit Wohnhygiene ohne Wohnstimmung: Bauhausstil. Lampe mit vernickeltem Gestell und Metallglasplatte als Schirm: Bauhausstil. Gewürfelte Tapeten: Bauhausstil ... eine Wiener Modezeitschrift empfiehlt, Damenwäsche nicht mehr mit Blümchen, sondern im zeitgemäßen Bauhausstil mit geometrischen Dessins zu gestalten ... Gropius und seine Mitarbeiter sind selbst schuld daran, daß dem Bauhaus ein wahrer Rattenschwanz von mehr oder weniger üblen Kunstgewerblereien anhängt, die alle als Bauhausstil präsentiert werden...» ▪ Gewiss wurden Bauhaus-Formen zunehmend auch auf gefällige Weise als Stilbild in Architektur und Produktdesign nachgeahmt. Aber auch die Entwürfe der 1928 mit Gropius aus dem Bauhaus ausgeschiedenen Herbert Bayer, Marcel Breuer und László Moholy-Nagy, welche nun freischaffend tätig wurden, bildeten durch ihre Verbreitung auf dem freien Markt eine Art kommerzielle Nebenöffentlichkeit des Bauhauses, die mit dessen pädagogischen und künstlerisch-sozialen Ideen kaum mehr in Beziehung zu stehen schien. ▪ Gropius, der sich stets weiter mit dem Bauhaus seiner Ära identifiziert hat, wird das gesehen haben. 1930 veröffentlichte er den Band «Bauhausbauten Dessau» in der Reihe der Bauhausbücher und nahm in der Einleitung «Grundsätze der Bauhausproduktion» zu der inzwischen offenbar problematisch gewordenen «Stilfrage» dezidiert Stellung. ▪ Allgemein stellte er, den Funktionalismus relativierend, fest: «... reibungsloses, sinnvolles funktionieren des täglichen Lebens ist kein endziel, sondern bildet nur die voraussetzung, um zu einem maximum an persönli-

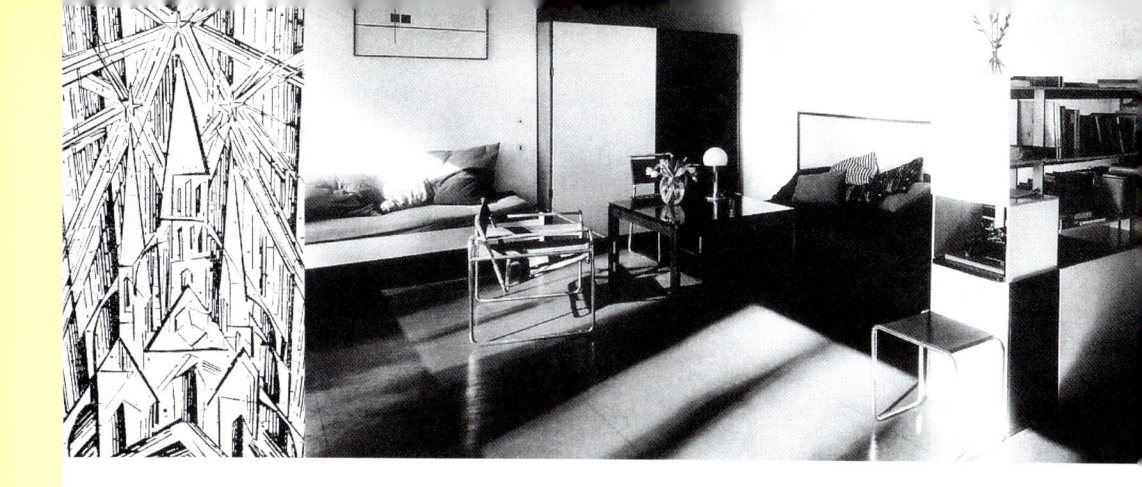

■ Lyonel Feininger, Titelholzschnitt des Bauhausmanifests von 1919 ■ Wohnzimmer Moholy-Nagy, Dessau, Foto Lucia Moholy, um 1926

cher freiheit und unabhängigkeit zu gelangen», und zum Bauhaus speziell: «die einheitliche Erscheinungsform seiner arbeitsergebnisse – wie es sich auch in diesem Buch manifestiert , trotz der verschiedenheit der zusammenarbeitenden individualitäten, war die frucht der gemeinsam entwickelten geistesrichtung des bauhauses, die ein schaffen nach dem dekret einer ästhetisch-stilistischen formvorstellung im alten ‹kunstgewerblichen› sinne endlich überwunden hatte ... gleichzeitig musste der kampf gegen nachahmer und missverstehende einsetzen, die nun in allen bauten und geräten der modernen zeit, die der dekoration entbehrten, die zugehörigkeit zu einem ‹bauhausstil› erblicken wollten und den wohlfundierten sinn der bauhausarbeit zu verflachen drohten. das ziel des bauhauses ist eben kein ‹stil›, kein system, kein dogma oder kanon, kein rezept und keine mode! es wird lebendig sein, solange es nicht an der form hängt, sondern hinter der wandelbaren form das fluidum des lebens selbst sucht! als erstes institut der welt hat das bauhaus es gewagt, diese antiakademische geisteshaltung schulisch zu verankern ... ein ‹bauhausstil› aber wäre ein rückschlag in die akademische stagnation, in den lebensfeindlichen trägheitszustand, zu dessen bekämpfung das bauhaus einst ins leben gerufen wurde. vor diesem tod möge das bauhaus bewahrt bleiben!»[26] ▬ Am 5. Februar 1934 wiederholte Gropius diese Formulierungen in einem Vortrag «bilanz des neuen bauens» in Budapest und fügte noch hinzu: «kurz vor dem umschwung in deutschland war ich damit beschäftigt, ein buch ‹gegen den bauhausstil› zu schreiben, um damit die reinheit und schärfe der bauhausbewegung gegenüber modetorheiten zu erhalten.»[27] ▬ Das war auch deshalb nicht unbegründet, weil der Begriff «Stil» nach der Weißenhof-Ausstellung in Stuttgart (1927) und der Werkbundausstellung in Paris (1930) zunehmend dem Neuen Bauen publizistisch angeheftet wurde. In dieser Hinsicht fatal war schließlich jene Ausstellung zur Architektur der Moderne, die Alfred Barr 1932 im New Yorker Museum of Modern Art veranstaltete – tatsächlich auch ein Meilenstein des internationalen Erfolgs für Gropius, Mies van der Rohe, Le Corbusier und die europäische Avantgarde insgesamt. Barr versah diese Ausstellung mit dem Titel «The International Style», und die Kuratoren, der Architekt Philip Johnson und der Architekturhistoriker Henry-Russell Hitchcock, schrieben aus diesem Anlass ein Buch mit ebendiesem Titel, das eine Inkunabel des internationalen Neuen Bauens geworden ist.[28] Doch hat es dieses Neue Bauen seither im allgemeinen Sprachgebrauch eng mit einem Stilbegriff verkettet, der latent auch noch an den Begriff «Modern Style», das angelsächsische Synonym für «Jugendstil», erinnert. Die Autoren definierten den «International Style» mittels dreier einfacher Kriterien: Architektur als Volumen (nicht mehr als Masse); regelmäßige Einheitsformen (keine individuellen Formen); Vermeidung aufgesetzter Dekoration.[29] Allerdings war alles, was Hitchcock und Johnson schrieben (der Kunsthistoriker Hitchcock war der Hauptautor), nun wieder vollkommen vom Objekt, von der ablesbaren Gestalt des Bauwerks, her gedacht und somit lediglich eine Variante des althergebrachten formalen Objektstil-Begriffs. Eine Einsicht in die im Bauhaus experimentell gefasste Idee einer prozesshaft erweiterten Raum-Gestaltung durch aktive, wie Gropius sagte: «lebendige» Rezeption und Nutzung gelang den Autoren des «International Style» nicht. Im Grunde trifft sich exakt in diesem Widerspruch die gesamte Kritik am Bauhaus und letztlich an der Architektur von Gropius selbst. Es zeigt sich aber, wie schwer es auch Gropius fiel, das Neue, das über den «Stil» hinausführen sollte, gegen die herkömmlichen, immer wieder in die gleiche Kerbe fallenden Argumente der werkgerechten «guten Form» überhaupt zu formulieren. Die «gute Form», dieser alte Werkbundbegriff (der zweite Lieblingsbegriff des Deutschen Werkbundes zwischen 1907 und 1919 war «Sachlichkeit») – also: Werkform und Sachform – war eng an die Bestimmung eines Objektstils gekettet, der den Gegenständen einen möglichst verdichteten Instanzwert zuwies. Auch Gropius hat als junger Architekt und Mitglied des Deutschen Werkbundes in den Jahren vor dem Ersten Weltkrieg diese Anschauungen geteilt, ja sich geradezu profiliert und als Newcomer empfohlen, indem er mit scharfer, moderner Diktion Vorträge und Artikel verfasste, die der Kunst im Industriebau galten.[30] Neues deutete sich freilich bald an. Unter dem Titel «Der stilbildende Wert industrieller Bauformen» schrieb Gropius im Jahrbuch des Deutschen Werkbundes 1914: «Stil» sei es, «den Gestaltungswillen vieler in **einem** Gedanken zu sammeln. Es beginnen sich langsam in unseren Tagen solche gemeinsamen Gedanken von weltbewegender Bedeutung aus dem Chaos individualistischer Anschauungen abzulösen. In den Riesenaufgaben unserer Zeit, den gesamten Verkehr – die ganze materielle und geistige Menschenarbeit – organisatorisch zu bewältigen, verkörpert sich ein ungeheurer sozialer Wille. Mehr und mehr wird die Lösung dieser Weltaufgabe zum ethischen Mittelpunkt der Gegenwart, und damit wird der Kunst wieder geistiger Stoff zur symbolischen Darstellung in ihren Werken zugeführt.»[31] Wenn Gropius dann auch noch schreibt, dass dem «krassen Materialismus» des 19. Jahrhunderts «so ganz die Überschätzung von Zweck und Material im Kunstwerk entsprach», dann weiß man, woher er seine Grundlagen bezog: von Alois Riegl, der sich mit seinem ethisch-kollektiven Begriff des «Kunstwollens» gegen die Stillehre Gottfried Sempers wandte, und von Wilhelm Worringer, der in seiner durchschlagenden Dissertation «Abstraktion und Einfühlung» (1908) auf Riegl aufbaute und – die moderne Kunst seiner Zeit, etwa Hodler und Hildebrand, mit heranziehend – den «Stil» als Ausdruck des menschlichen, geistigen Abstraktionsdrangs jenseits allen Naturvorbildes bezeichnete.[32] Worringer hatte auch gewagt, Kunst und Religion als Ausdruck des gleichen Kunstwollens zu sehen. Gropius schloss hier an, denn sein oben zitierter Aufsatz von 1914 endet mit den Worten: «Aber erst wenn das Glück eines neuen Glaubens den Menschen wieder zuteil werden sollte, wird auch die Kunst ihr höchstes Ziel wieder erfüllen …»[33] Genau besehen geht Gropius in diesem Text mit der Ablehnung einer Stilbestimmung allein durch «Zweck, Material, Konstruktion», mit der Hoffnung auf symbolischen Ausdruck und mit seiner religiösen Schlussvision schon wieder weit über den Sachstil des frühen Werkbundes hinaus. In einem ersten Programmentwurf für das spätere Bauhaus, «Vorschläge zur

Gründung einer Lehranstalt als künstlerische Beratungsstelle für Industrie, Kunst und Handwerk» (Weimar 1916), erscheint der Begriff Stil zum letzten Mal in einem Gropius-Text, und zwar verbunden mit dem Hinweis auf die Bauhütten des Mittelalters, wo sich «Architekten, Bildhauer und Handwerker aller Grade zusammenfanden und aus einem gleichgearteten Geist heraus den ihnen zufallenden gemeinsamen Aufgaben ihr selbständiges Teilwerk bescheiden einzufügen verstanden aus Ehrfurcht vor der Einheit einer Idee ...»[34] Mit der «Wiederholung jener erprobten Arbeitsweise wird», so Gropius, «das Ausdrucksbild unserer modernen Lebensäußerungen an Einheitlichkeit gewinnen, um sich wieder in kommenden Tagen zu einem neuen Stile zu verdichten.»[35] ▪ Nach 1916 sprach Gropius nicht mehr von «Stil». Das deutet auf eine bewusste Abkehr vom gängigen Objektstil der «guten Form» und vom Postulat eines allgemeinen Zeitstils. Ersatz ist die Vision eines «neuen Baues der Zukunft ... als kristallenes Sinnbild eines neuen kommenden Glaubens» im Schlusssatz des Bauhausmanifestes von 1919 als pathetisches, dem revolutionären Zeitgeist nach 1918 geschuldetes Ziel der gemeinsamen Arbeit. Das religiös gefärbte Wunschbild der gemeinsamen Arbeit ist hingegen geblieben und erinnert an Gropius' Texte aus Werkbundzeiten.[36] In Abgrenzung zu De Stijl fanden Gropius' neue Ziele schließlich ihre gedankliche Fassung in einem besonderen, eher dem russischen Konstruktivismus angenäherten Begriff des «Raums». In seinem oben zitierten Katalogtext «Idee und Aufbau des Staatlichen Bauhauses» zur Bauhausausstellung 1923 prägte er den Begriff eines aktiv zu gestaltenden Raums, in dem sich die menschlichen Bewegungen abspielen und in dessen gestalteter «Endlichkeit» ihre Zugehörigkeit «zum All» fühlbar machen sollten.[37] 1927 heißt es dann in der Schrift «geistige und technische voraussetzungen der neuen baukunst»: «der bauende Mensch muß über technisches können hinaus die besondere gestaltungsfrage des raumes beherrschen ... bauen heißt gestalten von lebensvorgängen. Der organismus eines hauses ergibt sich aus dem ablauf der vorgänge, die sich in ihm abspielen.»[38] Die Gestaltung des Raumes und der Lebensvorgänge erscheinen in ihrer Interaktion als dynamischer Ersatz für die alten statischen Begriffe des «Stils» und der «Form». Von der Instanzhaftigkeit des Gegenstands, von seiner Individualität und physiognomischen Präsenz als Objekt der Wahrnehmung und Wesenserkenntnis ist wenig mehr geblieben als ein in besonderer Weise angelegtes Organisationsgerüst für Handlungs-, Bewegungs- und Empfindungsprozesse im Raum. Ich fasse das als eine bemerkenswerte konzeptuelle Neufassung architektonischer Gestaltung auf. ▪ Vor dem Zweiten Weltkrieg wurde das Bauhaus von Konservativen und Nationalsozialisten stets von einem Standpunkt aus bekämpft, der sich auf einen statischen Formbegriff von Architektur zurückzog und von dort aus Vergleiche mit dem versachlichten Monumental- und Materialstil der Werkbundzeit, von Peter Behrens, Heinrich Tessenow, Paul Bonatz, Hans Poelzig und anderen, anstellte. Dieser Streit hat sich bis in die Nachkriegszeit fortgesetzt, als der Architekt Rudolf Schwarz 1953 in der Zeitschrift «Baukunst und Werkform» sich in einem unerhörten Tonfall gegen Gropius wandte und ihm – wie kurz zuvor auf dem Darmstädter Gespräch 1951 Hans Sedlmayr der gesamten Moderne – eine dunkle Suada des Konservatismus entgegenwarf, die eine lange Debatte hervorrief und allerlei braune Ressentiments aufrührte.[39] Auch hier war der formgeschlossene Stilbegriff des Deutschen Werkbundes der Bezugspunkt. ▪ In der alten Werkbundmoderne ging es immer um Tektonik, um stabile formale Versicherung von Schwerkraftgefühlen, um geschlossene For-

men, um Materialgerechtigkeit und werkgerechte Gestalthaftigkeit, kurz: um «gute Architektur», der letztlich die seit Vitruv kodifizierte Dreiheit der Forderungen nach «Festigkeit; Nützlichkeit; Schönheit» zugrunde lag. Deren vollkommene Verbindung – so die alte Lehre – gab dem Werk «Stil». Waren nun für die konservative Kritik in den Gestaltungen des Bauhauses Festigkeit und Schönheit ohnehin nicht mehr auszumachen, sondern nur noch experimentelle Formen, die neuen und unerprobten Visionen der Schwerelosigkeit und der Überwindung gestalthafter Geschlossenheit nachgingen, so war der Hohn besonders groß, wenn auch die absolute Forderung der reinen Funktionalität im Sinn von Nützlichkeit nicht eingehalten schien. ▪ Hier hakte schließlich auch eine «progressive» Kritik ein. «Funktion» gehörte freilich am Bauhaus zum Wesen des Gegenstandes, das studiert werden musste,[40] und eben an diesem Punkt hat in den 1960er Jahren unter der Bezeichnung «Funktionalismuskritik» eine antiautoritäre Gegnerschaft versucht, die Behauptung «reiner» Funktionalität in Gestaltungsformen von Architektur und Design als Herrschaftsideologie kritisch aufzudecken. Auch der Begriff des «Stils» wurde zu einem Argument der Kritik verkürzt und muss seither als weitgehend entwertet angesehen werden. Stil galt in jeder Hinsicht als Ideologieträger. Zwar trifft sich darin die neuere «Funktionalismuskritik» mit der Stil-Abwehr der Zwanziger-Jahre-Avantgarde.[41] Doch wirkte es umso schärfer, wenn es gelang, das Bauhaus selbst unter «Stilverdacht» zu stellen. Unter der Behauptung, Bauhaus erschöpfe sich im Anspruch auf Funktionalität, war bereits der Aufweis von allerlei praktischen Funktionsmängeln in Bauhausgegenständen und -bauten der Beweis, die angeblich reinen Funktionsformen seien eher einem «Stil» als dem Zweck geschuldet. Verdienstvolle Kunst- und Architekturhistoriker haben es unternommen, Gropius und das Bauhaus dort anzugreifen, wo das angebliche Bauhaus-Credo des Funktionalismus nicht eingehalten schien und sich stattdessen ideologisierender Formalismus zeige. Bereits 1971 hatte Heinrich Klotz geäußert, das Bauhaus habe einen «integrierenden Stil» geschaffen.[42] Norbert Huse ist dem gefolgt und hat 1975 ein inhaltsreiches Kapitel seines Buchs «Das Neue Bauen» mit dem von Alois Riegl entlehnten Begriff «Stilfragen» überschrieben.[43] Unter Berufung auf Hitchcocks «International Style» sprach er dem Bauhaus Funktionalismus ab und Stil zu. Winfried Nerdinger hat dies in seinen wichtigen Gropius-Publikationen aufgegriffen.[44] Dabei wurde immer wieder das Argument entwickelt, das Bauhaus habe eigentlich nichts als einen Stil lanciert. Versatzelemente des Neuen Bauens wie Flachdach, horizontal durchlaufende Fensterbänder oder ungegliederte

glatte Flächen wurden als frei verfügbare Stilelemente interpretiert, die nicht anders verwendet worden seien als Säulengiebel, Kranzgesimse und Fensterprofile in der herkömmlichen Stilarchitektur. Kunsthistoriker haben buchstäblich Stilkunstgeschichte mit dem Bauhaus getrieben. ▪ Kritische Aufmerksamkeit gegenüber dem hohen ideellen Anspruch, den Gropius' Texte erheben, ist selbstverständlich eine Tugend der Wissenschaft. Aber es nimmt es doch wunder, warum die Autoren, deren Ausführungen außerordentliche Breitenwirkung entwickelten, die einschlägigen Programmschriften von Gropius nicht in ihrer Substanz und Stoßrichtung genauer analysiert haben. Dass Gropius sich gegen «Bauhausstil» verwahrt hat, wird wohl gelegentlich vermerkt, aber im Grunde übergangen. ▪ Auch Tatsachen können der Kritik entgehen. Niemand hat angemerkt, dass an Gropius' Meisterhaus in Dessau die Tragstützen unter dem weit vorragenden, fast schwebend wirkenden Quader des Obergeschosses mit Spiegelglas verkleidet waren. Lucia Moholy, die in Gropius' Auftrag Bauhausarbeiten fotografierte, hat diesen Effekt, der die Spiegelglastafel der Eingangsveranda nahtlos nach vorne weiterzuziehen scheint, fotografisch erfasst und betont. Fern von allem Funktionalismus erscheint hier ein märchenhafter, poetischer Gedanke, der die «Bauhauskathedrale» und die Worte des ersten Bauhausmanifestes von 1919 in Erinnerung ruft: «Wollen, erdenken, erschaffen wir gemeinsam den neuen Bau ... der einst zum Himmel steigen wird als kristallenes Sinnbild eines neuen Glaubens.» 1925 schrieb Gropius im Vorwort seines ersten Bauhausbuches, «Internationale Architektur», scheinbar sachlicher, aber doch nicht weniger pathetisch und utopistisch: «Die Baumeister dieses Buches bejahen die heutige Welt der Maschinen, der Fahrzeuge und ihr Tempo, sie streben nach immer kühneren Gestaltungsmitteln, um die Erdenträgheit in Wirkung und Erscheinung schwebend zu überwinden.»[45] ▪ Ich glaube, hier kann biedersinnige Funktionalismuskritik unter der Prämisse, das Bauhaus sei nach der Latte der Funktionalität zu messen, nicht viel ausrichten. Fraglos tut sich in diesem Spiegelmotiv ein phantastischer Idealismus kund, von dem noch herauszufinden wäre, wie belastet von Ideologie er gewesen sein könnte oder wie frei davon er möglicherweise war. Verächtlich beiseite geschoben werden sollte er nicht. Eher schon könnte die Frage interessieren, welche poetische Qualität hier vorliegt – vielleicht Poesie in dem romantischen Sinn, den Schelling gemeint hat: «Deßwegen hat die Poesie vorzugsweise den Namen der Poesie, d. h. der **Erschaffung** behalten, weil ihre Werke nicht als ein Seyn, sondern als Produciren erscheinen.»[46] ▪ Man muss Gropius' außergewöhnliche Fähigkeiten als Redner, Ideenverbreiter und PR-Genie durchaus einrechnen. Aber sich so weit ins Unverständliche und Utopische vorzuwagen, wie er es in seinen zuweilen eher mystischen Textformeln tat, erschiene unter reinem Propaganda-Gesichtspunkt doch weidlich kontraproduktiv. ▪ Dass Gropius nicht an integraler Stilisierung, sondern eher an «erlebbarer» Semantik gelegen war, möchte ich an der Gestaltung der beiden (gleichartig sich gegenüberstehenden Haupteingänge) des Bauhausgebäudes Dessau aufzeigen. Dort ist jeweils eine völlig symmetrische, klassische Portalform aus zwei Betonquadern und einer Deckplatte auf einem Treppensockel errichtet, so dass der sich darüber in asymmetrische Leichtigkeit und spiegelnde Transparenz ausdifferenzierende Raumkörper auf Bodenhöhe durchaus das greifbare Angebot statischen Vertrauens macht. Die Fortsetzung der «lebendigen» Wahrnehmung in die ungewohnte Schwebehaftigkeit der oberen Architekturteile wird, so könnte gesagt werden, durch dieses körpernahe Entree wesentlich fundiert. ▪ Im «Neuen Sehen» der Fotografie konnten Erfahrungen eines neuen, «schwebenden» Lebensgefühls Ausdruck finden. Ein Foto – eher ein Schnappschuss – der hochbegabten Bauhausstudentin Marianne Brandt gehört zu den zahlreichen Privatfotos von Bauhäuslern, die ganz offen die gesteigerte Stimulierung raumdynamischer Empfindungen durch die Bauhausarchitekturen verraten. Was Gropius vom Stilbegriff trennt, begründet sich aus seiner Entfernung von gestalthaften Formwerten zugunsten einer dynamischen Raumgestaltung. Wird der «Raum» das Thema, muss das «Stilwollen» abnehmen. In den Bauhaustexten von Gropius wird immer wieder deutlich, dass der Prozess gestaltender Arbeit und nicht die Form im Vordergrund steht und dass der Begriff des Raums anders gefasst ist als in den Raumtheorien der Jahrhundertwende. Raum ist nicht mehr, wie etwa bei Adolf von Hildebrand, ein kontemplativer Betrachtungsabstand zur ganzheitlichen Erkenntnis der Form und auch nicht ein geistiger Raum der Besonnenheit, wie ihn Aby Warburg sich erwünschte. Schon Alois Riegl und ihm folgend Wilhelm Worringer hatten festgestellt, dass Raum stilistisch nicht fassbar sei.[47] Vielleicht hat Gropius das gereizt. Wenn – im Gegensatz zu Worringers formalem Abstraktionsbegriff – «Lebensprozesse», wie Gropius sagt, der Stoff der Gestaltung sind, so wird der Raum ein durch Aktion und Interaktion modelliertes, verbindendes Medium. Raum, so hat Wilhelm Wundt ausgeführt, kann nur bewegend und handelnd erfahren werden. Das schließt wechselnde Abstände der Nähe und der Ferne und eine Interferenz der optischen und der haptischen Empfindung ein.[48] Zugleich entwickelt sich auch eine neue Auffassung der Beziehung zwischen Mensch und architektonischem Raum. Indem sich Raum der persönlichen Verfügung durch den

▪ Marianne Brandt, Am Bauhausbalkon, um 1928

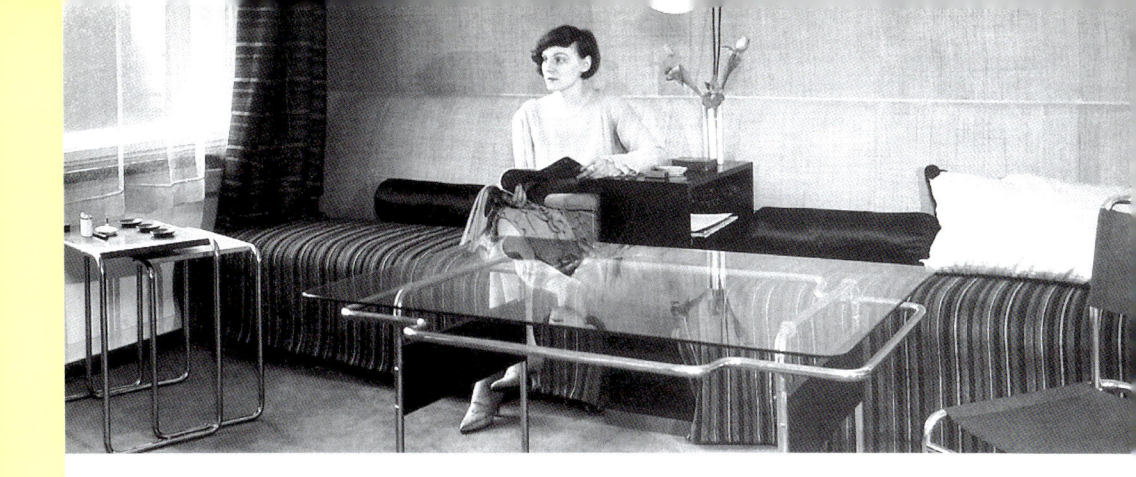

Marcel Breuer, Wohnzimmereinrichtung für Erwin Piscator, Berlin 1927

Betrachter – besser: Benutzer – öffnet, schwindet auch der Unterschied von Bau und Gerät. Produktion des Raumes durch architektonische Herstellung und Rezeption des Raums durch Nutzung verbinden sich zu einer interaktiven Gestaltung des Raums, die jenseits der Wahrnehmung gebildehafter Formen liegt. Dies wäre – in idealtypischer Verklärung – vielleicht die Essenz von Gropius' neuem Architekturkonzept. Aus einer ganz offensichtlich romantisch verankerten Sehnsucht nach einem kollektiven Stil hat Gropius, so sehe ich es, mit der Verlagerung auf das emphatische Prinzip gemeinschaftlicher Arbeit, das er nie aufgab, eine Dimension des Gestaltens erhofft, die erst im permanenten schöpferischen Fortwirken durch lebendige Nutzung ihren Sinn gewinnt. So aufgefasst sind zum Beispiel die «leeren», «gesichtslosen» Flächenformen der Bauhausarchitektur keine «Stilelemente», sondern Projektionsflächen für «Lebensvorgänge». Der zupackende Moholy-Nagy hat, von Spekulationen ungetrübt, in vieler Hinsicht dem Programmatiker Gropius sekundiert, indem er mit seinen fotografischen Experimenten und kreativen Theorien des «Lichts als Gestaltungsmittel» (etwa seinen Fotogrammen oder seinem «Licht-Raum-Modulator») tatsächlich den Sinn für Architekturen als Projektionsräume von Lichtspielen entwickelt und geschärft hat. Dies ging in die ästhetische Erfahrung der Bauhausarbeit ein. Durch Moholy ist ein stark aktivistisches Element emanativer Energie in die Theorie der Gestaltung aufgenommen worden, weil er Ideen und Kunstformen entwickelte, die bewegten Ausdruck in der projizierten Substanz des Lichtes sublimieren wollten.[49] ▬ Die «lichthafte», tendenziell unstoffliche Gestaltungsauffassung des Bauhauses mit spiegelnden Elementen und scheinbar lastfreier Verdünnung der Konstruktionsteile im Bau wie im Gerät gibt wiederum Handhaben zur Fortsetzung der Gestaltung des Raums durch freie Nutzung. Manche Bauhausmöbel auf Abbildung 12 lassen sich auf Kufen frei im Raum umherschieben und versagen sich in **dieser** Funktionalisierung der bislang gewohnten frontalen Identifikationsästhetik. ▬ Das liegt jenseits der herkömmlichen Auffassung des Baues als einer geschlossenen Erscheinung, die ihren Erzeugungsgrund und ihre stilistische Konsistenz aus Zweck, Material und Konstruktion gestalthaft vor Augen stellt. Die Bauhausstudenten haben wohl den Kern von Gropius' Bauhausidee verstanden und in die «Tat» umgesetzt. Das Klettern an Bauhausbalkonen und Turnen über freien Räumen wurde beliebt, der Bau wurde als Sportgerät und Freiluftbühne in Beschlag genommen: spontane Nutzungshandlungen, in denen sich die von Gropius propagierte «lebendige» Raumgestaltung phantasievoll inszenierte.

ANMERKUNGEN
1 Dieser Text fußt auf einem Vortrag in der Ringvorlesung «Stil und Persönlichkeit» des Graduiertenkollegs «Praxis und Theorie des künstlerischen Schaffensprozesses» an der Universität der Künste Berlin, Wintersemester 2002/03. Ich möchte darauf hinweisen, dass ich nur auf das Bauhaus der Ära Gropius eingehe, denn nur an diesem (und seinen Folgen) hat sich stets die kritische Debatte um einen «Bauhausstil» entzündet. Schon Gropius' Nachfolger Hannes Meyer hat dem Gropius-Bauhaus «Formalismus» vorgeworfen. **2** Vgl. Bauhausideen 1919–1994, Bibliographie und Beiträge zur Rezeption des Bauhausgedankens, hg. v. A. Haus, unter Mitarbeit von A. Steinhauer u. a., Berlin 1994 **3** T. Wolfe, Mit dem Bauhaus leben. Königstein/Ts. 1981 **4** U. Conrads/M. Droste/W. Nerdinger/H. Strohl (Hg), Die Bauhausdebatte 1953 – Dokumente einer verdrängten Kontroverse. Braunschweig/Wiesbaden 1994 **5** Ebd., S. 44 f. **6** Ebd., S. 46 **7** Ebd. **8** W. Nerdinger, Das Bauhaus zwischen Mythisierung und Kritik. In: Conrads/Droste/Nerdinger/Strohl (Hg) 1994, a. a. O., S. 719 **9** Vgl. etwa Architektenkammer Baden-Württemberg (Hg), Architekturführer Tübingen. Neue Architektur im Landkreis Tübingen 1901–2001. Tübingen 2002; hier wird der Begriff «Bauhausstil» ganz unbefangen zur allgemeinen Charakterisierung modernistischer Bauten der zwanziger und dreißiger Jahre verwandt, selbst wenn deren Architekten überhaupt keinen persönlichen Bezug zum Bauhaus hatten. **10** H. Weigert, Die Kunst von heute als Siegel der Zeit. Schriften zur deutschen Lebenssicht. Leipzig 1934, S. 114, S. 128 **11** W. Nerdinger, in Zusammenarbeit mit dem Bauhaus Archiv Berlin (Hg), Bauhaus-Moderne im Nationalsozialismus. Zwischen Anbiederung und Verfolgung. München 1993 **12** Ich hebe dies hervor, um mich von einer einseitigen Auffassung des so genannten «Historismus» im Kunstgewerbe abzugrenzen, die meist nur darauf sieht, welche ideologisch deutbaren generellen «Stilwelten» (Neorenaissance, Neobarock et cetera) erscheinen, ohne die aktuelle Präsenz der gestalteten Einzeldinge zu beachten. Vgl. A. Haus, Historismus und Stil in der Kunstgeschichte des 19. Jahrhunderts. In: Kritische Berichte, 3. Jg., Heft 2/3 1975, S. 44–55; ders., Ornament und Stil. In: I. Frank/F. Hartung (Hg), Die Rhetorik des Ornaments. München 2001, S. 177–201 **13** J. Matthias, Die Formensprache des Kunstgewerbes. Über die Bedeutung, Gestaltung und Anwendung der ornamentalen Formen, Typen und Symbole auf dem Gebiet der technischen Künste. Liegnitz 1875, S. 51 **14** H. van de Velde, Vom Neuen Stil. Leipzig 1907, hier zit. n. H. van de Velde, Zum Neuen Stil. Aus seinen Schriften ausgewählt und eingeleitet von H. Curjel, München 1955, S. 146, S. 150 **15** Erste Nummer der Zeitschrift «De Stijl», Oktober 1917 **16** P. Mondrian, Die Neue Gestaltung in der Malerei. In: De Stijl 1917, zit. n. H. L. C. Jaffé, Mondrian und De Stijl. Köln 1967, S. 68 **17** Ich zitiere Gropius' Texte der Einfachheit halber alle nach derselben leicht zugänglichen Publikation: H. Probst/C. Schädlich (Hg), Walter Gropius. 3 Bde., Berlin 1988, hier: Bd. 3. Ausgewählte Schriften, S. 83 ff. **18** H. Weigert 1934, a. a. O., S. 51 **19** Ebd., S. 90 **20** Ebd., S. 93 **21** W. Nerdinger/Bauhaus Archiv Berlin 1993, a. a. O. **22** Ebd. **23** Vgl. unten Anm. 35 **24** G. A. Platz, Die Baukunst der Neuesten Zeit. Berlin: Propyläenverlag 1927, S. 89. Gerade angesichts manch scheinbaren Gleichklangs mit Gropius' Text von 1923 wird doch der konventionellere «Kunst»-Ansatz von Platz deutlich. Im Übrigen hat sich die Rede vom Stil noch bis weit in die Nachkriegszeit gehalten. Als Beispiel sei nur die Schrift von F. Schuster, «Der Stil unserer Zeit», Wien 1948, genannt. **25** N. Gabo, Gestaltung? In: Bauhaus, Heft 4/1928, S. 5 **26** Probst/Schädlich 1988, a. a. O., S. 141 ff. **27** Ebd., S. 152 ff. **28** H.-R. Hitchcock/P. Johnson, The International Style. New York 1932; deutsch: Der Internationale Stil. Aus dem Amerikanischen von W. Pohl (Bauwelt Fundamente 70), Braunschweig 1985 **29** Übersetzung teilweise von mir, A. H. Die deutsche Übersetzung im Bauwelt-Fundamente-Band ist zum Teil missverständlich; im Amerikanischen lauten die drei Kategorien: 1) architecture as volume, 2) concerning regularity, 3) the avoidment of applied decoration. **30** W. Gropius, Monumentale Kunst und Industriebau. Vortrag, gehalten am 10. April 1911 im Folkwangmuseum Hagen; MS im Bauhaus Archiv Berlin, abgedr. in: Probst/Schädlich 1988, a. a. O., S. 28 ff. **31** Werkbundjahrbuch 1914, abgedr. in: Probst/Schädlich 1988, a. a. O., S. 58 ff. **32** W. Worringer, Abstraktion und Einfühlung. Ein Beitrag zur Stilpsychologie. München 1908 **33** W. Gropius, Über den stilbildenden Wert industrieller Bauformen, abgedr. in Probst/Schädlich 1988, a. a. O. **34** Abgedr. in Probst/Schädlich 1988, a. a. O., S. 60 ff. Man kann nicht übersehen, dass Gropius hier Gedanken aufnimmt, die K. F. Schinkel 1815 in einer Denkschrift zum Entwurf eines Domes für die Befreiungskriege

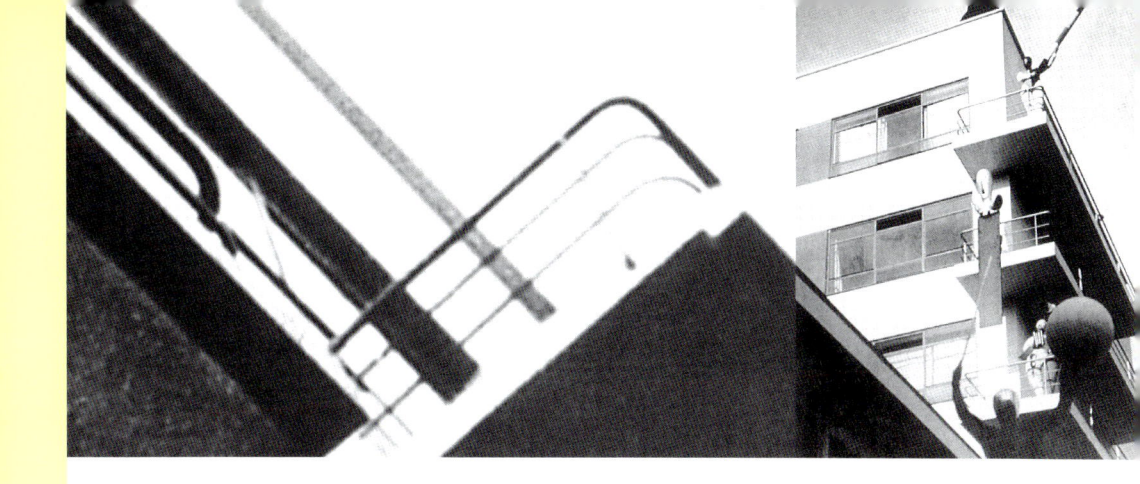

formuliert hat. Nicht zuletzt die hervorgehobene Bedeutung der «Idee» deutet darauf hin, dass Gropius (der sich der familiären Schinkel-Tradition wohl bewusst war) diese schon damals publizierten Texte Schinkels kannte. **35** Ebd. **36** Die religiöse Sendungsmetaphorik gestalterischer Arbeit, die sich auch bei van de Velde und De Stijl findet und die auf John Ruskin, letztlich aber auf mittelalterliche und antike Architektenmystik, zurückgeht, müsste gesondert behandelt werden. **37** Vgl. oben Anm. 17–21 **38** Abgedr. in Probst/Schädlich 1988, a. a. O., S. 114 ff. **39** Vgl. Conrads/Droste/Nerdinger/Strohl 1994, a. a. O. **40** W. Gropius, Neue Arbeiten der Bauhaus-Werkstätten 1925, abgedr. in Probst/Schädlich 1988, a. a. O., S. 93 **41** Vgl. T. W. Adorno, Ästhetische Theorie. Frankfurt/M. 1973, S. 305–308; zu Schönberg und der radikalen Moderne vgl. S. 208 **42** H. Klotz, Materialien zu einer Gropius-Monographie. In: Architectura I/1971, S. 176 **43** N. Huse, «Neues Bauen» 1918 bis 1933. Moderne Architektur in der Weimarer Republik. München 1975, S. 44 ff. **44** W. Nerdinger, Walter Gropius' Beitrag zur Architektur. In: Probst/Schädlich 1988, a. a. O., Bd. 1, S. 47–54; ders., Das Bauhaus zwischen Mythisierung und Kritik. In: Conrads/Droste/Nerdinger/Strohl 1994, a. a. O., S. 719 **45** W. Gropius, Internationale Architektur. München 1925, S. 8 **46** F. A. W. Schelling, Philosophie der Kunst (1859). Darmstadt 1980, S. 275 f. **47** Worringers Argumentation geht darauf aus, dass Erlösungsreligionen im künstlerischen Wollen zu individueller, zeitloser Abstraktion, das heißt Stilisierung der Form und zu deren Befreiung aus dem fließenden Raumkontinuum tendieren, was zur Kultivierung der zweidimensionalen Erscheinung führt. Aus diesem Grund wird mehrfach betont, dass sich der «Raum als solcher nicht individualisieren läßt» (Worringer 1908, a. a. O., S. 51). **48** Eben die Separierung des Optischen vom Haptischen ist Kern der meisten ästhetischen Erfahrungstheorien der Jahrhundertwende – meist, wie bei A. Riegl und A. v. Hildebrand, mit der Tendenz, das Optische als die spirituellere, die eigentlich ästhetische Ebene zu bezeichnen. **49** Vgl. L. Moholy-Nagy, Von Material zu Architektur. Bauhausbuch Nr. 14, München 1929; Nachdruck: Neue Bauhausbücher, hg. v. H. M. Wingler, Mainz/Berlin 1968; A. Haus, L. Moholy-Nagy, Fotos und Fotogramme. München 1978, S. 2629

«IN AMERIKA DENKT MAN ANDERS»[1]
VOM NUTZEN UND NACHTEIL DES BAUHAUSSTILES
KARIN WILHELM

DAS POSTMODERNE MÄRCHEN VOM SILBERPRINZEN

Es war der Aufschrei eines kolonisierten Landes; die Stimme seiner Klage ward ihm von einem Schriftsteller geliehen. Einer negativen Litanei gleich rief er die in seiner Klageschrift gesammelten Namen jener Kolonisatoren in die Welt, die er als Lobbyisten in der «Utopia GmbH» vereint gefunden hatte und deren Straftat darin bestand, das geliebte, einst so wunderbare, weite Land, in dem er lebte, das seine Ahnen und die Ahnen seiner Ahnen über fünfhundert Jahre angenehm bebauten und bewohnten, in eine hässliche und mit den Zeichen ihrer Fremdherrschaft besetzte Wüste verwandelt zu haben. Unter ihrer Herrschaft hatten sich kleinere gläserne Häuser und größere kahle Gebäude ausgebreitet, die, architektonisch unattraktiv, als abweisende, weiße Schachteln weder Gemüt noch Tradition ausstrahlten. Wo war der alte Lebensstil geblieben, der sich in Holzhäusern mit hübschen, traulichen Veranden entwickeln konnte, die das Bild des Territoriums doch einst so herzerwärmend prägten? Wo der Stolz einer Nation, die doch, ob ihres Reichtums, ihrer Macht und technisch-militärischen Überlegenheit, «das zwanzigste Jahrhundert»[2] zu dem ihrigen zu machen verstanden hatte? Was war geschehen, dass «America, the beautiful,»[3] es zuließ, dass die Fremden, die in den dreißiger Jahren jenes amerikanischen Jahrhunderts aus Europa gekommen waren, als Kolonialherren mit gebrochenem Zungenschlag und arroganter Attitüde auftraten, um einen Baustil über das Land zu verbreiten, der nur aus «reinen, weißen Zimmern, nackt, geläutert, befreit, aller Täfelungen ledig ... ohne Pilaster ... Tapete ... und Drapierung»[4] bestand? ▬ Oh! Die Geschichte, die sich doch sonst nicht gerne wiederholte, hatte sich hier selber widersprochen und ein zweites Mal die «weißen Götter» geschickt, wie zu Zeiten des Colón und Cortés. Abermals waren die Eroberer von Europas Gestaden aufgebrochen, um einen gesunden, reichen Kontinent, das «Paradies Amerika» (Egon Friedell), zu unterwerfen, nun bewaffnet mit einem Repertoire von «sozialistischen» und «non-bourgeoisen» Phrasen, um die «Wilden» zu übertölpeln und in Abhängigkeit zu bringen von ästhetischen Dogmen, die man als modern und zeitgemäß bezeichnete, und einer Moral, die im gebauten Raster und im Diagramm bereits die offenbare Wahrheit dingfest machte. Nur allzu verständlich also die wohl rhetorisch angelegte Frage unseres Schriftstellers aus Amerika: «Hat es auf Erden ein anderes Land gegeben, in dem so viele Menschen von Wohlstand und Macht so viel Architektur bezahlt und ertragen haben, die sie verabscheuen, wie heutzutage in Deiner heil'gen Grenzen Rund?»[5] Nein, ein solches Land hatte es noch nicht gegeben! – meinte der Schriftsteller und begann die Bilanzierung der offenbar gewordenen Untaten mit einer Schmährede gegen einen mysteriösen «Silberprinzen»,[6] der im bürgerlichen Leben Walter Gropius hieß und weltvergessen jenseits von Traditionen gleichsam aus dem Nichts, aber auf den «rauchenden Trümmern Europas»[7] einen neuen Stil erfunden hatte. Doch wie vielen Schmährednern geriet auch unserem Schriftsteller dieser Blickwinkel allzu einäugig. War es Absicht oder Unwissen, dass er zu berichten unterließ, auf welcher Basis «Silberprinz» seine fatalen Strategien entwickelt hatte? ▬ Das Land Amerika, das der Schriftsteller nach Jahren der Fremdherrschaft zu befreien angetreten war, war nicht nur Opfer dieses «Silberprinzen» und seiner Helfershelfer aus der Ferne, vielmehr hatte es ihm einst als Vorbild und Ansporn gedient, um eine neue Baukultur ganz unabhängig von Nation und Sitte am Horizont der Architektur erstrahlen zu lassen. Schon in den Kinderjahren des amerikanischen Jahrhunderts hatte jener «Silberprinz» vom alten Kontinent Europa bewundernd über den Atlantik geblickt, und, wie der Schriftsteller siebzig Jahre später, ausgerufen: «Amerika, du Schöne!» In ihrem Namen hatte der «Silberprinz» um jene neuen Schnitttechniken eines modernen Stils gerungen, den der Schriftsteller nun leicht angewidert als «Internationalen Stil» oder «Bauhaus-Stil» bezeichnete und damit die Architektur der «flachen Dächer und gläsernen Ecken» meinte. Die Innenräume dieser Architektur waren ebenso abstoßend wie das kantige Außen, und die alte Bequemlichkeit der Häuser mit ihren abgeschlossenen Kamin- und Familienzimmern war dem Kult der Offenheit und »Heizungsspiralen» geopfert worden, die jetzt «als ehrliche, abstrakte, skuptürliche Objekte nackt und bloß» den Charme einer Fabrikhalle verströmten. Die «gepolsterten Möbel» mit ihren «ehrlichen Materialien» wurden aus den Häusern entfernt; nun waren «Leder, Stahlrohr, gebogenes Holz und Leinen»[8] die neuen Botenstoffe einer Wohnlichkeit, die Amerika seit der Ankunft des «Silberprinzen» und seiner Entourage in eine kulturelle Identitätskrise gestürzt hatte. Das eben war das wahre Wesen dieses «Internationalen Stiles» und da machte sich der Schriftsteller auch durchaus nichts vor: Hier war es um mehr als einen dummen, geschickt lancierten Kolonialherrengestus gegangen, hier wirkte der «marxistische Mulm», der einen «Rationalismus umhüllte»,[9] der für modern und zeitgemäß ausgegeben wurde und doch nichts weiter war als der Stil des «Sozialismus». ▬ Das Märchen vom «Silberprinzen» Walter Gropius hat Tom Wolfe 1981 in seinem Buch «From Bauhaus to our house» – das bereits ein Jahr später in deutscher Übersetzung unter dem Titel «Mit dem Bauhaus leben» wie eine Drohung daherkam – als Pamphlet vorgetragen. Als Paraphrase auf die Stilistik der Manifestliteratur der Avantgarde war sein Essay ein willkommenes Werk, das den Diskurs der Postmoderne, der mit der Abrechnung der Moderne soeben den so genannten Bauhausstil verabschiedete, ungemein amüsant belebt hat. Wenngleich das Buch von sachlichen Fehlern strotzte, was man ihm seiner Schmissigkeit wegen gerne nachsah, hat es doch den wissenschaftlichen Diskurs zum Thema, der die Genauigkeit ja schätzt (!), nicht unerheblich beeinflusst. (Die Neuauflage des Werkes in diesen Tagen unterstreicht den publizistischen Erfolg.) Tom Wolfe lag mit seiner Abrechnung des «Bauhaus-Stiles» nämlich im Trend der postmodernen Neurorientierung, die, wie Michael Müller später schrieb, «nirgendwo schärfer, ja auch unsachlicher geführt (wurde) als eben in der Architektur».[10] Wolfe traf damit den Tenor einer Funktionalismuskritik, die auch von Philosophen mundgerecht bedient wurde. «Der Funktionalismus ‹folgt› nicht, er diktiert.» So las man es bei Wolfgang Welsch, der mit dem Hinweis auf die 1930 geäußerte Kritik von Adolf Behne am Zeilenbau der Karlsruher Dammerstock-Siedlung folgerte: «Das erkennt damals schon die kontinentale Kritik. Und das sagen bald – nach der Etablierung des ‹Internationalen Stils› – auch die amerikanischen Experten.»[11] ▬ Was Wolfe also in seinem Buch thematisierte, die Verfehlungen und Irrwege der Architekturmoderne in Amerika, war ein typisches Produkt der postmodernen Modernekritik, das in seinem literarisierten Duktus dem Postulat der radikalen Pluralität, einem Grundpfeiler postmoderner Theorie, zudem ausgezeichnet zu entsprechen vermochte. Mit der Geste des dankbaren Lesers hätte man das Buch nach der Lektüre beiseite legen und als zeitgeistige Unterhaltung in Erinnerung behalten können; denn außer Spaß hatte es zur «Wahrheitsfindung» unmittelbar nichts beigetragen. Dennoch wird ihm hier abermals Aufmerksamkeit zuteil, weil es sich bei genauerem Hinsehen als eine interessante Auseinandersetzung mit dem Bauhausstil, oder dem «International Style», wie dieses Phänomen seit der Ausstellung im Museum of Modern Art 1932 auch genannt wurde, liest. Wie in kaum einer anderen Schrift der achtziger Jahre findet sich in Wolfes postmoderner Abrechnung mit der Architekturentwicklung der Moderne, ihrer Uniformität und Technikgläubigkeit, ein darüber hinaus reichender Angriffspunkt formuliert, der das Stilverständnis wieder als direkte und unverblümte Symbolik nationaler Tugenden, nationaler Werte und nationaler Traditionen zur Sprache gebracht hat. Indem Wolfe den Bauhausstil, die ornamentlose, normengeleitete Architektur und das maschinengerechte Design, vor dem Hintergrund der kulturellen Identität Amerikas als europäische Kolonisierung beschrieben hat, kehrte er zu einem Stildiskurs zurück, der mit der Entstehung des «Internationalen Stils» schon einmal in Europa die Gemüter bewegt hatte.

STIL UND LEBENSSTIL – WIENER KONZEPTIONEN [12]

In der Literatur, die diese Stildebatte der Moderne begleitet hat, spielen die kleineren und größeren Aufsätze des Wiener Architekten und feinsinnigen Kulturkritikers Adolf Loos eine herausragende Rolle. Wie kaum ein anderer hat er mit spitzer Feder auf die um 1900 unübersehbar gewordene Krise kultureller Normen in einer Gesellschaft hingewiesen, die ihre Alltagswelt zunehmend durch Massenprodukte bereicherte und die zugleich darauf bedacht war, den Charakter des Reproduzierten mit einem Gewand aus historistischer Ornamentierung zu überdecken. Neben zierlichen romanischen Rundbogenattrappen auf voluminösen Kredenzen fanden sich gotische Fialenschnitzereien auf gewichtigen Armsesseln, und stuckierte Rokokorocaillen, die lächelnde Puttenköpfe umschmeichelten, belebten die weiten Ovale der Zimmerdecken der inzwischen mehrgeschossigen Wohnhäuser. Das wohlhabende Bürgertum Wiens zelebrierte derart ein Traditionsbewusstsein, das sich seiner Lebenswirklichkeit als Bewohner einer wachsenden Industriestadt zwischen Pferdebahn und Ingenieurbaukunst zunehmend entfremdete. In dem breiten Spektrum der damals einsetzenden Debatten, die Richard Hamann und Jost Hermand später als «Kampf um den Stil»[13] bezeichnet haben, hat Adolf Loos eine Klärung vorgeschlagen, die der Kakophonie des herrschenden Eklektizismus nicht idealistisch-normativ, sondern auf der Basis von Erfahrungswerten ein Ende zu setzen versuchte. Der Begriff des Stils, wie ihn Loos um 1900 umkreiste, erfuhr damit eine Umdeutung und erhielt eine wesentlich weitreichendere Bedeutung, als sie ihm von der Kunstgeschichte jener Jahre zugemessen wurde. ▪ Weniger an der theoretischen und historischen Formalisierung von Kohärenzen oder sensualistischen Werten formaler Gestaltungen interessiert, wie sie der Klassifizierungsduktus eines Heinrich Wölfflin zum Gegenstand hatte, richtete Loos sein Interesse eher beiläufig auf die zeichnerischen, linearen oder malerischen Qualitäten der Stile in den Künsten und der mit ihnen verbundenen Epochen. Den ausgebildeten Maurer faszinierte vielmehr die handwerkliche Machart und die Frage nach der Relation und Proportionalität der spezifischen Form eines Gegenstandes in Hinsicht auf die Gebrauchspraktiken der Menschen in unterschiedlichen Kulturen. Zeigte sich der handwerksbeseelte Baumeister als Semperianer, der den Stil der Objekte, wie sein Vorbild Gottfried Semper, eher dem notwendigen Bearbeitungsprozess der «Rohstoffe»[14] zuschlug, so fahndete der Kulturdiagnostiker nach dem Gebrauchswert, den ein Objekt in seiner stilistischen Eigenart und Formung im Alltag zu entfalten vermochte. Loos suchte mithin nach Merkmalen der Gestaltung, die nicht nur als Oberflächensignaturen gehobener Lebensart auf Wirkung zielten, sondern die im Gebrauch eine Art funktionaler Etikette freizusetzen verstanden. Mit diesem Ansatz richtete er seine Kritik nicht nur gegen den historistisch-eklektischen Geschmack des Wiener Großbürgertums, sondern ebenso gegen jene «Raumkünstler», die er in seinem Konkurrenten Josef Hoffmann vor Augen hatte – Hoffmanns Objektdesign wurde durch die Wiener Werkstätten vertrieben, das pars pro toto für das Credo der Wiener Secessionisten stand. Diese «Stilkunst», deren kunsthandwerkliche Produkte inzwischen in den «Salons unserer Geldprotzen»,[15] wie Karl Kraus in der «Fackel» bissig bemerkte, als Wertanlagen hoch geschätzt wurden, hatte zwar eine neue Formensprache entwickeln können, jedoch um den Preis eines luxurierenden Ästhetizismus. Loos kritisierte diese Geschmackskultivierung als ein totales Konzept, das ins Totalitäre sich neigte, sobald der Künstlerarchitekt von der Architektur über das Mobiliar bis hin zu den Gebrauchsgegenständen und der Bekleidung alles gestalterisch festlegte und damit schließlich jede individuelle Nuancierung ausschloss. Waren die alltäglichen Verrichtungen des Lebens einem Gesamtkunstwerkkonzept des Wohnens derart unterworfen, mussten sich die habituellen Gepflogenheiten der Nutzer diesem gnadenlos beugen. Ein Beispiel hat Adolf Loos mit ironischer Übertreibung in seiner Erzählung «Von einem armen, reichen Manne» gegeben, die 1900 im «Neuen Wiener Tagblatt» erschien und den Despotismus eines Künstlerarchitekten vor Augen führte, dessen Ästhetisierungsprogramm selbst vor den Pantoffeln des Hausherrn nicht Halt machte. Voller Verachtung notierte Loos genussvoll: «Ich bin nicht dagegen, mit einem ehrlichen Musterzeichner zusammen genannt zu werden. Wegen meiner mit einem Kellner. Wenn er nur das Messer ordentlich halten kann. Aber wenn ein Chinese, den ich zu Tisch einlade, nicht mit den Stäbchen essen kann, die ich ihm zu Ehren vor seinen Teller legte, halte ich ihn für keinen Ritter des Franz-Josef-Ordens, sondern für einen Hochstapler.»[16] ▪ Mit dieser Hochstaplermetapher hat Loos verdeutlicht, was er unter Stil verstanden wissen wollte: Stil war vordringlich keine Frage der Rhetorik einer spezifischen künstlerischen Ausdrucksform, um subjektorientierte Affektionen oder Begehrlichkeiten zu animieren. Und schon gar nicht ein formalisiertes Gestaltungskonzept, mit dem ambitionierte Raumausstatter die Außen- und Innenräume der Häuser und Städte in Kunstwerke verwandelten, so wie sie Loos in den Häusern und Einrichtungen der Wiener Secessionisten und im Jugendstil vor Augen hatte. Stil, wenn dieser Begriff überhaupt noch Relevanz haben sollte, stellte sich vielmehr in Verhältnissen einer im Habitus deutlich werdenden Stilsicherheit erst ein. Stil wurde sichtbar, wenn die Nutzer, unabhängig von ihrer Schichtenzugehörigkeit, aber auf der Basis ihrer kulturhistorischen Prägung, zu den Objekten des Alltags vernünftig in Beziehung treten konnten. ▪ Dieses Stilverständnis verlagerte den Stilbegriff von der Vergleichbarkeit formaler Signaturen auf die Bedeutung der Lebenspraxis in den unterschiedlichen Gesellschaftsschichten und behauptete auf der Basis des Prinzips der Angemessenheit, dass die Objektwelt die wirkliche und keine entliehene oder durch eine Art Kunstreligion vorgeprägte Lebenspraxis vorzustellen habe. In seiner herben Kritik an den Palaisfassaden, die den Mietshäusern der Wiener Ringstraße das Flair des Aristokratischen verliehen, hat Loos diese Haltung verdeutlicht: «Nicht jeder kann auf einem feudalen Herrensitz auf die Welt gekommen sein. Aber seinen Mitmenschen derartiges vorzuspiegeln, ist lächerlich, ist unmoralisch. Schämen wir uns doch nicht der Thatsache, in einem Haus mit vielen anderen, uns social gleichstehenden Menschen zur Miete zu wohnen. Schämen wir uns doch nicht der Thatsache, dass es Stoffe gibt, die uns als Baumaterial zu teuer wären. Schämen wir uns doch nicht der Thatsache, Menschen aus dem 19. Jahrhundert zu sein, und nicht solche, die in einem Hause wohnen wollen, das seiner Bauart nach einer früheren Zeit angehört. Ihr würdet dann sehen, wie schnell wir den unserer Zeit ureigenen Baustil erhalten würden ... Diesen Baustil aber hat man in unserem Jahrhundert in Wien nicht gefunden.»[17]

SEHNSUCHT NACH AMERIKA
Als Loos diese Zeilen 1889 in der Zeitung der Wiener Sezession «Ver Sacrum» veröffentlichte, war er nahezu dreißig Jahre alt und nach längeren Studienzeiten in Wien und Dresden zwar nach wie vor undiplomiert, aber doch ein weit gereister Mann. 1893 hatte der in Brünn geborene Steinmetzssohn aus Anlass der Chicagoer Weltausstellung einen mehrjährigen Aufenthalt in Amerika begonnen, wo er nicht nur Chicago, sondern auch andere aufstrebende Metropolen wie New York und St. Louis besucht und seinen Lebensunterhalt in unterschiedlichen Berufen zwischen Tellerwäscherei, Bauarbeit und Statisterie verdient hatte. Nachdem er 1896 in die Hauptstadt der Habsburgermonarchie zurückgekehrt war, verdingte sich Loos zunächst in einem Architekturbüro und suchte durch journalistische Arbeiten sein Salär aufzubessern. Die Themen seiner Beiträge umkreisten regelmäßig die neuesten Tendenzen in der Architektur, aber es waren bevorzugt die Kulturpraktiken, wie «das Gehen, Sitzen, Liegen, Schlafen, Essen, Trinken, Baden und Wohnen»,[18] auf die er sein Augenmerk richtete und in kleineren Essays und Sottisen allmählich zu einer Kritik des «falschen Gebrauchs»[19] komprimierte. Diese Analysen bildeten die Grundlagen eines neuen Lebensstilkonzeptes, in dessen Sog mit den Gebrauchsgegenständen schließlich die Architektur geraten musste, um den ureigenen, zeitgemäßen Baustil hervorzubringen.
▪ Seitdem Allan Janik und Stephen Toulmin ihre grundlegende Untersuchung zum Komplex der Wiener Moderne und zu deren Bedeutung für die Sprachphilosophie Ludwig Wittgensteins vorgelegt haben und Carl E. Schorske den «Geist und (die) Gesellschaft im Fin de Siècle» rund um die Ringstraßenmentalität durchdrungen hat, ist hinlänglich dargelegt, in welchem intellektuellen Milieu Loos sein Konzept des einfachen, ornamentlosen Stils entwickelt hat. Walter Prigge hat die Ausstrahlung dieses Wiener «Leuchtfeuers der Moderne» später im Vergleich mit Frankfurt am Main und Paris untersucht.[20] Beeinflusst durch die Wiener Avantgarde um Karl Kraus, Arnold Schönberg und Oskar Kokoschka hatte Loos eine evolutionäre Ornamenttheorie vorgelegt, die das Schmuckbedürfnis der Menschen mit unterentwickelten, vormodernen Kulturen verknüpfte. Die herrschende Dekorationssucht in der k. u. k. Monarchie erschien daher nicht nur als anachronistisch, sondern vom Standpunkt des kulturellen Fortschritts aus gesehen als Problem mangelnder historischer Integrität einer ganzen Gesellschaft. Das kulturelle Kontrastbild zu diesem Lebensstil der Lüge und des «mangelnden Sinns für Sachlichkeit» (Egon Friedell) hatte Loos gleichsam als Souvenir aus dem Mutterland des Fortschrittsoptimismus mitgebracht. «... er (Loos, K. W.) predige Amerika in Wien. Er predige Vernunft, Wahrhaftigkeit, Hygiene, Zeitersparnis, anständige Lebensführung»,[21] bemerkte Karl Kraus in der «Fackel». In diesem Tugendkatalog des amerikanischen Lebens fanden sich die Grundlagen des gesuchten modernen

Stils: Zweckmäßigkeit, Sparsamkeit, Bequemlichkeit, Praktikabilität und Anpassungsfähigkeit.[22] Mit dem Haus am Michaelerplatz, das Loos ab 1909 für die Schneiderfirma Goldman & Salatsch unter Proteststürmen der guten Gesellschaft Wiens errichtete, zeigte sich ein damals schockierender Reduktionismus: glatte, weiße Wandflächen und axial geordnete Fenster in den oberen Geschossen, ein marmorverkleideter und säulengegliederter Portikus, schließlich die direkte Botschaft Amerikas im Mezzanin durch die Verwendung der in Chicago entwickelten «bay-windows», den «eleganten Lichtgebern» (Julius Posener), die den «Telegrammstil»[23] dieser Architektur bereicherten. Karl Kraus hatte diesen Begriff, der schon bald in Wien die Runde machte, vorgeschlagen, um ein Denken zu bezeichnen, das sich auf die präzise, knappe, dem Wesentlichen zuneigende Mitteilung zu konzentrieren verstand. Der «Telegrammstil» war mithin der Ausdruck des modernen Lebensstils sui generis, das Land seiner Geburt Amerika. Suchte man auf europäischem Boden Vergleichbares, so konnte man allein in England fündig werden, und dort war Loos bekanntlich fündig geworden. ▪ Indem die Moderne durch Loos gleichsam ein Heimatland erhielt, mischte sich in das Stilprogramm des modernen Lebens unversehens ein neuartiger politischer Unterton. In den Jahren um 1900, als im Vielvölkerstaat des Habsburgerreiches nach den Ausdruckswerten der «österreichischen Seele»[24] gesucht wurde und das wilhelminische Deutschland nach einem deutschen Volkscharakter Ausschau hielt, musste einer Gesellschaft, die, wie Egon Friedell in seiner «Kulturgeschichte der Neuzeit» bemerkte, unter allen historischen Stilen die «deutsche Renaissance»[25] bevorzugte, das amerikanische Lebensstilkonzept des Adolf Loos als Schreckgespenst einer fremden Kultur erscheinen. Dennoch hat Loos mit diesem Rekurs auf die Wiege der modernen Lebensführung den Weg für eine Stildebatte eröffnet, die die nationalistische oder rassisch begründete Argumentationskette allmählich transformieren sollte. ▪ Schon die Wiener Stildebatte der frühen Avantgarde hatte an die Stelle der herrschenden Nationalisierungsmodelle stilistischer Eigenheiten zunehmend geschlechterorientierte Zuweisungsmodalitäten gesetzt, die bis in die zwanziger Jahre des 20. Jahrhunderts hinein wirksam blieben. Noch 1924 feierte Julius Klinger, erfolgreicher Maler und Typograph mit eigenem Werbebüro in Wien, Adolf Loos in einem Vortrag rückblickend als den Vater des «amerikanischen Baustils» in Österreich und als Promoter einer Moderne, die «zurückhaltend, ökonomisch, gestrafft elegant, trotzig und männlich»[26] sei, eben amerikanisch. Wenngleich die Konstruktion des amerikanischen Stils als Ausdruck wahrer Männlichkeit die Denkfigur einer Konvergenz zwischen National- oder Volkscharakteren und stilistischem Ausdruck noch nicht wirklich suspendierte, sondern durch die Überlagerung der gängigen Mann-Weib-Dichotomie nur anthropologisierte, so eröffnete die Sehnsucht nach Amerika doch die Möglichkeit, den Begriff des Stils aus dem chauvinistischen Milieu der Wilhelminischen und Franziskojosephinischen Ära herauszubrechen. ▪ Mit der «Erfindung Amerikas» durch die europäische Avantgarde, deren Vertreter das Land ihrer Träume im Gegensatz zu Loos aus eigener Anschauung häufig gar nicht kannten, erhielt die Kulturkritik eine Variante, die mit bewunderndem Blick auf die amerikanisch-moderne Zivilisation mit ihrer Technik, dem marktorientierten Warenverkehr, der demokratischen, dynamischen Gesellschaft nun die Modernisierung Europas einforderte. Hatte Loos die «Einführung der abendländischen Kultur in Österreich» mit der Übernahme dieser Werte gleichgesetzt, so lieferten sie dem deutschen Kulturpessimismus jener Jahre die Beweisstücke für allerlei Untergangsszenarien des Abendlandes. Der vor allem nach dem Ersten Weltkrieg viel gelesene Oswald Spengler radikalisierte die Konvergenzdebatte um den Stil auf seine Weise. Dem gängigen Diskurs zum Nationalstil fügte er die These von der «völkisch-rassischen» Identität hinzu. Alle «Gebrauchsformen», vom Haus bis zu den Hausgeräten, einschließlich der «Wohnweise», wie die Art der Arbeit seien im Kern Signaturen der «Rasse» gewesen: «Jedes ursprüngliche Sitzgerät ist der Abdruck einer rassemäßigen Körperhaltung»,[27] lautete Spenglers These. Die Zerstörung dieser gleichsam naturgegebenen Einheit vollendete sich für Spengler im Prozess der Modernisierung, der den Umbau der agrarisch, handwerklich geprägten Arbeit in die industriell-maschinell dominierte Warenproduktion hervorgebracht hatte. Die Folge war der im 19. Jahrhundert einsetzende aggressive Urbanisierungsprozess, der in Amerika geradezu idealtypische Formen angenommen hatte: in der Entwicklung einer urbanen Massengesellschaft mit einem erschreckenden Nivellierungspotential gegenüber traditionellen Identitätsmustern. «Deshalb nehmen in allen Zivilisationen die modernen Städte ein immer gleichförmigeres Gepräge an. Man kann gehen, wohin man will, man trifft Berlin, London und New York überall wieder; und wenn ein Römer reiste, konnte er in Palmyra, Trier, Timgad und in den hellenischen Städten bis zum Indus und Aralsee seine Säulenstellungen, statuengeschmückten Plätze und Tempel finden. Was aber hier verbreitet wird, ist nicht mehr ein Stil, sondern ein Geschmack, keine echte Sitte, sondern Manieren, und nicht die Tracht eines Volkes, sondern Mode.»[28] In dieser Lesart erschien der amerikanische Lebensstil als Kulturkolonialismus, der angetreten war, um die Substanz der «völkisch-rassischen» Lebensformen endgültig zu zerstören. Der Ort und die Bühne dieses modernen Zivilisationsdramas war nach Ansicht Spenglers in der «alltäglichen Praxis der Weltstädte» zu finden. ▪ Die Polarität zwischen Amerikabegeisterung und Amerikakritik ist in den Personen des Adolf Loos und Oswald Spengler in geradezu idealtypischer Ausprägung zu studieren. Und wenn die Positionen und Analysen ihrer Kulturkritik sich auch diametral zueinander verhalten, so verband sie doch eine gemeinsame Überzeugung: die Gewissheit, dass sich die «Zukunft Europas im Bannkreis der amerikanischen Erfahrung vollziehen werde».[29] Da diese Zukunft in der Durchsetzung internationaler Weltmarktstrategien um 1910 bereits unübersehbar begonnen hatte, gerieten die Zuweisungsmodalitäten aus National-, Volks- oder Rassenstil zunehmend unter Rechtfertigungsdruck. ▪ In dieser Rechtfertigungsdebatte hat das Bauhaus eine wesentliche Rolle gespielt.

VOM NATIONALISMUS ZUM INTERNATIONALISMUS UND ZURÜCK
Mit der Übernahme des Direktorats des «Staatlichen Bauhauses Weimar» durch Walter Gropius 1919 erhielt allerdings die ideologisierte Debatte um den Nationalstil nochmals eine Variante, die von Denkmustern durchsetzt war, wie sie schon Karl Friedrich Schinkel nach 1800 in der Neugotik zu einer nationalen Bekennerstilistik generiert hatte. Auch Walter Gropius war wie viele seiner Zeitgenossen um 1920 von der Vorstellung einer mittelalterlichen Bauhüttenethik beseelt, die mit pseudogotischem Duktus einen Handwerkerstil propagierte und mit der gotischen Geistigkeit die nationale Eigenheit beschwor. Schon bald, spätestens mit dem Wiederaufbau der durch Demontage geschwächten deutschen Industrie und dem damit verbundenen Geld- und

Materialmangel, zeigte sich, dass das Bauhüttenkonzept zwar vor diesem Hintergrund eine gewisse Plausibilität für sich in Anspruch nehmen konnte, langfristig jedoch in Widerspruch zur technologischen Entwicklung der Weltwirtschaft geriet. Spätestens mit der Durchsetzung des amerikanischen Dawes-Planes im Jahre 1924 wurde klar, dass die Bauhüttenromantik ein kriegsbedingter ideologischer Fluchtpunkt gewesen war. So hatte Gropius schon 1922 seinen Blickwinkel korrigiert. Anlässlich des international ausgeschriebenen Wettbewerbs für ein Büro- und Verwaltungsgebäude der «Chicago Tribune» 1922 hatte er, wie schon vor 1914, über den Atlantik geschaut und dabei die Hochhaustürme der großen amerikanischen Stadt erblickt. Mit dem Entwurf eines klar gegliederten 22-stöckigen Hochhauses leitete das Büro Walter Gropius und Adolf Meyer die Rückkehr zu einer Form- und Stildebatte ein, deren Grundzüge der junge Berliner Architekt in bestechender Klarheit bereits 1910 im «Programm zur Gründung einer allgemeinen Hausbaugesellschaft auf künstlerisch einheitlicher Grundlage m.b.H.» ausgearbeitet hatte: Orientierung der Gestaltfindung an den Produktionsmechanismen der Maschinen, Standardisierung der Architekturelemente und Gebrauchsgegenstände, Funktionsgerechtigkeit aller zum Leben notwendigen Mittel, kurz, die Entwicklung eines «Zeitstiles» auf der Grundlage der Einheit von «Kunst und Technik». Diese Prinzipien und deren programmatische Erneuerung auf der Weimarer Bauhausausstellung von 1923 entsprachen einer fordistischen Produktionslogik, die auf das Massenprodukt orientiert und in Amerika schon um 1900 von Industriebetrieben für den Bau von Wohnhäusern erprobt worden war. Mit der wirtschaftlichen Konsolidierung der Weimarer Republik richtete sich der europäische Blick also wieder auf die Erfolgsbilanz des amerikanischen Kapitalismus und seine Produktions- und Lebensformen. Doch bei aller Attraktivität dieses Modells, es hatte in den Augen des Bauhausdirektors einen grundsätzlichen Mangel: Ohne die künstlerisch-entwerfende Hand blieben die Massenprodukte sowohl in der Architektur als auch im Design stillos, das heißt ihnen fehlte jene formale Symbolik, die als Ausdruck des modernen Lebens lesbar und damit für einen modernen Lebensstil handhabbar war. ▬ Diese Forderung zur Integration von Künstlern in den industriellen Produktionsprozess war nicht neu. Sie war bereits im Deutschen Werkbund seit 1907 unter dem Schlagwort der «Vergeistigung und Veredelung der gewerblichen Arbeit» eingefordert worden. Wenngleich diese Vergeistigungs- und Veredelungsterminologie im Vorkriegsdeutschland immer wieder in die metaphysische oder nationalchauvinistische Verkitschung abgeglitten war, die auch Gropius durchaus affizierte, so sollte die Beharrlichkeit, mit der er diesen Gedanken noch in den zwanziger Jahren zum Ausdruck brachte und im Übrigen zeit seines Lebens verfolgte, nicht bloß der Unbelehrbarkeit eines «Rembrandtdeutschen» zugeschlagen werden.[30] Durch Gropius erhielt dieses Konzept nämlich eine sachlich-pragmatische Begründung. Die 1923 aktualisierte Forderung nach einem Dialog zwischen Kunst und Technik war nicht mehr die Folge eines konservativen Kulturbegriffs, der die Kunst zum erlösenden Faktor eines ansonsten banalen Lebens funktionalisiert hatte. Was hier vielmehr zum Tragen kam, war die Überzeugung, dass noch in jeder Kulturphase das Alltagsgeschehen mehr gewesen war als ein beliebiges Strategiefeld des Überlebens, dass der Alltagsraum stattdessen, und das lehrte ja das qualitätvolle Kunsthandwerk vergangener Zeiten, ein Schauplatz sozialer Regularien sei, auf dem ein «System der Dinge»[31] die Ordnung der Gesellschaft symbolisch formierte. Dieser

Formierungsprozess, der den Dingen die Besonderheit ihrer Form verliehen hatte, war Bestandteil der menschlichen Kulturarbeit und ihrer Geschichte. Wenn Walter Gropius also die Bedeutung des Künstlers («Teamwork») betont hat, so lag dieser Gedanke nicht nur wegen der Ausbildungsstruktur am Bauhaus nahe, sondern zeigte sich durch jenes in Wien entwickelte Konzept einer «armen Ästhetik» beeinflusst, in welchem die Relation von Gebrauch und Funktion unter dem Aspekt der **Gestaltung** eines modernen Lebensstiles neu formuliert worden war. Hatte Loos auch aus Respekt vor dem Eigensinn der Nutzer die Eingriffe in das Wohnumfeld durch den Künstler abgelehnt hatte, so vertrat er doch keineswegs die Auffassung, dass das alltägliche Wohnumfeld stillos zu sein habe und damit für Gestaltungsüberlegungen tabu. «Wenn Loos vom Alltag spricht», schrieb Julius Posener 1983, «so meint er nicht, dass man sich in seiner Wohnung einfach hinlümmeln möge ...Wer ein Haus von Loos betritt, betritt kein Palais; aber er betritt eine bürgerliche Umgebung mit Haltung.»[32] Wenn Gropius sich daher auf die Bedeutung der Kunst im Prozess der Stilbildung berief, dann unter diesem kulturkritischen Ansatz Wiener Provenienz, der ihm durch seine erste Frau Alma Mahler ebenso vertraut war wie durch die am Bauhaus Lehrenden und Studierenden aus der ehemaligen Hauptstadt des Habsburgerreiches. Gropius dachte durchaus im Sinne des Meisters des «Telegrammstiles», wenn er die Technik unter die Fittiche der Kunst stellte. Der Beitrag, den er mit seinem Bauhauskonzept leisten wollte, musste durch die Konzeptualisierungsleistung künstlerisch ausgebildeter Spezialisten geschehen, die die Produktionsbedingungen der alltäglichen Objekte, und dazu gehörte das Wohnhaus allemal, ebenso kennen mussten wie die Lebensformen der Gesellschaft. Darin bestand die Arbeitsgrundlage und die Klarheit einer Gestaltungspraxis: dass sie weder künstlerisch ambitionierte Persönlichkeitsexpression sein wollte, noch völkisch-rassische oder nationale Ideen symbolisieren mochte. ▪ Die Massengesellschaft, die im zwanzigsten Jahrhundert unter dem Druck der «amerikanischen Produktionsweise» entstanden war, richtete sich im Geflecht urbaner Großstrukturen ein, ihr Heimatstil wurde international. Die Formel von der «Internationalen Architektur», in die Gropius den formalen Konsens als Ausdruck dieses Sachverhaltes 1925 fasste, war nicht nur das Gegenkonzept des Bauhausdirektors zur völkisch-nationalen Stildebatte im Weimarer Kulturmilieu der Elisabeth Förster-Nietzsche[33]; es war das Plädoyer eines Architekten, der, vermutlich in Unkenntnis eines Textes von Georg Simmel, der 1908 in der Zeitschrift «Dekorative Kunst» erschienen war, die Konsequenz dieser Entwicklung gefühlt und vermutlich auch verstanden hatte: «Es ist, als ob das Ich sich doch nicht mehr allein tragen könnte oder sich wenigstens nicht mehr zeigen wollte und so ein generelles, mehr typisches, mit einem Worte: ein stilisiertes Gewand umtut.»[34] Der «Zeitstil», der später «Bauhaus-Stil» genannt wurde, entstand unter diesen Prämissen. Der Schriftsteller Tom Wolfe, der knapp hundert Jahre später den «International Style» der unamerikanischen Umtriebe für schuldig befand, führte seine Klage über den Verlust des «Our-house»-Konzeptes und das Verschwinden des berühmten Schaukelstuhls auf der echt amerikanischen Holzveranda, vermutlich ohne es zu bemerken, demgegenüber als Epigone des Kulturpessimismus.

ANMERKUNGEN

1 A. Loos, Wie der Staat für uns sorgt. In: ders., Trotzdem. Wien 1982, S. 29 **2** Wolfe, Mit dem Bauhaus leben. «From Bauhaus to our house». Frankfurt/M. 1984, S. 88 **3** Ebd., S. 7 **4** Ebd., S. 29 **5** Ebd., S. 7 **6** Tom Wolfe bezog sich mit dieser Namensgebung auf Paul Klee, der den distinguierten Habitus des Berliners aus bürgerlichem Hause (Walter Gropius) derart charakterisierte. **7** Wolfe 1984, a. a. O., S. 14 **8** Ebd., S. 30 **9** Ebd., S. 113 **10** M. Müller, Schöner Schein. Eine Architekturkritik. Frankfurt/M. 1987, S. 8 **11** W. Welsch, Unsere postmoderne Moderne. Weinheim 1987, S. 96 **12** Der Begriff des Lebensstils wird in dieser Wiener Debatte nicht auf der Grundlage späterer Konzepte der Soziologie diskutiert, wie sie etwa durch Pierre Bourdieu vertreten werden. **13** R. Hamann/J. Hermand, Stilkunst um 1900. Epochen deutscher Kultur von 1870 bis zur Gegenwart. Bd. 4, München 1973 **14** Vgl. G. Semper, Der Stil in den technischen und tektonischen Künsten oder praktische Ästhetik. München 1878 **15** K. Kraus, Die Fackel, Nr. 29, Mitte Jänner 1900, S. 16 **16** A. Loos, Über Josef Hoffmann. Fragmente (1926). In: A. Opel, Adolf Loos. Die potemkinsche Stadt. Verschollene Schriften 1897–1933. Wien 1983, S. 218 **17** Ebd., S. 57 f. **18** A. Opel, Vorwort zu A. Loos, Trotzdem. Wien 1982, S. 11 **19** A. Loos, Weihnachtsausstellung im Österreichischen Museum. Bürgerlicher Hausrat – Das Leflerzimmer (1897). In: ders., Ins Leere gesprochen. 18971900. Wien 1981, S. 29 **20** A. Janik/S. Toulmin, Wittgensteins Wien (1973). München 1987; C. Schorske, Wien. Geist und Gesellschaft im Fin de Siècle (1980). München 1994; W. Prigge, Urbanität und Intellektualität im 20. Jahrhundert. Wien 1900, Frankfurt 1930, Paris 1960. Frankfurt/M./New York 1996 **21** K. Kraus, zit. n. N. Wagner, Geist und Geschlecht. Karl Kraus und die Erotik der Wiener Moderne. Frankfurt/M. 1987, S. 56. Die Amerikabegeisterung von Adolf Loos ist häufig in der zeitgenössischen Journalistik aufgegriffen worden; vgl. dazu: H. Czech/W. Mistelbauer, Das Looshaus (1976). Wien 1984 (Dokumentenanhang) **22** Vgl. K. Wilhelm, Der Ärger mit den Massen. Amerikanismus und Kulturkritik. In: G. Breuer, Grenzenlose Phantasie. Etüden zu einer europäischen Kultur seit 1900. Gießen 1994 **23** K. Kraus, Die Fackel, Nr. 59, November 1900, S. 20 **24** M. Pollack, Wien 1900. Eine verletzte Identität. Konstanz 1997, S. 193 f. **25** E. Friedell, Kulturgeschichte der Neuzeit. Die Krisis der europäischen Seele von der schwarzen Pest bis zum Ersten Weltkrieg (19271931). Bd. 2, München 1976, S. 1303 **26** J. Klinger, Das Chaos der Künste. Vortrag, gehalten am 21. Dezember 1924 im Wiener Konzerthaus. Wien 1924, S. 8 **27** O. Spengler, Der Untergang des Abendlandes. Welthistorische Perspektiven. Bd. 2, München 1922, S. 143 **28** Klinger 1924, a. a. O., S. 129 **29** G. Kamphausen, Die Erfindung Amerikas in der Kulturkritik der Generation von 1890. Weilerswist 2002, S. 28 **30** Dieser Begriff hatte sich am Ende des 19. Jahrhunderts durchgesetzt, in Anlehnung an das anonym erschienene Buch von Julius Langbehn, «Rembrandt als Erzieher (Von einem Deutschen)», Leipzig 1890. Er wird heute zur Charakterisierung des aggressiv-überspannten deutschen «Willens zur Macht» benutzt, der die Rechtfertigung der wilhelminischen Gesellschaft und deren Vorbereitung des Ersten Weltkrieg ideologisch unterfüttert hat. Werner Oechslin hat Gropius als Mitstreiter des Deutschen Werkbundes kürzlich in die geistige Nähe dieser Ideologie gerückt und sie eilfertig auch für die Jahre nach 1919 als Bezugspunkt seines Denkens bestimmt. Vgl. W. Oechslin, Politisches, allzu Politisches...: «Nietzschelinge», der «Wille zur Kunst» und der Deutsche Werkbund vor 1914. In: H. Hipp/E. Seidl, Architektur als politische Kultur. Berlin 1996, S. 151 ff. **31** Die Formulierung verdankt sich dem Titel des Buches von J. Baudrillard, Das System der Dinge. Über unser Verhältnis zu den alltäglichen Gegenständen (1968). Frankfurt/M. 2001 **32** J. Posener, Adolf Loos 1870–1933. Ein Vortrag, Akademie der Künste, Anmerkungen zur Zeit 23, S. 24 f. **33** Vgl. K. Wilhelm, «Architettura internationale». L'edificio del Bauhaus di Walter Gropius. In: M. de Michelis/A. Kohlmeyer, Bauhaus 1919–1933 da Klee a Kandinsky da Gropius a Mies van der Rohe. Milano 1996, S. 291 ff. **34** G. Simmel, Das Problem des Stiles. In: ders., Aufsätze und Abhandlungen 1901–1908. Bd. 2, Gesamtausgabe Bd. 8, Frankfurt/M. 1993, S. 382

MAINSTREAM–INTERNATIONALISMUS
ODER DER VERLORENE KONTEXT
WERNER OECHSLIN

«IM ESPERANTO KONSTRUIEREN WIR NACH DEM GESETZ DES GERINGSTEN WIDERSTANDES EINE ÜBERNATIONALE SPRACHE.» HANNES MEYER, DIE NEUE WELT, 1926

Zweimal haben sich die europäischen Nationalstaaten im vergangenen 20. Jahrhundert in einem Vernichtungskrieg ohnegleichen bekämpft. Was im friedlichen Wettbewerb konkurrierender Wirtschaftsmächte in Weltausstellungen harmlos aussah, hat in den schärfstmöglichen Exzessen nationaler Gesinnung, im Krieg, ein fürchterliches Gesicht gezeigt. Die Wunden sind bis heute nicht geheilt, die Folgen nicht überwunden. Selbst in diese Geschichte, in Kriegstreiberei und Machtverherrlichung, involviert, hat die Architektur ihr Trauma nicht beseitigt. Sie möchte ihre eigenen Exzesse am liebsten auf die Schreckensherrschaften in Deutschland und Rußland beschränkt sehen und bewahrt sich anderswo in verbalen Verbiegungen ihre Anti-Monumentalität und ihren Humanismus. Dies, obwohl gerade seit 1945 mehr verbaut wurde als in der ganzen Menschheitsgeschichte zuvor. Sie kapriziert sich darauf, vom (durchsichtigen) Material Glas «demokratische Architektur» herzuleiten. Sie will sich ein durchaus fortschrittlich-modern-weltoffenes «Image» bewahren und tut alles, dieses Bild intakt erscheinen zu lassen. ■ Das betrifft die gebaute Architektur selbst und vielleicht noch mehr die Sichtweise, die auf die Geschichte zurückprojiziert wird, der man somit immerhin noch eine legitimierende Funktion zubilligt. Die Folge: Eine Art «Mainstream» hat sich auf diese Weise auch bezüglich der eigenen Geschichtsauffassung eingenistet und suggeriert, daß nach dem Jahrhundert der Nationalstaatlichkeit das moderne, international ausgerichtete 20. Jahrhundert sich davon gelöst, sämtliche Grenzen überwunden und so eben eine moderne Zeit und ein modernes Leben – unter anderem mit dem Mittel der Architektur – installiert hätte. Die massiv gesteigerte Verfügbarkeit von Produkten, die rasante Entwicklung des Verkehrs und zuletzt die mediale Revolutionierung scheinen dies rundherum zu bestätigen und bilden so etwas wie das Rückgrat jener Argumentation, die einer zielgerichteten Entwicklung des vergangenen Jahrhunderts, dessen Parole Fortschritt und Wachstum heißt, das Wort redet. Die Architektur, die sich seit den Zeiten des Deutschen Werkbunds gerade dies, die Teleologie, die Vorwärtsgerichtetheit, und damit das Erfolgsversprechen der Wirtschaft aufs Banner geschrieben hat, geht bis heute mit dieser Ansicht weitgehend konform. ■ Allerdings, hier wie ganz allgemein werden Wirklichkeit und Programm systematisch vermengt. Die **Idealsicht** einer erfolgreichen modernen Welt gehört nach wie vor zum Ethos des erfolgreichen und modernen Menschen und Architekten. Pessimismus, einstmals kulturelle Triebfeder, hat Modergeruch, beschreibt ein Krankheitsbild. Krankheiten der Geschichte werden ghettoisiert, die Katastrophen der Weltkriege in präzise Zeiträume eingegrenzt, zum Spezialfall ernannt und in den Glaskasten geschichtlicher Einzelanalyse und Verdrängung gesetzt. ■ Ansonsten denkt man positiv. Alle von dieser Schwarz-Weißauffassung abweichenden Hinweise, Ergänzungen, Differenzierungen werden nach wie vor eher als störend und hemmend und als vom Mainstream ablenkend empfunden. Eine Frage für Spezialisten – und Nörgler. Dem kommt entgegen, daß die Architektur häufig genug eben nicht auf Kontext und Geschichte, sondern auf Bildern, neuerdings auf «icons», aufbaut. Das mündet ins vieldiskutierte «star-system», bei dem wenige starke Bilder den Platz der Architektur in der öffentlichen Wahrnehmung besetzen. «Bilbaoismo» ist neuerdings dieses Erfolgsrezept der Architektur genannt worden. Man hat sich die Bilder eingeprägt, bevor man überhaupt dazu kommt, nach irgendeiner weiterführenden Begründung zu fragen: «icons» eben, Symbole – und Ersatz für eine komplexere, nicht mehr begriffene Wirklichkeit. ▬ Die Bilder sind die Realität. Genau das hat schon 1925 Gropius behauptet und an den Anfang der Propaganda der Internationalen Architektur gesetzt. Ein «Bilderbuch moderner Baukunst» wollte das erste Bauhaus-Buch, die «Internationale Architektur»,[1] sein. Diesen Bildern hat 1927 derselbe Gropius den Stellenwert einer «festumrissenen Wirklichkeit» zugebilligt.[2] Das war kaum «aufklärerisch». ▬ Jemand wie Ortega y Gasset hat immer mal wieder auf diese dünne, allzu dünne Decke des gesellschaftlichen Konsenses dieser kulturellen Errungenschaften hingewiesen.[3] Durchgesetzt hat er sich, so scheint es, kaum. Wen kümmert das! In der Phase der Globalisierung sind es einmal mehr das Bild und der Mainstream, die offensichtlich durch die äußeren Bedingungen favorisiert werden. Bauten aus Glas und Stahl, glänzend in den Himmel ragend, eignen sich weiterhin als Symbole des Fortschritts. Und diese Bilder sind «verständlich», weil sie eben jene Erwartungen erfüllen, die bei genauerem Hinsehen oft nichts anderes als vorgefaßte Meinungen, eingeprägte Bilder – Konvention – sind. Wie man es auch dreht, das allgegenwärtige «Bild» ist auf diese Weise zur kulturell wirksamen Ikone der Architektur geworden. ▬ Das mag verallgemeinert und zugespitzt formuliert sein, bezeichnet aber eine Ebene, die insbesondere bei der Frage nach dem «Internationalismus» der Architektur von besonderer Bedeutung ist. Dort ist die «mediale» Karte von Anfang an, und nicht erst heute, gespielt worden. Internationalität, Fortschritt und Moderne lassen sich auf diese Weise erfolgreich zusammenbinden. Wenn man noch berücksichtigt, daß jenen «Bildern» gelegentlich auch noch das «Label» klassisch aufgesetzt wurde, so kann man ermessen, wie stark diese «icons», symbolisch aufgeladen und ästhetisch perfektioniert, kulturell wirksam sein konnten. Keine Überraschung also, aber eine Notwendigkeit, hinter diese Bilder zu schauen. Deren Wirkung mußte um so stärker sein, je mehr sie vom Kontext – und dazu gehört Geschichte – gelöst waren. ▬ «History is Bunk», «Geschichte ist Quatsch», formulierte Peter Smithson 1985, um damit die Befindlichkeit jener mittleren Generation, die in den zwanziger Jahren groß geworden war, zu charakterisieren.[4] Für sie war die «Revolte», der Prozeß, vorüber, Geschichte damit überwunden. Und diese galt demzufolge als «just a boring academic subject», bevor sie dann nach dem Zweiten Weltkrieg neu entdeckt wurde. Gemäß dieser plausiblen Darstellung fällt die Formierung jener geschichtslosen Generation mit der Deklaration des «Internationalismus» zusammen: keine Geschichte, keine nationale Zugehörigkeit, kein Kontext. Jene extremsten Forderungen, die die ersten, für die Architektur entscheidenden Manifeste gestellt hatten, schienen erfüllt. De Stijl ging 1918 von der diametralen Gegensätzlichkeit des «alten und neuen Zeitbewußtseins» aus und sah im Krieg jene Kraft, die die alte Welt mit ihrem Inhalt «destruktiviert» und die «individuelle Vorherrschaft auf jedem Gebiet» bricht.[5] Hindernisse – dazu gehört auch Tradition – seien «zu vernichten». Dagegen sei «für die Bildung einer internationalen Einheit in Leben, Kunst, Kultur» zu streiten. Gropius setzte 1925 das «international» erstmals in den Buchtitel und forderte nicht minder entschieden die Befreiung der «geistigen Werte aus ihrer individuellen Beschränkung» zwecks Erreichung von «objektiver Geltung».[6] Dreimal erwähnt er in seinem kurzen Text die nationale Komponente, um sich dann von ihr loszusagen. Er geht von der Existenz «individueller und nationaler Eigentümlichkeiten», von in traditionellen «Kulturländern» entstandenen Werken der Architektur aus. Aber die «Objektivierung» führt auch bei ihm zur Annahme einer klaren Entwicklung. Und die lautet so: «Architektur ist immer national, immer auch individuell, aber von den drei konzentrischen Kreisen – Individuum – Volk – Menschheit umspannt der letzte größte auch die beiden anderen. Daher der Titel: ‹Internationale Architektur›!»[7] Weltgeltung ist das Programm, «eine durch Weltverkehr und Welttechnik bedingte Einheitlichkeit des modernen Baugepräges» das erklärte Ziel. An dieser Vorgabe ist schwerlich vorbeizukommen.

I.
VON DEN «ALLGEMEIN VERBINDLICHEN GRUNDLAGEN» ZU DEM «ZU EINEM GEWISSEN GRADE EINLEUCHTENDEN RESULTAT» (B. TAUT) ODER: «EINE GEWISSE EINHEITLICHKEIT DER FORMALEN GESTALTUNG» (HUGO HÄRING)

Offensichtlich hat sich sehr schnell ein Konsens über das Erreichte herausgebildet. Der Feststellung der Übereinstimmung in der Form schob man um so überzeugter die Bezeichnung «Internationalität» hinterher. Mit Bemerkungen zur «Internationalität» schloß Bruno Taut die Ausführungen seines 1929 erschienenen «Die neue Baukunst in Europa und Amerika» ab.[8] Der Gedankengang führte dort vorerst von den «allgemein verbindlichen Grundlagen» zu einem «zu einem gewissen Grade einleuchtenden Resultat», das nun eben mit «Internationalität der heutigen Architektur» betitelt wird.[9] Aber dann folgt eine differenzierte Erörterung der vorausgegangenen Entwicklung nach dem Muster der Polarität Europa-Amerika, um dem auch noch die Forderung nach Überwindung der «Einschnürungen durch den europäischen Stilzwang» folgen zu lassen. Europa und Nordamerika hätte eine Schuld abzutragen: «Es soll den Ruf zur Befreiung von formalistischen Ketten in die Welt senden.»[10] — Das wird dann analog zu vergleichbaren Überlegungen anderer Autoren mit der folgenden Aussage auf den Punkt gebracht: Es ginge um den «gesunden und natürlichen Vorgang des Bauens selbst». — Dementsprechend solle sich die Internationalität auf «die Voraussetzungen zum Bauenkönnen» beziehen. «Es sollen keineswegs die formalen Äußerlichkeiten sich wie ein verdünnter Aufguß auf die ganze Welt ergießen.» Das ist zweifelsohne so gemeint. Aber auch dieses Buch von Bruno Taut, wie zuvor Gropius' «Internationale Architektur», belegt die Internationalität letztlich durch die übereinstimmende Erscheinungsform der nach Bauaufgaben aufgelisteten Beispiele von den Industriebauten zu den Geschäftshäusern, von den Wohnbauten und Siedlungen zu den Schulen und Kirchen. Dem ist kaum zu entrinnen. — Der Formalismus ist als Gefahr erkannt, ein Rezept dagegen nicht gefunden. Und so überwiegt eben die positive Darstellung dessen, was nach so langer Vorbereitung endlich erreicht und begreiflicherweise als Erfolg und als «Sieg des neuen Baustils» gefeiert wird. Walter Curt Behrendt, der Autor der so betitelten und als Programmschrift anläßlich der Stuttgarter Werkbund-Ausstellung am Weißenhof erschienenen Studie, verheimlicht insofern nichts.[11] Das «Ringen um den Baustil» ist das Thema. Die Bauten des «neuen Stils» würden sich, so Behrendt, «zunächst ganz oberflächlich nach ihren äußeren Eigentümlichkeiten» «durch eine Reihe unverkennbarer Merkmale nachdrücklich aus ihrer Umgebung herausheben».[12] Empirisch sucht er den Stil herauszuarbeiten, festzuhalten, an den bestehenden neuen Bauten abzulesen. Der Laie fände diese neuartigen Bauformen zwar eher befremdlich, aber demonstriere doch «erregtes Interesse». Sie als «selbstverständliche Folge und vernunftgemäßes Ergebnis einer veränderten Problemstellung» auszuweisen, bleibt trotzdem die erklärte Absicht des Autors. Wenige Zeilen zuvor wurde dieser Vorgang etwas dramatischer eingeführt. Vor unseren Augen vollziehe sich «das gewaltige Schauspiel eines umfassenden Gestaltwandels, in dem die Form unserer Zeit zur Wirklichkeit geboren wird».[13] Eben doch ein Formproblem und obendrein eine Sache der Kunst![14] Behrendt ist in mancher Hinsicht die, beispielsweise zwischen Mies und Häring, Ausgleich suchende Person. Jetzt will er sich abgrenzen etwa von den bloßen «Mitläufern», die sich auf den «Gleichlaut eingegebener Parolen» verlassen und, beispielsweise mit dem Motto «Form ohne Ornament», einen «neuen Formalismus» heraufbeschwören würden.[15] Aber wer wird, zumal Behrendt ja selbst die Unfähigkeit des Laien zu irgendeinem vertieften Verständnis diagnostizierte, solche Abgrenzungen und Unterscheidungen verstehen können? ▃ Gleiches gilt von der damals in der Werkbund-Zeitschrift «Die Form» geführten Form-Debatte zwischen Mies van der Rohe und dem damaligen Herausgeber der Zeitschrift, Walter Riezler.[16] Dieselben Fragen, dieselben Antworten! «Ist die Form wirklich ein Ziel?» «Ist nicht der Prozeß das Wesentliche?» Und dann die – vernunftmäßige – Antwort, daß das, was er «unter ‹Form› verstehe, vom Gestaltungsprozeß überhaupt nicht zu trennen» sei: «Ich glaube nicht», so Riezler, «daß es möglich ist, den Gestaltungsprozeß anders wie in der Form sichtbar zu machen.» Mies' Replik: «Form als Ziel mündet immer in Formalismus.»[17] Vom Leben her und nicht um ihrer selbst willen soll die Form gefunden werden. Darauf bleibt Riezler nur die Bestätigung, man spräche ja stets vom gleichen. Aber man könne nun nicht einfach überall, wo man von Form handle, präzisierend «wirkliche Form» schreiben. ▃ Man hatte sich also längst im Dickicht der Formulierungen verfangen und fand nicht wieder heraus. Ob «Form» oder «Gestalt», ob eine «Realität des Wollens», wie es Taut 1929 beschreibt, es ist unverkennbar, daß es sich so oder anders stets um die Form handelt, in die jeglicher Prozeß des Bauens mündet, in jenes «zu einem gewissen Grade einleuchtende Resultat». Da nun mit der Form genauer die neue Form und der neue Stil gemeint sein soll, fällt es um so schwerer, diese Tatsache des Formwerdens gemäß diesem allgemeinsten Anspruch anzuerkennen. Kritik konnte da nicht ausbleiben. Hugo Häring, der in der Vereinigung «Ring» als Mitstreiter mit Mies für dieselbe Sache eintrat, als es noch erklärtermaßen um «Baugesinnung» ging, und der nun, durch eine Provokation Mies' veranlaßt, aus dem engeren Kreis der Teilnehmer der Weißenhof-Ausstellung ausgeschieden war, kommentierte dieses zentrale Ereignis schon früh. In einem kurzen Beitrag, der 1927 aus Anlaß der Eröffnung der Ausstellung am 23. Juli im Augustheft der «Modernen Bauformen» erschien, schließt er vorerst von den bekannten Teilnehmern auf «eine gewisse Einheitlichkeit der formalen Gestaltung».[18] Dann aber folgt der kritische Satz: «D(ies)er Fachwelt wird, vom Formalen abgesehen, nicht lauter erschütternd Neues geboten.»[19] Um so schlimmer für die Form! Der Formalismus-Vorwurf – im Moment des lang erwarteten und endlich eingetretenen ersten Auftretens der neuen Form – ist auf dem Tisch. ▃ Im nachfolgenden September-Heft wurden dann die Seiten der «Modernen Bauformen» der offiziellen Darstellung der Weißenhof-Ausstellung geöffnet. Die Formulierung, die Ludwig Hilberseimer dort wählt, geht wiederum, unter dem Titel der «Internationalen Neuen Baukunst», den natürlich auch die als Separatpublikation erschienene, bekanntere Buchveröffentlichung trug, von der «überraschenden Übereinstimmung der äußeren Erscheinungsformen dieser internationalen neuen Baukunst» aus.[20] Überraschend wohl deswegen, weil zuvor die Unterschiedlichkeit der Voraussetzungen und die Bedeutung des den «Charakter der neuen Baukunst» bestimmenden Gestaltungsvorganges betont wurden. Es ist schon sehr auffällig, daß sich Hilberseimer gegen alle möglichen und schon geäußerten Vorwürfe, gegen «Fassadenarchitektur» und gegen «Stilschema» so sehr zur Wehr setzt, wo er doch eben selbst die «Übereinstimmung der äußeren Erscheinungsformen» festgestellt hat. Wie soll hier über bloße verbale Behauptungen und Widersprüche hinaus argumentiert werden? «Der neuen Baukunst liegen daher keine Stilprobleme, sondern Bauprobleme zugrunde.» Das hört sich gut an. Aber die – einmal mehr – in der nachfolgenden Auslegeordnung gezeigten Bilder moderner Bauten zeigen keine zugrundeliegenden Probleme, sondern deren formgewordene Lösungen. ▬ Den Formulierungen Hilberseimers sieht man die allzu defensive Absicht an. Diese internationale neue Baukunst sei «keine modische Formenangelegenheit», sondern «elementarer Ausdruck einer neuen Baugesinnung». Auch dies klingt gut. Aber waghalsig ist diese Quadratur des Zirkels gleichwohl, wie man bei Lektüre der nachfolgenden, abschließenden Sätze durchaus erkennen muß: «Zwar vielfach differenziert durch örtliche und nationale Sonderheiten und durch die Person des Gestalters, im ganzen aber das Produkt gleicher Voraussetzungen. Daher die Einheitlichkeit ihrer Erscheinungsform. Ihre geistige Verbundenheit über alle Grenzen hinweg.»[21] Differenzierung und Verallgemeinerung, Nationales und Internationales im selben Atemzug. Da darf man wohl nicht weiter fragen, ob die Architektur nun determiniert oder Resultat freier künstlerischer Entscheidung sei. Solches hat schon bei der Kölner Werkbunddisputation 1914 zur schieren Zerreißprobe geführt. Also läßt man es weiterhin ungeklärt, ob es um die «wirkliche Form», eine durch den einzelnen erreichte, oder eben um das beobachtete Phänomen einer resultierenden gemeinsamen (Stil-)Form gehe. Das «daher» in Hilberseimers Schlußfolgerung bezeichnet den Schluß von gleichen Voraussetzungen zu einer gleichen Erscheinungsform. Wo nun aber die «Sonderheiten» abgeblieben sind, wird mit dem Hinweis auf die «geistige Verbundenheit» auch nicht klar. Die Stärke des Programms macht die Schwäche der Argumentation wett. Und wie bei Gropius (1925) stellt die Forderung nach Objektivität und Weltgeltung jegliche argumentative Erläuterung und Präzisierung in den Schatten. «Neue internationale Architektur» heißt jetzt das Phänomen. ▬ Die Schriftleitung der «Modernen Bauformen» bestand für einmal auf ihrer «unparteiischen Einstellung» und bot ein Jahr nach Hilberseimers Darstellung auch dem Kontrahenten Hugo Häring, in seiner Funktion als «Geschäftsträger des ‹Ring›», die Gelegenheit zu einer analogen Darstellung des «Neuen Bauens»: diesmal also nicht «international», sondern, wie aus dem Aufdruck auf dem Umschlag des Heftes vom September 1928 ersichtlich wird, unter dem einschränkenden Titel «Die neue Baukunst in Deutschland».[22] ▬ Keineswegs überraschend argumentiert auch Häring gegen «Stil». Auch er sucht nach einer tiefer liegenden Wesensdefinition des neuen Bauens. Seine Argumentation ist ausführlicher und auch sprachlich differenzierter und ist gleichwohl auch nicht frei von begrifflicher und argumentativer Akrobatik. Häring beginnt mit der Feststellung eines Konsenses, es ginge nicht um Mode, sondern um «tiefere Ursachen». Zum andern stellt er den Stand der damaligen Entwicklung fest: «Die neue Baukunst befindet sich nicht mehr in der Opposition, sie ist auf dem Weg offiziell zu werden.» Dementsprechend werden auch hier, wie in Hilberseimers knapp gefaßten Sätzen, die Voraussetzungen im Wirtschaftlichen und Technischen ausgemacht, und deren Verarbeitung wird als synthetische Leistung dargestellt. Die alte Formel wird in eine rhetorische Frage gekleidet: «Gibt es einen anderen Weg dies zu erreichen, als sich in Übereinstimmung zu bringen mit den materiellen und geistigen Tatsachen der Zeit?» Determinismus bezüglich Zeitgeist, aber nicht bezüglich Form. Auf die Form selbst schließt Häring nicht. Kurz zuvor hatte er betont, das «äußere Bild» würde wohl «eine große Einheit» darstellen. Das gelte aber nicht vom «inneren Bild», das er letztlich auf die «verschiedenen geistigen Prinzipien in verschiedenen Individuen» beziehen und auf diese Weise offensichtlich individuell belassen möchte. — Was darüber hinausgeht, beobachtet er gleichsam in passiver Rolle und kritischer Distanz: «Nur eine Sorge hat die neue Baukunst nicht mehr, die Sorge, ob aus ihr wirklich ein neuer Baustil sich entwickeln könne.»[23] Härings Sorge scheint das sowieso nicht zu sein. Was in seinem Text folgt, nimmt sich als skeptische Äußerung gegen Stilbildung und Stilphänomen ganz allgemein aus. (So muß man wohl auch die Erwähnung von Karl Mosers St.-Antonius-Kirche in Basel als «Baseler Seelensilo» deuten.) Worin unterscheidet sich Härings Verständnis des Stilbegriffs von dem der anderen, die so schnell die bloßen (übereinstimmenden) Erscheinungsformen als Beweis eines neuen Stils zur Kenntnis nehmen wollen? Er will vorerst die «Souveränität der Dinge» wiederherstellen. Jede Bauaufgabe soll aus ihrem Wesen heraus ihre Gestalt finden, womit sie sich dem Diktat von Stilproblemen entziehe. Die «Formenwelt» – der Werke der Ingenieure beispielsweise – existiert gleichwohl. «Sinn für vernunftgemäße Schönheit» lautet die ihr zugeordnete Charakterisierung. Aber eine bloße Übertragung der «an den technischen Bauten entwickelten Formenwelt» mag Häring nicht akzeptieren. Walter Curt Behrendt hatte auf ähnliche Weise die Grenzziehung gegen den «polytechnischen Stil» vorgenommen, dem ja die Segnungen der Kunst fehlten.[24] Ist das auch Härings Vorbehalt? Häring beschränkt sich auf die Feststellung von Analogie. Die Wirklichkeit liegt in den Bauten selbst, das «Daseinsrecht» gehört dem «Neuen Bauen». Den «Stil» mögen andere feststellen und beschreiben, soll man Härings Ausführungen wohl hinzufügen. Er selbst hatte schon 1925, als unter der Leitung von Behrendt die Werkbund-Zeitschrift, unter dem Titel «Die Form» und dem Untertitel «Zeitschrift für gestaltende Arbeit» recht irritierend, ihre Arbeit neu aufnahm, unter dem auch irritierenden Titel «Wege zur Form» seine Stellung deutlich gemacht: «Nicht unsere Individualität haben wir zu gestalten, sondern die Individualität der Dinge. Ihr Ausdruck sei identisch mit ihnen selbst.»[25] — Vermeidbar ist der Stilbegriff trotz aller Ängste und Vorbehalte und trotz aller Argumente nicht. Schließlich ist er ein lang erprobtes, verfügbares und häufig verwendetes kunsthistorisches Konstrukt. Geht man vom minimalen Konsens, der Übereinstimmung verschiedener Werke bezüglich ihrer Erscheinungsform, aus, so drängt sich eine solche Kategorie auffälliger oder gar dominierender formaler Einheitlichkeit geradezu auf. Auch die von Häring 1928 in den «Modernen Bauformen» ausgebreiteten Bildbeispiele laden dazu ein, einen «Stil» in den Resultaten des «Neuen Bauens» zu erkennen – noch mehr als die disparatere, von russischen Beispielen in ihrer einheitlichen Erscheinungsform eher gestörte Bildauswahl Hilberseimers. Sind die «Erscheinungsformen», durch den fotografischen Blickwinkel unterstützt, in den «Bildern» erst einmal ausgemacht, so ist die Feststellung des Stils kaum mehr vermeidbar. So die notwendige, lapidare Einsicht.

II.
VERSUCHTE UND LETZTLICH ERFOLGLOSE ABGRENZUNG: «FORM ALS ZIEL MÜNDET IMMER IN FORMALISMUS.» (MIES) «... JEDEN FORMALISMUS ABER LEHNEN WIR ENTSCHIEDEN AB.» (FRITZ BLOCK)
Bis es soweit ist, bis dieser Schritt als unbedenklich erkannt und vollzogen wird, vergeht allerdings noch einige Zeit. Jenes Unvermeidliche, so mag man Häring verstehen, sollen

doch aber bitte die anderen tun. Kritiker wie beispielsweise Walter Curt Behrendt mögen den «Sieg des neuen Baustils» ausrufen. Vorerst überwiegen bei den Architekten allerdings Formulierungen und Wendungen, die dieser «Evidenz» etwas entgegensetzen möchten. Die Gründe sind durchaus einsehbar. Sie betreffen nun einmal, soviel läßt sich nicht wegleugnen, das Wesentlichste des «Neuen Bauens», seine Form. ▬ «Für und Wider» übertitelte 1923 Paul Westheim seine «Kritischen Anmerkungen zur Kunst der Gegenwart».[26] Er leitete das Kapitel zu Poelzig mit der Bemerkung ein, Sachlichkeit wäre die Parole der architektonischen Reformbewegung in Deutschland gewesen. Damit ist indirekt auch das Gegenteil bezeichnet: «gekünstelte Kunstform». Zu ihr gehört Architektur, insofern sie als «Fassadenarchitektur» aufgefaßt wird. Wollte man alles vermeiden, «was nicht logisch und nützlich, bequem und brauchbar, gediegen und materialgerecht wäre», so müßte man wohl auch auf Architektur in obigem Sinne verzichten. Diesen Engpaß in der Diskussion beschrieb Westheim so: «Man sprach weniger von Form als von Ethik.»[27] Eine Sache des Anstands und der Gesinnung, «eine Art architektonischer Hygiene», sollte es sein. Daß diese Vorstellung einer «ästhetischen Desinfektion» nicht zur «Baukunst» führen konnte, weil es sich um ein «negatives Prinzip» handelt, erkannte Westheim schnell.[28] Und so schließt er sich denn den Argumenten Hans Poelzigs an, der sich – einmal mehr – gegen die (vergängliche) «rein technische Form» gewandt für die «Kunstform» als den ewigen Wert des schöpferischen Prozesses einsetzte.[29] ▬ Das sind alles plausible, aber letztlich stets hinterhergeschobene, legitimierende Erklärungen. Wer selbst inmitten des Prozesses steht, hat gute Gründe, solchen allgemeinen Erklärungen und Formulierungen nicht allzusehr Vorschub zu leisten. Daß dabei die Argumentation allzu häufig, gemäß dem von Westheim festgestellten «negativen Prinzip», zu bloßer Abwehr und Verteidigung führt, läßt sich kaum vermeiden. Dazu gehören die Formulierungen, die Fritz Block im Vorwort zum Sammelband «Probleme des Bauens» im Januar 1928 wählt: «Das Formale erscheint uns in diesem Zusammenhang weniger belangreich, jeden Formalismus aber lehnen wir entschieden ab.»[30] Das erinnert natürlich an die im Jahr zuvor zwischen Mies und Riezler in der Werkbund-Zeitschrift «Die Form» ausgetragene Kontroverse und insbesondere an Mies' Formulierung: «Form als Ziel mündet immer in Formalismus.»[31] Der Antiformalismus richtet sich nun aber umgekehrt aktiv gegen die Form. Bei Fritz Block wird das Gespenst einer einseitigen Begünstigung «einer bestimmten Gruppe oder künstlerischen Richtung» als Gefahr an die Wand gemalt. Die Bedeutung der dem Buch nach üblichen bildimmanenten Gesichtspunkten beigegebenen Abbildungen wird schon mal vorsorglich, aber vergebens heruntergespielt. Und dann «flüchtet» man in «objektive» architektonische Probleme wie in dasjenige der «Rationalisierung». ▬ Was sind denn mögliche Gegenbegriffe zu Bild, Form und Stil? Gestalt, Prozeß, Bauen eben! «Ist der Prozeß nicht das Wesentliche?» fragte Mies. Und auf die Rückseite seines Briefes an Riezler notierte er: «Wir wollen uns dem Leben öffnen und es ergreifen. Das Leben ist uns das Entscheidende, in seiner ganzen Fülle seiner geistigen und realen Bindungen.»[32] Das ist zwar überzeugend, nachvollziehbar und innerhalb der deutschen geistigen Tradition mehr als verständlich. Allein der Diskurs bleibt vage und unbestimmt. ▬ Ob hier mehr Klärung erzielt worden wäre, wenn die für 1932 in Köln geplante internationale Werkbund-Ausstellung «Die neue Zeit» realisiert worden wäre, kann man offenlassen. Die Wirtschaftskrise hat das Projekt verunmöglicht. Dort sollte das Thema der «Bewußtseinsentwicklung der neuen Zeit», die geistige, nicht die formale Entwicklung zur Darstellung gelangen.[33] Wo wäre dabei die Architektur geblieben? Zwischen dem «Weltbild» und der «Gestaltung des Staates» sowie der «Ordnung der Welt» sollten die «Formung des Menschen», aber «nur» «Bauen und Wohnen» sowie «Landesplanung und Städtebau» als (architektonische) Aufgaben diskutiert werden. Der Mensch im Zentrum! Das schien der Hauptgrund dafür zu sein, den Formbegriff, bezogen auf das Bauen, nicht allzusehr zu unterstreichen. Natürlich tendiert der auf der Einheitlichkeit in der Erscheinungsform aufgebaute Stilbegriff dazu, das Werk von seinem Verursacher abzulösen und es autonom erscheinen zu lassen. Dagegen sollte nun eben jenes Zusammengehen des «Erlebnisses» und des «formenden Willens» in der «Gestaltung» ins Zentrum der Aufmerksamkeit gerückt werden. «Formung des Menschen», «Formung der Welt»! Das «Bild des Menschen» und das «Bild der Welt»! Mit solchen Vorstellungen sollte der Werkbundgedanke 1932 in Köln erneuert und weitergeführt werden. ▬ Das mußte nicht immer so idealistisch und rein geistig gedacht werden. Unter dem Titel «Die Neue Welt» hatte Hannes Meyer seine «wissenschaftliche» Version der Weltsicht in der Zeitschrift «Das Werk» schon 1926 programmatisch zur Darstellung gebracht.[34] Hier ist es – lange vor Giedions entsprechendem Buchtitel – die «Mechanisierung unseres Erdballs», die als Tatsache vorausgesetzt und beobachtet wird und von der aus als «Ergebnisse exaktesten Denkens» der «Nachweis einer fortschreitenden wissenschaftlichen Durchdringung unserer Umwelt» erbracht werden soll. Die «Geraden mechanischer und wissenschaftlicher Herkunft» bestimmen die neue Welt, kaum gestört durch die «krausen Linien» der gesellschaftlichen und ökonomischen Kraftfelder. Die Geraden und Kurven kommen als Metaphern vor und werden natürlich nicht gemäß ihrer geometrischen Natur zur Bestimmung der Form verwendet. Eine Textseite später, aber nach dem umfassenden Bildteil, in dem diese neue Welt **ad oculos** gestellt wird, findet sich dann eher überraschend und unvermittelt und in erstaunlichem Kontrast zu so viel demonstriertem «Universalismus» der Hinweis auf den «Lokalbegriff der ‹Heimat›», der untergraben würde.[35] Hannes Meyers lakonische Schlußfolgerung: «Das Vaterland verfällt. Wir lernen Esperanto. Wir werden Weltbürger.» Hannes Meyer bezieht sich auf die «wirkliche» Welt. Und da hier das «Vergangene drückt», fällt alles, was über diesen Horizont des unmittelbar Neuen hinaus zurückführt, als überflüssig weg: «Architektur als Weiterbildung der Tradition und als Affektleistung hat aufgehört.»[36] So muß auf diesem «wissenschaftlichen» Weg der Argumentation auch jegliche am traditionellen Formbegriff orientierte Betrachtungsweise als überflüssig wegfallen. «Einzelform und Gebäudekörper, Materialfarbe und Oberflächenstruktur erstehen automatisch.»[37] Hannes Meyer verwendet zwecks Beschreibung dieses Automatismus den Begriff der «reinen Konstruktion». Aber ganz ohne Bezug zum Begriff der Form läßt sich dies doch nicht bewerkstelligen: «Reine Konstruktion ist das Kennzeichen der neuen Formenwelt.» «Formenwelt», nicht Form! Damit sind offensichtlich jene «automatisch» entstandenen Artefakte bezeichnet; die Frage nach einer individuellen, künstlerischen Verursachung der Form bleibt ausgespart, genauer, vermieden. So folgt dann konsequenterweise auf Grund dieser selbstgewählten Prämissen im nächsten Satz die Feststellung: «Die konstruktive Form kennt kein Vaterland, sie ist zwischenstaatlich und Ausdruck internationaler Baugesinnung.» ▬ Also doch «Form», und sogar «Gesinnung». Auch Hannes Meyer kann sich nicht völlig von den alten – und neuen – Begriffen lösen. Was dann bei diesem Prozeß der Abnabelung sprachkombinatorisch im Begriff der «konstruktiven Form» zustande kommt, bleibt für Außenstehende einigermaßen rätselhaft. Um so deutlicher läßt sich die Herkunft beschreiben. Hannes Meyer liebäugelt mit Vorstellungen, wie sie 1918 im ersten Manifest von De Stijl propagiert worden waren, das damit begann, ein altes und ein neues Zeitbewußtsein zu unterscheiden und das alte auf das Individuelle, das neue auf das Universelle bezog.[38] «Tradition, Dogmen und die Vorherrschaft des Individuellen» stünden der Realisierung der gesetzten Ziele im Wege. Und gemäß den Vorstellungen von De Stijl definiert denn Hannes Meyer auch sein «neues Kunstwerk» als «ein kollektives Werk und für Alle bestimmt» und «mit primären Mitteln elementar gestaltet».[39] ▪ Ist das der Automatismus, der die traditionelle künstlerische Form ablöst? Auch hier trennen Welten Theorie und Praxis. Hannes Meyers Begriff von der «konstruktiven Form» mag antiformal gedacht sein, aber der Bildteil, der seine Ausführungen ergänzt und der unter Einschluß von Themen wie Fotografie und Propaganda ästhetisch überzeugend daherkommt, strotzt vor formaler Erfindungskraft und künstlerischer Originalität. Da können Hannes Meyers Formulierungen und Gedankensprünge nicht mithalten. Nachdem er schon zuvor völlig unvermittelt das «Vaterland» und die «Heimat» mit in seine Überlegungen aufgenommen hat, ist es jetzt noch einmal das «Esperanto», das es ihm angetan hat: «Im Esperanto konstruieren wir nach dem Gesetz geringsten Widerstandes eine übernationale Sprache, in der Einheitsstenographie eine traditionslose Schrift.»[40] Soll das der Weisheit letzter Schluß sein? Das Gesetz des geringsten Widerstands als Ablösung individuellen Künstlertums? Eine «koiné», bei der die durch einen Künstler oder Architekten verursachte Form durch den Automatismus einer allgemeinen «konstruktiven Form» ersetzt wird, die nicht geschaffen wird, sondern einfach zustande kommt? ▪ In Anbetracht solcher Klimmzüge kann man sich eigentlich nur wünschen, daß jemand die Dinge unvoreingenommen und mit unverstelltem Blick angeht und so beschreibt, wie sie sind. So mußte es kommen. Und man ist denn auch keineswegs überrascht, wenn anderswo dieselben Elemente, «Einzelform und Gebäudekörper, Materialfarbe und Oberflächenstruktur», ganz einfach als die gegebenen Elemente beschrieben werden und für einmal die Frage der Verursachung hintangesetzt wird. Alle diese Elemente finden sich fein säuberlich dort beschrieben, wo nunmehr der Stil als Tatsache erkannt und als solcher, als «International Style», propagiert wird. Der Stilbegriff läßt zwar vieles auf der Seite, aber die Form verteufelt er nicht. An Stelle des «negativen Prinzips», das schon Westheim ausmachte, bietet sich mit der Form positiv eine beschreibbare Größe an. Und was so überraschend als Esperanto und Internationalität erschien, was 1929 im Vorfeld der Ausstellung «Die Neue Zeit» zwar einmal mehr als «Tatbestand der Internationalität»[41] behauptet wurde, läßt sich jetzt auf diese Weise am Gegenstand der Architektur selbst überprüfen. Genau diesem Wunsch scheinen die Erfinder und Autoren des «International Style» nachgekommen zu sein. ▪ Alfred H. Barr formuliert im erstem Satz der Einleitung zur berühmt gewordenen, einschlägigen Buchpublikation, Hitchcock und Johnson hätten der zeitgenössischen Architektur «with something of the scholarly care and critical exactness» nachgespürt, wie dies eigentlich (nur) für die Erforschung klassischer oder mittelalterlicher Perioden der Kunst üblich sei. Das ist es wohl mit allen Konsequenzen. Und darauf wird noch einmal zurückzukommen sein.

III.
DIE ERFINDUNG DES «INTERNATIONAL STYLE» IN DEN USA (1932): «A CONSCIOUS STYLE»; «THIS STYLE IS PECULIAR TO THE TWENTIETH CENTURY AND IS AS FUNDAMENTALLY ORIGINAL AS THE GREEK OR BYZANTINE OR GOTHIC».

Damit ist das «Neue Bauen», ganz unabhängig von allen Querelen um den Formbegriff und natürlich auch ganz unabhängig von der Behauptung, die Geschichte hinter sich gelassen zu haben, zum Gegenstand historischer Erkundung geworden. Und mit der Historisierung sind auch die kunsthistorischen Methoden und der Stilbegriff zur Anwendung gelangt. Barr sucht von Anbeginn insbesondere die ästhetischen Prinzipien zu erkennen, die es ihm ermöglichen sollen, von einem Stil zu sprechen. «It should be made clear that aesthetic qualities of the Style are the principal concern of the authors of this book», schreibt er im Vorwort.[42] Und damit das auch wirklich klar sei, wird abgrenzend und in diametralem Widerspruch etwa zu den Argumentationen eines Hannes Meyer ergänzt, daß die technischen und soziologischen Komponenten nur insofern berücksichtigt würden, als sie mit den «problems of design» in Beziehung stünden. «Style», «design»: Auf diesen Begriffen wird die neue, zusammenfassende Betrachtungsweise aufgebaut. Daß auch hier, aber diesmal begründet, das Bild der kontextübergreifenden Internationalität zudienen kann, ergibt sich zwangsläufig. Und auch dies hat Barr in seinem Vorwort vorweggenommen, wenn er entsprechend dem schon 1925 von Gropius abgegebenen Bekenntnis zum Bilderbuch festhält, der Text diene lediglich der Illustration der Bilder: «The text itself is intended as an introduction to the illustrations.»[43] — Dieser Text ist allerdings, anders als bei Gropius, zur kunstgeschichtlich weit ausholenden Begründung geraten. Geschichte ist nolens volens in reichem Maß hinzugekommen. Das ist wohl in erster Linie der Involvierung Henry-Russell Hitchcocks zu verdanken. Dieser hatte 1929 sein «Modern Architecture. Romanticism and Reintegration» publiziert und dort sein Geschichtsverständnis klar umrissen. Wie immer auch das Verhältnis der zeitgenössischen Architektur zur Vergangenheit sei, so gelte doch stets: «The present is the last realized point in the dialectic of history.»[44] Das letzte Glied in einer Kette, «no rootless phenomenon»! So geht es allenfalls um «neue» Traditionen – wie auch bei Sigfried Giedion. Der Historiker würde zeitgenössische Erscheinungen stets im Vergleich zu geschichtlichen Phänomenen erklären wollen. Mehr als anderswo steht bei Hitchcock die Kontinuität der Entwicklung seit dem späten 18. Jahrhundert, den «Classical and Medieval revivals» und dem «Romanticism» des 19. Jahrhunderts im Vordergrund.[45] — 1932 liest man in «International Style», daß die Idee des Stils auf der Annahme von Prinzipien, «such as archaeologists discern in the great styles of the past», aufgebaut sei. Und so, wie die vergangenen Stile von einzelnen Bauwerken und deren verbindenden Merkmalen abgeleitet sind, so soll auch der neue Stil von konkreten Bauten ausgehend festgestellt werden: «Architecture is always a set of actual monuments, not a vague corpus of theory.»[46] Allerdings, ohne ein gewisses Maß an «Dogmatismus» gehe dies nicht. Um von Stil reden zu können, wäre es notwendig «to stress the coherence of the results obtained».[47] — Auf diese Weise ist auch «Internationalität» als Begriff von vornherein relativiert und eingegrenzt: «This new style is not international in the sense that the production of one country is just like that of another.» Hauptsache, die grundlegenden Prinzipien («few and broad») führen zu einem klar erkennbaren Stil und ersetzen die «stylistic confusion» des 19. Jahrhunderts. «Today a single new style has come into existence.»[48] Das möchte man nach dem Vorausgegangenen, auch nach den widersprüchlichen Experimenten der Jahrhundertwende, jetzt möglichst klar herausstellen. Und das läßt sich nur über die Feststellung der Form und ihrer Erfinder, der Protagonisten, bewirken. Bezüglich der letzteren unterscheiden Hitchcock und Johnson zwischen «leaders» und «different innovators». «The Age of the Masters», wie Reyner Banham später sein Buch betitelt, ist hier längst vorskizziert. Natürlich hat dies 1932 die Anlage der Ausstellung selbst mit nachhaltiger Wirkung vorgegeben. Philip Johnson hat noch 1992 nicht ohne Stolz die frühen oder eben auch nicht ganz frühen Prophezeiungen kommentiert: «Mies van der Rohe, Le Corbusier, J. J. P. Oud and Gropius are still triumphantly important.»[49] — Über die Werke der Protagonisten gelangt man zur Form. Und insofern man bei ihnen «parallel experiments» erkennt, ist eben auch der Stil erfaßt. Diese Idee sei wieder real und fruchtbar geworden und wird natürlich als «frame of potential growth» begriffen. Es geht also gleichwohl um eine kollektive Erscheinung. Nur «a single new style» kann auch tatsächlich als international verbindlich beschrieben werden. Aus einzelnen unterschiedlichen Positionen erarbeitet («from the experimentation of the individualists»), gerät er zu einem mehr oder weniger homogenen Gebilde. Und beschrieben wird er wie jeder Stil zuvor auf der Basis allgemeiner Grundprinzipien («volume», «regularity», «avoidance of applied decoration»). Um hier Mißverständnisse zu vermeiden, wird vorwärts und rückwärts argumentiert: «Nor is it so rigid that the work of various leaders is not clearly distinguishable.»[50] Gleichwohl redet man dem neuen internationalen Stil das Wort, auch wenn er eben «nur» graduell verwirklicht sei. «Parallel experiments» ist wohl die Formel, auf die am meisten Verlaß ist. Hauptsache, man spricht von realisierten Bauten, von beweisführenden Resultaten. Darauf, auf die «Feststellung», kommt es an.[51] Wie es dazu kommt, ist bald kaum mehr von Interesse. Mit Formulierungen wie «Gropius made his innovations primarily in technics, Oud in design»[52] scheint man sich zufriedenzugeben. Stilgeschichte, summarische eben! — Die Geschichte der Vorbereitung der Ereignisse von 1932 ist heute in allen Details bekannt und dokumentiert. Hinter der «homogenen» Feststellung des «international style» sind die unterschiedlichen Positionen und Interessen der Beteiligten Barr, Hitchcock und Johnson sichtbar und wird auch die Unverbindlichkeit erkennbar, mit der alles begann. Ein «why not include architecture; why not» in einer kurzen Diskussion bei der ersten Begegnung von Barr und Johnson, bei der es um Museumspläne ging, von der Memoiren-Schreiberin als «as condensed a Mondrian painting» beschrieben, scheint alles ausgelöst zu haben.[53] Das erklärt mehr als alle nach tieferliegenden Ursachen forschenden Begründungen, daß es von allem Anfang an um ein künstlerisches und kunsthistorisches und darüber hinaus in erster Linie auch ein ausstellbares Phänomen ging. Auf dieser Ebene war ein Konsens schnell erzielt, und der wurde auch später trotz der unterschiedlichen Reaktionen auf die deutschen Entwicklungen zwischen den beiden nie in Frage gestellt. Für Johnson war die Werkbund-Ausstellung am Stuttgarter Weißenhof das auslösende Ereignis und der Orientierungspunkt. Davon war er ebenso begeistert wie später von Adolf Hitler, während Barr 1933 anläßlich der ersten Kulturveranstaltung nach der Machtübernahme in Stuttgart vom württembergischen Erziehungsminister vernehmen konnte: «Art is not international nor is there any such thing as international science.»[54] Das und die direkten Angriffe auf Gropius und auf den «Lenin der Architektur», Le Corbusier, mag ihn wohl in seiner Propagierung des «International Style» doppelt bestärkt haben. In dieser Situation konnte es gar nichts anderes geben als das, was als «International Style» gerade erst aus der Taufe gehoben worden war. Die politischen Ereignisse begünstigten eine solche Sicht. Eine weitere Begründung erübrigte sich schnell. Um so erfolgreicher konnte man 1945 wieder hier ansetzen und Stil und Protagonisten nach (wieder einmal) überwundener Geschichte in eine neue Epoche, «the Age of the Masters», einfließen lassen. ▪ 1932 hatte der Katalog der internationalen Ausstellung «Modern Architecture» dort angesetzt, wo Internationalität am direktesten zu belegen ist, in der Ausdehnung der Beispiele der modernen Architektur über alle Länder hinweg: «the extent of modern architecture» ist der eigentliche Legitimator, die CIAM sind die Sachverwalter und Garanten dieses Geschäfts. Das diese streng nach Nationen geordnet waren und dementsprechend abliefen, hat offensichtlich niemanden an der durch und durch internationalen Idee zweifeln lassen. Auch Hitchcocks Bemühungen, die spezifischen Geschicke der USA präziser in die Unternehmung zu integrieren, was ihm, nicht ohne gelegentliche chauvinistische Anflüge, auch gelang, ging nicht über die Beschreibung des schrittweisen Umsetzens der einmal erkannten Prinzipien hinaus. Dabei hat er kaum einen Problemkreis übersehen. Er ist auf die Spannung individuell–kollektiv eingegangen, aber folgte dann doch gleichsam stereotyp der Auffassung, die erste Generation der modernen Architekten der Jahrhundertwende wäre «still marked by traces of the individualistic manners».[55] Frank Lloyd Wright wird insofern «entschuldigt», als er eben «almost alone in America» für die Moderne gekämpft hätte. Dem widerspricht offensichtlich nicht, was zwei Seiten zuvor zu Amerikas Anteil an dieser Entwicklung zu lesen ist: «But it was in America that the promise of a new style appeared first and up to the War (i. e. 14/18), advanced most rapidly.» Wenn darüber hinaus «amerikanisch» Chicago und die technischen Erneuerungen in den Vordergrund gerückt werden, so kann die Begründung des neuen Stilbegriffs kaum mehr überraschen, die an den Beginn dieses mit «History» überschriebenen Kapitels gesetzt ist. Seit dem (gotischen) Stil des 12. und 13. Jahrhunderts sei nie mehr ein Stil so solide, nämlich «on the basis of a new type of construction» begründet worden.[56] Wo bleibt hier Raum für eine ernsthaftere Diskussion zu Form und Gestalt, wie sie in Europa geführt wurde? Der Stilbegriff hat es in sich. Von Natur aus tautologisch, entbindet er von einer tiefergehenden Ursachenforschung; er bleibt beim «Phänomen» stehen! Die, die so zögerlich und vorsichtig mit dem Formbegriff umgehen wollten, sie hatten insofern recht. Umgekehrt, «International Style» war vom ersten Tag an ein «Label», ein sehr erfolgreiches «Label».

IV.
«PAX AMERICANA – THE RESULT OF MANY CULTURES»: «AMERICAN ARCHITECTURE TODAY IS THE RESULT OF CONTINUAL WORLD PROGRESS»
Der Erfolg von guten «Labels» ist kaum zu bremsen. Dem Stilbegriff sind neben offensichtlichen Nachteilen eben auch die unübersehbaren Vorteile der «idealtypischen» Begriffskonstruktion eigen. Dazu gehört in erster Linie jene im Konsens des Bildes begründete schnelle Erkennbarkeit, eine Qualität, die für ein erfolgreiches «Label» unabdingbar ist. Da ist auch schon der differenzierende Hinweis auf «parallel experiments» an Stelle von totaler Homogenität nicht mehr gefragt. Und jene abgrundtiefen Konflikte um Gestalt und Form zwischen Architekten, deren Bauten sich scheinbar wie ein Ei dem andern ähneln, interessieren sowieso nicht. Sie sind schnell vergessen. ▪ Wie erfolglos es ist, gegen «Lables» zu protestieren, zeigt beispielsweise auch Rudolf Schindler, der von

seinen kalifornischen Häusern natürlich wie so manch anderer Architekt als von «Experimenten» spricht, ohne daß er nach weiteren Attributen wie «modern» oder «international» gesucht hätte. Dem entspricht sein Staunen über die neueste Entwicklung: «In 1928 the ‹International Style› was imported from Europe with great fanfare, and architect R. Neutra tried to transplant it to California. Its false slogans and life-destroying approach were far from making it acceptable as an expression of the American mind.»[57] Als ob das gefragt gewesen wäre! «Import» eben! Der Stil ist als Stilhülse entlarvt, als bloßes «Label». Daraus ergibt sich auch der fehlgelenkte Versuch, doch noch in irgendeiner Weise auf Kontext einzugehen, wie das Schindler in der nächsten Bemerkung beschreibt: «At the present time this style is veering from its original principles, and now attempts to cater to local conditions by excessive use of redwood trimmings.» Wer nach Maßgabe des Stilbegriffs und dem ihm eigenen Hang zur Typisierung operiert, wird eben auch das vorhandene Spezifische mißverstehen und in unkontrollierter Übertreibung einmal mehr ins Typische verkehren. ▪ Das entspricht einer Allerweltsmethode im Umgang mit Geschichte. Herausgelöste Elemente, denen dieselbe Kur der Verallgemeinerung und Typisierung auferlegt wird, ersetzen einen prozessualen oder kontextbezogenen Zugang zur historischen Dimension. Verallgemeinerung als bewußter Prozeß der Vereinfachung oder der selektiven Rückbesinnung auf einige wenige, dafür um so universalere Grundsätze oder auch nur die Suche nach Gesetzmäßigkeiten und «Konstanten», wie dies die Puristen zum Programm machten, werden überflüssig. Die Konturen von abstrakt und konkret sind verwischt. Ein (kreatives) Potential ergibt sich daraus längst nicht mehr. Kultur ist jetzt allumfassend ins typische Bild gefaßt, grenzenlos. Und damit hat es sich. ▪ Welcher Nationenbegriff wäre nicht über Vorurteile bestimmt worden! Zum Begriff des «Amerikanismus» konnte man schon 1914 im «Kunstwart» lesen, er sei mit «einer sinnlosen Steigerung der Quantität» verbunden, «kulturlos und unästhetisch».[58] Gemäß Walther Rathenaus Vier-Nationen-Charakteristik ist den «seelenlosen» Vereinigten Staaten beides, die erfolgreiche «Spezialisierung der Produktion» wie auch «Homogenität» und «Uniformität», im Wesen eigen.[59] Gegensätze? Wie paßt die «Erfindung» des International Style 1932 in New York zu diesem Bild? Blendend natürlich. Klischee zu Klischee! Die Uniformität des Bildes anstelle von Ästhetik. Und dann gehört auch dies noch zum Vorurteil Rathenaus: Amerika ist synonym mit Erfolg. ▪ «We! We are living in a new World, our outlook on life has changed (...) all modern progress has been made by shock tactics.» So äußert sich 1938 begeistert Paul T. Frankl, ein in die USA emigrierter europäischer Künstler.[60] Man kann daraus auch folgern: Wäre International Style «bloß» ein stilistisches Phänomen, so wäre das bloß die halbe Wahrheit. Die andere Hälfte beinhaltet: International Style ist nicht wegen, sondern trotz der zitierten «amerikanischen Chauvinismen» ein zutiefst amerikanisches Phänomen. Nur hier läßt sich so gründlich pauschalisieren – und «abstrahieren» von Europas komplexer Kultur. ▪ Pax Americana! In einer vom «United States Information Service» in Zusammenarbeit unter anderem mit dem American Institute of Architects hergestellten und unter dem Titel «architecture. USA» produzierten Broschüre werden die Vorzüge der amerikanischen Gesellschaft und deren Erfolgsgeschichte «through its architectural development» ins rechte Licht gerückt.[61] Die Darstellung beginnt – wohlgemerkt unter dem Bild des Parthenons der Athener Akropolis – mit dem Bekenntnis: «The most lasting and revealing records of cilivization are its buildings.» In der Tat, Architektur ist «nachhaltig». Und niemand wird sich der grundsätzlichen Einsicht verschließen wollen, daß sich hier soziale, ökonomische und kulturelle Werte nach Maßgabe von Zeit und Entwicklung darstellen ließen. «Thus American architecture offers insight into the national character, spirit and way of life.» So folgern die Autoren der Broschüre und setzen voraus, daß es eben so etwas wie nationale Eigenart mitsamt den spezifischen kulturellen Implikationen gäbe. Da nun taucht das Stichwort vom «melting pot» am Horizont auf. Die amerikanische Kultur ist «the result of many cultures». Und so wird schnell klar, daß sich hier alles unter einem Dach zusammenfindet, Internationales und auch Nationales. «Architectural structures are a mirror of a nation's culture (...).» Das ist aus dieser allamerikanischen Perspektive und deren vielfältigen Bedingungen «such as invention (...) climate (...) tradition (...) geography (...)» ein Landhaus, eine palladianische Villa, ein Wolkenkratzer und ein Bau von Frank Lloyd Wright. Für alles ist gesorgt, für die Jungen («beauty and vitality») und die Alten («depth and character»). Und so wird der «test of time» bestanden. An alles ist gedacht. Eine harmonische Ordnung wird beschrieben. Was sollen da Fragen nach Kontextualität oder nach dem Zusammenhang von Inhalt und Form. Pax Americana! Die Dinge sind wie sie sind und werden in einer Allerweltsphilosophie inszeniert, deren Quintessenz «Fortschritt» ist: «American architecture today is the result of continual world progress.» Errungenschaften werden gefeiert. Der Rest interessiert nicht. ■ Wie befruchtend der Austausch zwischen Europa und Amerika im vergangenen Jahrhundert war, ist noch längst nicht erschöpfend erforscht. Und dies betrifft auch ganz besonders den Blickwinkel des Internationalismus und, davon zu trennen, der Verallgemeinerung der Form. Henry van de Velde prognostizierte 1929 in einer kleinen Publikation über das Neue («Le Nouveau. Son apport à l'Architecture et aux industries d'art»), aus dem Bezug Europa–Amerika würde am Ende «d'un style unique et universel» erstehen.[62] Damit hat er, wenn man der Erfolgsgeschichte des «Labels» International Style gedenkt, recht behalten. Aber nicht alle teilen mit van de Velde die extreme Ansicht, Kultur, Wissenschaft und Kunst würden so sehr zu einem Universalismus streben, daß einige Nationen nicht zögern würden, ihre nationalen Kulturen und Zivilisationen aufzugeben. Auf der kulturellen Brücke zwischen Europa und Amerika, gleichsam auf der Schnittmenge, einen umfassenden «Internationalismus» aufzubauen, ist allerdings nur eine von verschiedenen möglichen Optionen. ■ Mendelsohn hatte gleichzeitig sein Buch «Rußland, Europa, Amerika. Ein architektonischer Querschnitt» publiziert.[63] Auch er hat Ansichten und Modelle vorweggenommen, die nach dem Zweiten Weltkrieg die Wirklichkeit weltweit bestimmen sollten, indem er Europa «zwischen den beiden Willensmächten Rußland und Amerika» situiert und in der Rolle sieht, «um fernere Weltgeltung (zu)ringen.» Die Gegenüberstellung «Rußland–Europa–Amerika» berühre «ein höchst gegenwärtiges, zeitwichtiges und entscheidendes Problem».[64] Hatte Rathenau die (traditionelle) Nationen-Charakteristik bemüht, so überträgt nun Mendelsohn diese typisierende Sichtweise auf Blöcke und Kontinente. «Amerika und Rußland – beides Länder riesiger Ausdehnung.» «Rußland, das reine Agrarland mit ausgesprochen kontinentalem Charakter – Amerika, das harmonische ausgeglichene Wirtschaftsgebiet mit ausgesprochen ozeanischem Charakter.» Daraus folgert dann in globaler Zusammensicht: «Daher ist die Geschichte Amerikas der Welt geöffnet, aber die Geschichte Rußlands ein abgeriegelter Komplex.»[65] Mendelsohn will das nicht statisch begreifen. Auch hier greift der Motor der Geschichte der Erste Weltkrieg als Beweis! – ein. Die dynamische Formel lautet dann: «Das neue Rußland greift aktiv nach Amerika. Amerika selbst ist Herr der Welt.»[66] ▬ Das also entsteht über den Beobachtungen und den Blicken hinein in New Yorks Straßen, wo «der beginnende Industrialismus die Kultur untergräbt».[67] Eine weitere Kulturtypologie aus lauter Allgemeinplätzen! Der Appell, europäische Tugenden nicht zu vergessen, verhallt in Anbetracht jener starken Bilder. «Die Welt wird lächeln über die europäischen Prediger der Vernunft, wenn sie unvernünftig bauen.»

V.
VERLORENE SÖHNE UND DERIVATE: DIE VERLORENE GESCHICHTE
Von der Internationalisierung zur Globalisierung! Gibt es keine andere Möglichkeit? Die Stilfrage schien vorerst auf dem legitimen Anspruch der Vereinfachung und der Klärung der Form, aber nicht auf kultureller Verallgemeinerung aufgebaut. Das erste ist reduktiv oder gar spartanisch vereinfachend (wie bei Mondrian) ausgerichtet, das zweite ermöglicht die weltweite Ausdehnung einer einmal gefundenen Lösung. Was die beiden Vorgehensweisen unterscheidet und trennt, scheint allzu häufig übersehen zu werden. Solange der Prozeß zu Vereinfachung und Stil noch unmittelbar erinnert wurde, schienen zumindest auch das ganze Spektrum von Fragen und die dazugehörige Diskussion um die Beweggründe noch im Gedächtnis verhaftet zu sein. Kontext! Jene schon im 19. Jahrhundert immer mal wieder gestellte Frage nach dem neuen Stil kannte schon immer die Möglichkeit der Reduktion auf einige wenige (charakteristische) Elemente oder gar auf ein einziges Prinzip gemäß dem Titel einer noch weiter zurückliegenden Untersuchung des Abbé Batteux. Das, die Frage, bot die Grundlage der Diskussion, nicht so sehr das Resultat. Dort sind Kontext und Geschichte mitgeführt. Der Stilbegriff kümmert sich kaum darum. Was zurückblieb und sich in Begriffen wie Charakter, Angemessenheit und Bedeutung niederschlug, hat sich im architektonischen Denken des 20. Jahrhunderts weit weniger bemerkbar gemacht. In diesem Abschnitt der Geschichte erscheint die Architektur formalistischer und ästhetischer und natürlich internationaler als je zuvor, und sicherlich weniger bezogen auf Kontext und Geschichte. Weder die Konzepte eines «Regionalismus» noch das temporäre Interesse für den «Genius loci» haben dies ernsthaft in Frage gestellt. Solange Geschichte in erster Linie als Vergangenheit und nicht als eine der Architektur immanente, grundsätzliche Dimension verstanden wird, wird eine ernsthafte, über Bilder und Illusionen hinausgehende Diskussion über ihre kulturelle Bedeutung kaum stattfinden können. Trotz aller Bekenntnisse, sich gegen Ästhetik und reine Kunst wehren zu wollen, ist der Architektur gerade dies am wenigsten gelungen. «Ästhetische» Theorien, meist in Form von (entkontextualisierten) Anleihen und Exzerpten, sind noch und noch auf den Tisch gelegt worden. Und das wurde und wird ihr so lange erleichtert, wie Ubiquität als erstrebenswert gilt und ihr vermeintlicher Gegenbegriff der Kontextualität tabuisiert und unverstanden bleibt. ▬ Am Ende sind es also die «formgivers» – so der Titel einer vom Magazin «Time» 1959 organisierten und gesponserten Ausstellung – , die in der Architektur des 20. Jahrhunderts den Sieg davon getragen haben.[68] Zum Glück versteckt sich hinter den entsprechenden Namen meist mehr, als der griffige Titel suggeriert. Doch spätestens nach 1945 ist diese Ansicht allgemein herangereift und zur Gewißheit geworden. «Age of the Masters» nannte Reyner Banham seinen «personal view» der modernen Architektur, ausgehend von den «Gewißheiten der 20er Jahre».[69] Was als «Heroic Age of Moderne Architecture» neu aus der Taufe

gehoben worden sei – Banham nannte es «restoration» – , seien die an die weggegangenen Väter gerichteten Stimmen der «verlorenen Söhne». Historismus also ist es, mit dem wir seither Ausnahmen gibt es immer – konfrontiert sind. Und damit ist in Anbetracht der hier erörterten Stilbildung der Moderne, insbesondere im Namen des International Style, auch deutlich genug gesagt, daß Historismus und Geschichte zwei wesentlich verschiedene Dinge sind. Erstaunlich ist es im Rückblick allemal, wie die wie nie zuvor in deklarierter Vorwärtsorientierung angepeilte neue Architektur als «conscious style», wie es 1932 heißt, so schnell in ein A-posteriori-Phänomen verwandelt wurde. Da kommt es auch nicht mehr darauf an, ob einer nach Mieschen ästhetischen Maßstäben baut oder eine Kuppel erstellt. Alles ist déjà-vu, von gestern. Das Neue hat sich überlebt, ist alt. Der Mainstream, aus dem Durchschnitt geboren, bloß das Resultat von Vorangegangenem. ▄ Wann beginnt diese Geschichte? Als 1978 die Verleihung der AIA-goldmedal an Philip Johnson angekündigt wurde, titelte Peter Blake «Philip Johnson Knows Too Much».[70] Mit dem Projekt für das AT&T-Building hatte Johnson gerade damals alle Schlagzeilen erobert und sich, gemäß der Ansicht der meisten Beobachter und Kritiker, zur Postmoderne und zur Geschichte bekannt. Aber Peter Blake verstand sein Argument ganz allgemein: «While much of Philip Johnson's work seems innovative (largely because it is so beautifully done), it is often derivative [...].» Mit dieser Interpretation kann man, ohne auf größere Hindernisse zu stoßen, unbeschadet bis an Johnsons architektonische Anfänge zurückgelangen. Johnson ist wohl einer der ersten prominenten Historisten der Moderne. Sein Studium in Harvard hat er aufgenommen, nachdem er zuvor an der Kodifizierung und historischen Einordnung der modernen Architektur in der Ausstellung des MOMA 1932 wesentlich beteiligt war. Und er hat, wie sein Werk zeigt, von der Geschichte – **horribile dictu** – gelernt, ohne daß ihm das gelungen wäre, was andernorts wenigstens zur Transzendierung der Moderne ins Klassische geführt hat. Dazu reichen bloße Bekenntnisse und Worthülsen und die Vignette eines griechischen Tempels auf der ersten Seite einer amerikanischen Reklamebroschüre allerdings nicht aus. Wie aber schrieb Le Corbusier 1933 in seinem Kreuzzug gegen die Akademien: «Académie! Te voici à nouveau sous un masque trompeur. Etudiants, je vous en prie, regardez plutôt le Parthénon!»[71]

ANMERKUNGEN

1 Vgl. W. Gropius, Internationale Architektur. München 1925; vgl. dazu und im folgenden auch: W. Oechslin, Moderne entwerfen: Architektur und Kulturgeschichte. Köln 1999 **2** Vgl. W. Gropius, Internationale Architektur. 2. Auflage, München 1927, S. 9: «Damals erst Geahntes ist heute festumrissene Wirklichkeit.» **3** «La Deshumanizacion del arte» erschien erstmals in Buchform 1925. Unter dem Titel «Die Enthumanisierung der Kunst» wurde der Text in der Übersetzung von Helene Weyl im Verlag der Neuen Schweizer Rundschau bei H. Girsberger 1928 erstmals in deutscher Sprache publiziert. Vgl. J. Ortega y Gasset, Die Aufgabe unserer Zeit. Mit einer Einleitung von E. R. Curtius. Zürich 1928, S. 111 ff. **4** Vgl. A. & P. Smithson, The 1930's. Berlin 1985, S. 16/18 **5** Vgl. Manifest 1 van «De stijl», 1918. In: De Stijl, Nummer 1/1918, S. 4 **6** Vgl. Gropius 1925, a. a. O., S. 7 **7** Ebd. **8** Vgl. B. Taut, Die Neue Baukunst in Europa und Amerika. Stuttgart 1929, S. 63 f.: «Schluß: Internationalität» **9** Ebd., S. 63 **10** Ebd., S. 67 **11** Vgl. W. C. Behrendt, Der Sieg des neuen Baustils. Stuttgart 1927 **12** Ebd., S. 5 **13** Ebd., S. 3 **14** Ganz von selbst würde der Segen der Kunst zuteil, schließt Behrendt am Ende seiner Darstellung. Behrendt, S. 60 **15** Ebd., S. 11. Mit «Form ohne Ornament» ist natürlich die Stuttgarter Werkbund-Ausstellung von 1924 gemeint. **16** Vgl. Die Form, Heft II/1927, S. 1 f., S. 59 f. **17** Ebd., S. 59 **18** Vgl. H. Häring, Werkbundausstellung «Die Wohnung» Stuttgart 1927. In: Moderne Bauformen, XXVI, 8/1927, S. 321 ff., hier S. 322 **19** Ebd. **20** Vgl. L. Hilberseimer, Internationale neue Baukunst. In: Moderne Bauformen, September 1927, S. 325 ff. Und: Hilberseimer in der Reihe der vom deutschen Werkbund herausgegebenen «Baubücher II», Stuttgart 1927 **21** Ebd., S. 326 **22** Vgl. H. Häring, Neues Bauen. In: Moderne Bauformen, XXVII, 9/1928, S. 329 ff. **23** Ebd., S. 330 **24** Vgl. Behrendt 1927, a. a. O., S. 60. (Der Begriff des «polytechnischen Stils» spielt natürlich auch bei Le Corbusier eine große Rolle, gegen den sich ja insbesondere H. Häring schon früh deutlich abgrenzt.) **25** Vgl. H. Häring, Wege zur Form. In: Die Form, I, 1, Oktober 1925, S. 3 ff., hier S. 5 **26** Vgl. P. Westheim, Für und Wider. Kritische Anmerkungen zur Kunst der Gegenwart. Potsdam 1923 **27** Ebd., S. 129 **28** Ebd., S. 130 **29** Ebd., S. 131 **30** Vgl. (F. Block,) Probleme des Bauens. Potsdam 1928, Vorwort **31** Vgl. Die Form, II/1927, S. 59 **32** Vgl. F. Neumeyer, Mies van der Rohe. Das kunstlose Wort. Berlin 1986, S. 318 **33** Vgl. E. Jäckh, Idee und Realisierung der Internationalen Werkbund-Ausstellung «Die Neue Zeit». Köln 1932. In: Die Form, 4, 15, August 1929, S. 401 ff. **34** Vgl. H. Meyer, Die Neue Welt. In: Das Werk, 7/1926, S. 205 ff. **35** Ebd., S. 221 **36** Ebd., S. 222 **37** Ebd. **38** Vgl. Manifest 1 van «De stijl», 1918. In: De Stijl, Nummer 1/1918, S. 4 f. Ganz anders hat beispielsweise J. J. P. Oud die Begriffe individuell/kollektiv gedeutet. Kollektiv setzt er zu neu, individuell jedoch zu modern in Bezug. **39** Vgl. H. Meyer 1926, a. a. O., S. 223 **40** Ebd., S. 222 **41** Vgl. Jäckh 1929, a. a. O., S. 417 **42** Vgl. H.-R. Hitchcock/P. Johnson, The International Style: Architecture since 1922. New York 1932, Preface, S. 13 **43** Ebd., S. 15 **44** Vgl. H.-R. Hitchcock, Modern Architecture. Romanticism and Reintegration. New York 1929, Introduction, S. xv **45** Ebd., S. xvii **46** Vgl. Hitchcock/Johnson 1932, a. a. O., Preface, S. 21 **47** Ebd. **48** Ebd., S. 19 **49** Vgl. P. Johnson, Foreword. In: T. Riley, The International Style: Exhibition 15 and the Museum of Modern Art. New York 1992, S. 5. Dort auch der Satz: «The International Style, as we dubbed the movement which lasted at least a generation or two, is still dimly around.» **50** Vgl. Hitchcock/Johnson 1932, a. a. O., S. 20 **51** In diesem Sinne spricht Alfred Roth in seinem «Die Neue Architektur 1930–1940» (Zürich 1940) von der «Realität der Neuen Architektur» und beginnt: «Das vorliegende Buch ist ein Beitrag zur Feststellung des heutigen Entwicklungsstandes der Neuen Architektur.» **52** Vgl. Hitchcock/Johnson 1932, a. a. O., S. 30/1 **53** Vgl. A. Goldfarb Marquis, Alfred H. Barr Jr.: Missionary for the Moderns. Chicago/New York 1989, S. 84 **54** Ebd., S. 106 **55** Vgl. Hitchcock/Johnson 1932, a. a. O., S. 27 **56** Ebd., S. 22 **57** R. Schindler, Typoskript **58** Vgl. E. Schlaikjer, Amerikanismus. In: Kunstwart, zweites Januarheft 1914, S. 102 f. **59** Vgl. W. Rathenau, Vier Nationen. In: ders., Reflexionen. Leipzig 1908, S. 118 ff., hier S. 125 **60** Vgl. P. T. Frankl, Space for Living. Creative interior decoration and design. New York 1938, S. 11 **61** Vgl. Architecture. USA, o. O., o. J. **62** Vgl. H. van de Velde, Le Nouveau, Son apport à l'architecture et aux industries d'art. Bruxelles 1929, S. 35 **63** Vgl. E. Mendelsohn, Rußland. Europa. Amerika. Ein architektonischer Querschnitt. Berlin 1929 **64** Ebd., Vorwort **65** Ebd., S. 37 **66** Ebd., S. 7 **67** Ebd., S. 14 **68** American Federation of Arts, Form Givers at mid-century. New York 1959 **69** Vgl. R. Banham, Age of the Masters. A Personal View of Modern Architecture. London 1962; London/New York 1975 **70** Vgl. «New York», 15. Mai 1978, S. 78 **71** Vgl. Le Corbusier, Croisade ou le Crépuscule des Académies. Paris 1933, S. 56

ERSTVERÖFFENTLICHUNG

Vittorio Magnago Lampugnani (Hg), Die Architektur, die Tradition und der Ort. Regionalismen in der europäischen Stadt, Wüstenrot Stiftung, Ludwigsburg und Deutsche Verlags-Anstalt GmbH. Stuttgar/München 2000

VOM BAUHAUSKLASSIKER ZUR WARENIKONE

GERDA BREUER

Der Abschied von der Utopie in der Moderne habe eine ironische Pointe, hat Hans Magnus Enzensberger bemerkt: «Sie besteht darin, dass ihr Verlust, auf höchst vertrackte Art und Weise, auch ihre Einlösung mit sich gebracht hat. Die schlechte Einsicht des **Common Sense**, dass es anders kommt, als man sich's gedacht hat, erfährt damit eine Zuspitzung, der keine Geschichtsphilosophie gewachsen ist.»[1] Für die Möbelklassiker aus den zwanziger Jahren trifft dies zu. Denn für die meisten ihrer Entwerfer war der Anspruch, gutes Design für die Masse zu schaffen, mit dem Wunsch verbunden, demokratische Ziele verwirklichen zu können. Damals nicht unbedingt von Erfolg gekrönt, scheint der Traum vieler sozial engagierter Designer heute in Erfüllung gegangen zu sein, betrachtet man den Boom der heutigen Klassikerkopien. Allerdings gerät den Produzenten nun das utopische Ziel aus den Augen und wird gegen ganz andere, oft konträre Interessen eingetauscht. ■ Zum scheinbaren Erfolg gehören zwei Phänomene, die widersinnigerweise nebeneinander existieren. Zum einen die Anerkennung, die bestimmte Entwürfe erhalten, indem man sie zu zeitlosen Klassikern aufwertet und zum Statussymbol einer kenntnisreichen Elite macht. Hier spielt die geringe Zahl der auserwählten Klassiker eine große Rolle; sie werden zu Originalmöbeln stilisiert und zu entsprechend hohen Preisen angeboten, die die Popularisierung verhindern, aber zugleich vielen das Image des Besonderen verleihen sollen. Zum anderen erfahren die Modernen Klassiker eine massenhafte Verbreitung durch Nachbauten, die von lizenzierten Re-Editionen bis zu Billigkopien, von Plagiaten bis zum veränderten Imitat reichen.

DER «BAUHAUSSTIL»
Der so genannte Bauhausstil ist dabei offensichtlich geradezu synonym mit unserer Vorstellung vom Modernen Klassiker heute – alles, was funktional, geometrisch und chromglänzend erscheint und mit schwarzem Leder bezogen ist, wird dieser Schule zugeschrieben, auch wenn die Gegenstände aus ganz anderen Zeiten und die Entwerfer nicht aus dem Bauhaus stammen. ■ Die Willkür in der Auswahl der privilegierten Möbelstücke, die zu Modernen Klassikern stilisiert werden, lässt sich besonders gut bei solchen Firmen erkennen, die vorzugsweise seit den neunziger Jahren als regelrechte Klassiker-Vertreiber auftreten. Sie veranschaulichen den Kosmos der **happy few**, der in endloser Wiederholung im Zusammenhang mit den zeitlos-modernen Prestigemöbeln gezeigt wird. Betrachtet man beispielsweise die aktuelle Katalogliste einer italienischen Firma in Ferrara, die sich auf preiswerte Re-Editionen spezialisiert hat, so gehören dazu die Liege LC4 und die Sessel LC1, LC2 von Le Corbusier, Charlotte Perriand und Pierre Jeanneret, die Stühle «Hill House» von Charles Rennie Mackintosh und «Costes» von Philippe Starck, der Beistelltisch E 1027 von Eileen Gray, der «Wassily»-Chair von Marcel Breuer und die so genannte Bauhausleuchte, hier als «Wagenfeld» bezeichnet. Es sind noch zwei Hand voll weiterer Klassiker, die zu den Auserwählten gehören. ■ Die Auswahl ist vergleichbar mit einer Hitliste in der Musik oder den Bestsellern in der Literatur, nur erscheint sie in diesem Fall wie eingefroren – ewig aktuell. Eine ganze Reihe italienischer Möbelfirmen fügt sich in diese Übereinkunft, mit individuellen Abweichungen. Auffallend viele Moderne Klassiker stammen aus den zwanziger Jahren, derjenigen Phase, in der die avantgardistische Moderne in Design und Architektur ihren Höhepunkt erlebte. Sie ist in hohem Maße mit Entwerfern verbunden, die sich in Deutschland um das Bauhaus, in den Niederlanden um die Gruppe De Stijl und in Frankreich um die Zeit-

schrift «L'Esprit nouveau» scharten; bei italienischem Design ist eher die Moderne der fünfziger und sechziger Jahre maßgebend. Fast immer gehören zu den wenigen auch Ray und Charles Eames und Philippe Starck. ▪ Bei der stark vereinfachenden Wahrnehmung der historischen Objekte erlaubt man sich bezeichnende Fehlleistungen: Eine italienische Versandfirma lässt ihre Auswahl an Klassikern vom späten 19. Jahrhundert bis zu den fünfziger, ja den neunziger Jahren des 20. Jahrhunderts als «Bauhaus-Klassiker» firmieren. Oder man produziert Fotocollagen, auf denen der Stuhl «Hill House» von Mackintosh für das gleichnamige Privathaus des Verlegers Walter W. Blackie in Helensburgh bei Glasgow vor der Seitenansicht des Dessauer Bauhauses mit der serifenlosen Schrift «Bauhaus» platziert ist, als handele es sich um eine gestalterische Einheit, der beide entsprungen sind. Betrachtet man aber den historischen Kontext, in dem das Oeuvre des Schotten und die deutsche Schule entstanden sind, so gibt es wenig Gemeinsamkeiten zwischen beiden. Die Oberfläche der Sachlichkeit allein reicht nicht aus, um die Entwürfe zu einem einheitlichen, einem epochalen Entwurfskonzept zu verschmelzen.

STILISIERUNG

Im Sammelbecken des Modernen Klassikers werden diese disparaten Entwürfe enthistorisiert, zu zeitlosen Vertretern genialen avantgardislischen Designs stilisiert. ▪ Stahlrohr ist als Material bei dieser Auswahl besonders beliebt. Die hinterbeinlosen Stahlrohrstühle von Ludwig Mies van der Rohe, Marcel Breuer, Mart Stam und Le Corbusier, auch von Eileen Gray, stehen hierfür stellvertretend. Sie dürfen in keiner Kollektion von Klassikern fehlen. Hatte man Stahlrohr ursprünglich als einfach handhabbares Material für die Maschinenproduktion gewählt und mit ihm eine Reduktion der Herstellungskosten verknüpft, war es ein modernes, «nacktes» Material, das alles Gediegen-Repräsentative, jeden überflüssigen Dekor abwies, so spielt das Chromglänzende bei den Modernen Klassikern heute eine ganz andere Rolle: Es wird geradezu zum edlen Material stilisiert, dem dann auch entsprechende Bezugsstoffe wie «zeitloses» schwarzes Leder sekundieren. Nun wird nicht mehr die leichte Verarbeitbarkeit der Materialien betont oder deren Herkunft als industrielle Halbzeuge, sondern das zur Produktion dieser Möbel erforderliche besondere – auch handwerkliche – Können, das den Preis rechtfertigt. ▪ Ein weiteres verbindendes Element ist der Funktionalismus als Signum einer dauerhaften Moderne. Isamu Noguchis organische Formen der vierziger Jahre, Harry Bertoias Fünziger-Jahre-Sachlichkeit und Philippe Starcks in der Tradition der Postmoderne stehender Stuhl «Costes» haben zwar fast nichts mehr mit den Entwürfen und erst recht nichts mit den Visionen der zwanziger Jahre gemein, sie besitzen aber oberflächliche Kennzeichen eines Funktionalismus: einfache Entwurfslösungen, klar erkennbare Konstruktionen, kein Dekor, «moderne» Materialien.

KOPIEN ALS MULTIPLIKATOREN

Zum Phänomen der Modernen Klassiker gehören auch die Kopien, eine freizügige und vor allem preiswerte Form der Nachahmung. Die Objekte von Marcel Breuer, Eileen Gray, Le Corbusier, Ludwig Mies van der Rohe, Charles Rennie Mackintosh und anderen erfahren heute eine Massenauflage, von der die Designer einst nur träumen konnten. In einigen Fällen sind solche Kopien handfeste Plagiate. Meist aber bewegt sich der Handel mit den vermeintlichen Originalen in einer Grauzone. Doch wird dieser Trend dadurch unterstützt, dass der Schutz des Originalentwurfs in anderen Ländern als Deutschland unterschiedlichen Gesetzen unterliegt, so dass es zu wesentlich preisgünstigeren Nachbauten in europäischen Ländern kommen kann: Einsparungen der Lizenzgebühren für die Möbel können das Preisniveau erheblich reduzieren. Weil viele der Klassiker ursprünglich als Massenartikel konzipiert waren, sind ihre Material- und Herstellungskosten gering. Es werden folglich Kopien angefertigt, die von den sorgfältig reproduzierten lizenzierten Re-Editionen meist kaum zu unterscheiden sind. Die Hersteller erklären den wesentlich geringeren Preis häufig mit dem Wegfall von Zwischenhändlern – manche bezeichnen sich deshalb lediglich als Versandfirmen. Wegen der nicht eindeutig geklärten Urheber- und Vertriebsrechte investieren sie nicht oder nur wenig in Werbung. Insbesondere italienische Firmen können sich im Übrigen auch auf ein breites Netz von traditionellen Handwerksbetrieben stützen, die die Möbel, teils aus industriellen Halbzeugen, aber mit erheblichem Aufwand an Handarbeit bei der Zusammensetzung, herstellen. All diese Faktoren wirken sich günstig auf den Preis aus. ■ Die Billigkopien und Plagiate spielen nur mehr mit der Erinnerung an ihre Vorbilder, das heißt, diese werden deutlich abgewandelt. Sie sind die Trittbrettfahrer eines Trends, sie tauchen massenhaft in zahllosen Warenhauskatalogen auf und kommen dem Retro-Trend, insbesondere ihrer jungen Klientel, entgegen. Billigkopien haben das Image des Designklassikers immer begleitet, sie zehren von dessen Berühmtheit. Gleichzeitig festigen sie aber die Aura der historischen Werke, ja lassen sie – gerade wegen der permanenten Wiederholungen – zu Ikonen werden. Seit den achtziger und vor allem den neunziger Jahren wollen diese Billigkopien vor allem an der noblen Designwelt partizipieren. ■ Es gehörte zur Selbstverständlichkeit, teure Möbelklassiker ebenso in Bankenvorhallen, Theaterfoyers, Rechtsanwaltsbüros und Business-Launches zu finden wie in den privaten Wohnwelten eines designorientierten Wirtschaftsbürgertums und als Einzelstück in den Wohnungen der Bildungselite. Dass diese Möbel zum Signum eines gehobenen Lebensstils geworden sind, lässt sich allenthalben erkennen. In Presseinterviews und Fernsehshows diskutieren Intellektuelle auf LC2-Sesseln von Le Corbusier, die großen deutschen Zeitschriften und Kunstmagazine werben ihre Abonnenten mit Bauhaus- oder Tizio-Leuchten, in Kunstgalerien nimmt der Kunde Platz in Wassily-Sesseln, elegante Mode wird auf der LC4-Liege von Le Corbusier präsentiert, und in erfolgreichen Designerbüros steht wie selbstverständlich die Tolomeo-Leuchte auf dem Bürotisch des Art Directors. Überhaupt kommt dem neuen Zeichencharakter der Möbel in der Werbung eine große Rolle zu, denn der Adressat ist leicht zu identifizieren. ■ An dieser Designwelt wollen die Klassikerkopien partizipieren. Die Erinnerung an ihre ursprünglichen Intentionen ist deshalb nahezu völlig gelöscht.

REDEN ÜBER KLASSIKER
Zum Erscheinungsbild des Modernen Klassikers gehört ebenfalls die gesamte Welt des Kommentars. Auch hier trägt die Häufigkeit, mit der immer wieder einzelne Designobjekte erwähnt und aus dem Kontext ihrer Entstehungszeit und -bedingungen herausgenommen werden, dazu bei, die Einzigartigkeit der Objekte erst herzustellen. Überblickswerke etwa setzen auf den Wiedererkennungseffekt von bekannten Designbeispielen und begründen dadurch erst die überragende Bedeutung eines Objektes. So ist auf Monographien über Richard Sapper selbstverständlich die Tizio-Leuchte auf dem Buchumschlag

abgebildet, obwohl der deutsche Entwerfer eine Fülle weiterer guter Arbeiten vorzuweisen hat. Die so genannte Bauhaus-Leuchte spielt eine prominente Rolle auf den Titeln von Überblicksbänden, und Bauhaus-Museen werben mit dem Designobjekt auf Plakaten und Prospekten. Das Weimarer Bauhaus-Museum benutzt die Leuchte geradezu als Emblem. Zwar wurde sie in Weimar entworfen, doch charakterisierte sie nicht unbedingt das «expressionistische Bauhaus» wie man die Anfangszeit in Weimar auch bezeichnet , das wenig zu tun hat mit unserem heutigen Bauhaus-Bild. Auch wenn sich 1923 eine Wende ankündigte, kam es erst mit dem Umzug nach Dessau 1925 zu jener veränderten Ausrichtung der Lehre, bei der die sachliche Industrieform propagiert wurde – wofür die Leuchte steht. Klaus-Jürgen Sembach war einer der Ersten, der die Marktgängigkeit der Modernen Klassiker im Auftrag der Zeitschrift «Schöner Wohnen» umfangreich kommentierte und ihnen damit das Prädikat einer wissenschaftlich gesicherten Expertise verlieh. Er hat den Beginn der «neuen Liebe» zu historischen Möbeln der modernen Designgeschichte auf das Ende der siebziger Jahre datiert. Sein Buch «Moderne Klassiker. Möbel, die Geschichte machen» erschien 1982 zum ersten Mal und kann inzwischen 19 Auflagen vorweisen. ■ Hinzu kommen heute – im Zuge der Klassikerwelle – wissenschaftliche Monographien, die eine eigene Auswahl von herausragenden Einzelobjekten präsentieren und sich um detaillierte Wissensvermittlung bemühen. Ausstellungen zelebrieren den Wert der «originalen» Klassiker wie den von Kunstwerken. Klassiker-Firmen eröffnen ihre eigenen Museen. Langsam erweitert sich die Anzahl der Objekte, die zu Klassikern erkoren werden, langsam werden auch immer mehr Prognosen über klassikerverdächtige Stars erstellt.

FUNDIERUNGSPROGRAMME UND STRATEGIEN
MUSEALISIERUNG
In vielen Fällen entspricht der Prozess der Nobilitierung eines Designobjektes zum Klassiker dem der Auswahl und Pflege von Kunstwerken in Museen – es tritt eine Art Musealisierung ein. Mit dieser Beschreibung wird der Annahme widersprochen, dass sich ein Klassiker aufgrund gewisser profilierter Eigenschaften quasi wie von selbst herausbildet und sich über lange Zeit bewährt. «Musealisierung» bedeutet hier nicht in erster Linie, dass Designer seit den achtziger Jahren in die Museen drängen und designbewusste Firmen sich mit einem eigenen Museum umgeben – hierfür sind die Firmen Alessi, Kartell, Thonet, Tecta und Vitra bekannt. Sondern der Begriff weist auf Bemüh-

■ Anzeigenserie von Vitra, Personalities/Stars auf Stühlen, 1998, Laurie Anderson auf Onda von Mario Bellini ■ Umschlag zu Klaus-Jürgen Schmalenbach, «Moderne Klassiker. Möbel, die Geschichte machen», Hamburg 1982 ■ Alessandro Mendini, Re-Design des Zick-Zack-Stuhles von Gerrit Rietveld (1934), 1978 ■ Max Bill und Hans Gugelot, Ulmer Hocker, 1954 ■ Kunstflug, Max Schrill, 1989

ungen hin, um ein Produkt herum eine ganze Welt von museumsähnlichen Institutionen und Strategien aufzubauen. Und darum geht es eigentlich bei der Erfindung des Modernen Klassikers. Es ist die De- und Neu-Kontextualisierung des Objektes, die das Ding zum Kulturobjekt erhebt. Das massenhaft reproduzierte Gebrauchsobjekt wird durch den neuen Kontext zum preziösen Einzelwerk geadelt. Der amerikanische Kulturtheoretiker Arthur C. Danto hat diesen Prozess im Bereich der Kunst beschrieben: Erst das Reden über Gegenstände, der Kontext der gesamten Kunstwelt, macht ein Ding zum Kunstwerk.[2] Dieses Verfahren übernimmt man folglich bei der Produktion von Designklassikern, und das ist im eigentlichen Sinne mit «Musealisierung» gemeint. ■ Anscheinend problemlos wandern heute Design- und Alltagsobjekte in die Museen. Auch die Hochkultur zelebriert das Cross-over der Kultursparten und passt es in globale Dimensionen ein. Ein bedeutendes Museum muss sich dabei nicht mehr durch bedeutende Kunst und renommierte Namen legitimieren, denn es produziert die Aura des Dings mit. Brian O'Dohertys Thesen zur Bedeutung des White Cube der Museen und Galerien für die moderne Kunst, die er 1976 formulierte, sind inzwischen Allgemeingut bei der Beschreibung einer Wirkung von Objekten, die durch die Inszenierung von Räumlichkeit erreicht wird. ■ Destilliert man aus dem Prozess der Musealisierung einzelne Elemente heraus, die dazu führen, dass ein Designobjekt zum Designklassiker geadelt wird, so lassen sich folgende nennen.

AFFINITÄT UND NACHBARSCHAFT – DER SYNERGIEEFFEKT DER STARS

Da ist zunächst der Effekt der Nachbarschaft und Verwandtschaft – zum Beispiel der Stars. Darauf zielte seit 1987 eine Werbekampagne des Möbelherstellers Vitra ab, die Stars auf Stühlen zeigte. Vitra war es gelungen, in insgesamt 123 verschiedenen Anzeigen der Werbekampagne «Personalities/Stars auf Stühlen» Prominente aus den Bereichen bildende Kunst, Literatur, Musik, Architektur und Film auf Vitra-Stühlen zu präsentieren. «Unser Ziel war ... es, die Kreativsten ihres Metiers, ihrer Kategorie zu gewinnen – sozusagen Top-Leute auf Top-Stühlen zu zeigen.»[3] Vor nahezu gleich bleibendem Hintergrund – meist ein einfacher Textilstoff – sitzen die Stars in unterschiedlichen Haltungen auf einem bekannten Designerstuhl. Die Bildlegende ist karg: Genannt werden der Name des Prominenten, sein Beruf, die Bezeichnung des Stuhls, in Klammern der Entwerfer, und dann folgen ausführliche Angaben zur Firma. An der Stelle der Signatur bei Kunstwerken, am unteren rechten Bildrand, ist das Firmenlogo abgebildet.

■ Die Bekanntheit des Stars soll sich nun auf die Stühle übertragen, wie bei einem Imagetransfer. Zugleich werden die Stühle durch die äußerst unterschiedliche Sitzhaltung der Berühmtheiten, die deren Persönlichkeit unterstreichen soll, wie Persönlichkeiten vorgestellt. Das Designobjekt wird nicht mehr mit seinen eigenen Qualitäten, das heißt mit seinen Gestalt- und Gebrauchswertqualitäten, präsentiert, sondern sein Image soll aufgewertet werden und damit das Image des Möbelherstellers selbst. Solche Werbetricks sind gängige Praxis. Auf ganz ähnliche Weise haben vor Vitra in großen Kampagnen schon Opel, Windsor und American Express gehandelt. Auch hier standen Stars aus Film, Fernsehen und anderen Kulturbereichen im Zentrum der Werbung. Auf ein direktes oder offenes Mischungsverhältnis der Beziehung zwischen Klassikern der Architektur- und Designgeschichte und Autowerbung gehen neuerdings die Firmen Saab und BMW ein. ■ Solche Synergieeffekte versprechen sich auch all diejenigen, die sich in größeren Gebäuden oder Passagen in räumliche Nähe zueinander begeben. Dieses Geheimnis kultiviert die Initiative Stilwerk inzwischen flächendeckend in Deutschlands Metropolen: riesige Gebäude, die wie nach innen gestülpte urbane Großräume wirken, Passagen vergleichbar, in denen der Besucher per «window shopping» von einem Designgeschäft zum anderen gleitet.

WIEDERHOLUNG UND VERSTÄRKUNG
Zu den weiteren Elementen der Musealisierung gehören Wiederholung und Verstärkung. Ein Medium der Wiederholung sind Ausstellungen. Kuratoren sind sich darüber im Klaren, dass jede Ausstellung den Ruf eines Produktes festigt. Unter Legitimations- und Erfolgsdruck gestellt, legen Museen Wert auf große Besucherzahlen. Diese erreichen sie häufig durch den Wiedererkennungseffekt der Exponate. Die zu Kultobjekten erhobenen Klassiker ziehen daher Publikum an. ■ Zur Wiederholung gehört die ständige Auseinandersetzung mit den Klassikern. Dies war auch bei der Kritik am tradierten Kanon des Entwurfs von Möbeln der Fall: den Persiflagen Alessandro Mendinis Ende der siebziger Jahre und den vielen postmodernen Klassikerumwandlungen der achtziger Jahre (Max Schrill). War an die Ablehnung der Orientierung an dem immer gleichen Modell des Funktionalismus der Wunsch geknüpft, die Moderne möge beendet werden, schienen die Persiflagen das Gegenteil zu bewirken: Die Klassiker wurden noch bekannter. Mit den neunziger Jahren tauchten deshalb neben den vielen nicht-lizenzierten Kopien und Plagiaten auch die so genannten «Originalmöbel» auf. Sie wiesen nicht nur eine Lizenz auf, sondern oft noch die Signatur des Entwerfers auf dem Gegenstand (Max Bill).

KONTINUITÄT UND ANALOGIEN
Da ist die Kontinuität der Meisterwerke. An eine alte Schultafel erinnern die von Vitra herausgegebenen Plakate und Bücher, die uns ein Patchwork von «masterpieces» zeigen. Die Kataloge dienen als Nachschlagewerke, die «ausführliche und verlässliche Angaben zu jedem Möbelstück machen, dessen Einfluss für die weitere industrielle Möbelproduktion von Bedeutung war».[4] Die als Persönlichkeiten, Stars oder Meisterwerke stilisierten Möbel kommen auch dem Wunsch des Unternehmens entgegen, keinen eindeutigen, geschlossenen Stil zu vertreten. Ihr Non-Corporate-Design, das zugleich aber eindeutig die Signatur von Vitra trägt, versucht der Unzuverlässigkeit der Trends und schnelllebigen Mode entgegenzutreten und zugleich dem Individualismus der

potentiellen Kunden zu entsprechen. Vitra bietet dem Käufer Wahlmöglichkeiten; wählen kann er jedoch nur aus einer Palette, die vorher definiert ist. ▪ Zum Fundierungsprogramm hervorragender Einzelstücke gehört auch, dass ihre Zahl gering bleibt. Hieraus erklärt sich die häufige Wiederholung derselben Objekte: Der Deutschen Post ist es erst kürzlich gelungen, sie auf vier Klassiker der Moderne nach 1945 zu reduzieren. Dazu gehören wie selbstverständlich die «Bauhaus-Leuchte» und der «Wassily»-Sessel von Marcel Breuer, dazu gehört auch das Tee-Extraktkännchen von Marianne Brandt. Drei von vier ausgewählten Designern sind Bauhäusler.

AVANTGARDE UND ZEITLOSIGKEIT

Ein Klassiker soll Zeitlosigkeit mit ewiger Aktualität verbinden, die er angeblich ununterbrochen unter Beweis gestellt hat. Er ist «in», ohne modisch oder altmodisch zu sein. Damit hebt er sich vom Gros der Produkte ab, ohne jedoch elitär und auch ohne im falsch verstandenen Sinne auffallend zu sein. Adjektive wie «postmodern», «dekonstruktivistisch» oder «memphistisch» treffen auf ihn nicht zu, da er sich angeblich von vornherein nie einer Mode angeschlossen hat und damit dem Verdacht des Flüchtigen und Vergänglichen entgeht. Die Skala der neuen Klassiker von den einfachen Gebrauchsgegenständen von Manufactum bis zu den Re-Editionen von bekannten Designobjekten will dieses Qualitätssiegel der Dauerhaftigkeit garantieren. ▪ Neben der Klassizitäts-Aspiration – der überzeitlichen Gültigkeit – kennzeichnet das Phänomen die Anmutung der Modernität, ja des Avantgardismus. Und dies ist im gängigen Verständnis des Klassischen wie auch der Moderne selbst ein Zusammenspiel von Gegensätzen. Bei den Modernen Klassikern und der Klassischen Moderne tritt der Widerspruch auf, dass nicht nur die Idee des Fortschritts aufgekündigt wird zugunsten eines statischen Zustandes, sondern dass ihre Koexistenz eintritt. Sie spielen mit der Anmutung des Avantgardismus, unterlaufen aber das Avantgardeprinzip. Das zutiefst historische Phänomen «Avantgardismus» wird enthistorisiert und in Zeitlosigkeit umgemünzt. Klassische Moderne und Moderne Klassiker sind daher paradoxe Konstruktionen.

ANMERKUNGEN
1 H. M. Enzensberger, Gangarten. In: ders., Zickzack. Frankfurt/M. 1997, S. 70 **2** A. C. Danto, «Die Kunstwelt». In: Deutsche Zeitschrift für Philosophie, Heft 5/1994, S. 907–919 (Orig.: «The Artworld». In: Journal of Philosophy, Jg. 61, 1964, S. 571–584) **3** Typoskript der Firma Vitra **4** A. v. Vegesack/P. Dunas/M. Schwartz-Claus (Hg), 100 Masterpieces aus der Sammlung des Vitra Design Museums. Ausst.-Kat., Weil am Rhein. 1996

«PLAYTIME»
ENTZAUBERT SICH MODERNITÄT DURCH VERALLTÄGLICHUNG?
WALTER PRIGGE

Vom kleinsten Element bis zur großflächigen Struktur, vom Teelöffel über Möbel, Haus und Siedlung bis hin zur Stadt, reicht der kontinuierliche Entwurfsprozess, den die Moderne durch industrielle Montage serieller Einheiten zu verwirklichen strebte: «Es ist die maximale Kontinuität der Methode auf allen Maßstabsebenen, die Unterwerfung allen Lebens unter eine Idee. Was die deutsche Kunst-Avantgarde in Bauhaus und Werkbund vergeblich versucht hatte – die Verbindung von Form, Funktion und Lebenspraxis –, das hat IKEA ein halbes Jahrhundert später in die Tat umgesetzt. IKEA ist die zu sich selber gekommene ‹Moderne›, die planvolle Homogenisierung aller Vitalfunktionen.»[1] Die Kontinuität der Methode konstituiert den modernen Raum, der die vielfältigen Elemente systematisch integriert, indem die Gegenstände zueinander in Beziehung gesetzt und im Verhältnis von Nachbarschaft, Ähnlichkeit und Differenz geordnet werden. Dieses symbolische System der «Modernität» wird reguliert durch die Idee der «Funktionalität», die jeden Gegenstand als Element eines homogenen Raumes signifiziert: «Wie diffundiert ein kohärentes technologisches System in einem unzusammenhängenden System der Praxis? Wie wird die ‹Sprache› der Gegenstände ‹gesprochen›? Wo liegen schließlich im System der Gegenstände nicht die abstrakte Kohärenz, sondern die erlebten Widersprüche?»[2]

DAS STÄDTISCHE

«1957. Ja, das ist das Datum einer Wende, aber niemand vermutet das im entscheidenden Moment. Niemand erwartet den Wohlstand, der sich einstellen sollte. Die ‹Wende› besteht unter anderem darin: Die Problematik des Städtebaus verschärft sich sowohl in Frankreich als auch in der übrigen Welt, die Probleme der ländlichen Gebiete verlieren langsam, aber sicher an Bedeutung … In den Außenbezirken von Paris wird anfangs in verantwortungsloser Weise experimentiert; diese Art der Planung sollte dann zur festen Einrichtung werden und allgemein Anwendung finden. Nach dieser Art des Planens wird eine formale Einheitlichkeit geschaffen … Alles sieht ähnlich aus, nicht nur Autobahnen und Flugplätze, sondern auch die Wohnhäuser und die öffentlichen Gebäude. Unterdrückt diese gewollte Homogenität nicht die Phantasie, das Schöpferische und den Einfallsreichtum? … Nun verhindert diese Homogenität des Raumes nicht dessen Zersiedlung. Der zersiedelte Raum wird in Parzellen verkauft und genutzt. Für die Homogenität sind die Behörden und die Wirtschaft verantwortlich, während die Zersiedlung dem Markt und der Privatinitiative zuzuschreiben ist. Aber das ist nicht alles. Der zersiedelte Raum ist stark hierarchisch strukturiert: Es gibt Wohngebiete, Zentren für dies und jenes, mehr oder weniger edle Gettos, Anlagen mit unterschiedlichen Statuten usw. … es ist möglich darzulegen, daß dieser zuvor an der Raumordnung erprobte Plan auf andere Gebiete übertragen worden ist, wie etwa auf die Wissenschaft. Es kam zu einer immer stärkeren Aufteilung (Spezialisierung) und zu einer immer stärkeren Hierarchisierung (je nach Dringlichkeitsgrad und technologischer Anwendung). Das Schema wird zum Modell, es verlagert sich von der Realität in die Sphäre der Kultur, bringt zu seiner Rechtfertigung Ideologien hervor (zum Beispiel den Strukturalismus).»[3] «Unbegrenzte Großstadt» lautet die Maxime der fordistischen Planung in der Nachkriegszeit. Die innerstädtischen Prinzipien der funktionalen Raumstrukturierung dehnen sich auf die Peripherie aus (Homogenisierung und Hierarchisierung), und zugleich peripherisiert sich das Zentrum, das ehemals die Geschichte von Stadt und Gesellschaft verkörperte: In den sechziger Jahren «implodiert» das Zentrum in der Banalität einer tertiären Architektur der modernen

Stadt und wird zum leeren Raum-Punkt, der die gesellschaftlichen Beziehungen der Einwohner nicht mehr symbolisch darstellt («Urbanität»), sondern diese in ihrer bloß zeichenhaften Verräumlichung von Konzentration und Zerstreuung lesbar macht («Verstädterung»). «Das Urbane ist also eine reine Form: der Punkt der Begegnung, der Ort einer Zusammenkunft, die Gleichzeitigkeit. Diese Form hat keinerlei spezifischen Inhalt, aber alles drängt zu ihr, lebt in ihr. Sie ist – wiewohl das Gegenteil der metaphysischen Einheit – eine Abstraktion ... Was erschafft sie? Nichts. Sie zentralisiert Schöpfungen. Und dennoch, sie erschafft alles. Nichts existiert ohne Austausch, ohne Annäherung, ohne Nähe, ohne Beziehungsgefüge also. Sie schafft die urbane Situation, in der unterschiedliche Dinge zueinander finden und nicht länger getrennt existieren, und zwar vermöge ihrer Unterschiedlichkeit. Das Städtische, indifferent gegenüber jeder ihm eigenen Differenz ... führt sie ja gerade zusammen. In diesem Sinne wird das soziale Beziehungsgefüge durch die Stadt konstruiert, verdeutlicht, sein Wesen wird freigesetzt.»[4] In der urbanisierten Moderne der Nachkriegszeit kehrt sich das Verhältnis von Industrialisierung und Urbanisierung um: Das Städtische und nicht das Industrielle ist nun die konstruktive Einheit des Sozialen, und der herrschende Diskurs des Städtischen ist nun Soziologie. «So ist das Urbane zwar soziologisch, bildet aber kein System. Es gibt kein Verstädterungssystem, und das Urbane kann in kein einheitliches Formensystem aufgenommen werden ... Unter diesem Blickwinkel würde die Linguistik zur Analyse des Phänomens beitragen. Nicht, weil das Urbane eine Sprache oder ein Zeichensystem wäre. Sondern weil es eine Ganzheit und eine Ordnung im Sinne der Linguistik wäre.»[5] Die abstrakte Struktur «Stadt» bestimmt den Wandel der alltäglichen Lebensverhältnisse in der Nachkriegszeit, sie ist der organisierende Rahmen der Modernisierung, der das Leben der Stadt beherrscht und der sich ohne Bezug auf die Individuen als Subjekte der Modernisierung konstituiert: «Es meint nicht mehr das bloße Dasein in der Stadt oder die Erfahrung eines Raumes, in dem sich das Subjekt zugehörig fühlt, sondern ein Geschehen, in das die Bewohner der Stadt und deren Dingwelt immer schon einbezogen sind. Was sich als Leben der Stadt bezeichnen ließe, ist ein Prozeß, der unabhängig bleibt von der menschlichen Verfügung, gleichwohl nur durch menschliche Praxis des Umgangs mit den Dingen sich realisiert.»[6] Das Städtische, das nun das Industrielle (die Reproduktion der Produktionsweise) und das Gesellschaftliche (die Reproduktion der Produktionsverhältnisse) integriert, programmiert das Handeln auf voneinander getrennte, jedoch homogene räumliche Einheiten. Als Elemente des urbanen Alltags erhalten sie Zusammenhang erst im praktischen Handeln der Individuen, also durch die Möglichkeitsräume des alltäglichen Lebens in der Stadt: «Die Umwelt des Alltags stellt in hohem Grade ein ‹abstraktes System› dar, worin alle Gegenstände hinsichtlich ihrer Funktion zumeist isoliert dastehen, und erst der Mensch stellt ihre Kohärenz, nach Maßgabe seiner Bedürfnisse durch ein funktionelles Gefüge, her.»[7]

VILLES NOUVELLES

In der Dominanz der fordistischen Raumpraktiken über die industriellen Kulturen formieren sich die politischen Technologien der gesellschaftlichen Planung im Urbanismus zur herrschenden Ideologie des modernen Alltags der sechziger Jahre. Der Stadt-Planer als spezieller Intellektueller des verstädterten Raumes ist der Spezialist der Stunde, Technokratie die institutionalisierte Form seiner Herrschaft, «Urbanität» seine kulturelle

Ideologie. Die homogene Industriestadt verwandelt sich in den differentiellen Raum einer «bürokratischen Gesellschaft des gelenkten Konsums» (Henri Lefèbvre), Räume und individuelles Handeln werden nun gleichermaßen auf der Grundlage standardisierter Konsumpraktiken hierarchisch typologisiert. ▪ Jeder Ort kann Subzentrum werden, das klassische Verhältnis von Zentrum und Peripherie der europäischen Stadt wird dezentriert. Der städtische Raum wird durch die Zones à Urbaniser en Priorité (ZUP) unterteilt und zerstreut sich in regional parzellierte Einheiten, die durch ihre Abstände, gemessen in der linearen Zeit von homogenen Verkehrsbeziehungen, differentiell definiert sind. ▪ Mit dem tendenziell unbegrenzten Stadtwachstum erweitert sich die Stadtplanung von der regionalen Planung der Entlastungsstädte, den Villes Nouvelles, zur nationalen Raumplanung. Sie ist die geographische Ergänzung zur wirtschaftspolitischen «Planification» der Regierung de Gaulle. Die nationale Raumpolitik erlangt 1963 mit dem Institut Datar direkten Einfluss auf die gaullistische Wirtschaftspolitik, die die Verlagerung der Pariser Industrie in die Provinzen zugunsten eines Ausbaus des tertiären Sektors betreibt, mit der entsprechenden Sanierung innerstädtischer Flächen («Rénovation urbaine»). Mit ihr werden große Teile der Bevölkerung in die peripheren Zonen verdrängt: «Paris hatte 1962 2,8 Millionen Einwohner, also etwa die gleiche Zahl wie 1921. Zwischen 1962 und 1975 geht die Einwohnerzahl jedoch von 2,8 Millionen auf 2,3 Millionen zurück, also fast um eine halbe Million. Wenn man die Wanderungsbewegungen analysiert, wird deutlich, daß in der Zeit von 1962 bis 1975 über eine halbe Million Menschen nach Paris zogen, während 1,7 Millionen abwanderten. Damit verließen 2/3 der Einwohner von 1962 Paris. Sie wurden durch eine neue Bevölkerung ersetzt, die die Hälfte der Gesamt-Bevölkerung darstellt.» [8] ▪ Die Zerstreuung der städtischen Bevölkerung wird universell. Die industriellen und tertiären Arbeitskräfte verteilen sich auf die Grand Ensembles der Pariser Region; ihre Beziehungen zur Stadt gleichen nun denen von Nomaden, die im Achtstundentakt die Pariser Geschäftszentren füllen und wieder verlassen. So wie die 30.000 Angestellten im Büroviertel La Défense, die die aktuelle Soziologie der städtischen Dienstleistungsgesellschaft prägen: «Die nomadisierende Bevölkerung der Défense ist vollkommen homogen, die Angehörigen des Dienstleistungssektors sind unter sich: die leitenden Herren mit schwarzen Aktenkoffern, die mittleren und kleinen Angestellten, die am Zeitungskiosk weder Le Monde noch L'Humanité kaufen, sondern den France Soir, Arm in Arm viele junge Sekretärinnen und mit Einkaufstaschen behängt die schon etwas älteren Bürodamen.» [9]

«LA DÉFENSE»
«In ‹Playtime› sind der Pariser Flughafen Orly, ein Bürogebäude, ein Supermarkt und eine Ausstellungshalle für 24 Stunden das Spielfeld einer Touristengruppe. Austauschbare Plätze, die sich in jeder westlichen Metropole befinden könnten. Kühl, hochglanzpoliert und eintönig ist das uniforme Bild. In diesem Businessviertel bleibt für Begegnungen anfangs wenig Raum. Der rechtwinklig funktionalistische Bauhausstil weist den Weg. ‹Es gibt Charaktere, die Gefangene der modernen Architektur sind, weil die Architekten sie zwingen, immer auf einer Geraden zu gehen›, erklärte Tati das rege und undurchschaubare Hin und Her der Akteure ... Jede Person, jedes Material hat hier seinen Ton. Im Laufe des Films beginnen die Charaktere sich ihren Weg zurechtzubiegen. Bis alles in chaotisches Drehen und Kreisen übergeht.» [10] ▪ Gegenstand von Jacques Tatis «Playtime» ist das Städtische, das Leben der Stadt in der Dienstleistungsgesellschaft. Noch bevor das

Büroviertel La Défense real gebaut wurde, hatten Tati und sein Architekt Jacques Lagrange (der später erste Entwürfe für La Défense anfertigte) das Bild dieses Viertels als Kulisse für ihren Film von 1967 mit 50.000 Kubikmetern Beton und 1.200 Quadratmetern Glas aufgetürmt. Zwischen den verschiebbaren Architekturkulissen inszeniert Tati das Panorama des modernen Dienstleistungsalltags in einer 24-Stunden-Stadt, die den Rhythmus der Handlungseinheiten jedoch lediglich rahmt – sie werden durch die Anwesenheit der Hauptfigur Monsieur Hulot/Tati miteinander verknüpft. Die Zeitlichkeit des Films ist die der Gleichzeitigkeit, die Simultaneität urbaner Situationen. Tati wählt allerdings nicht die übliche Methode zur Darstellung städtischer Gleichzeitigkeit (es gibt nur wenige Schnitte), sondern er inszeniert sie durchweg in den Totalen des breiten 70-Millimeter-Films, in denen sich unterschiedliche Szenen in einem Raum zugleich abspielen. Präsentiert werden Tableaus von Handlungselementen, die im Nebeneinander der dichten Panoramabilder miteinander verbunden werden. In diesem Verzicht auf eine durchgehende narrative Handlungsstruktur hält Tati die ideologische Zeit der Moderne, das lineare Fortschreiten der Modernisierung, an, die in den simultanen Standbildern des Alltags wie stillgestellt erscheint. ▄ Nach diesem urbanen Prinzip der Gleichzeitigkeit konstruiert Tati seinen Gegenstand, die moderne Welt der Dienstleistungsgesellschaft. Der Film spielt also nicht einfach in städtischen Kulissen, wie so viele Filme, in denen die Stadt lediglich eine Bühne für die Handlung darstellt. «Playtime» inszeniert vielmehr das Leben der Stadt durch tableauartige Räume, in denen das urbane Prinzip der Gleichzeitigkeit die Filmbilder selbst erzeugt: Damit ist das Städtische methodisches Herstellungsprinzip und Gegenstand des Films zugleich – was ihn zu einem urbanen Film par excellence macht. ▄ Diese urbane Qualität kennzeichnet auch die Tongestaltung. Zu hören ist ein unverständliches Sprachengewirr aus englischen, französischen und deutschen Satzfetzen, die die Internationalität der städtischen Dienstleistungsgesellschaft und deren eigentümliche Sprachlosigkeit charakterisieren. Zu diesem urbanen Gemurmel tritt, statt begleitender Filmmusik, eine ausgeklügelte Geräuschpartitur aus den Klängen, die unterschiedliche Schuhe, fallende Gegenstände, sich wieder aufblähende Plastiksitze, hantierende Kellner oder Handwerker und kreisende Automobile erzeugen. »Am Ende blickt man auf einen Kreisverkehr, auf dem Autos wie im Karussell immer rundherum fahren, wie auf einer Spieluhr, mit der Tati seiner Welt ihre eigene Melodie vorspielt, um die Verhältnisse zum Tanzen zu bringen. Und weil kaum Sätze fallen, sondern austauschbares internationales Kauderwelsch gesprochen wird, ist ‹Playtime› im Grunde ein Musical – alles darin ist Rhythmus, Bewegung, Choreographie.«[11] ▄ Die Bewegungen der Personen auf Rolltreppen und Straßen, in Büros, Wohnungen und Ausstellungsräumen sind pantomimisch choreographiert: stumme, visuell geleitete Begegnungen mit flüchtigen Kommunikationen, die mittels Gebärdensprache hergestellt werden – die Stadt bringt die Menschen in zufälligen und unverbindlichen Begegnungen zusammen. Die öffentlichen Räume gleichen Bühnen oder Laufstegen, auf denen sich die Individuen modisch uniformiert präsentieren. ▄ Von Szene zu Szene stolpert Monsieur Hulot raumverloren und sprachlos suchend durch diese urbanen Situationen und kämpft mit den Tücken der funktional geordneten Alltagswelt. Sie funktioniert nicht: In den Funktionspannen, die zu spontaner Selbstorganisation und schöpferischem Chaos führen, entzaubert Tati die glatte Ordnung dieser nicht funktionierenden Modernität – eine Spiegelung zwischen transparenten Glaswänden führt zu einer blutigen Nase, eine zerbrochene Fensterscheibe erzeugt einen Straßenauflauf, eine instabile Raumdekoration verführt zu einer spontanen Party unter den Gästen eines Restaurants, die dessen «Programm» durcheinander bringt. Erst solche Funktionspannen erzeugen Lebendigkeit und Kommunikation des Lebens in der Stadt, als selbstorganisierte Möglichkeiten zur Unterbrechung und subversives Potential zur Transformation des uniform programmierten Alltags. ▬ Jenseits narrativer Handlungsstrukturen wird ein Kinomythos, der seine Grundlage außerhalb des Kinos hat, durch die optische Ausgestaltung eines Raumes bildhaft eingeprägt und damit auf spezifisch filmische Weise reproduziert: «Wichtig ist nun, daß der Kinomythos aus der Verbindung der Fabelstruktur mit einer recht genau umrissenen ‹Welt› oder besser: eines Raumes besteht ... Kinomythos ist ein Bündel optischer Zeichen, die einen Raum konstituieren – den Raum des Westens, das Labyrinth der Großstadt des Gangsterfilms, die technisierte Weltraumszenerie der Science Fiction.» [12] Was könnte den Mythos Modernität besser darstellen als die unheimlich modernen Räume einer Dienstleistungsstadt? ▬ Ihre Unheimlichkeit besteht darin, dass die Dienstleistungsarbeit, im Unterschied zum Handwerk und teilweise auch noch zur Industrie, unanschaulich und daher nicht repräsentierbar ist. Dienstleistungsarbeit ist in ihrer technischen Funktionalität gesellschaftlich «durchsichtig» und bedarf keines gestalterischen Ausdrucks. «Es ist das Eigentümliche der technischen Gestaltungsformen (im Unterschied zu den Kunstformen), daß ihr Fortschritt und ihr Gelingen der Durchsichtigkeit ihres gesellschaftlichen Inhalts proportional sind (daher Glasarchitektur).» [13] Die vollkommene Transparenz der Glasarchitektur stellt diese Ausdruckslosigkeit der Moderne dar: Funktionale Gestaltung ist ausdruckslos, und diese «Formlosigkeit» macht sie der alltäglichen Wahrnehmung zwar durchsichtig, jedoch für ihre Erfahrung undurchdringlich. Um den Mythos der Modernität zu entzaubern, bedarf es also einer Kunstform, wie hier des Films, in der optische Zeichen einen Bildraum, eine «Welt» konstituieren: Erst in dieser künstlerischen Konstruktion eines Raumes wird die Wirklichkeit als Konstruktion durchschaubar und kann als mythische entzaubert werden. ▬ Einen solchen artifiziellen Raum der Zeichen konstruiert Tati und «bedeutet» damit in seinen Filmbildern die städtische Konstruktion der modernen Welt. Spezifisch für die moderne Gestaltung ist ihr Ausstellungscharakter. «Playtime» spielt dieses Ausstellungsmotiv auch mehrfach durch: eine Ausstellungsmesse für das moderne Wohnen; ein Großraumbüro, das durch «White Cubes» unterteilt wird; Esswaren in der Snackbar, präsentiert wie Ausstellungsstücke. Und gewohnt wird in großen gestapelten Vitrinen mit Schaufensterscheiben, die den Blick freigeben auf die Homogenität der Möblierung (Wohnzimmer wie Büro) und des Freizeitverhaltens: Alle Bewohner sitzen vor dem Fernseher, und alle haben das gleiche Programm eingeschaltet. Diese Homogenität der modernen Welt basiert auf einem einheitlichen System von Gegenständen und Verhaltensweisen. Es definiert die Beziehungen zwischen den Dingen und ihrer Wahrnehmung, die Atmosphäre der Gestaltung, und damit das alltägliche Verhältnis der Individuen zu diesen Beziehungen. Die Einheiten und die Werte dieses Alltagssystems sind darstellbar in einem Raum der Zeichen von Nachbarschaft und Differenz – wie er von jedem Ausstellungsraum, etwa eines Museums, modellhaft konstruiert wird.

SPRACHE DER DINGE

Tatis und Godards Filme, der «gegenständliche» Nouveau Roman, die Décollagen des Nouveau Réalisme, die Siedlungsarchitekturen von Aillard (La Grande Borne) oder die neuen Linien von Dior und Citroen (DS) setzen in den sechziger Jahren an der modernen Morphologie des städtischen Alltags an und entreißen ihm seine letzten, verzauberten Geheimnisse. Die modernen Medien der fordistischen Massengesellschaft lösen die traditionellen Kulturinstitutionen ab. Radio, TV, Taschenbuch und illustrierte Zeitschriften transportieren die moderne Alltagskultur an jeden Ort und verwischen die Unterschiede zwischen den E- und U-Kulturen. Die Popular-Art durchdringt als erster postmoderner Ansatz den Alltag der sechziger Jahre – bis hin zu den Mondrian-Kleidern von Yves Saint Laurent (Prêt à porter): In der Massenkultur des Neuen veralltäglicht sich die ehemals avantgardistische Moderne. Veralltäglichung ist das Credo der konsolidierten Nachkriegsgesellschaft, Entzauberung ihr kultureller Mechanismus. ▪ «Im Namen der Dinge» (Ponge) werden nun die «Mythen des Alltags» (Barthes) bedeutet: Jenseits abstrakter Kunst und Geschichten erzählender Literatur enthüllen die Dinge ihre aktuelle Existenz «im Augenblick der Gegenwart» (Zeltner), im Akt der Beschreibung ihrer gegenständlichen Oberflächen. Die derart «gegenständlich» entzauberte Welt wird in ihrer filmischen Zeichenhaftigkeit minutiös semiologisch nachgezeichnet, wie es paradigmatisch für den Nouveau Roman und gegen den literarischen Existentialismus gefordert wird: «Aber die Welt ist weder sinnvoll noch absurd. Ganz einfach: sie ist. Jedenfalls ist das ihr bemerkenswertestes Zeichen. Um uns herum, den Schwarm unserer seelenspendenden oder häuslichen Beiwörter herausfordernd, sind die Dinge da. Ihre Oberfläche ist säuberlich und glatt, unberührt, aber ohne zweideutigen Glanz und ohne Durchsicht ... Im ursprünglichen Roman waren die den Erzählstoff bildenden Gegenstände und Gebärden gänzlich verschwunden, um der einzigen Bedeutung Platz einzuräumen: der leere Stuhl war nur noch Abwesenheit oder Warten, die schulterdrückende Hand war nur noch Sympathiezeichen, das Fenstergitter war nur noch die Unmöglichkeit zu entfliehen. Und jetzt, plötzlich, sieht man den Stuhl, die Handbewegung, das Gittergebilde. Ihre Bedeutung bleibt offensichtlich, aber statt unsere Aufmerksamkeit gänzlich auf sich zu ziehen, erweist sie sich als das uns dazu Gegebene, sogar als das uns zum Überfluß Gegebene ... An Stelle dieses Universums der ‹Bedeutungen› (sowohl psychologischer als auch sozialer und funktioneller Art) sollte man vielmehr versuchen, eine festere und unmittelbarere Welt zu bauen. Erst sollen Gegenstände und Gebärden durch ihre Gegenwart ihre Existenz beweisen. In dieser künftigen Welt des Romans werden Gebärden und Gegenstände erst ‹da› sein, bevor sie ‹etwas› sind ... So sollen die Gegenstände allmählich ihre Flüchtigkeit und ihre ‹Heimlichkeit› verlieren, auf ihren falschen Zauber verzichten, auf ihre verdächtige Innerlichkeit, die Roland Barthes ‹der Dinge romantisches Herz› genannt hat. Diese Dinge sollen nicht mehr die unbestimmte Widerspiegelung der unbestimmten Seele des Helden, das Bild seiner Pein, die Stütze seiner Wünsche sein ... Mit dem Zusammenbruch der essentialistischen Auffassungen vom Menschen und mit der Auflösung des ‹Naturbegriffes› durch den Bedingtheitsbegriff hörte für uns die Oberfläche der Dinge auf, die Maske ihres Herzens zu sein ...»[14] ▪ Philosophie, Kulturtheorie und Sozialwissenschaften reflektieren diese künstlerischen Praktiken der Entzauberung im gleichzeitigen Bruch mit der existentialistischen Phänomenologie des Alltags von Sartre und anderen. In den Beziehungen von Wörtern und Dingen werden jetzt auch die

Dinge, ihr Gebrauch und ihre Bedeutungen, nach den linguistischen Modellen der Sprache als Sinnpraktiken semiologisch entzaubert: «Ich bin in meinem Zimmer, ich sehe mein Zimmer, aber ist mein Zimmer sehen nicht schon es mir ‹sprechen›? Und selbst wenn es nicht so ist, was werde ich sagen von dem, was ich sehe? Ein Bett? Ein Fenster? Eine Farbe? Schon zerschneide ich wütend das sich vor mir befindende Kontinuum. Und noch mehr: diese einfachen Wörter selbst sind Werte, sie haben eine Vergangenheit, eine Umgebung. Ihr Sinn wird weniger aus ihrer Beziehung zum Objekt geboren, das sie bedeuten, als aus ihrer Beziehung zu anderen Wörtern, die ihnen benachbart und die zugleich verschieden von ihnen sind.»[15]

RAUMWANDEL

Im modernen Wohnraum lösen sich die symbolischen Objektbeziehungen auf, die den Elementen des traditionellen bürgerlichen Interieurs, dem Bett, dem Fenster, der Farbe, ihre feste Bedeutung gaben. Ihre Eindeutigkeit, Unverrückbarkeit und Förmlichkeit verkörperte die affektiven Bindungen der Individuen an ihre sozialen Milieus: «Dieses Heim bildet einen spezifischen Raum, der an einer sachlich-objektiven Einrichtung wenig Geschmack findet, weil hier Möbel und Gegenstände vor allem die Funktion haben, die menschlichen Beziehungen zu personifizieren, den Raum, in den sie sich teilen, zu bevölkern, und selbst eine Seele besitzen ... In diesem Raum ist ihnen eine ebenso begrenzte Autonomie zugestanden, wie sie die verschiedenen Familienmitglieder in der Gesellschaft haben.»[16] Die modernen Möbel und Gegenstände werden aus diesem Raum, der ihre soziologische Funktion symbolisch festlegte, befreit. Sie werden, wie die Individuen selbst, aus den traditionellen Beziehungen entlassen: «Heute lassen die Gegenstände endlich klar erkennen, wozu sie dienen. Sie sind also frei als Objekte der Funktion, das heißt, sie haben die Freiheit, ihre Funktion frei zu erfüllen, und (was die Seriengegenstände betrifft) praktisch nur diese.»[17] ▬ In den sechziger Jahren konstituiert das freie Spiel der Funktionen eine neue Form des Raumes: «Jetzt ist es der Raum selbst, der zwischen ihnen (den Gegenständen, W. P.) frei sein Spiel treibt und zur universellen Funktion ihrer Beziehungen und ihrer ‹Werte› wird.»[18] Dieser «Stilwandel» ist also in Wirklichkeit ein Raumwandel; er destruiert die traditionelle Atmosphäre der Innerlichkeit («der Dinge romantisches Herz») zugunsten der Konstruktion eines abstrakten Raumes reiner Funktionalität, der den Kriterien der Information, der Disposition und des gestalterischen Kalküls gehorcht. In diesem Raum wird alles «funktionell»; denn jenseits ihrer zweckbestimmten Funktionalität werden die «funktionalen» Gegenstände selbst zu Objekten eines Spiels von Besetzungen, das eine neue systematische Ordnung hervorbringt: «Funktionalität heißt das Vermögen, sich in ein zusammenhängendes Ganzes zu integrieren. Für den Gegenstand bedeutet das die Möglichkeit, über seine ‹Funktion› hinauszuwachsen und eine zweite anzunehmen, zu einem Element des Spiels im Rahmen eines universellen Systems der Zeichen, der Kombination und des Kalküls zu werden.»[19] ▬ Atmosphäre und Stimmung der Wohnung ergeben sich nun nicht mehr organisch aus den «natürlichen» Beziehungen der Menschen zu den Objekten, sondern sind Resultat der Konstruktion von Beziehungen zwischen diesen Objekten selbst, die deren Werte festlegen: Es ist dieser abstrakte Raum von Zeichen, der den unterschiedlichen Objekten signifizierend Kohärenz verleiht und der nun Gegenstand des Einrichtens wird. Der Bewohner wird zum Raum-Gestalter, er realisiert nach eigenen Vorstellungen und Entwürfen eine Wohnidee, die die Bedeutung der einzelnen Wohnelemente und deren räumliche Beziehungen kontrolliert. Wohnen wird somit zu einer Einrichtungs-Aufgabe, zum Erkennen und Lösen von Problemen. Der Bewohner muss lernen, die Beziehungen der Gegenstände, ihren Zusammenhang und ihre Werte, systematisch zu beherrschen, um den sich wandelnden Raum ordnen zu können: «Nun geht es nicht mehr um eine gegebene, sondern um eine gemachte, gemeisterte, also selbstgeschaffene Welt ... Alles muß zusammenhängen, alles funktionell sein – keine Geheimnisse, kein Mysterium, alles ist organisiert, folglich ist alles durchsichtig.»[20] Die Problematik des Wohnens pendelt zwischen den Polen «Festlegung» und «Beweglichkeit» und wird zu einem kontinuierlichen Prozess des «Sich-Ein-Richtens» in einem Raum, der im stetigen Wandel begriffen ist. Keine andere Institution verkörpert diesen Raum-Wandel so gut wie der schwedische Möbelkonzern IKEA. Dieses «unmögliche Möbelhaus», wie eine der Selbstbezeichnungen lautete, propagiert seit den siebziger Jahren in Deutschland das «andere Wohnen». Gegen die festgelegte, einschränkende und förmliche Atmosphäre der elterlichen Wohnwelt, die sich auch in der Nachkriegszeit noch am symbolisch schweren Mobiliar des bürgerlichen Interieurs orientierte, setzte IKEA das schwedische Leichte, Helle, Natürliche, das den jugendlichen Konsumenten die Chance bot, sich ihre eigene und beweglichere Wohnwelt zu schaffen. «Mit IKEA soll sich ein Raum eröffnen, der offen ist für eine Sphäre der Verwandlungen. In einer Art Gegenzauber wird die Möglichkeit propagiert, der Gefahr des Festgelegtwerdens und der Einengung von Spielräumen aus dem Wege gehen zu können ... Nicht nur durch die Kultur des Mitnahmemöbels, auch durch einen veränderten Ton in Werbung und Präsentation scheint sich Ungeahntes anzukündigen. Auf besondere Inszenierungen und Dekorationen wird verzichtet, da nur das ‹Wesentliche› angesagt ist. Die besondere Qualität des Möbelkaufens, die große Anschaffung, auf die man lange gespart hat, fällt weg, das Ganze soll ‹schwereloser› werden...»[21] IKEA bricht mit der Tradition des symbolischen Möblierens, bereits beim Einkaufen wird der spielerische Umgang mit Möbeln eingeübt: «Man muß nicht warten. Die typische Erwachsenenkultur des Triebaufschubs scheint aufgehoben.»[22] Dazu die ungezwungene Selbstbedienung, der preiswerte Selbsttransport und der eigenständige Aufbau des Halbfertigprodukts zu Hause: Für die jugendlicheren Generationen ist dies die Gelegenheit, die Gestaltungsprinzipien des modernen Wohnraumes einzuüben und sich selbst mit eigenen Ideen zu verwirklichen. «IKEA inszeniert aber im Ganzen den Charakter des Umbildens; hier werden – einem ‹therapeutischen Raum› ähnlich – Probleme des Möbelkaufens und Einrichtens angesprochen und Richtungen zu ihrer Bewältigung gewiesen. IKEA als ‹Behandlungszentrum› für Möblierungsprobleme: Hier kann man seine ‹Traumatisierungen› durch die unverrückbare Möbelwelt (der Eltern) bearbeiten und mit dem Gedanken spielen, alles einmal ganz anders zu machen.»[23] Wie IKEA neue Räume eröffnet, die Verwandlungen möglich machen, zeigt der aktuelle Katalog 2002/03 beispielhaft auf den ersten 40 Seiten. Die Aufgabe besteht dieses Jahr darin, die dritte Dimension des Raumes zu erobern: «Lebe hoch 3!» Jenseits des festgelegten Grundrisses werden Einrichtungs-Spielräume im Aufriss aufgezeigt – Platz ist auch an den Wänden – und Lösungsansätze vorgeführt, wie man aus 22 Quadratmetern Grundfläche 60 oder aus 35 Quadratmetern 116 usw. machen kann. Das erfordert ein «neues Denken»: «Räume aus einer anderen Perspektive betrachten». «Denken Sie in Kubik statt in Quadrat!» «Auf 35 Quadratmetern können Sie ein Wohnzimmer, ein Esszimmer, ein Schlafzimmer, ein Kinderzimmer und ein Arbeitszimmer unterbringen. Und es bleibt sogar noch Platz für Entspannung, Freude und Phantasie. Wenn man umdenkt.» «Das Beste an ‹Lebe hoch 3!›: Es lässt sich ganz einfach umsetzen. Sie müssen nur offen sein für neue Ideen und etwas Mut haben. Und beim Einrichten nicht nur den Boden einplanen, sondern den Boden, die Decke und alle vier Wände. So kommen Sie zu ganz neuen Lösungen.» «Jetzt haben Sie bestimmt verstanden, was wir mit ‹Lebe hoch 3!› meinen.» ▪ Angesprochen wird der Konsument als Raum-Gestalter, der sich durch neue Wohnideen inspirieren lässt und «Schritt für Schritt» in neue Vorstellungen und Entwürfe des Wohnraumes eingeführt wird. Im Zuge dieser Anrufung der Konsumenten als Experten für Gestaltung werden ihnen en passant Erkenntnisse vermittelt («In keiner Küche wird einfach nur gekocht»; «Kinder sind immer in Bewegung. Das macht nicht nur einfach Spaß, es ist auch gut für ihre Entwicklung»), in der «Kunstschule», einer Anleitung zum Anstreichen von Möbeln, wird ihre «Kreativität gefördert», und zwischendurch erinnert der IKEA-Katalog alle zwanzig Seiten an die Philosophie der modernen Möblierung: «Gutes Design, Funktionalität, Qualität und günstiger Preis». Zudem können die Wohnexperten mit anderen in der «IKEA-Family» (Einrichtungsmagazin «ROOM», Veranstaltungen, Vergünstigungen et cetera) kommunizieren – auf mehreren Internetseiten tauscht man zum Beispiel selbst verfasste, verständlichere Versionen von Gebrauchsanweisungen aus. Die Bindekraft der temporären Konsumentengemeinschaft IKEA ist so stark, dass die Ankündigung eines IKEA-Besuches oft die ganze Familie mobilisiert und Eröffnungen von Filialen 30.000 Besucher anlocken. Das schaffen sonst nur Popstars oder Fußballvereine.

PLAYSTATION
«Beim Einrichten einer Wohnung sind 2 Dinge besonders wichtig: Funktionalität und Geschmack. Für Funktionalität sorgen Sie mit flexiblen Möbeln ... Und Geschmack beweisen Sie mit Farben, Textilien und Accessoires wie Leuchten und Spiegeln.» «Helle, freundliche Farben sorgen für eine angenehme Atmosphäre. Und clevere Ideen für Ordnung.» «Auch mit Licht können Sie Ihr Zuhause einrichten. Zum einen schaffen mehrere Lichtquellen eine gemütliche Atmosphäre. Zum anderen sind Leuchten in den verschiedenen Formen, Farben und Materialien ganz schön dekorativ.» «Eiche, aber nicht rustikal. Die AMIRAL Aufbewahrungsserie kombiniert Eiche ganz harmonisch mit Glas und Edelstahl.» «Das flexible FAKTUM Küchensystem passt in jede Küche. Lässt sich einbauen oder frei aufstellen. Und mit vielen Fronten, Griffen und Elektrogeräten ganz persönlich gestalten.» «Kleiner Persönlichkeitstest: Gefällt Ihnen, was Sie hier sehen? Wenn Sie jetzt mit Ja antworten, sind Sie ein echter Romantiker, der an die Liebe, an Harmonie und Frieden glaubt. Wenn es Ihnen nicht gefällt, sind Sie vielleicht einfach ein Romantiker mit einem anderen Geschmack.» «Bei IKEA finden Sie Küchen- und Esszimmerserien, die in Form, Material und Farben harmonisch aufeinander abgestimmt sind ... Und wenn Sie's lieber bunter mögen, können Sie ... natürlich auch nach Lust und Laune kombinieren.» «Textilien in Küche und Esszimmer sind wie Zutaten eines guten Essens: Man wählt sie sorgfältig aus, nimmt etwas hiervon und davon, mixt und vermengt alles. Und am Ende fügen sich die einzelnen Zutaten zu einem geschmackvollen Ganzen.» «Die aufeinander abgestimmten Farben und Muster machen es leicht, Gardinen, Teppiche und Bettwäsche zu kombinieren. Und so einen harmonischen Gesamteindruck zu schaffen.» ▪ Um eine Atmosphäre, eine ganzheitliche Stimmung, herzustellen, müssen die ver-

schiedenen Elemente der Möblierung aufeinander abgestimmt werden. In diesem kombinatorischen Spiel verlieren die Elemente ihre Singularität – sie werden Teil eines Systems, das ihre symbolischen Werte freistellt. Der Diskurs der Möbel streift seine Soziologie ab: Die Symbole der Familie weichen im Wohnraum den Zeichen eines funktionellen Raumes, in dem die traditionellen sozialen Beziehungen «ausgestellt» werden; das heißt, sie erscheinen transformiert in der individualisierten Form einer «persönlichen» Gestaltung. Diese Individualisierung/Personalisierung kennzeichnet den urbanen Ausstellungscharakter der modernen Wohn-Atmosphäre, die durch die Rekombination der symbolisch befreiten Gegenstände hergestellt wird. ■ In der funktionellen Gestaltung der sechziger Jahre sind die Lichtquellen verborgen und befreit vom repräsentativen Leuchtkörper – Licht wird nun aus dem Kontrast von hellen und dunklen Strahlungswerten konstruiert. Der Einsatz von Farben richtet sich nicht mehr nach deren singulären Werten – ihre Tonalität wird zwischen warm und kalt skaliert: Der Gegensatz von Schwarz und Weiß erzeugt die dominierenden grauen Töne, «Rot», «Blau» oder «Gelb» werden zu den vordringenden Pastellfarben gemischt. Die tonalen Qualitäten von Licht und Farbe sortieren sich auf analytischen Skalen, die durch Gegensätze reguliert werden. ■ Auch die Materialien befreien sich aus ihrer symbolischen Stofflichkeit, neue kommen hinzu (Beton brut, Kunststoffe, Metall). Das Glas, dieser «Nullpunkt der Materie», macht kein Geheimnis aus seinem Inhalt und signifiziert gleichzeitig Nähe und Distanz, Vertrautheit und Kühle: «Genau wie die Atmosphäre auch zeigt das Glas nur zeichenhaft seinen Inhalt ... Die ewige Symbolik der Glaswohnungen bleibt immer vorhanden, aber sie hat von ihrer Subtilität in der Moderne eingebüßt ... Das Glas bietet zwar Möglichkeiten der rascheren Kommunikation zwischen innen und außen, aber zugleich zieht es eine unsichtbare Wand auf, die verhindert, daß diese Verbindung eine wirkliche Öffnung zur Welt wird ... Die ganze Welt wird wie ein Bühnenbild an das häusliche Universum angeschlossen.»[24] ■ Die Sitzelemente negieren die strenge Moralität des sozialen Gegenübers – sie organisieren nun die Atmosphäre des persönlichen Gesprächs und werden damit zu Elementen der Gestaltung von Beziehungen zwischen den Personen. Die Formen der Möbel streifen ihre anthropomorphen Reste ab und signifizieren ebenso «Funktionalität» wie die übrigen, immer weiter verkleinerten technischen Geräte, die unter Abstraktion von Kraft und Energie «wie von selbst» auf Knopfdruck funktionieren... «So gelangt die ganze moderne Innenausstattung en bloc auf das Niveau eines Systems der Zeichen: der ‹Atmosphäre›, die nicht mehr aus der besonderen Gestaltung der einzelnen Elemente hervorgeht ... Im gegenwärtigen kohärenten System wird der Erfolg eines Ensembles auf der Ebene der Erzwingbarkeit einer Abstraktion und Assoziation entschieden ... Es gibt auch nichts, was sich nicht in dieses System integrieren ließe: von den alten Objekten über die ‹gediegenen› Bauernmöbel bis hin zu den Erzeugnissen des Kunstgewerbes. Daß man zur Zeit immer mehr auf solche Erzeugnisse zurückgreift, steht mit dem System nicht in Widerspruch. Sie werden hier gerade zu den ‹modernsten› Figuren und Farben der Wohnatmosphäre.»[25]

DO IT YOURSELF
«Die mannigfaltige Verwendbarkeit der Einrichtungsstücke gewährt einen freieren Spielraum für das Organisieren, das seine Entsprechung in der größeren Disponibilität auf dem Gebiet der sozialen Beziehungen findet. Doch das ist gewissermaßen nur eine Teilbefreiung ... eine Emanzipation, aber keine Befreiung, da sie nur ein Freistellen von der

Funktion des Gegenstandes, nicht vom Gegenstand selbst bedeutet.»[26] Die experimentellen Analysen von Licht und Farbe, Form und Materie standen im historischen Bauhaus unter dem Zeichen einer «Verwesentlichung» der Dinge und führten zur Konstruktion eines homogenen Raumes von Funktionalität, der die Objekte und ihre Beziehungen auf elementare Bedürfnisse des zweckmäßigen Gebrauchs reduzierte: «... die Organisation der Lebensformen um wesentliche Kernbedürfnisse herum ist ein urdeutsches Projekt, das von den Schweden zur Reife gebracht wurde ... Denn was die Schweden nur in Deutschland lernen konnten, ist der gewisse Sinn für Totalität und Strenge, der auch die disparatesten Dinge auf einen Nenner bringen will und alle Vielfalt zu vereinheitlichen trachtet.»[27] Es sind diese analytische Durchdringung des Raumes und die damit einhergehende Homogenisierung der Wahrnehmung, die die kontinuierliche Kombination der Elemente ermöglichen – jedes Teil geht in der Montage mit anderen Elementen auf und ruft nach mehr. ▪ Mit «Totalisierung» und «Kontinuität» werden zwei Themen der Modernitätskritik aufgerufen, in denen sich Motive der Ideologiekritik und der Mytho-Logie überkreuzen. Die demokratische Ideologie des sozialen Fortschritts realisiert sich in der planmäßigen Forderung nach Selbstentfaltung der Individuen: Sie haben keine Wahl – sie müssen wählen. Doch alle Wahlmöglichkeiten des Verbrauchers sind bereits festgelegt. «Seine Aussichten, vom sozioökonomischen System im voraus gesiebt und geordnet, werden, noch während er sie zu verwirklichen sucht, durchkreuzt ... Für alle soll der Weg zu den Modellen offen sein. Ein ständiger sozialer Aufstieg führt nach und nach alle Schichten der Gesellschaft zu größerem materiellem Luxus und von ‹verpersönlichten› Differenzen zu noch feineren Unterscheidungen ...»[28] ▪ Zwar sind die Möglichkeiten der Selbstverwirklichung real und nicht bloß vorgetäuscht, sie führen jedoch zu spezifischen Enttäuschungen, wie sie jeder IKEA-Konsument im Laufe der Jahre kennen lernt: In der unendlichen Kombinierbarkeit des Systems ist der Konsument «tätig in einer Sache, die im Grunde längst fertig ist, muß sich der sich souverän wähnende Gestalter mit seiner Entbehrlichkeit herumschlagen».[29] Da das System immer schon den nächsten Schritt berechnet und alle möglichen Kombinationen systematisch festgelegt hat, kauft der erfahrene IKEA-Konsument zunehmend nur noch Kleinigkeiten, um sich vom Druck der systematischen Festlegung zu entlasten. «Im Laufe einer mehrjährigen Entwicklung aber provozieren die verheißungsvollen Lösungen selber die Gegenwelt der Festlegungen, des Verwickelt-Werdens und des Verfehlens. Die ‹neue Masche› wird zur Allerweltsgeschichte, das ‹Wesentliche› zum Allgemeinsten ... Der ‹unmögliche› Versuch, das Hineingestellt-Sein in die Vermittlungsarbeit zwischen Möglichkeiten und Notwendigkeiten des Gestaltens außer Kraft zu setzen, stellt sich wirklich als unmöglich heraus ... Mit den ‹unmöglichsten› Maßnahmen und Techniken wird nun die IKEA-Welt am Laufen gehalten ... das Ganze wird um eine Windung weitergedreht.»[30] ▪ Wie keine andere Forderung kennzeichnet die Selbsttätigkeit des IKEA-Konsumenten – vom Erwerb eigener Gestaltungskompetenzen über den Transport bis hin zum Aufbau der halbfertigen Möbel – die normalisierende Grundlage der normativ durchgesetzten Moderne: Es ist die flexible Selbst-Normalisierung im «Do-it-yourself», mit der sich die Individuen selbst produktiv in das System einfügen. Diese Einfügung realisiert sich spielerisch durch die Kombination der halbfertigen Elemente, über die die Individuen im Alltag einzig verfügen können – im Gegensatz zu einer Gestaltung der Verhältnisse zur Produktion der Dinge selbst. Das mögliche Verfehlen dieser Einfügung und die Erfahrung einer latenten Entbehrlichkeit angesichts des kontinuierlich fortschreitenden Systems erzeugt im Konsumenten das Gefühl einer «Leere», die ihn in der zwingenden Folgerichtigkeit des Systemhandelns selbst zur Inkohärenz verurteilt: «Vor dem funktionellen Gegenstand erweist sich der Mensch als dysfunktionell, irrational und subjektiv, als eine leere Form und deshalb funktionellen Mythen und phantastischen Plänen zugänglich.»[31] Die Magie der spielerischen Selbsttätigkeit stützt den phantastischen Glauben an das «unendliche Spiel» eines kombinatorischen Systems, das sich tatsächlich immer schneller, Windung um Windung, voranschraubt – bis hin zum systematischen Wechsel der Design-Modelle in zyklischen Produktionsrhythmen, durch die es sich reproduziert. ▪ Das erfordert eine andere Kontinuität von Produktion und funktionellem Design als in den zwanziger Jahren. «Daß mit diesem Design gleichzeitig die maschinelle Massenproduktion der Stücke organisiert wird, war eines der höchsten Ziele der Bauhaus-Künstler. So bildet bei IKEA das knappe Hundert Möbelkonstrukteure und Feldingenieure das Herzstück des Imperiums. Denn statt eigener Fabriken betreiben die Schweden ein lückenloses ‹Engineering›. Jeder neue Entwurf wird in einzelne Produktionsschritte zerlegt. Den Auftragsfabrikanten in aller Welt liefert IKEA nicht nur perfekte Fertigungspläne, sondern das hauseigene Know-how für neue Möbelmaschinen gleich mit. So können auch branchenfremde Betriebe ... ins Möbelgeschäft einsteigen.»[32] Und vor allem Betriebe in osteuropäischen Niedriglohn-ländern ohne Ausbildung eigener wissenschaftlicher Technologie lassen sich in diese «schwerelosen» Industrien des Westens integrieren. Mit dieser Produktionsorganisation kann die IKEA/Bauhaus-Philosophie eines «demokratischen Designs» verwirklicht werden: gutes Design, Funktionalität und Qualität – und das bei niedrigen Preisen. ▪ Doch unter den geopolitischen Bedingungen einer verwirklichten globalen Ökonomie stellen sich die ehemals avantgardistischen Aspekte von «Internationalität» und «Modernität» in Produktion und Design heute anders dar: «Das, was die DDR befürchtete zu werden – eine verlängerte Werkbank der Westkonzerne – hat IKEA umgedreht und längst verwirklicht: Der Westkunde wird als Individuum spielerisch zur verlängerten Werkbank des Ostens, von wo die IKEA-Halbfertigprodukte angeliefert werden.»[33] IKEA hat den Konsumenten mit der in alle Welt entschwundenen Produktion wieder symbolisch versöhnt, indem es die Produktionslinie der Halbfertigprodukte durch das Do-it-yourself-Verfahren bis zum Kunden verlängert hat. «Daß dieses Verfahren dem Holz-Kapital Schwedens einfiel, ist nicht zufällig, denn dort erheischte der proliferierte Sozialstaat geradezu solche ‹produktiven› Freizeitbeschäftigungen für seine Bürger. Gesamtgesellschaftlich gesehen finden die von der Arbeit entsetzten Massen damit erneut Anschluß an die gesellschaftlichen Produktionsprozesse. IKEA ist damit eine privatwirtschaftliche AB-Maßnahme von fast schon globalem Ausmaß.»[34] ▪ Nachdem der Postmodernismus nichts zur «Befreiung» der Dinge, des Designs und damit auch nichts zur «Emanzipation» der Individuen beigetragen hat, stattdessen durch angeklebte Formen mit an der Schraube der formalen Stilisierung zwischen luxuriösem Modell und ärmlichem Serienprodukt drehte (an diesem Verhältnis hat die weitere Analyse anzusetzen), kommt heute, zu Zeiten wachsender Armut und Arbeitslosigkeit, IKEA die sozialökonomische Rolle einer produktionsästhetischen Avantgarde zu. ▪ Der aktuelle IKEA-Slogan «Wohnst du noch, oder lebst du schon?» wird durch die gestalterische Anweisung «Lebe hoch 3!» beantwortet, nach der ein Familienleben auf zum Beispiel 35 Quadratmetern Grundfläche mit der flexiblen Einrichtung einer 5-Zimmer-Wohnung von 116 Quadratmetern organisiert werden soll. In dieser gestalterischen Anleitung zum richtigen Leben drückt sich nicht nur die aktuelle städtische Problematik der zunehmenden flexiblen Überlagerung von Wohnen, Arbeiten und Freizeit in den miteinander verflochtenen Zeiten und Räumen des Alltags aus, sondern auch die Tatsache, dass Innovationen im Bereich der Gestaltung, wie so oft in der Moderne, aus der Not geboren werden. Wir sind näher an den sechziger Jahren, als wir manchmal glauben: «Die Dinge lassen sich nun zusammenklappen, ausziehen und schwenken, verschwinden auf Wunsch und sind im nächsten Augenblick wieder da. Gewiß, all diese Neuerungen haben wenig mit einem spontanen Improvisieren zu tun, zumeist versteht sich diese größere Beweglichkeit, Vertauschbarkeit und Zweckmäßigkeit als eine zwingende Anpassung an die Enge des Wohnraumes. Neues entsteht unter dem Druck der Nötigung.» [35]

ANMERKUNGEN
1 M. Mönninger, Vom Wohnsitz zum Schleudersitz. IKEA und die Deutschen. In: Frankfurter Rundschau, 8.6.1985 **2** J. Baudrillard, Das System der Dinge: Über unser Verhältnis zu den alltäglichen Dingen (1968). Frankfurt/M. 1991, S. 18 **3** H. Lefèbvre, Zwischen zwei Daten. In: G. Viatte (Hg), Paris-Paris 1937–1957. München 1981, S. 398 f. **4** H. Lefèbvre, Die Revolution der Städte (1970). München 1972, S. 129/127/129 **5** Ebd., S. 59 **6** E. Köhn, Straßenrausch: Flanerie und kleine Form. Berlin 1989, S. 133 **7** Baudrillard, a.a. O., S. 15 **8** G. Loinger, Städtebaupolitik in Frankreich und die Umstrukturierung von Paris nach 1945. In: Bauwelt, Heft 9/1982, S. 292 **9** K. Arnsberger, Aufzeichnungen aus einer toten Stadt: Über das Leben im Pariser Défense-Viertel. In: Süddeutsche Zeitung, 11./12.6.1977 **10** N. Mayrhofer, Leben in Tativille. In: Tageszeitung, 2.11.2002 **11** M. Althen, Alles Fleisch, es ist wie Glas: Tatis rekonstruierte «Playtime» in Berlin. In: Frankfurter Allgemeine Zeitung, 16.1.2003 **12** H. T. Lehmann, Die Raumfabrik – Mythen im Kino und Kinomythos. In: K. H. Bohrer (Hg), Mythos und Moderne. Frankfurt/M. 1983, S. 579 **13** W. Benjamin, Das Passagenwerk. In: ders., Gesammelte Schriften, Band I, 2. Frankfurt/M. 1982, S. 581 **14** A. Robbe-Grillet, Dem Roman der Zukunft eine Bahn (1963). In: K. Neff (Hg), Plädoyer für eine neue Literatur. München 1969, S. 46/47/49 **15** R. Barthes, Literatur heute (1961). In: ders., Literatur oder Geschichte? Frankfurt/M. 1969, S. 82 **16** Baudrillard, a. a. O., S. 24 **17** Ebd., S. 27 **18** Ebd., S. 30 f. **19** Ebd., S. 83 **20** Ebd., S. 40 **21** C. Vierboom, «Ick bün all hier». Die IKEA-Welt – Zur Entwicklungslogik eines Markenbildes. In: Zwischenschritte, Heft 1/1985, S. 40 **22** Ebd. **23** Ebd., S. 43 **24** Baudrillard, a.a. O., S. 56 **25** Ebd., S. 53 f. **26** Ebd., S. 26 **27** Mönninger, a. a. O. **28** Baudrillard, a. a. O., S. 190 f. **29** Vierboom, a. a. O., S. 43 **30** Ebd. S. 43 f. **31** Baudrillard, a. a. O., S. 75 **32** Mönninger, a. a. O. **33** H. Höge, Privatarbeit im Sozialstaat. In: Tageszeitung, 30.8.2001 **34** Ebd. **35** Baudrillard, a. a. O., S. 25

1941 SIGFRIED GIEDION: SPACE TIME AND A
1953 BAUHAUSDEBATTE
1957 INTERBAU BERLIN
1968 50 JAHRE BAUHAUS
1981 TOM WOLFE: MIT DEM BAUHAUS LEB
2001 URHEBERRECHTSSTREIT

DOKUMENTATION

1941

SIGFRIED GIEDION: SPACE TIME AND ARCHITECTURE

Der Schweizer Kunsthistoriker Sigfried Giedion hat in zahlreichen Publikationen seit 1923 wesentlich zu einer Kanonisierung des Bauhauses beigetragen. Als Schüler des Kunsthistorikers Heinrich Wölfflin versteht er den Begriff «Stil» im Sinne eines Zeitstiles, nach dem der formale Ausdruck einer Epoche aus den Bedingtheiten der jeweiligen Zeit resultiert. Auf diese Weise versucht Giedion die vermeintliche Geschichtslosigkeit des Neuen Bauens zu durchbrechen und propagiert eine kunsthistorische Verortung der zeitgenössischen Moderne. Das Konstruktive der Industriebauten des 19. Jahrhunderts und später die Avantgardekunst der 1910er und 1920er Jahre gelten ihm dabei als Paradigmen seines Traditionsverständnisses. Vor diesem Hintergrund prägt Giedion bezogen auf das Neue Bauen eine für das 20. Jahrhundert zentrale stilbildende Begrifflichkeit: die der Raum-Zeit-Architektur. «Konstruktion» wird zum Schlüsselbegriff seiner Interpretation des Neuen Bauens.

Detail der Maschinenhalle der Pariser Weltausstellung, 1889

Abb. 44. AUSSTELLUNG, PARIS 1878. VESTIBUL, HAUPTEINGANG GEGEN DIE SEINE. KONSTRUKTEUR: EIFFEL

Die repräsentative Blecharchitektur der Kuppeln ist nur ein Teil im Gesamtbild. Wichtig ist der Mut, mit dem hier eine funktionelle Verbindung von Glas und Eisen gegeben ist: GLASWAND und die Einheitlichkeit, mit der das gläserne Vordach vorkragt. Dieses Vordächer unterschneiden deutlich das früher vom Beschauer sofort als überprüfbar gefordertes Verhältnis von Stütze und Last in einem baulichen System.

Der eigentliche Ausstellungsbau fügte sich wieder der länglichen Form des Champ de Mars an. Ein Rechteck: 350 × 700 m. Man ging u. a. von der ellipsoidalen Form zum Rechteck über, da man erfahren hatte, daß an den Kurven die nach innen gebogenen Trägerformen im demontierten Zustand schwerer verwendbar waren als die geraden. (Encycl. d'arch 1878, pag. 36.)

Eine Reihe parallel angeordneter Galerien zog sich in die Tiefe, überragt und flankiert von den beiden „galeries des machines". An den beiden Schmalseiten liefen vor den Galerien Vestibüle. Eiffel konstruierte das monumental ausgebildete Vestibül, das gegen die Seine lag. Die Ecken und die Mitte des Vestibüls wurden durch große „Dômes métalliques" hervorgehoben, deren aufgeblähte Volumen und fragwürdige Architektur schon von den Zeitgenossen als „fort discutable" bezeichnet wurden. (Encycl. d'arch. 1878, pag. 62.) Man zwang in diesen Kuppeln das Eisen auf sehr gewalttätige Weise Monumentalformen anzunehmen, die seiner Materie fremd waren. Das Resultat ist eine offenkundige Blecharchitektur.

Trotzdem: an dieser Stelle darf nicht vergessen werden, daß längs des ganzen Vestibüls ein gläsernes Vordach, eine „marquise vitrée" vorsprang. Phrasenlos und von vollendeter Leichtheit. Man spürt in diesen Details die Hand Eiffels, der zu gleicher Zeit mit L. C. Boileau beim ersten Warenhaus mit Eisenskelett (Bon Marché) eine ähnliche „marquise vitrée anbrachte.

48

1878

1926

Abb. 45. W. GROPIUS: BAUHAUS DESSAU 1926

Erst nach einem halben Jahrhundert ist man imstande, die Spannungen¹), die in den Materialien liegen, wirklich auszunützen und den dekorativen Schleim zu überwinden.

¹) Spannung im ästhetischen Sinn.

Abb. 46. J. F. STAAL: LADENSTRASSE (Jan Everthstraat), AMSTERDAM 1926

Das frei vorkragende Schutzdach beginnt erst jetzt unbefangen verwendet zu werden.

49

Vergleich der Hauptfront der Maschinenhalle der Pariser Weltausstellung 1878 mit dem Bauhausgebäude in Dessau 1926 — László Moholy-Nagy, Umschlag des Buches von Sigfried Giedion «Bauen in Eisenbeton», Leipzig 1928 — Gegenüberstellung von Picassos «L'arlesienne» und dem Bauhausgebäude in Dessau von Walter Gropius — Cover des Buches von Sigfried Giedion «Space, Time and Architecture. The growth of a new tradition», Cambridge-Mass. 1941

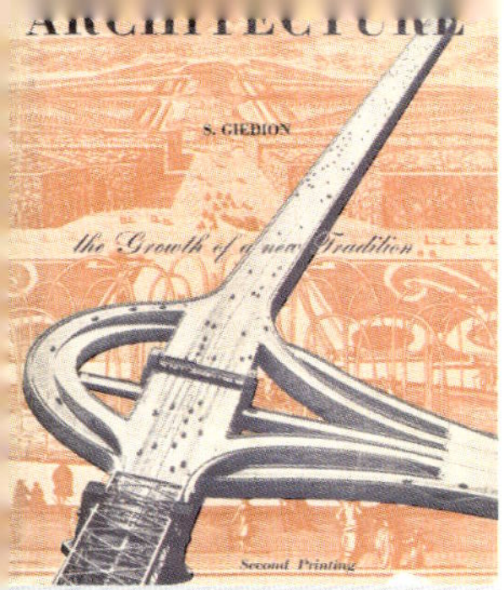

298. PABLO PICASSO. »L'Arlésienne«, 1911–1912. Öl. »Am Kopf läßt sich die kubistische Erfindung der Simultaneität ablesen, die gleichzeitig zwei Aspekte eines einzigen Objekts zeigt, in diesem Fall das Profil und das ganze Gesicht. Auch die Transparenz der sich überblendenden Flächen ist charakteristisch« (Katalog der Picasso-Ausstellung, Museum of Modern Art, New York, 1939, S. 77).

299. WALTER GROPIUS. Bauhaus Dessau, 1926. Ecke des Werkstattflügels. In diesem Fall sind Inneres und Äußeres eines Gebäudes gleichzeitig dargestellt. Die ausgedehnten transparenten Flächen fördern durch Entmaterialisierung der Ecken die schwebenden Beziehungen der Ebenen untereinander und eine Art der »Überblendung«, wie die zeitgenössische Malerei sie verwendet.

1953 BAUHAUSDEBATTE

Zu Beginn der fünfziger Jahre waren das Bauhaus und sein «Stil» in beiden deutschen Staaten heftigen Angriffen ausgesetzt. Die Auslöser, die Beteiligten und deren Argumente, vor allem aber die Folgen dieser Angriffe waren völlig unterschiedlich. Im Osten führte der staatlich verordnete Feldzug gegen den «Formalismus» zur administrativen Unterdrückung des Neuen Bauens und zur Etablierung eines an nationale Bautraditionen anknüpfenden «Realismus», wie er etwa an der ehemaligen Stalin-Allee sichtbar wird. Im Westen trug die vor allem von dem gemäßigt modernen Architekten Rudolf Schwarz initiierte «Bauhaus-Debatte» gegen dessen Absicht zur Wiederbelebung der Bauhaus-Tradition bei.

DIE KORRESPONDENZ KAROLA BLOCH / HANNES MEYER AUSSCHNITTE

Der Briefwechsel zwischen Karola Bloch und Hannes Meyer zeigt die Auseinandersetzungen um die Architektur in der frühen DDR aus der Innenperspektive. Damals war der funktionalistische Bauhaus-Stil der zwanziger Jahre zum Feindbild geworden.1 Auch Hannes Meyer, als zweiter Direktor des Bauhauses, wurde wegen seiner linken Gesinnung entlassen worden war und sich anschließend zwischen 1930 und 1936 am Aufbau der Sowjetunion beteiligt hatte. — Der Briefwechsel beginnt im März 1937 mit einem Brief Meyers nach einem Besuch bei Karola und Ernst Bloch in Prag. Er setzt sich in den vierziger Jahren fort, als die Blochs in die USA ins Exil gezogen waren und Meyer in Mexiko Arbeit gefunden hatte. Und er intensiviert sich zu Beginn der fünfziger Jahre, nachdem Meyer in die Schweiz zurückgekehrt und Karola Bloch mit ihrem Mann in die DDR gegangen war.

HANNES MEYER (LUGANO) AN KAROLA BLOCH (LEIPZIG), 6. 10. 1951

Liebe Karola Bloch, ich möchte durch diesen Brief den Versuch machen, mit Ihnen als Kollegin wieder in Verbindung zu kommen [...] — Heute liegt mir besonders daran, die Beziehungen zu gleichgesinnten Architekten auszuweiten und den Austausch von fachlichen Materialien wieder aufzunehmen. [...] — Aus der Zeitung NEUES DEUTSCHLAND bekomme ich ziemlich alle Ausschnitte, die sich auf die Lage in der Architektur beziehen. So z. B. die Vernehmlassungen von Dr. Liebknecht2, die Diskussionen an der Hochschule für angewandte Kunst, Berlin-Ost, die Auseinandersetzungen über die Bebauung der Stalin-Allee (Berlin) mit den Voten von Hoppe3, Paulick4 etc. und die beginnende Arbeiten der BAUAKADEMIE BERLIN Ost5. Aber was mir und meinen schweizerischen Kollegen, die sich um das Verständnis der ich politisch durchaus verstehe und die etwas Begeisterndes an sich hat: die riesige Familie der friedlichen Völker mit friedlichen Regierungen, die sich gegen die Kriegstreiber stemmt. Den Luxus der vollkommen verschiedenen Richtungen und Philosophien auf dem Gebiete der Kunst kann man sich nicht leisten. Daß aber die Kunst dabei leidet, scheint mir unumgänglich zu sein. Die Bilder, die als Muster hoher Kunst hingestellt werden, sind der unkünstlerischste Naturalismus, den man sich vorstellen kann. Es ist aber zu hoffen, daß aus diesem Naturalismus doch noch eine echte realistische Kunst sich entwickeln wird. — Meine persönliche Arbeit – Kindertagesstätten und Krippen –, da sie keinen so repräsentativen Charakter zu tragen braucht, hat nicht so viele Schwierigkeiten zu überwinden wie die größeren Baukomplexe. [...] — Herzliche Grüße von uns beiden. Karola Bloch

MEYER AN BLOCH, 1. 11. 1951

Liebe Karola Bloch, [...] als erstes eine Richtigstellung (oder sagt man, fre1nach Ernst Bloch, Richtigel?]. [...] «Sie waren stets, ungeachtet der Tatsache, daß sie eine andere Auffassung der Architektur als ihre sow. Kollegen hatten, ein unbedingter Freund der Sowjetunion.» Es bestand in den letzten Jahren (bis 1936) keine wesentliche Differenz zwischen meinen Kollegen und mir. Ich war der gleichen Auffassung (für eine nationale, d. i. russ. Architektur), aber ich bin kein Russe und halte mich für unfähig, eine national-russische Form in der Architektur zu schaffen oder mitzuschaffen. Ich kann höchstens die Methode dieses Schöpfungsprozesses lehren, aber nur künstlich mich daran beteiligen. Die «Admiralität» an der Newa ist ein herrlicher, eigenwilliger Bau, ebenso das L.-Mausoleum von Schtschussew,8 aber ich bin unfähig, diese Bauformen und ihren jeweiligen Kanon zu meistern. Dagegen würde ich mich getrauen, die Stalin-Allee im Sinne der Bau-Kunst und Malerei Schinkels auf unsere Zeit fortzuführen, d. h. die gegenseitigen

BLOCH AN MEYER, 21. 10. 1951

Lieber Freund Hannes Meyer!

Es war eine große Freude für mich, Ihren Brief zu bekommen. Daß Sie «zur Familie gehören» ist selbstverständlich, und ich habe stets [...] zu Ihnen gehalten und Sie stolz meinen Freund genannt. Sie waren es gewesen, der mir besser als irgend jemand die Probleme der Architektur in der SU nähergebracht hat. Sie waren stets, ungeachtet der Tatsache, daß Sie eine andere Auffassung der Architektur als Ihre sowjetischen Kollegen hatten, ein unbedingter Freund der SU. – Sie fragen mich nach künstlerischen Dingen hier. Es ist eine so schwierige Frage, daß ich sie kaum beantworten kann. Wenn Sie die Sachen von Kurt Liebknecht kennen und die Diskussionen im Neuen Deutschland [...], dann wissen Sie eigentlich alles. – Es unterliegt keinem Zweifel, daß hier ein ehrliches Bemühen um eine Architektur der neuen Gesellschaft geht. Es ist aber ein tragischer Fehler, daß man glaubt, die Wurzeln dieser neuen Architektur liegen in der Zeit, die die traurigste der Architektur ist: Ende des XIX-ten Jahrhunderts. Denn wenn man noch so viel vom «klassischen Erbe» spricht, von Schinkel etc., es scheint, daß man das klassische Erbe nur epigonal aufnehmen kann. Die Architektur des Kurfürstendamms ist Trumpf geworden, was besonders stark im Wohnungsbau zum Ausdruck kommt. Die neue Bebauung an der Stalin-Allee sieht Wohnungen vor, die zu 60 % reiner Norden[6] sind, die geschlossene Bauweise ist Trumpf, von Außen nach Innen[7] etc. – Daß man in der Sowjetunion ähnliches macht, ist mir leichter verständlich, als daß es hier gemacht werden muß. Es scheint, daß die menschliche Gesellschaft einen bestimmten Prozeß durchmachen muß. So muß man in der Sowjetunion dieses XIX-te J. durchmachen, um das die Massen des russischen Volkes sozusagen betrogen wurden. Man kann zwar von der Öllampe zur Elektrizität überspringen, aber nicht von einer Lehmhütte zur modernen Architektur. Hier aber haben auch die Massen etwas mehr von dem Kapitalismus «profitiert» als die russischen. Der sowjetische Prozeß brauchte hier nicht zu sein. Demgegenüber steht aber der Wille aller fortschrittlichen Kräfte, in Europa wie in Asien, eine einheitliche, wenn auch national gefärbte Kultur zu schaffen, die

[...] in den MaKUNST etc., also über die Wege des soz. Realismus in diesen Gebieten, mit Bezug auf die DDR. [...] – Durch Bauhäusler kann ich es objektiv nicht bekommen, denn ihre Stellung zu diesen Fragen ist benommen und einseitig. Also was tun?? Man erinnert sich der alten Freundin von Zürich – Prag – New York – Boston und schreibt an diese. Vielleicht hat sie ein Einsehen. – Bitte grüßen Sie Ernst Bloch herzlich von uns beiden, und erinnern sie seine Gattin daran, daß wir mehr als je zur Familie gehören. – Ihr Hannes Meyer

doch vergelichnd, als Ausdruck deutschen Wesens anzupacken. Denn diese Architektur ist mir vertraut, seitdem ich entscheidende 10 Jahre in Norddeutschland verlebt habe als junger Architekt[9] und von Chorins Kloster bis zum Gärtnerhaus Schinkels in Potsdam das Entscheidende in meinem Fach glaube zu beherrschen. – All das hat nichts mit Epigonentum [Fin de siècle] 19. Jahrhundert zu tun. Noch weniger mit dem jetzigen «Schöpferprozeß», der innert 8 [ACHT] Tagen die «funktionellen» Fassaden der Stalin-Allee mit klassischem «Geist» bekleckert.[10] [...] – Man muß doch einsehen, daß jene Generation, die jetzt mit 40 Jahren im Vordergrund steht, einer architektonischen Kultur bar ist, die das bauliche Erbe beherrscht. Woher soll sie es mitbekommen haben? Von uns «Funktionalisten» früher, vor 1933? Vom 1000jährigen Reich der Schultze-Naumburg?[11] [...] – Meine Frau ist genauso unzufrieden über unsere Lage in beruflicher Hinsicht wie ich selbst. Ich möchte so rasch wie möglich wieder in ein Lehramt. Am liebsten «Stadtbau» im weiteren Sinne, also inc. Regional-Planung. [...] – Ich bin jetzt im Alter, wo man das Aufgespeicherte an die Jungen weitergeben möchte. Ich bin autorisiert, wieder mit den Meinen «auf die Walz» zu gehen, wenn sich eine Gelegenheit ergibt. [...] – Meine Schweizer Freunde meinen dasselbe, und daß für uns beide dieses Land der «Toten Seelen» höchst unzuträglich sei. – [...] Unser Dichter Johann Peter Hebel schrieb in solchen Fällen: «Der geneigte Leser merkt etwas.» Hoffentlich die Karola auch. – Mit herzlichen Grüßen von uns beiden an Sie beide.

BLOCH AN MEYER, 6. 12. 1951

Lieber Hannes Meyer! [...] Der nächste Weg ist: sich unbedingt an der Diskussion öffentlich zu beteiligen. Anbei schicke ich Ihnen zwei Beiträge,[12] die Sie bestimmt besonders interessieren werden [...] Ich brauche auch nicht viele Worte zu verlieren. – Sie sehen selbst, auf welche Schwierigkeiten Sie stoßen werden. [...] – Schicken sie Ihren Beitrag zur Diskussion sowohl an die SED, Zentralkomitee, Berlin, Lothringerstr. [...] wie [...] an «Neues Deutschland». [...] – Für heute nur so viel. – Herzliche Grüße für Sie und Ihre Frau von Ihrer Karola Bloch

MEYER AN BLOCH, 19. 12. 1951

Liebe Karola Bloch, Ihren Brief vom 6.12.51 mit den zwei Zeitungs-Ausschnitten über Architekturfragen habe ich erhalten und sage Ihnen herzlichen Dank dafür. [...] – Im Prinzip bin ich [...] mit Ihnen einig, daß ich mich an der Diskussion beteiligen muß, aber es scheint mir richtiger, wenn sich die richtigen Ex-Bauhäusler zuerst austoben und Ihre Galle gegen mich ausleeren. Schon seit 25 Jahren warten diese Herren eine Gelegenheit ab, um mir was Nettes in aller Öffentlichkeit

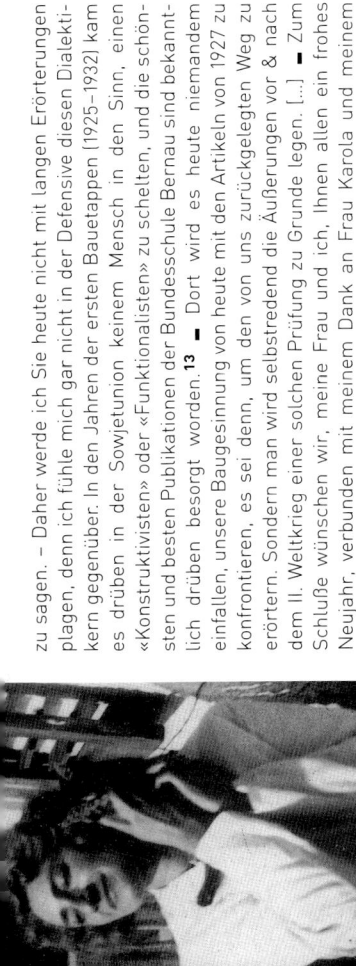

ANMERKUNGEN

1 Der Briefwechsel zwischen Karola Bloch und Hannes Meyer befindet sich im Nachlass Meyer im Deutschen Architektur-Museum, Frankfurt am Main. Für die Zitiergenehmigung danken wir Frau Inge Wolf (Frankfurt/M.) und Herrn Welf Schröter (Talheim). – Die Orthographie der Briefe wurde weitgehend beibehalten. **2** Kurt Liebknecht (1905-1994), Enkel von Wilhelm und Neffe von Karl Liebknecht, war Schüler von Hans Poelzig in Berlin und seit 1926 mit dem Dessauer Bauhaus bekannt. Er wurde im Dezember 1951 Präsident der Deutschen Bauakademie der DDR. Für nähere Angaben vgl. seine Autobiographie «Mein bewegtes Leben», Berlin 1936, und H. Barth/T. Topfstedt, Vom Baukünstler zum Projektanten. Architekten in der DDR. Erkner 2000, S. 144 f. **3** Gemeint ist vermutlich Hans Hopp (1890-1971), seit Dezember 1951 Leiter einer Meisterwerkstatt an der Bauakademie. Vgl. Barth/Topfstedt, a. a. O. S. 112 f. **4** Ricard Paulick (1903-1979), Schüler von Poelzig, von 1927 bis 1930 am Bau aus in Dessau. Vgl. Barth/Topfstedt, a. a. O. **5** Sie wurde offiziell erst im Dezember des Jahres eröffnet. Vgl. dazu W. Durth/J. Düwel/ N. Gutschow, Architektur und Städtebau der DDR. 2 Bde., Frankfurt/M., New York 1999 [2. erweiterte Auflage] **6** Bloch bezieht sich auf die Ausrichtung der Häuser, die in der Architektur des Neuen Bauens immer möglichst zur Sonne hin orientiert waren. **7** Das Neue Bauen bevorzugte die Denkweise «von innen nach außen», ging also von den Wohnbedürfnissen der Nutzer aus und nahm erst in zweiter Linie Rücksicht auf etwaige ästhetische Ideale von Betrachtern. **8** Gemeint ist das Lenin-Mausoleum am Roten Platz in Moskau. **9** Meyer lebte von 1909 bis 1918 (mit einigen Unterbrechungen) in der Tat in Deutschland, bis 1913 hauptsächlich in Berlin und ab 1916 in Essen. Vgl. K.-J. Winkler, Der Architekt hannes meyer. Anschauungen und Werk. Berlin 1989, S. 18-30 **10** Das ist eine Anspielung auf die Forderung von Mitgliedern des Zentralkomitees der SED an einige führende Architekten Ost-Berlins, dem «Formalismus» in Worten und Taten abzuschwören und innerhalb von acht Tagen «befriedigende» Entwürfe für Gebäude an der Stalin-Allee vorzulegen. Vgl. Neues Deutschland, 31.7.1951: «Über den Baustil, den politischen Stil und den Genossen Henselmann», abgedr. in: Durth u. a., a. a. O., Bd. II, S. 308. Die angesprochenen Architekten Henselmann, Hopp und Paulick reagierten schon vor Ablauf dieser Frist. **11** Exponent der NS-Architektur – **12** nicht in der Korrespondenz **13** In der Architektur-Diskussion der DDR dagegen diente der ADGB-Bau von Meyer immer wieder als Lehrbeispiel für eine verfehlte, formalistische Architekturauffassung. So etwa in dem Artikel «Wo stehen wir in unserer Architektur-Diskussion?» des früheren Bauhäuslers Edmund Collein: «Auch im Erweiterungsbau ... wurde der falsche Weg beschritten, die armselige formalistische Architektur des in der Weimarer Zeit geschaffenen Althaues aufzunehmen.» Es

MEYER AN BLOCH, 25. 3. 1952

Liebe Karola Bloch, Kürzlich erhielt ich durch H. Starck die Februarnummer des «AUFBAU», in der vornehmlich die Fragen der neuen Architektur auseinandergesetzt waren von den neuen Koryphäen, Paulick, Henselmann,**14** uns alte «Bauhäusler» berührt es fast komisch, mit welchen historischen Ergüssen nunmehr der neue Wille unterbaut wird. [...] – Es wäre mir eine besondere Quelle der Heiterkeit, mit Ihrem filosofierenden Gatten über Newton & Locke zu disputieren, die den Erguß Paulicks über von Knobelsdorff theoretisch stützen sollen. [...] – Also, liebe Karola, ich bin skeptischer als je darüber, daß man in 20 Tagen eine nationale Baukunst ins Werk setzen kann. [...] – Nun verabschiede ich mich mit frommem Osterwunsche und werd' dieser Tage mich in Oberitalien wieder etwas mit der Baukunst auseinandersetzen. – Herzliche Grüße für Sie beide. – Ihr Hannes Meyer

BLOCH AN MEYER, 28. 4. 1952

Lieber Hannes Meyer! [...] Ich schicke Ihnen den Bericht über die Tagung der Sächsischen Architekten in Leipzig.**15** Wie Sie sehen, spielen Sie in der Phantasie der Deutschen Bau Akademie eine nicht zu unterschätzende Rolle. [...] – Ich kann jetzt nicht auf all die komplexen Dinge eingehen, die Sie in Ihrem Brief angeschnitten haben... Das Fazit ist jedenfalls das, was ich Ihnen schon seinerzeit schrieb: Sie müssen an Collein**16** oder Partei oder Neues Deutschland, das ist egal, Ihre Stellungnahme zu den heutigen Dingen der Architektur herantragen. Bestimmt ist das nicht leicht, und bestimmt wollen Sie sich dafür Zeit lassen. Aber bevor das nicht geschehen ist, besteht keinerlei Möglichkeit, eine Verbindung mit hier zu bekommen. ▪ Es ist augenblicklich

zu sagen. – Daher werde ich Sie heute nicht mit langen Erörterungen plagen, denn ich fühle mich gar nicht in der Defensive diesen Dialektikern gegenüber. In den Jahren der ersten Bauetappen (1925-1932) kam es drüben in der Sowjetunion keinem Mensch in den Sinn, einen «Konstruktivisten» oder «Funktionalisten» zu schelten, und die schönsten und besten Publikationen der Bundesschule Bernau sind bekanntlich drüben besorgt worden.**13** – Dort wird es heute niemandem einfallen, unsere Baugesinnung von heute mit den Artikeln von 1927 zu konfrontieren, es sei denn, um den von uns zurückgelegten Weg zu erörtern. Sondern man wird selbstredend die Äußerungen vor & nach dem II. Weltkrieg wünschen wir, meine Frau und ich, Ihnen allen ein frohes Schluße einer solchen Prüfung zu Grunde legen. [...] – Zum Neujahr, verbunden mit meinem Dank an Frau Karola und meinem großväterlichen Segen für den kranken Gatten. [...] – Herzliche Grüße an Don Ernesto & la Reina Carola von Haus zu Haus.

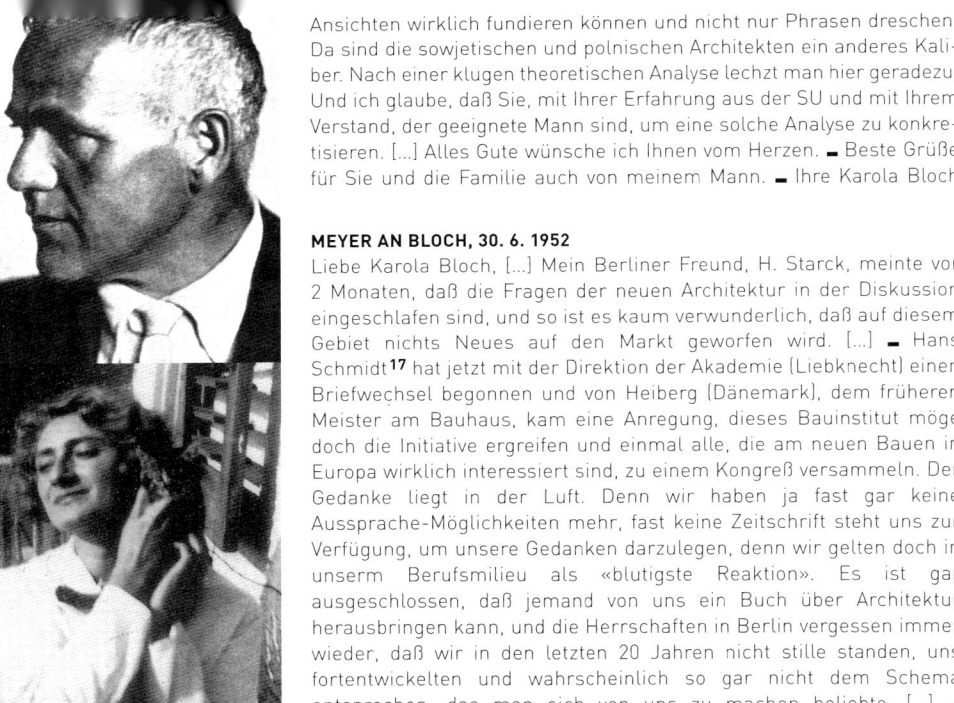

in: Durth u. a., a. a. O., Bd. II, S. 149 **14** Hermann Henselmann (1905-1995), wohl der bekannteste Architekt der DDR, seit Dezember 1951 Leiter einer Meisterwerkstatt an der Deutschen Bauakademie. Vgl. sein Buch «Gedanken, Ideen, Bauten, Projekte», Berlin 1978, und Barth/Topfstedt, a. a. O., S. 107 ff. **15** nicht in der Korrespondenz **16** Edmund Collein (1906-1992), 1927 bis 1930 Student am Bauhaus, seit 1951 Vizepräsident der Deutschen Bauakademie. Vgl. Barth/Topfstedt, a. a. O., S. 59 f. **17** Hans Schmidt (1893-1972), Schweizer Architekt und in den zwanziger Jahren wichtiger Exponent des Neuen Bauens. Er ging von 1930 bis 1937 in die Sowjetunion und von 1955 bis 1969 in die DDR, wo er Leiter des Instituts für Typung am Ministerium für Aufbau wurde. Vgl. Barth/Topfstedt, a. a. O., S. 200 ff.

Mit freundlicher Genehmigung des Talheimer Verlages, der über die Veröffentlichungsrechte der Briefe von Karola Bloch verfügt. — Mit freundlicher Genehmigung des Deutschen Architektur Museums Frankfurt am Main, das im Besitz der Originalvorlagen der Briefe von Hannes Meyer ist.

Ansichten wirklich fundieren können und nicht nur Phrasen dreschen. Da sind die sowjetischen und polnischen Architekten ein anderes Kaliber. Nach einer klugen theoretischen Analyse lechzt man hier geradezu. Und ich glaube, daß Sie, mit Ihrer Erfahrung aus der SU und mit Ihrem Verstand, der geeignete Mann sind, um eine solche Analyse zu konkretisieren. [...] Alles Gute wünsche ich Ihnen vom Herzen. — Beste Grüße für Sie und die Familie auch von meinem Mann. — Ihre Karola Bloch

MEYER AN BLOCH, 30. 6. 1952

Liebe Karola Bloch, [...] Mein Berliner Freund, H. Starck, meinte vor 2 Monaten, daß die Fragen der neuen Architektur in der Diskussion eingeschlafen sind, und so ist es kaum verwunderlich, daß auf diesem Gebiet nichts Neues auf den Markt geworfen wird. [...] — Hans Schmidt **17** hat jetzt mit der Direktion der Akademie (Liebknecht) einen Briefwechsel begonnen und von Heiberg (Dänemark), dem früheren Meister am Bauhaus, kam eine Anregung, dieses Bauinstitut möge doch die Initiative ergreifen und einmal alle, die am neuen Bauen in Europa wirklich interessiert sind, zu einem Kongreß versammeln. Der Gedanke liegt in der Luft. Denn wir haben ja fast gar keine Aussprache-Möglichkeiten mehr, fast keine Zeitschrift steht uns zur Verfügung, um unsere Gedanken darzulegen, denn wir gelten doch in unserm Berufsmilieu als «blutigste Reaktion». Es ist gar ausgeschlossen, daß jemand von uns ein Buch über Architektur herausbringen kann, und die Herrschaften in Berlin vergessen immer wieder, daß wir in den letzten 20 Jahren nicht stille standen, uns fortentwickelten und wahrscheinlich so gar nicht dem Schema entsprechen, das man sich von uns zu machen beliebte. [...] — Herzliche Grüße von uns beiden an Don Ernesto & Dona Carola

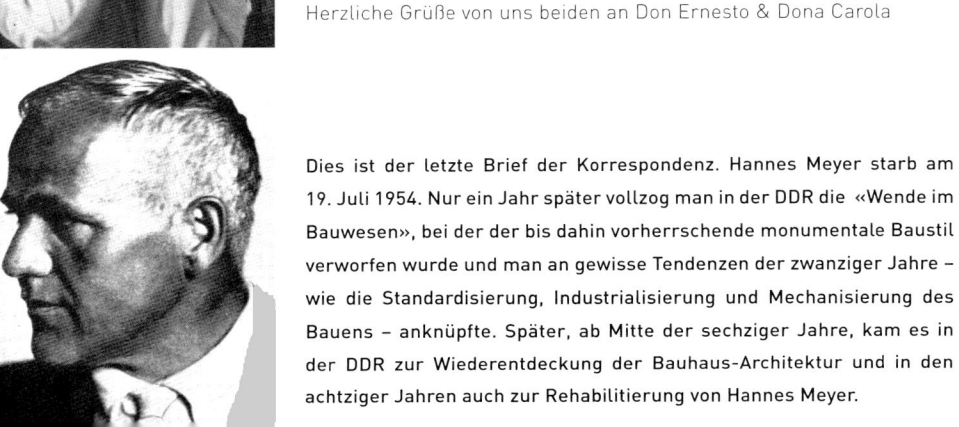

Dies ist der letzte Brief der Korrespondenz. Hannes Meyer starb am 19. Juli 1954. Nur ein Jahr später vollzog man in der DDR die «Wende im Bauwesen», bei der der bis dahin vorherrschende monumentale Baustil verworfen wurde und man an gewisse Tendenzen der zwanziger Jahre – wie die Standardisierung, Industrialisierung und Mechanisierung des Bauens – anknüpfte. Später, ab Mitte der sechziger Jahre, kam es in der DDR zur Wiederentdeckung der Bauhaus-Architektur und in den achtziger Jahren auch zur Rehabilitierung von Hannes Meyer.

Karola Bloch (22.1.1905–31.7.1994) nach dem Erwerb ihres Architekturdiploms an der ETH Zürich 1934, drei Jahre vor Beginn des Briefwechsels mit Hannes Meyer — Hannes Meyer (18.11.1889–19.7.1954), um 1938

1957 INTERBAU BERLIN

Vom 6. Juli bis 29. September 1957 findet in Westberlin die Internationale Bauausstellung (Interbau) statt. Im Mittelpunkt steht der Wiederaufbau des durch den Krieg zerstörten Hansaviertels. Internationalität und der Anspruch, neue Lebens- und Wohnformen zu zeigen, sind neben architektonischen und städtebaulichen Aspekten die wesentlichen Aussagen dieser Ausstellung. Dabei ist die Verbindung zum Bauhaus der 1920er Jahre vielgestaltig. Zahlreiche ehemalige Bauhauslehrer und -schüler nehmen teil. Insbesondere bei den für die Interbau geschaffenen Wohnräumen ist die Präsenz von Bauhausideen offensichtlich. Diese neuen Wohnformen sollen ein künftiges, demokratisches Lebensgefühl zum Ausdruck bringen und damit gesellschaftsgestaltend wirken. Gerade in diesem Anspruch, Paradigmen des modernen Wohnens zu schaffen, zeigt sich die gedankliche Verbindung zum Bauhaus.

INTERNATIONALE BAUAUSSTELLUNG BERLIN 1957

1
WIEDERAUFBAU HANSAVIER*

HERAUSGEGEBEN VOM SENATOR FÜR BAU- U

Georg Neidenberger, Innengestaltung einer Broschüre des Senators für Bau- und Wohnungswesen Berlin zur Interbau, Darmstadt 1956 — Der ehemalige Bauhausschüler Georg Neidenberger entwirft das gesamte Corporate Design der Internationalen Bauausstellung Berlin 1957.

INTERBAU
BERLIN 1957·6.VII-29.IX.
INTERNATIONALE BAUAUSSTELLUNG BERLIN 195
THE CHRISTIAN SCIENCE MONITOR
The Sydney
THE OBSERVER
Amrita Bazar Patrika
БОРБА
Η ΚΑΘΗΜΕΡΙΝΗ
CORRIERE DELLA SERA
DIE TAT
OCH SJÖFARTS-TIDNING
LE SOIR
VON DER INTERBAU
NIEUWE ROTTERDAMSE
STOCKHOLM
Zeitung
Hürriyet
Ultimas Noticias
Daily News
Die Presse
New York Times
DIE STADT VON MORGEN

INTERBAU
G AM FUNKTURM 14.-29.9.57
6.7.-29.9.57

BERLIN 57

INDUSTRIEAUSSTELL

ng

Georg Neidenberger, Plakat zur Interbau, 1956/57 — Bildreihe: Georg Neidenberger, Plakatentwurf zur Interbau, 1956/57 — Georg Neidenberger, Collage: «Die Welt spricht von der Interbau», 1956/57 — K. Oswin, Buchumschlag «Die Stadt von morgen», 1957 — Agentur Schirner, Eröffnung der Interbau in Berlin am 6. Juli 1957

Georg Neidenberger, Graphik zur Idee der Familie als Planungsmittelpunkt der Interbau, 1956/57 — Musterwohnung der Interbau 1957 aus dem Haus der Architekten W. Luckhardt und H. Hoffmann — Bildreihe: Ausschnitte aus den Musterwohnungen der Interbau 1957

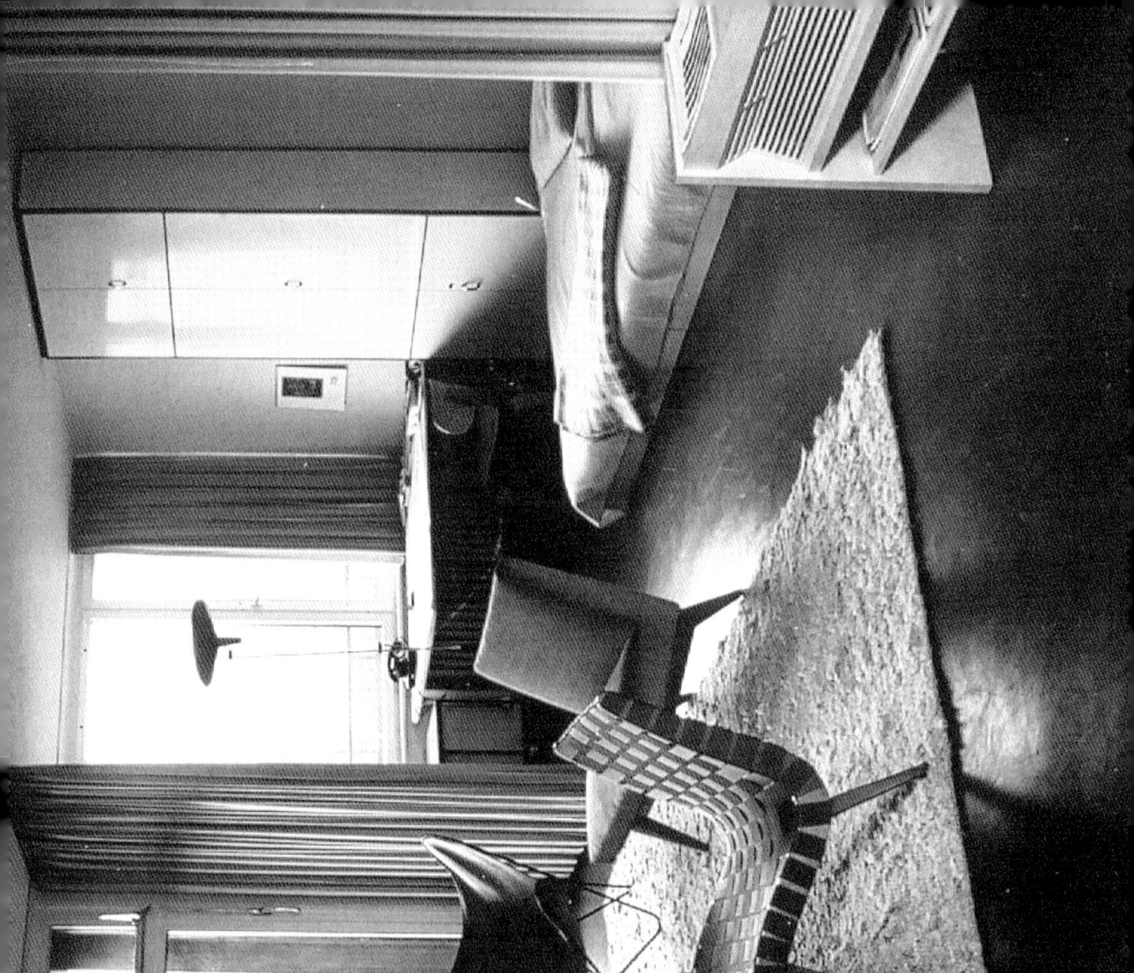
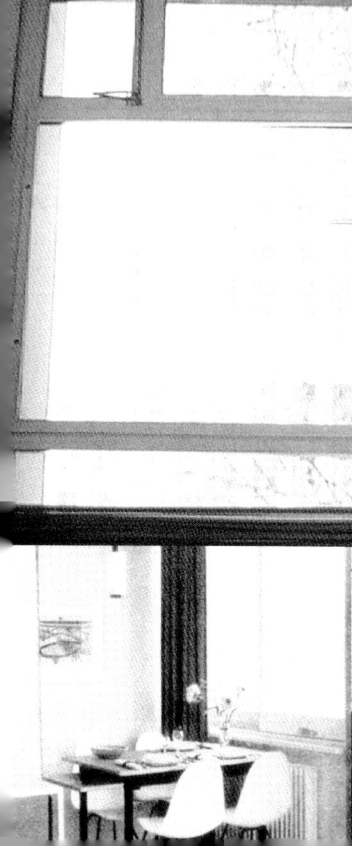
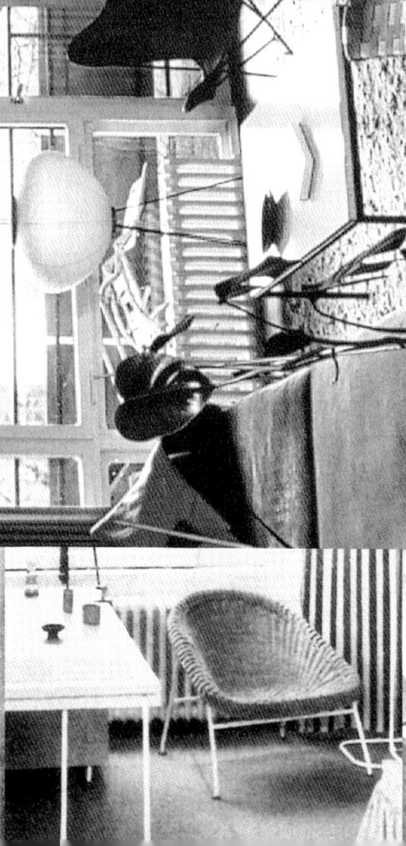
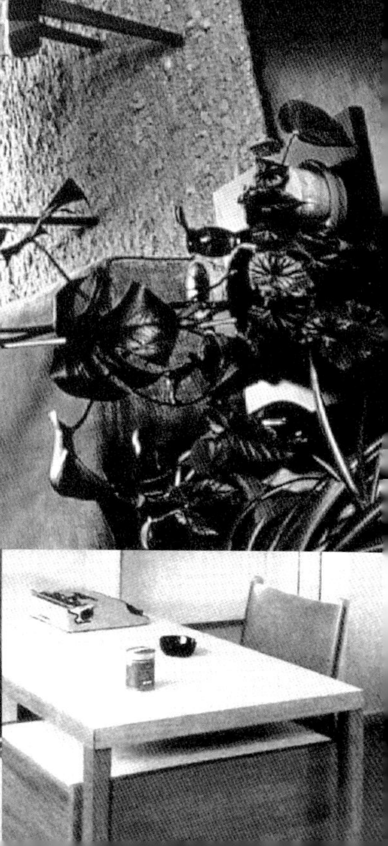

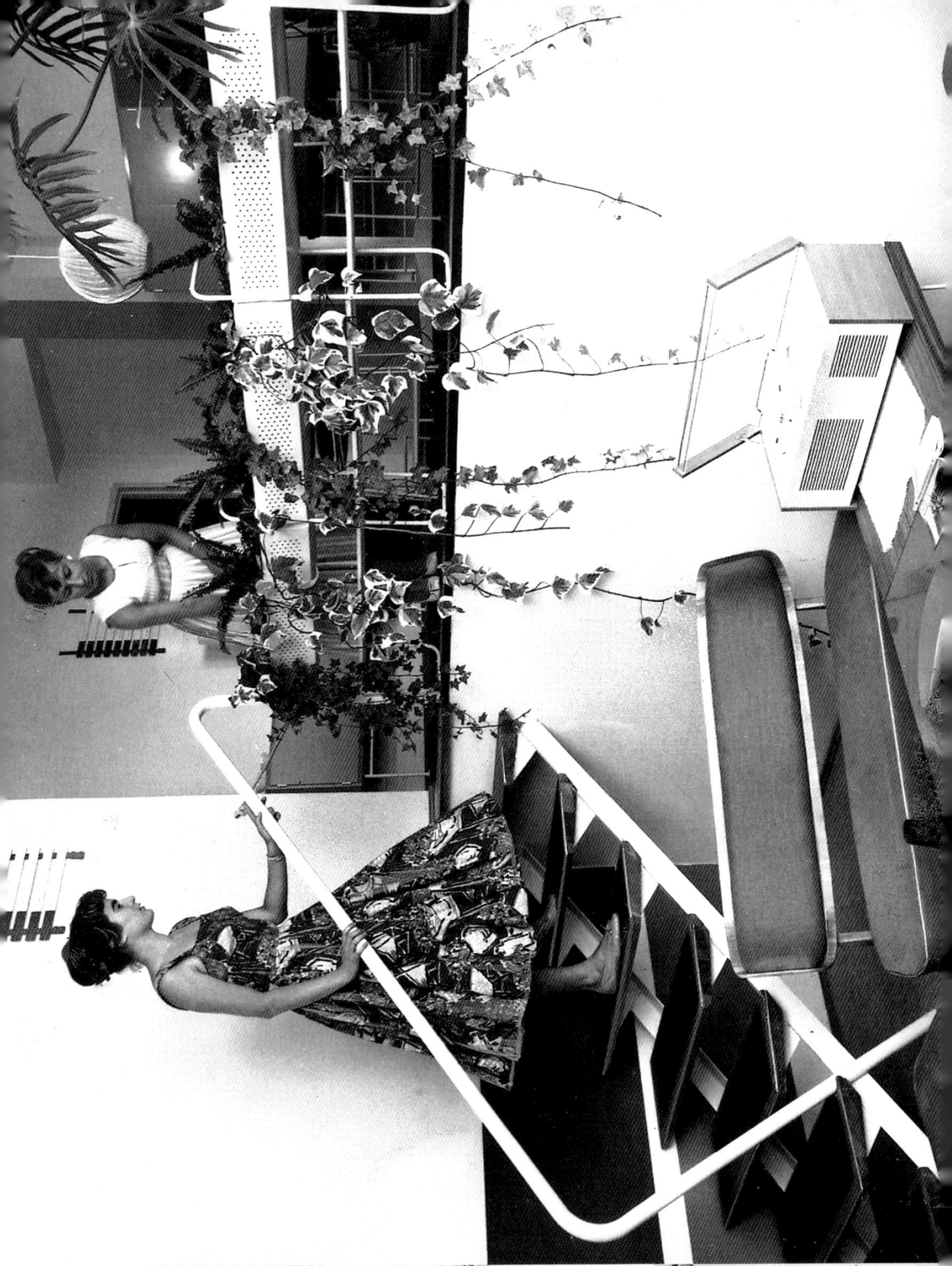
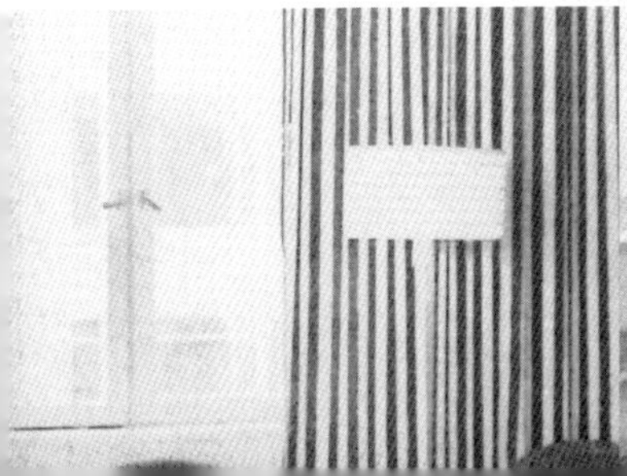
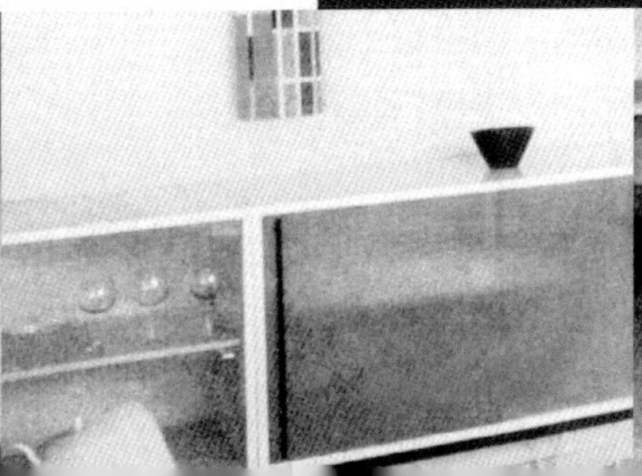
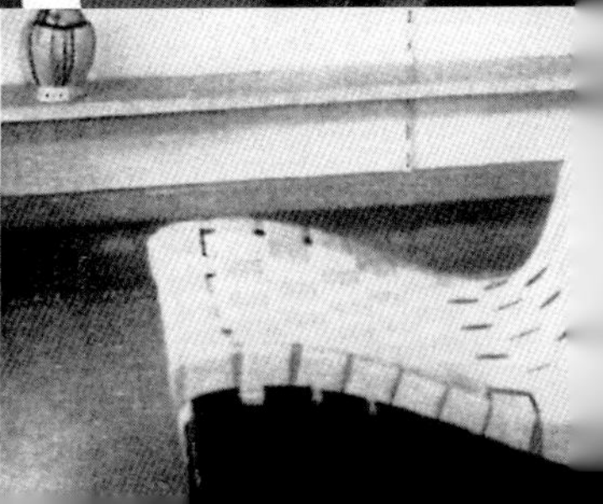

Musterwohnung der Interbau 1957 in dem Haus des Architekten P. Vago — Allensbacher Institut für Demoskopie, «Mit welchen Möbeln möchten Sie wohnen?», 1954 — Bildreihe: Ausschnitte aus den Musterwohnungen der Interbau 1957

MIT WELCHEN MÖBELN MÖCHTEN SIE WOHNEN?

Von 100 befragten Hausfrauen wählten:

29   7   60   2

26 %   4 %   67 %   2 %
39 %   14 %   42 %   1 %
46 %   33 %   13 %

SCHULBILDUNG DER BEFRAGTEN FRAUEN:
▼ VOLKSSCHULE ▶
▲ MITTL. REIFE ▶
◀ ABITUR ▶

DIE KALTE PRACHT DER MÖBELKONFEKTION

steht bei 60 Prozent der westdeutschen Hausfrauen in hoher Gunst, wie eine Umfrage des Instituts für Demoskopie, Allensbach, ergab. Das Institut hatte einem statistisch-repräsentativen Querschnitt von 1046 Hausfrauen über 18 Jahre in der Bundesrepublik und in Westberlin vier Bilder (oben) mit der Frage vorgelegt: „Hier sind vier Wohnzimmer abgebildet. Welches von diesen Zimmern gefällt Ihnen am besten — ich meine, für welches würden Sie sich entscheiden, wenn Sie in einem davon wohnen sollten? (Einmal ganz abgesehen von den Preisen für die Möbel.)" 29 Prozent stimmten für schlichten Werkstättenstil, 7 Prozent für die Produkte moderner Innenarchitektur, 2 Prozent für das Milieu der Jahrhundertwende. — Die genaue Auswertung zeigte, daß vornehmlich die Schulbildung die Geschmacksrichtungen prägte. Weder Alter, Beruf noch Einkommen der befragten Frauen war maßgebend für die Wahl eines bestimmten Stils. Junge Frauen verhielten sich zum Beispiel bei der Entscheidung zwischen Möbelkonfektion und Werkstättenstil ähnlich wie ältere Frauen gleicher Schulbildung — und nicht wie andere junge Frauen mit gleichem Einkommen, aber anderer Schulbildung.

1968 AUSSTELLUNG 50 JAHRE BAUHAUS

Vertreter der ersten Bauhäusler-Generation (u. a. Herbert Bayer) und deren Förderer (u. a. Ludwig Grote) organisieren eine Ausstellung zum 50. Jahrestag des Bauhauses. Sie gewinnen die politische Prominenz der Bundesrepublik Deutschland für das Projekt; Bundespräsident Heinrich Lübke übernimmt die Schirmherrschaft. Veranstalter ist der Württembergische Kunstverein. Auf der Ausstellung erscheint das Bauhaus als Ausdruck etablierter humanistischer Hochkultur, und man präsentiert es in einer Weise, die trotz entgegengesetzter Beteuerungen als Stil wahrgenommen wird. Die Ausstellung im Kunstgebäude am Schlossplatz wird nach dem Juli 1968, vermittelt durch das Institut für Auslandsbeziehungen, in vielen westlichen Ländern gezeigt.

Walter Gropius spricht am 4.5.1968 vor Eröffnung der Ausstellung «50 Jahre Bauhaus» zu den gegen die Schließung ihrer Schule protestierenden Angehörigen der HfG Ulm. — Bildreihe: Erich Fried, Gaston Salvatore, Rudi Dutschke (v.l.n.r.) auf der Anti-Vietnamkriegs-Demonstration in Westberlin am 18. Februar 1968 — Protestierende Studenten der HFG Ulm am 4.5.1968 in Stuttgart — John Lennon und Yoko Ono 1971 nach dem Auseinanderbrechen der Beatles. Im Regal steht das Buch «Bauhaus». — Protestierende Studenten der HfG Ulm am 4.5.1968 in Stuttgart — Werbung in einem Artikel zur Bauhaus-Ausstellung im New York Times Magazine, 1969

BAUHAUS

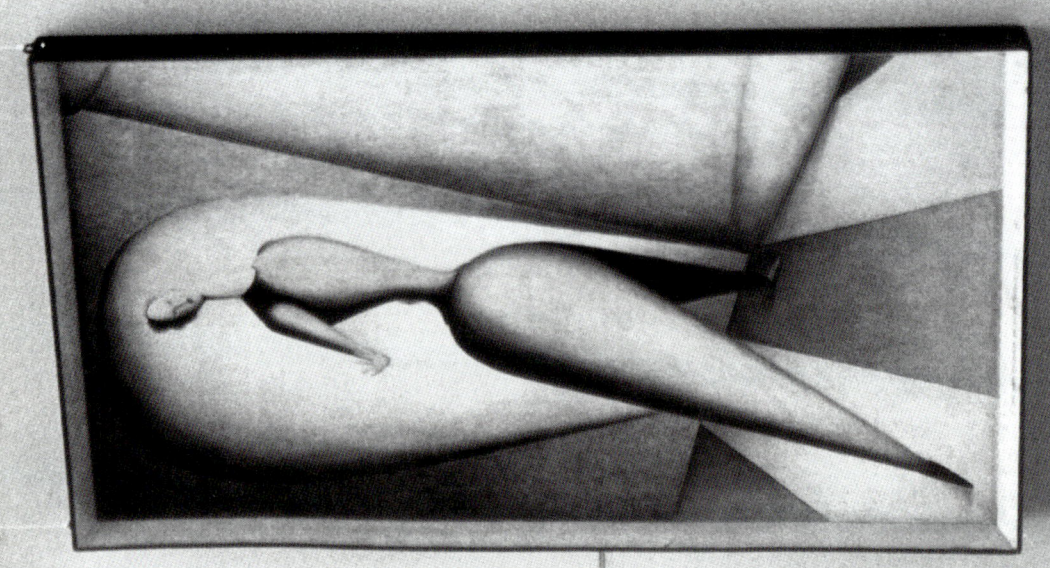

The Bauhaus opened at Weimar in 1919, later moving to Dessau and was suppressed by the Nazis in 1933 because they feared the modernity of its thinking. The Royal Academy exhibition, which opens today, shows how much of our contemporary idea of modernity is based on Bauhaus products.

Ausstellung «50 Jahre Bauhaus» in Stuttgart (5.5.–28.7.1968) mit Arbeiten von Oskar Schlemmer — Bildreihe: Ludwig Mies van der Rohe, Neue Nationalgalerie in Westberlin, 1962–68 — The Illustrated London News, 21.9.1968 — Ausstellung «50 Jahre Bauhaus» in Paris 1969 — Der Londoner «Observer» vom 22.9.1968 — Ludwig Grote mit «den drei geometrischen Grundformen ... von denen das bildnerische Denken des Bauhauses ausging» (Bildunterschrift 1968) — Ludwig Grote, Die Maler am Bauhaus. Ausstellungskatalog, München 1950

bauhaus

50 Jahre

Ausstellung
5. Mai - 28. Juli
1968

Württembergischer Kunstverein Stuttgart Kunstgebäude am Schlossplatz

Herbert Bayer, Plakat der Ausstellung, 1968 — Bildreihe: Der Bundesbauminister Lauritz Lauritzen, der Bauhausgründer und Harvard-Emeritus Walter Gropius, der Ausstellungskurator Ludwig Grote und der Vorsitzende des Württembergischen Kunstvereins und Stuttgarts Bürgermeister i.R. Josef Hirn am 4.5.1968. — Ausstellung «50 Jahre Bauhaus» in Paris, Musée d'Art Moderne (1.3.–13.4.1969) — Modell der Ausstellung, 1967 — Herbert Bayer und Walter Gropius in der Ausstellung «50 Jahre Bauhaus», 1968 — Hans Maria Wingler, Gründer des Bauhaus-Archivs, und Ise Gropius 1969 in der Chicagoer Station der Ausstellung vor einem Gemälde von Josef Albers

1981

TOM WOLFE: MIT DEM BAUHAUS LEBEN

Tom Wolfe verkündet in seinem Buch das Ende des International Style: aus dessen Vorherrschaft würden Bauherren und Architekten sich seit langem lösen. Er macht die Unterwürfigkeit amerikanischer Architekten gegenüber der europäischen Moderne, dem Bauhaus vor allem, als Übel aus. Wolfe zeigt Widersprüche zwischen den sozial orientierten Theorien der europäischen Moderne und den realisierten Bauten auf und weist darauf hin, dass die Arbeiter und der Mittelstand spätestens seit dem Wohlstand der fünfziger Jahre ganz anders und vorzugsweise in den Vororten leben. Schließlich greift er die 1932 proklamierten Besonderheiten des International Style auf und vergleicht sie mit den Bauten der beginnenden Postmoderne.

DIE PRUITT-IGOE-SIEDLUNG, ST. LOUIS, 15. JULI 1972. ENDLICH HAT DIE MENSCHHEIT EINE PRAKTIKABLE LÖSUNG FÜ

...EM DER ARBEITERSIEDLUNG GEFUNDEN.

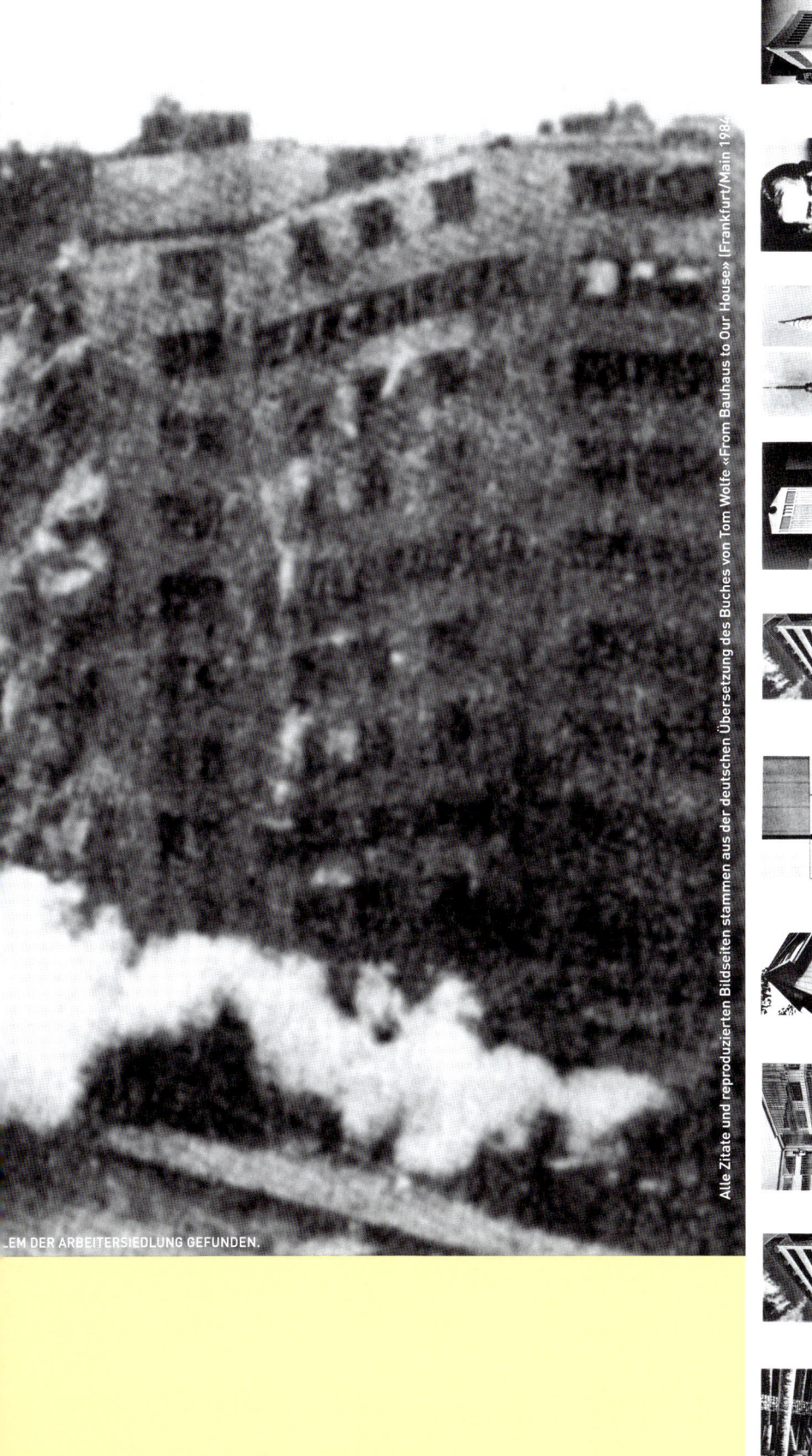

Alle Zitate und reproduzierten Bildseiten stammen aus der deutschen Übersetzung des Buches von Tom Wolfe «From Bauhaus to Our House» (Frankfurt/Main 1984)

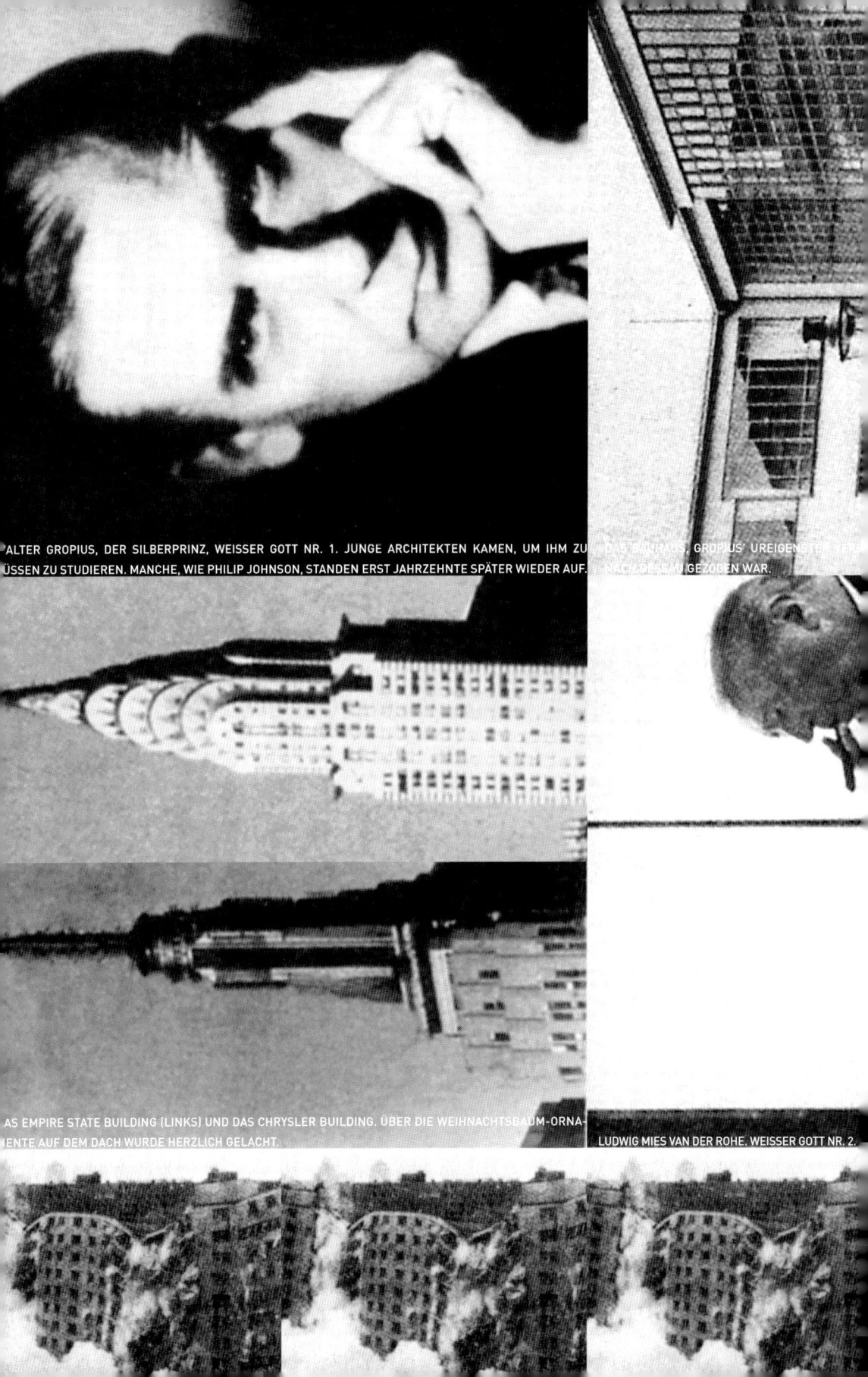

ALTER GROPIUS, DER SILBERPRINZ, WEISSER GOTT NR. 1. JUNGE ARCHITEKTEN KAMEN, UM IHM ZU FÜSSEN ZU STUDIEREN. MANCHE, WIE PHILIP JOHNSON, STANDEN ERST JAHRZEHNTE SPÄTER WIEDER AUF.

DAS BAUHAUS, GROPIUS' UREIGENSTES WERK, NACH DESSEN AUSZUG.

DAS EMPIRE STATE BUILDING (LINKS) UND DAS CHRYSLER BUILDING. ÜBER DIE WEIHNACHTSBAUM-ORNAMENTE AUF DEM DACH WURDE HERZLICH GELACHT.

LUDWIG MIES VAN DER ROHE. WEISSER GOTT NR. 2.

...DEM DAS BAUHAUS 1925 VON WEIMAR ... ...IERS VILLA SAVOYE. FLACHES DACH. SCHIERE FASSADE. WEISSER STUCK. UND PFEILE... ...WÄRE... BOURGEOIS GEWESEN.

DAS SEAGRAM BUILDING ... ...EFERTIGTE T-TRÄGER AUS BRONZE, VON AUSS... DRANGEKLEBT, UM DIE ECHTEN, DIE ... ...M BETON DIESES TROCKENDOCKS VERBORGEN S... «AUSZUDRÜCKEN». ■ DAS SEAGRAM BUILDING ... ...S TÜRMT ARBEITERWOHNUNGEN SIEBENUNDDREISS... STOCKWERKE HOCH AUF UND VERWEND... ...ALS FIRMENSITZ FÜR DIE BOSSE. MAN BEACHTE... VORHÄNGE UND MARKISEN: ERLAUBT SIND N... ...EI STELLUNGEN, OBEN, UNTEN UND HALBWEGS.

...LB AMERIKA IN DEU...

DIE BEIDEN STONES. 1939: EDWARD DURELL STONE, IM GLAUBEN GEFESTIGT, BAUT DAS MUSEUM OF MODERN ART. 1964: EDWARD DURELL STONE, DER ABTRÜ MODERN ART. «ZUCKERBÄCKERSTIL!» SCHRI

DIE WHITES. DAS GANZE KEHRT ... SCH! UND ZWAR MARSCHIERTE DIE AVANTGARDE ENTSCHLOSSEN IN DIE 20ER JAHRE ZURÜCK, HINE CORBUS FRÜHE PHASE, UND GERRIT RIETVELD REICHTE DANN ERFRISCHUNGEN. — LANDSITZ IN GEHAMPTON VON CHARLES GWATHMEY.

MICHAEL GRAVES' ANBAU ZUM BENACER EMPFUNDENEN METALL-EFEU BEFINDEN SI(

FÜR HUNTINGTON HARTFORD DIE GALLERY OF ... | DIE LOBBY DES HYATT REGENCY O'HARE BEIM O'HARE-FLUGHAFEN VON CHICAGO. PORTMANS AMERIK...
...BEN GEFESTIGTEN. | ...NISCHE ÜPPIGKEIT WAR MEHR, ALS DIE SÖHNE DES SILBERPRINZEN VERKRAFTEN KONNTEN.

UNTER AL... DEM GERRIT RIETVELD ... | EIN MODELL DES AT&T-GEBÄUDES IN NEW YORK, DAS HIER DEMNÄCHST ENTSTEHEN SOLL. DER ENTWU...
ÜCKS- UND EIN SPEISEZIMMER. | IST VON PHILIP JOHNSON, ABER DIE EHRE GEBÜHRT ROBERT VENTURI.

2002 URHEBERRECHTSSTREIT

Im Urheberrechtsstreit 2002 um die Verwertungsrechte für den Stahlrohrhocker B 9 von Marcel Breuer wird das Möbelstück zum Kunstobjekt erklärt. Dieses Verfahren hat Tradition. Seit den 1920er Jahren wird darum gestritten, wie mit dem Urheberrecht von Möbeln umzugehen sei, die als industriell gefertigte Möbel für eine breite Masse entworfen wurden, aber zugunsten weniger Nutznießer als Einzelstücke gehandelt werden. Der Streit steht im Zusammenhang mit der Ästhetisierung des Alltags seit den 1980er Jahren. Bauhausprodukten kommt eine neue Bedeutung zu; sie gelten als Ausweis eines gehobenen Lebensstils. Zugleich werden sie heute in heterogenen Wohnstilen oder Gebrauchszusammenhängen benutzt und büßen ihren exklusiven Zeichencharakter ein. Ist das Bauhaus im Alltag angekommen?

Verhandlung OLG Düsseldorf — «Streit um den Bauhaus-Hocker» Kieler Nachrichten 28.4.01 — «Bauhaus-Hocker vor Düsseldorfer Gericht» Die Welt 9.3.01 — «Bauhaus-Urteil: Der Hocker ist ein Kunstwerk» Frankfurter Allgemeine Zeitung 2.5.02 — «Wem gehört dieser Hocker?» Die Welt 26.4.01 — «Verhandlungssache Hocker Laszlo» Hamburger Abendblatt 24.4.01 — «Zweite Runde im Hockerstreit» Hannoversche Allgemeine Zeitung 23.1.02 — «Locker vom Hocker» Süddeutsche Zeitung 2.5.02 — «Platzhalter» Der Tagesspiegel 28.4.01

Wem gehört dieser Hocker?

Kleines Bauhaus-Möbel, große Aufregung.

BAUHAUS-URTEIL: DER HOCKER IST EIN KUNSTWERK

Bauhaus-Hocker vor Düsseldorfer Gericht

Streit um den Bauhaus-Hocker

Auch Tote erhalten Geburtstagsgeschenke. Marcel Breuer (1902 bis 1981) wird gerade ein solches zuteil: sachlich, funktional, zeitlos sollten die Dinge sein, die für die Einrichtung des Bauhauses entstanden sind und sie geworden, und deshalb liebt man alle Freunde an Stahlrohr-Hocker, den Marcel Breuer um 1926 entwarf...

[Artikeltext teilweise unleserlich]

Der Stahl den Ausstellen ist ein Sitzobjekt der folgende zweier Breuer im Jahre 1926 entwarf.

Verhandlungssache Hocker „Laszlo"

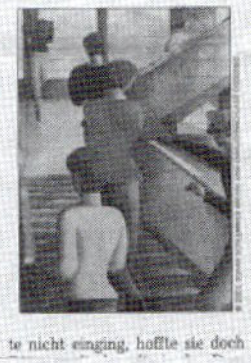

Gericht muss entscheiden, wer den Bauhaus-Klassiker nachbauen darf

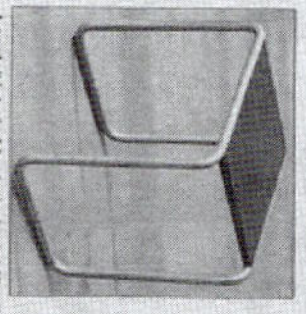

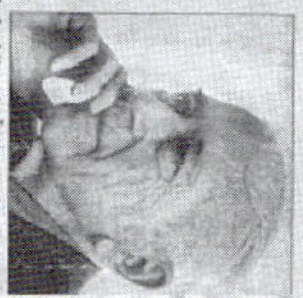

...burg/Düsseldorf – Das ...über dessen Zukunft ...dorfer Landgericht ...entscheiden hat, ist ein ...t ist ein Möbelstück ...loser Schlichtheit, ...rhocker, der in Dessau besichtigt werden ...auch in zahllosen ...und Büros tagtäglich ...l. Das 1926 von Marcel Breuer geschaffene kleine ...bauses wie all die anderen, Lampen oder Teekannen von Angehörigen des Bauhauses gegründeten, vom Nazis geschlossene Dessau umgezogene umfunktionale Ästhetik ...es erwies sich als erfolgreichste des Kunstinstituts ...hundert, denn was ...alt in den 20er-Jahren...

„Laszlo" ist ein Musterbeispiel für die funktionale Ästhetik des Bauhauses. Entworfen wurde er von Marcel Breuer (1902-1981).

...wird er noch immer in großen Stückzahlen hergestellt – und zwar gleich von zwei deutschen Firmen: tecta in Niedersachsen und von dem in Sachsen-Anhalt ansässigen Hersteller L & C. Geklart hat die Firma tecta, die...

Zweite Runde im Hocker-Streit

Lauenförder Möbelfirma „tecta" will weiterhin das Bauhaus-Möbel exklusiv produzieren

Locker vom Hocker

...ichsische Firma gewinnt den Kampf um einen Möbel-Entwurf von Marcel Breuer gegen die ostdeutsch...

VON OTTO BAUER

...ss um die Produktion ...stahlrohrhocker von ...das Oberlandesge... Urteil verkündet. ...tdeutsche Möbelfirmen il den 1926 für die ...rcel Breuer entworf...n. In Dessau entworfen...n. Das Gericht gab...sischen Firma tecta ...assung geklagt hat...Produktionsrechte ...den Firmen auf je...enzen. Die Firma ...tecta, die den Breuer-Ho...n stellt, berief...Constanze Breuer ...lebenden Witwe des...

...lich suchte, konnte tecta neue Verträge aufsetzen lassen. Bereits 1981 hatte Constanze Breuer das Bauhaus-Archiv in Berlin ermächtigt, die Rechte am „Wassily-Chair" treuhänderisch zu verwalten. Die Berliner verkauften die Lizenz an tecta. Im Jahr 1980 hatte sich Marcel Breuer in einem Brief an Hans Maria Wingler, den Gründer des Bauhaus-Archivs, mit der Verwaltung seiner Produktionsrechte einverstanden erklärt. Eine ausdrückliche Erlaubnis zur Herstellung des Stahlrohrhockers war das nicht. Wingler jedoch verkaufte daraufhin die Lizenz für den Hocker an tecta. Nun hat die Firma L&C auf die Stadt Dessau verzichtet, sie stammt jedoch aus dem Jahre 1931, gilt also nicht für den 1926 hergestellten...

HINTERGRUND
Das Staatliche Bauhaus

Das Staatliche Bauhaus in Dessau wurde von Walter Gropius (1883-1969) in Weimar gegründet. 1925 wegen mangelnder Unterstützung nach Dessau übersiedelt, 1932 von den Nationalsozialisten geschlossen. Zum Lehrkörper zählten Paul Klee, Wassily Kandinsky, Oskar Schlemmer und andere. Vor diesem Hintergrund ist klar, dass es vor dem Düsseldorfer Gericht in Wahrheit nicht nur...

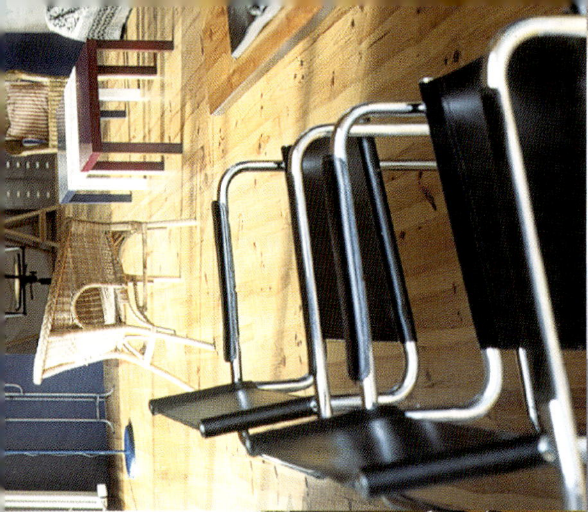
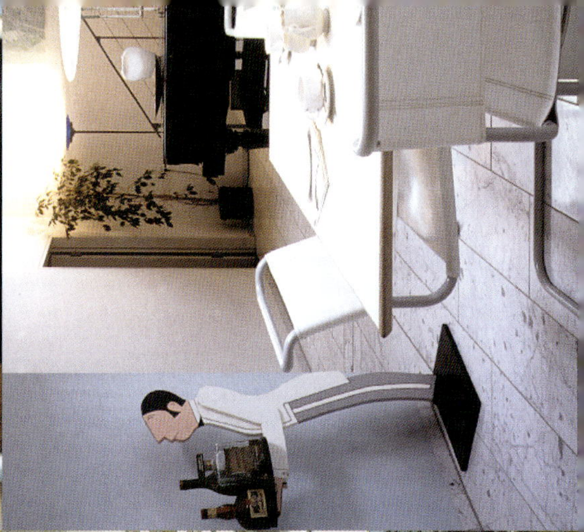
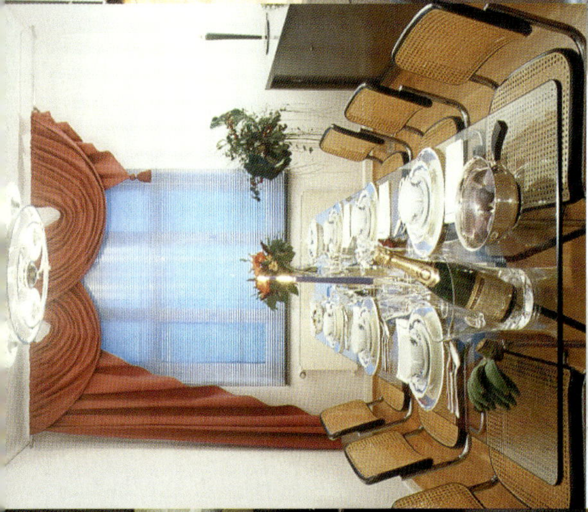
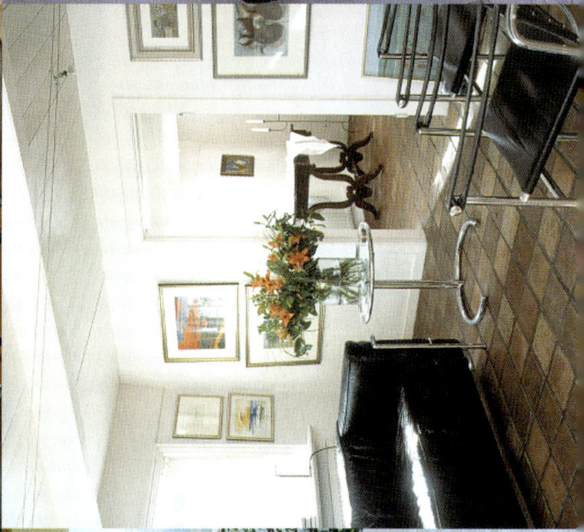
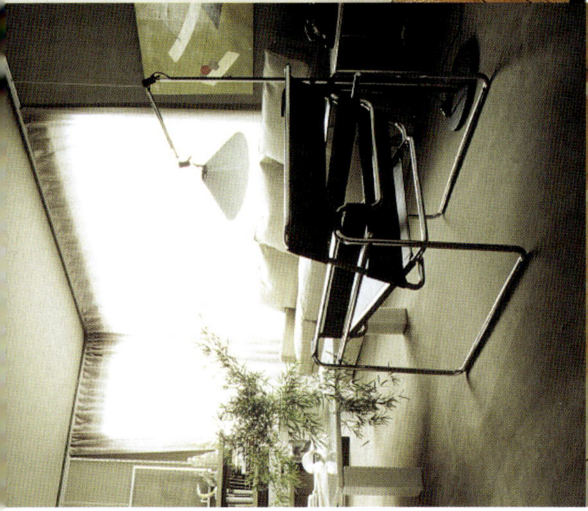
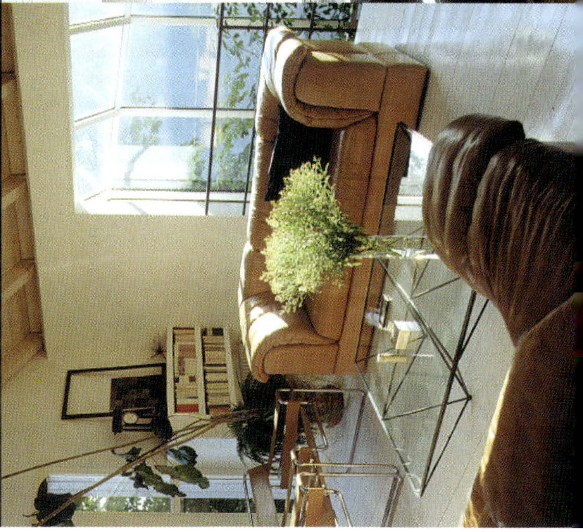

Wohnen mit modernen Klassikern: aus der Zeitschrift «Schöner Wohnen»

LOKALISIERUNG DES BAUHAUSSTILS IM SINUS-MILIEUMODELL FÜR WESTDEUTSCHLAND 1987

Soziale Lage \ Grund-orientierung	A Traditionelle Werte *Pflichterfüllung, Ordnung*	B Materielle Grundorientierung *Status/Besitz, Konsumhedonismus*	C Modernisierung *Postmaterielle Neuorientierung*
1 Oberschicht/ Obere Mittelschicht	Sinus A1 Konservatives gehobenes Milieu 8%	Sinus B12 Technokratisch-liberales Milieu 10%	Sinus C12 Alternatives Milieu 3%
2 Mittlere Mittelschicht	Sinus A2 Kleinbürgerliches Milieu 22%	Sinus B23 Aufstiegsorientiertes Milieu 27%	Sinus BC23 Hedonistisches Milieu 2%
3 Untere Mittelschicht/ Unterschicht	Sinus AB3 Traditionelles Arbeitermilieu 7%	Sinus B3 Traditionsloses Arbeitermilieu 11%	

© SINUS SOCIOVISION - HEIDELBERG, 2003

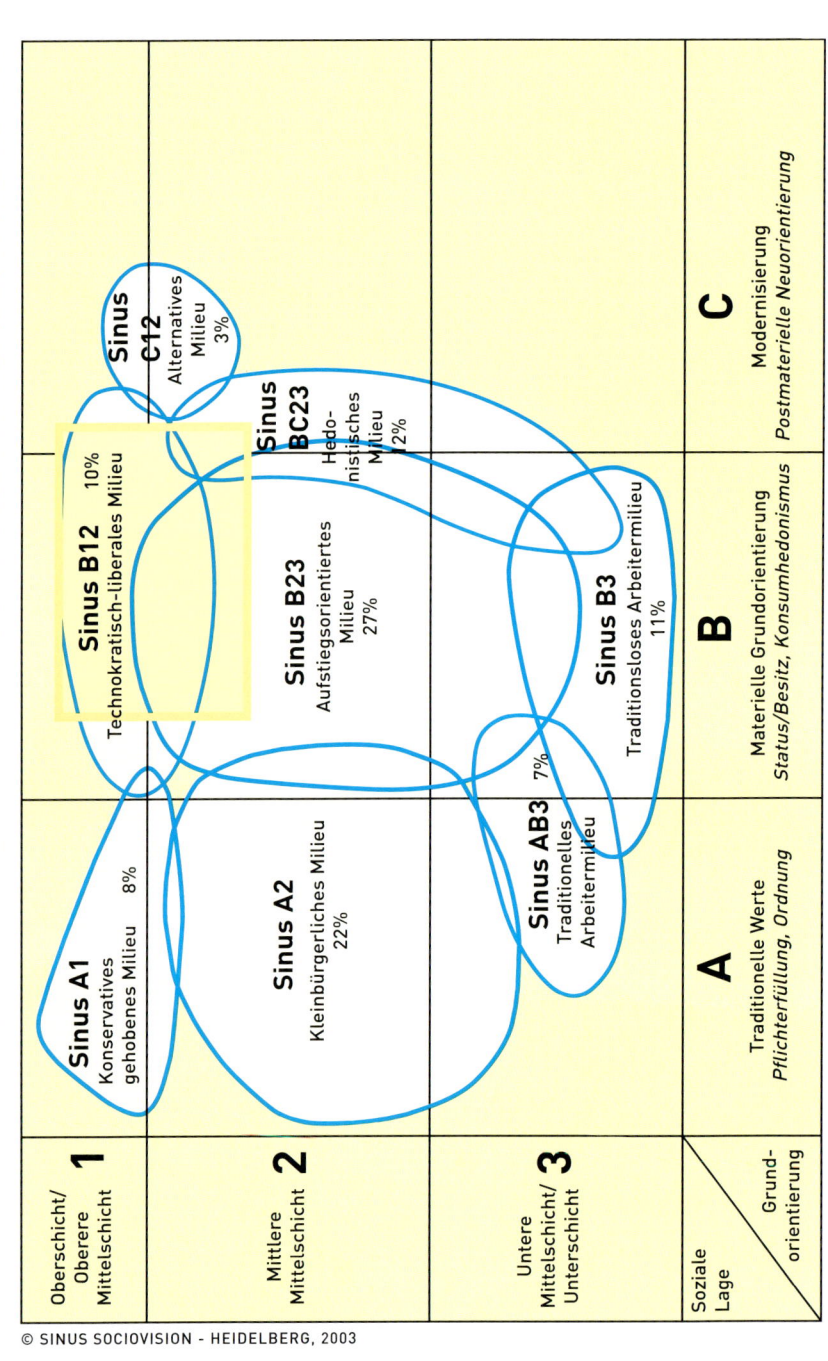

Die Sinus-Milieus® in Deutschland-West 1987 © Sinus Sociovision – Heidelberg 2003 ■ Die Sinus-Milieus® in Deutschland 2003 © Sinus Sociovision – Heidelberg 2003 ■ Wohnzimmerfotos aus «Wohnwelten in Deutschland 2», Bildserie «Wohnstil-Indikator» ■ Wohnzimmerfoto 2003

LOKALISIERUNG DES BAUHAUSSTILS IM SINUS-MILIEUMODELL FÜR DEUTSCHLAND 2003

SCHWERPUNKT IN DEN GESELLSCHAFT-LICHEN LEITMILIEUS

Soziale Lage \ Grundorientierung	A Traditionelle Werte *Pflichterfüllung, Ordnung*	B Modernisierung I *Konsum-Hedonismus und Postmaterialismus*	C Modernisierung II *Patchworking, Virtualisierung*
1 Oberschicht/ Obere Mittelschicht	Sinus A12 Konservative 5%	Sinus B1 Etablierte 10% / Sinus B12 Postmaterielle 10%	Sinus C12 Moderner Performer 8%
2 Mittlere Mittelschicht	Sinus AB2 DDR-Nostalgische 6%	Sinus B2 Bürgerliche Mitte 16%	Sinus C2 Experimentalisten 7%
3 Untere Mittelschicht/ Unterschicht	Sinus A23 Traditions-verwurzelte 15%	Sinus B3 Konsum-Materialisten 11%	Sinus BC3 Hedonisten 11%

© SINUS SOCIOVISION – HEIDELBERG, 2003

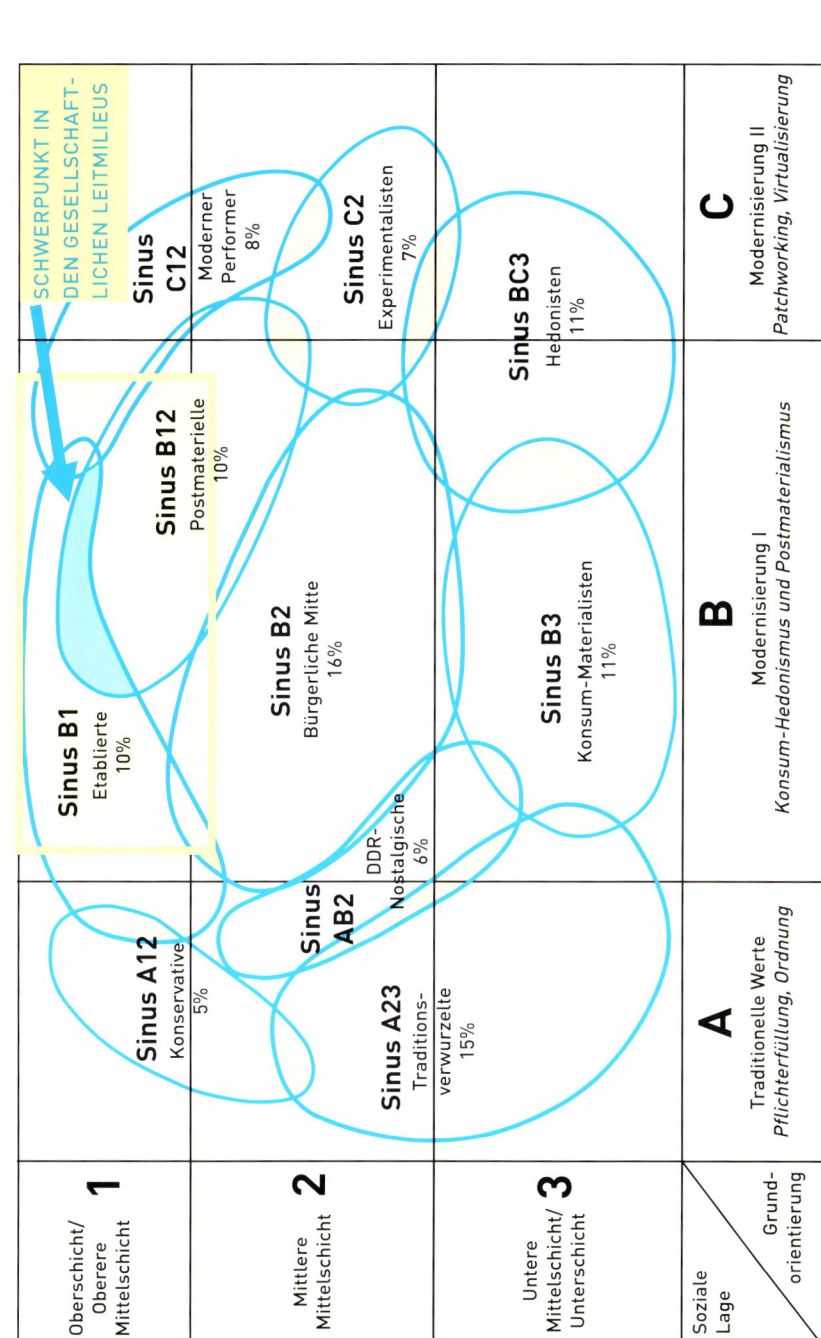

DIE SINUS-MILIEUS® 2003 KURZCHARAKTERISTIK

GESELLSCHAFTLICHE LEITMILIEUS ■ Sinus B (Etablierte) 10% Das selbstbewusste Establishment: Erfolgs-Ethik, Machbarkeitsdenken und ausgeprägte Exklusivitätsansprüche ■ Sinus B12 (Postmaterielle) 10% Das aufgeklärte Nach-68er-Milieu: Liberale Grundhaltung, postmaterielle Werte und intellektuelle Interessen ■ Sinus C12 (Moderne Performer) 8% Die junge, unkonventionelle Leistungselite: intensives Leben – beruflich und privat, Multi-Optionalität, Flexibilität und Multimedia-Begeisterung TRADITIONELLE MILIEUS ■ Sinus A12 (Konservative) 5% Das alte deutsche Bildungsbürgertum: konservative Kulturkritik, humanistisch geprägte Pflichtauffassung und gepflegte Umgangsformen ■ Sinus A23 (Traditionsverwurzelte) 15% Die Sicherheit und Ordnung liebende Kriegsgeneration: verwurzelt in der kleinbürgerlichen Welt bzw. in der traditionellen Arbeiterkultur ■ Sinus AB2 (DDR-Nostalgische) 6% Die resignierten Wende-Verlierer: Festhalten an preußischen Tugenden und altsozialistischen Vorstellungen von Gerechtigkeit und Solidarität MAINSTREAM-MILIEUS ■ Sinus B2 (Bürgerliche Mitte) 16% Der statusorientierte moderne Mainstream: Streben nach beruflicher und sozialer Etablierung, nach gesicherten und harmonischen Verhältnissen ■ Sinus B3 (Konsum-Materialisten) 11% Die stark materialistisch geprägte Unterschicht: Anschluss halten an die Konsum-Standards der breiten Mitte als Kompensationsversuch sozialer Benachteiligungen HEDONISTISCHE MILIEUS ■ Sinus C2 (Experimentalisten) 7% Die extrem individualistische neue Bohème: Ungehinderte Spontaneität, Leben in Widersprüchen, Selbstverständnis als Lifestyle-Avantgarde ■ Sinus BC3 (Hedonisten) 11% Die Spaßorientierte moderne Unterschicht/ untere Mittelschicht: Verweigerung von Konventionen und Verhaltenserwartungen der Leistungsgesellschaft

ANHANG

ABBILDUNGSNACHWEIS

Die trotz intensiver Nachforschungen unbekannt gebliebenen Copyright-Inhaber bittet die Herausgeberin um Mitteilung an die Stiftung Bauhaus Dessau. **KALEIDOSKOP** Preisliste für Metall-Möbel System Marcel Breuer der Fa. Standard Möbel, Berlin, 1927. Stiftung Bauhaus Dessau ▬ Bernd Dicke, Arnsberg ▬ Auto und moderne Frau vor der Weißenhofsiedlung, 1927. © DaimlerChrysler Konzernarchiv ▬ © Bildarchiv Preußischer Kulturbesitz ▬ Die Bildnachweise für die Bilder im Kaleidoskop befinden sich im Dokumentationsteil des Buches. **FALLSTUDIEN: 1907 — GRÜNDUNG DES DEUTSCHEN WERKBUNDES** Die Kleine Presse, 24.9.1891 ▬ Illustrirte kunstgewerbliche Zeitschrift für Innen-Dekoration, Darmstadt 1894 ▬ Die Gartenlaube, Illustriertes Familienblatt, Leipzig 1889 ▬ © Bildarchiv Preußischer Kulturbesitz, Berlin ▬ Deutsche Werkstätten Hellerau (Hg), Das Deutsche Hausgerät. Dresden 1912 ▬ Deutscher Werkbund (Hg), Jahrbuch des Deutschen Werkbundes «Die Kunst in Industrie und Handel». Jena 1913 ▬ T. Buddensieg, Industriekultur. Peter Behrens und die AEG 1907-1914. Berlin 1979 ▬ Dürerbund–Werkbund–Genossenschaft (Hg), Deutsches Warenbuch. Dresden 1915 ▬ Deutscher Werkbund (Hg), Jahrbuch des Deutschen Werkbundes «Die Kunst in Industrie und Handel», Jena 1913. © VG Bild-Kunst, Bonn, 2003 **1927 — AUSSTELLUNG: DIE WOHNUNG** Staatsgalerie Stuttgart, Graphische Sammlung. © René Straub, Stuttgart ▬ Amtlicher Katalog der Werkbundausstellung «Die Wohnung», Stuttgart 1927 ▬ Oben und unten: W. Graeff/Deutscher Werkbund, Innenräume. Stuttgart 1928; Mitte: L. Hilberseimer, Großstadtarchitektur. Stuttgart 1927 ▬ Bauhaus-Archiv Berlin/Dr. Lossen & Co. © Bauhaus-Archiv Berlin ▬ Bernd Dicke, Arnsberg ▬ Staatsgalerie Stuttgart, Graphische Sammlung. © VG Bild-Kunst, Bonn, 2003 ▬ Stiftung Bauhaus Dessau. © VG Bild-Kunst, Bonn, 2003 ▬ Foto: Wanda von Debschütz-Kunowski, Bauhaus-Archiv Berlin ▬ Stiftung Bauhaus Dessau ▬ Fotos: Lotte Jacobi. ullstein bild und Bauhaus-Archiv Berlin **1929 — CIAM-KONGRESS: DIE WOHNUNG FÜR DAS EXISTENZMINIMUM** gta-Archiv Zürich ▬ Bauhaus-Archiv Berlin ▬ Sigfried Giedion, Befreites Wohnen. Zürich/Leipzig 1929, S. 5, und gta-Archiv Zürich ▬ Städtisches Hochbauamt Frankfurt/M./CIAM (Hg), Die Wohnung für das Existenzminimum. Frankfurt/M. 1929, Nr. 10 und 132 ▬ Das Neue Frankfurt, Heft 11/1929, Titelseite ▬ Abb. 10: K. Teige, Minimum Dwelling. Harvard 2002 **1932 — AUSSTELLUNG UND BUCH: INTERNATIONAL STYLE** Associated Press, Berlin (vormals Pacific & Atlantic), © Bauhaus-Archiv Berlin ▬ Abb. aus: H.-U. Khan. International Style. Architektur der Moderne von 1925 bis 1965, Köln 1998 (Foto: H.-U. Khan) ▬ Wolfgang Thöner, 2003 ▬ Bauhaus-Universität Weimar ▬ Abb. aus: Walter Gropius, Internationale Architektur, München 1925 ▬ © 2003 The Museum of Modern Art, New York ▬ © 2003 The Museum of Modern Art, New York ▬ © 2003 The Museum of Modern Art, New York ▬ © 2003 The Museum of Modern Art, New York **REPORTAGE WEISSENHOF** Fotos: Benjamin Meyer-Krahmer, Andreas Weise/Factum **TÖRTEN** Fotos: Nils Emde **FUNDSTÜCKE** Wolfgang Thaler (Wien, Tokyo), Kai-Olaf Hesse © 2003 (Berlin), Stephen Kovats (Rotterdam, Montreal, Ottawa), Maria da Silveira Lobo (Frankfurt/M.), Andrew Phelps (Salzburg) **DEBATTE: BAUHAUSSTIL? GESTALTETER RAUM!** K.-J. Sembach, Henry van de Velde. Stuttgart 1989, S. 86 ▬ H. M. Wingler, Das Bauhaus. Bramsche 1962, S. 300 ▬ M. Kentgens-Craig (Hg), Das Bauhausgebäude in Dessau 1926–1999. Basel 1998, S. 61 ▬ H. L. C. Jaffe, Mondrian und De Stijl. Köln 1967 ▬ Thonet-Stahlrohrmöbelkatalog 1928 ▬ W. Gropius, Bauhausbauten in Dessau. Mainz 1974 (Nachdruck), S. 145 ▬ M. Droste, Bauhaus 1919–1933. Köln 1991, S. 18, Bauhaus-Archiv Berlin ▬ G. A. Platz, Die Baukunst der Neuesten Zeit. Berlin 1927, S. 293 ▬ M. Droste, Bauhaus 1919–1933. Köln 1991, S. 126, Bauhaus-Archiv Berlin ▬ M. Kentgens-Craig (Hg), Das Bauhausgebäude in Dessau 1926–1999. Basel 1998, S. 22, Bauhaus-Archiv Berlin ▬ J. Fiedler/P. Feierabend, Bauhaus. Köln 1999, S. 8 ▬ Ebd., S. 326 ▬ J. Fiedler (Hg), Fotografie am Bauhaus. Berlin 1990, S. 16 ▬ J. Fiedler/P. Feierabend, Bauhaus. Köln 1999, S. 580 **VOM BAUHAUSKLASSIKER ZUR WARENIKONE** Anzeige der Firma Saab, 2000 ▬ Werbeprospekt eines italienischen Möbelversands, 2000 ▬ Szenenfoto aus «Der Ring des Nibelungen», Bayreuther Festspiele 2000, Foto: GmbH Kirchbach ▬ Werbebroschüre der Firma Vitra, 1998 ▬ Umschlag zu Klaus-Jürgen Schmalenbach, «Moderne Klassiker. Möbel, die Geschichte machen», Hamburg, 1982 ▪ Kazuko Sato «Alchimia», Berlin, 1988 ▪ Foto: Stephan Eichler, 2000 ▪ Volker Albus, Christian Borngräber «Design Bilanz. Neues Deutsches Design der 80er Jahre», Köln, 1992 **DOKUMENTATION: 1941 — SIGFRIED GIEDION: SPACE TIME AND ARCHITECTURE** Aus: S. Giedion, Bauen in Frankreich. Bauen in Eisen. Bauen in Eisenbeton., Leipzig 1928 ▪ Aus: S. Giedion, Bauen in Frankreich. Bauen in Eisen. Bauen in Eisenbeton., Leipzig 1928. © VG Bild-Kunst, Bonn 2003 ▪ Aus: S. Giedion «Raum, Zeit, Architektur: die Entstehung einer neuen Tradition», Ravensburg, 1965. ▪ «Space Time and Architecture. The growth of a new tradition», Cambridge (Mass.), 1941 **1953 — BAUHAUSDEBATTE** Mit freundlicher Genehmigung des Talheimer Verlages, der über die Veröffentlichungsrechte der Briefe von Karola Bloch verfügt. ▪ Mit freundlicher Genehmigung des Deutschen Architekturmuseums Frankfurt am Main, das im Besitz der Originalvorlagen der Briefe von Hannes Meyer ist. ▪ Ernst Bloch Zentrum Ludwigshafen am Rhein ▪ Liselotte Aniceto-Meyer, Archiv **1957 — INTERBAU BERLIN** Aus: Senator für Bau- und Wohnungswesen Berlin, Bund Deutscher Architekten, Wiederaufbau Hansaviertel, Darmstadt 1956 ▪ Georg Neidenberger, Plakat/Plakatentwurf/Collage, SMPK Kunstbibliothek Berlin ▪ Aus: Interbau GmbH Berlin (Hg.) «Die Stadt von Morgen», Berlin 1957 ▪ © Deutsches Historisches Museum, Berlin ▪ Georg Neidenberger, SMPK Kunstbibliothek Berlin ▪ Stiftung Archiv Akademie der Künste ▪ Aus: J. Hofmann, Wohnen in unserer Zeit, Darmstadt 1958 ▪ © ullstein bild, Berlin ▪ Der Spiegel 1954 ▪ Aus: J. Hofmann, Wohnen in unserer Zeit, Darmstadt 1958 **1968 — AUSSTELLUNG: 50 JAHRE BAUHAUS** Bauhaus-Archiv Berlin, Foto: Hans Kinkel ▪ Ullstein-dpa ▪ Bauhaus-Archiv Berlin, Foto: Hans Kinkel ▪ Tom Hanley/Redferns ▪ Bauhaus-Archiv Berlin, Foto: Hans Kinkel ▪ Werbung in New York Times Magazine, 1969 ▪ Bauhaus-Archiv Berlin, Fotos: Hans Kinkel ▪ Wolfgang Thöner, Dessau ▪ Illustrated London News, 21.9.1968 ▪ Service de Documentation Photographique, Cliché des Musees Nationaux, Paris ▪ Observer, London, 22.9.1968 ▪ Herbert Bayer. © VG Bild-Kunst, Bonn 2003 ▪ Bauhaus-Archiv Berlin, Foto: Hans Kinkel ▪ Bauhaus-Archiv Berlin ▪ Bauhaus-Archiv Berlin ▪ dpa/Morell ▪ Bauhaus-Archiv Berlin, Foto: Gregg Taylor **1981 — TOM WOLFE: MIT DEM BAUHAUS LEBEN** PHILO Verlagsgesellschaft mbH Berlin (Erstausgabe: «From Bauhaus to our House», 1981 Tom Wolfe) **2002 — URHEBERRECHTSSTREIT** © Ralf Sondermann, Focus Magazin ▪ «Streit um den Bauhaus-Hocker» Kieler Nachrichten 28.4.01 ▪ «Bauhaus-Hocker vor Düsseldorfer Gericht» Die Welt 9.3.01 ▪ «Bauhaus-Urteil: Der Hocker ist ein Kunstwerk» Frankfurter Allgemeine Zeitung 2.5.02 ▪ «Wem gehört dieser Hocker» Die Welt 26.4.01 ▪ «Verhandlungssache Hocker Laszlo» Hamburger Abendblatt 24.4.01 ▪ «Zweite Runde im Hockerstreit» Hannoversche Allgemeine Zeitung 23.1.02 ▪ «Locker vom Hocker» Süddeutsche Zeitung 2.5.02 ▪ «Platzhalter» Der Tagesspiegel 28.4.01 ▪ aus der Zeitschrift «Schöner Wohnen:» 2/91 Bassewitz, Schöner Wohnen. © PICTURE PRESS ▪ 11/90 Stradtmann, Schöner Wohnen. © PICTURE PRESS ▪ 6/89 Rogers, Schöner Wohnen. © PICTURE PRESS ▪ 1/80 Schmutz, Schöner Wohnen, © PICTURE PRESS ▪ 3/85 Stradtmann, Schöner Wohnen. © PICTURE PRESS ▪ 7/83 Rogers, Schöner Wohnen, © PICTURE PRESS ▪ 9/80 Schmutz, Schöner Wohnen. © PICTURE PRESS ▪ 2/93 Willebrand, Schöner Wohnen, © PICTURE PRESS ▪ 10/95 Willig, Schöner Wohnen. © PICTURE PRESS ▪ 11/90 Schenkirz, Schöner Wohnen, © PICTURE PRESS ▪ 2/96 Thurmann, Schöner Wohnen. © PICTURE PRESS ▪ 5/91 Willebrand, Schöner Wohnen. © PICTURE PRESS ▪ Wohnzimmerfotos aus «Wohnwelten in Deutschland 2», Bildserie «Wohnstil-Indikator», S.16–18, Herausgeber: DAS HAUS Burda GmbH, Offenburg. © 1991 Burda und Sinus ▪ Wohnzimmerfoto 2003. © Sinus Sociovision ▪ Die Sinus-Milieus. ® in Deutschland-West 1987 © Sinus Sociovision – Heidelberg 2003 ▪ Die Sinus-Milieus. ® in Deutschland 2003. © Sinus Sociovision – Heidelberg 2003 **LETZTE SEITE** Karikatur: Karl Arnold 1928. © VG Bild-Kunst Bonn 2003

AUTORINNEN UND AUTOREN
GERDA BREUER ist Hochschullehrerin für Kunst- und Designgeschichte an der Gesamthochschule Wuppertal. **REGINA BITTNER** ist Kulturwissenschaftlerin und Projektkoordinatorin an der Stiftung Bauhaus Dessau. **HANS-JOACHIM DAHMS** ist Philosoph und lebt in Berlin. **KERSTIN DECKER** ist Journalistin und lebt in Berlin. **ANDREAS HAUS** ist Hochschullehrer für Kunstgeschichte an der Universität der Künste Berlin. **KATJA HEINECKE** ist Landschaftsplanerin in Leipzig. **REINHARD KREHL** ist Landschaftsplaner in Leipzig. **ELKE MITTMANN** ist Kunsthistorikerin und Kuratorin in Leipzig. **WERNER OECHSLIN** ist Hochschullehrer für Theorie und Geschichte der Architektur an der Eidgenössischen Technischen Hochschule Zürich. **WALTER PRIGGE** ist Stadtsoziologe und wissenschaftlicher Mitarbeiter der Stiftung Bauhaus Dessau. **LUTZ SCHÖBE** ist Kunsthistoriker und wissenschaftlicher Mitarbeiter der Stiftung Bauhaus Dessau. **SILKE STEETS** ist Soziologin und wissenschaftliche Mitarbeiterin an der TU Darmstadt. **WOLFGANG THÖNER** ist Kunsthistoriker und wissenschaftlicher Mitarbeiter der Stiftung Bauhaus Dessau. **KARIN WILHELM** ist Hochschullehrerin für Geschichte und Theorie der Architektur und der Stadt an der Technischen Universität Braunschweig.

«EDGAR, WIE KOMMT DIE VASE IN UNSER MILIEU?»